해방정국, 분리와 통합의 정치:
한국과 오스트리아

김미경 · 김용복 · 구춘권 · 김학노

백산서당

이 저서는 2023년 대한민국 교육부와 한국연구재단의 지원을 받아 수행된 연구임(NRF-2023S1A5A2A03084814).

차례

서 문 / 김학노 · 9

제1부 분석틀과 사례

제1장 분석틀 / 김학노   27

1. 우리 형성의 두 축: '분리-통합'과 '홀로주체-서로주체' · 27
2. '결정적 국면'과 '정치적 호명' · 33

제2장 사례와 초점: 해방정국 초기 임시정부 수립 문제 / 김학노 · 김용복 · 구춘권
         43

1. 비교의 초점: 임시정부 수립 문제 · 43
2. 한반도 사례: 임시정부 문제와 분단국가의 수립 · 51
   1) 미군정의 직접통치와 정치세력들의 재편 · 53
   2) 소군정의 간접통치와 통치기구의 강화 · 57
   3) 한반도의 임시정부 수립 가능성 · 60

3. 오스트리아 임시정부의 수립과 인정 · 62
   1) 임시정부의 수립과 정치지형의 변화 · 62
   2) 임시정부의 구성과 연방주정부대표자회의 소집 · 66

제2부 연합국 점령정책과 분리·통합의 국제정치

제3장 미소의 한반도와 오스트리아 점령정책 비교 / 김학노   73

1. 연합국의 자세와 관계 비교 · 75
   1) 대(對) 군정 지역 자세 · 75
   2) 연합국의 상호 관계 · 81
2. 오스트리아: 단일 임시정부 수립과 확장 · 85
   1) 임시정부의 수립 · 87
   2) 임시정부의 추인 · 91
3. 한반도: 단일 임시정부 미수립 · 94
   1) 남북의 공간 분리 · 95
   2) 신탁통치 구상 · 101

제4장 미소의 한반도 점령정책 / 김용복 · 107

1. 38선 분할점령 · 108
2. 전후 미국의 한반도 점령정책 · 114
3. 전후 소련의 한반도 점령정책 · 116
4. 미소공위의 결렬 · 119

제5장 미소의 오스트리아 점령정책 / 구춘권   122

1. 모스크바 선언과 오스트리아 독립선언 · 122
2. 점령권력과 탈나치화 · 125

3. 미국의 오스트리아 점령정책 · 131
4. 소련의 오스트리아 점령정책 · 135

제6장 미소의 독일과 일본 점령 정책 비교: 오스트리아와 한국 점령 정책의 국제적 맥락 / 김미경   141

1. 국가 형성의 결정적 국면으로서 해방정국 · 141
2. 국가 형성에서 영토적 외적 경계의 공고화 문제: 분리 vs. 통합 · 144
3. 미소의 점령정책과 영토적 중심 형성의 문제 · 148
4. 일본 문제의 일부로서 한국 문제: 한반도 분할점령과 38선 봉쇄의 국제적 맥락 · 155
5. 독일문제의 일부로서 오스트리아 문제: 오스트리아 분할점령-공동통치의 국제적 맥락 · 161
6. 한국 vs. 오스트리아. 두 개의 중심 형성 vs. 단일한 중심 형성 · 172

제3부 분리·통합의 국내정치 (1)

제7장 분리 vs. 통합: 대아주의 vs. 소아주의 / 김학노   177

1. 오스트리아: 단일국가의 수립 · 180
   1) 국가건설: 정치적·공간적 구심점 형성 · 180
   2) 국민건설: 국민 호명과 희생자 신화 · 185
2. 한반도: 남과 북의 분립 · 190
   1) 두 개 국가의 건설 · 190
   2) 두 개 국민의 건설 · 201

제8장 한반도의 남북분리 / 김용복   207

1. 서울중심주의와 정치세력들의 주도권 경쟁 · 208
2. 북한의 독자적 정치화 · 211

3. 신탁통치논쟁과 남북분리 · 215
4. 미소공위와 '남북연합형' 임시정부 수립? · 219
5. 남북분단으로의 길 · 224

제9장 오스트리아의 분리주의 움직임과 통합의 정치 / 구춘권   226

1. 해방정국의 통합의 정치와 분리주의 · 226
2. 공산당의 분리주의 · 230
3. 구 나치세력의 분리의 정치 · 236

제10장 분리 vs. 통합: 한국과 오스트리아 해방정국의 정치균열 비교 / 김미경   242

1. 해방정국의 좌우 균열에 대한 재인식 · 242
2. 해방정국의 정치균열: 통합 vs. 분리 균열 · 245
3. 한국: 1945년 신탁통치 논쟁과 좌우 분리주의의 부상 · 249
4. 오스트리아: 1945년 총선거와 이념적 분리주의의 몰락 · 262
5. 한국 해방정국의 고유성 · 271

제4부 분리·통합의 국내정치 (2)

제11장 홀로주체 vs. 서로주체: 정치적 호명과 동원 / 김학노   277

1. 오스트리아: 서로주체적 정치 · 279
   1) 온건 중도 세력의 헤게모니 · 280
   2) 적대적 세력의 공존과 권력공유 · 282
2. 한반도: 홀로주체적 정치 · 284
   1) 좌우 극단의 헤게모니 · 285
   2) 적대 관계의 심화 · 292

제12장 **한반도의 좌우갈등** / 김용복   300

  1. 통일된 임시정부 수립과 좌우협력 · 301
  2. 건국준비위원회의 결성과 좌우협력 · 303
  3. 신탁통치논쟁과 4당 코뮤니케: 광의의 좌우협력 가능성과 실패 · 306
  4. 좌우합작운동과 좌우합작 7원칙: 협의의 좌우협력 가능성과 실패 · 309
  5. 북한에서의 좌우협력 가능성과 실패 · 314
  6. 왜 좌우협력은 실패하였는가? · 317

제13장 **오스트리아의 좌우협력** / 구춘권   319

  1. 전간기의 정치적 유산: 좌우적대와 보수주의의 급진화 · 319
    1) 좌우 정치진영의 특징과 보수주의의 급진화 · 320
    2) 좌우적대와 무장충돌 · 324
  2. 해방정국의 과거 청산과 좌우협력 · 329
  3. 해방정국의 좌우협력의 특징 · 333
    1) 11월 선거와 공산당의 약화 · 333
    2) 비례성의 원칙 · 335

제14장 **1948 vs. 1945: 해방정국에서 총선거 문제** / 김미경   340

  1. 가지 못한 길, 총선거를 통한 정부 수립 · 340
  2. 오스트리아의 경로: 임시정부의 지역적 수립 후 전국화 · 343
  3. 한국의 경로: 미소의 시간벌기 전략과 임시정부 수립의 좌절 · 349
  4. 임시정부 수립의 또 다른 방도로서 총선거 · 355

에필로그 / 김미경 · 367

  참고문헌 · 379
  찾아보기 · 395

서 문*

　이 책은 오스트리아와 한반도의 해방정국을 '분리-통합'의 관점에서 비교 분석한다. 분리-통합의 관점은 한반도 문제를 '분단-통일'이라는 개념 대신에 '분리-통합'의 개념으로 접근한다. '분단-통일' 개념과 '분리-통합' 개념은 크게 두 가지 점에서 차이가 있다. 첫째, 분단-통일과 달리 분리-통합은 가치중립적 개념이다. 분단-통일 개념은 '분단=비정상', '통일=정상'이라는 전제를 바탕으로, 비정상에서 정상으로 가야 한다는 규범적 당위성을 가지고 있다. 반면에 분리-통합 개념은 '우리' 외연의 축소와 확대를 각각 분리와 통합으로 볼 뿐, 어느 것이 더 좋다는 가치 판단을 배제한다. 둘째, 분단-통일과 달리 분리-통합은 일반론적 개념이다. '분단'을 어떻게 정의하든 분단국가는 특수사례다. 분단-통일 개념은 남북한 문제를 특수사례인 분단국가 문제로 본다. 반면에 분리-통합은 남북한 관계를 분단국에 국한된 특수한 문제로 보지 않고, 일반적인 분리와 통합의 사례로 본다. 분리-통합의 관점에서 볼 때 모든 나라와 집단의 역사는 분리와 통합을 반복하는 분합(分合)의 역사다(분리통합연구회 2014).

　우리가 한반도와 오스트리아의 해방정국을 비교 분석하는 이유는 두 사례가 비슷한 상태에서 사뭇 상이한 경로로 나아갔기 때문이다. 1945년 해방 이후 한반도와 오스트리아 및 독일은 연합국에 의해서 분할점령된 점에서 비슷한 상황에 처했다. 독일과 한국이 각각 동과 서 및 남과 북으로 분단된 반면, 오스트리아는 하나의 통합된 국가를 수립했다. 분단-통일

---
* 김학노

의 관점에서 그 동안 한반도와 독일의 비교 연구가 많이 수행되었다. 특히 분단의 원인과 과정의 문제보다 통일 과정과 방식에 대한 연구가 많았다. 반면 우리 학계에서 오스트리아에 대한 관심은 그리 많지 않았다. 다른 이유들도 있겠지만, 아마도 분단-통일이라는 특수론적 관점에서 볼 때 오스트리아가 분단국가라는 특수사례에 포함되지 않는 것이 한 가지 중요한 이유일 것이다. 이 책의 필자들은 연합국에 의한 분할점령이라는 비슷한 상황에서 한반도가 남북으로 분리된 반면 오스트리아는 분리되지 않고 통합을 유지하여 하나의 단일 국가를 수립한 이유와 과정을 알고 싶었다.

아울러 해방 후 한반도에는 남과 북 사이에 그리고 좌익과 우익 사이에 적대적 갈등이 극심했던 반면, 전간기(1차대전과 2차대전 사이) 좌우 사이의 적대적 대립이 극렬했던 오스트리아에서는 2차대전 이후 해방정국에서 좌우 정치세력이 서로 인정하고 공존하면서 타협과 협력의 정치를 전개했다. 한반도가 남북으로 적대적 분리가 되었다면, 오스트리아는 해방 후 좌우 정치세력 사이에 우호적 통합을 이루었다. 이 책에서 사용하는 용어로 표현하자면(1장 분석틀 참조), 한반도에서 남과 북으로 '홀로주체적 분리'가 일어난 반면, 오스트리아는 '서로주체적 통합'을 이루었다. 왜 비슷한 상황(연합국에 의한 분할점령)에서 상이한 결과(홀로주체적 분리 vs. 서로주체적 통합)가 나왔는가? 2차 대전 종전 후 연합국에 의해 분할점령된 점에서 오스트리아나 한국과 유사한 처지에 처했던 독일은 한국과 마찬가지로 분단되었다. 유사한 상황에서 독일과 한국이 '홀로주체적 분리'로 귀결된 반면, 오스트리아만이 '서로주체적 통합'으로 귀결되었다. 이 점에서 오스트리아는 대단히 흥미로운 사례다.

양동안(2007)은 한반도 분단의 '원인'으로 소련의 정책을 지목한다. 그에 따르면, 분단의 원인으로 제시되었던 많은 것들(ex., 국내외 요인이 복합적으로 작용했다고 보는 복합론, 미국책임론, 미소공동책임론 등)이 모두 정확한 원인이 아니다. 그는 '한반도 분단의 원인'을 "한반도라는 영토 위에서 장기간 단일한 통치체에 의해 통치되던 정치단위가 두 개의 주권적 정치단위로 분열되고 그들이 한반도를 분할 지배하게 되는 사태를 초래하는 데 필연적·우선적 작용을 했던 요인(들)"로 정의한다(양동안 2007, 144). 그는 마치 법의학에서 '사인(死因)'을 밝히듯이 분단의 원인을 구명해야 한다고 주장한다. 누군가 죽었을 때 죽음이라는 "결과에 대해 충분조건이 되면서, 동시에 우선적으로 작용한 요인"만을 사인으로 보듯이(양동안 2007, 142), 남북한이 갈라지게끔 되는 데 "치명적인 작용"을 한 결정적인 요인을 분단의 원인으로 봐야 한다는 주장이다.

과연 무엇이 한반도 분단의 결정적 요인인지에 대한 (각자의 관점에 따라) 상이한 판단은 차치하고, 이 책의 필자들은 일어난 것 못지않게 일어나지 않은 것도 중요한 원인일 수 있다고 본다. 다르게 표현하면, 누군가가 한 행동 못지않게 '하지 않은' 일이 중요한 원인일 수도 있다는 것이다(김학노 2018, 444-449). 양동안의 '사인' 비유에 빗대어 말하자면, 어떤 질병이나 장애가 결정적 사인이라면 그것을 치료하지 않고 방치한 것도 죽음에 이르게 한 주요 요인이 될 수 있다. 미국과 소련, 군정 등 다양한 정치세력들이 행한 일이 분단의 원인일 수 있지만, 그것을 적극적으로 막거나 극복하려는 행동을 하지 않은 것이 또 다른 중요한 원인일 수 있다.

그러나, 하지 않은 것이 중요할 수 있지만, '하지 않은 것'은 무한히 많다. 우리가 하지 않은 것들을 모두 생각하는 것은 사실상 불가능하다. 우리가 하지 않은 무수히 많은 것들 중에서 어떤 것이 중요한 것인지 알 수 있는 방법이 있을까? 한 가지 방법은 유사사례의 비교분석이다. 유사하지만 중요한 차이가 있는 사례와의 비교를 통해서 우리가 하지 않은 것 중에서 중요한 것이 무엇인지 포착할 수 있다.

오스트리아와의 비교를 통해 이 글은 해방정국 한국에서 필요했지만 가지 않은 길, 혹은 가지 못한 길, 그래서 한반도의 분단을 막지 못한 주된 요인으로 통일된 단일 임시정부 수립 문제에 주목한다. 이는 오스트리아를 '중립화 통일'의 모델로 보았던 우리 학계의 기존 시각과 차이가 있다. 오스트리아는 해방정국 초기에 단일 임시정부를 수립하고 이를 바탕으로 조속한 총선거를 실시하여 통합된 국가를 수립하였다. 반면에 한반도에서는 해방정국 초기에 단일한 임시정부를 수립하는 데 실패했다. 오스트리아에서 하나의 정치적 구심점을 형성한 반면 한반도에서는 단일한 정치적 구심점을 구축하는 데 실패한 것이다. 단일 임시정부의 수립 문제야말로 오스트리아와 한반도의 경로를 나누는 가름목이었다. 이 시각에서 볼 때 중립화는 오스트리아 통일의 원인이기보다는 오히려 결과에 해당한다. 이 같은 문제의식에서 이 책은 임시정부 수립 문제에 초점을 두고 오스트리아와 한반도의 해방정국을 비교한다.

이 책은 1부 분석틀과 사례 소개, 2부 국제정치 차원, 3-4부 국내정치 차원 등 4부로 구성된다. 먼저, 1부에서 이 책의 전체적인 분석틀과 개념 및 사례를 소개한다. 1장에서 '분리-통합'과 '홀로주체-서로주체'의 두 축을 중심으로 헤게모니 관계의 네 가지 이념형—홀로주체적 분리와 통합, 서로주체적 분리와 통합—을 소개하고, '결정적 국면'과 '정치적 호명'이라는 개념을 특별히 도입한다. '분리'는 '대아(大我)에서 소아(小我)로의 축소'를, '통합'은 '소아에서 대아로의 확대'를 의미한다. 분리-통합은 철저하게 가치중립적인 개념이다. 홀로주체적 헤게모니 방식은 상대방의 주체성을 인정하지 않고 대상이나 객체로만 대하고, 서로주체적 방식은 서로 상대방을 동등한 주체로 인정하고 받아들인다. 해방정국에서 한반도와 오스트리아는 연합국에 의한 분할점령이라는 유사한 조건에 처했지만 각각 '홀로주체적 분리'와 '서로주체적 통합'의 상이한 경로로 나아갔다. 두 지역의 해방정국은 연합국들에 의해 분할 점령되어 있었지만 홀로주체적 분리와 통합 및 서로주체적 분리와 통합이라는 네 가지 상이한 경로의 가능성이 (서로 다른 정도이지만) 모두 열려 있는 '열린 공간'으로서 결정적 국면에 해당한다. 이처럼 열린 공간의 유동적 상황에서 주요 정치세력들의 '정치적 호명'이 특히 중요한 역할을 한다.

2장은 사례 소개다. 먼저 해방정국 초기 임시정부 수립 문제에 초점을 두는 이유를 밝힌다. 이 책의 필자들은 오스트리아를 '중립화 통일'의 모범사례로 보아온 우리 학계와 사회의 기존 관점과 달리, 오스트리아가 분할점령에도 불구하고 독일이나 한국처럼 분리되지 않고 통일 국가를 수립할 수 있었던 이유를 해방정국 초기에 임시정부를 수립하고 그 권한을 전국으로 확대한 데에서 찾는다. 이어 해방정국에서 임시정부 수립 가능성에 초점을 두고 남한과 북한의 역사를 간략히 정리한다. 38선을 경계로 분할점령한 미국의 간접통치와 소련의 직접통치라는 점령통치 방식의 차이에 특히 주목하여 임시정부 수립과 관련된 미군정과 소군정의 정책과 정치세력들의 대응을 소개한다. 오스트리아 사례도 임시정부의 신속한 수립에 초점을 두고 소개한다. 해방정국 초기 오스트리아의 임시정부 수립은 오스트리아에서 독자적인 영향력을 확보하려는 소련 측의 계산과 독립 및 주권을 회복하려는 오스트리아 좌우 정치세력들의 공동 목표가 맞아떨어졌기 때문에 가능했다. 서방측 점령권력은 처음에 소련 단독으로 추진한 레너 임시정부를 의심의 눈초리로 바라보았으나, 연방주정부대표자 회의가 소집되고 오스트리아의 모든 주들이 임시정부에 참여하는 상황이 등장하자 레너에 대한 불신을 거둬들이고 임시정부를 승인한다.

2부에서는 연합국들의 점령정책을 중심으로 오스트리아와 한반도의 해방정국의 국제정치 차원을 비교 분석한다. 열린 공간으로서 해방정국에서 모든 경로의 가능성이 열려 있지만, 모두 동일한 정도의 가능성을 갖고 있지는 않다. 특정 경로의 가능성을 높이거나 줄이는 데에는 분할점령의 주체인 외부 행위자들의 행위와 선택, 그리고 그로 인해 한정된 공간 속에서 내부 (국내) 행위자들의 상호행위와 협력 및 갈등이 영향을 미친다. 우리 필자들은 오스트리아와 한반도의 경로를 형성하는 데 연합국들의 점령정책이 우선적으로 결정적인 영향을 미쳤다고 판단한다. 국내 행위자들의 상대적 자율성의 공간은 대단히 제약되어 있었다. 이런 인식에서 오스트리아와 한반도의 해방정국의 기본틀을 형성한 국제적 차원의 비교 분석부터 시작한다.

먼저, 3장에서 미국과 소련의 한반도와 오스트리아 점령정책을 비교 분석한다. 오스트리아를 분할점령한 연합국에는 영국과 프랑스도 있지만, 이들은 서방측 국가로서 대체로 미국의 주도 아래 있었다. 두 지역에 대한 연합국들의 기본적인 자세는 비슷한 가운데서도 ① 상대적 경시의 정도, ② 해방자와 점령자의 양면성 정도, ③ 직접 및 간접 통치방식 등에서 중요한 차이가 있다. 또한, 연합국들 사이에 공동 정치공간의 유무 및 소통의 정도에 있어서도 차이가 있다. 오스트리아에서 연합국들은 연합국위원회라는 공동의 공간에서 소통할 수 있었고 비엔나를 분할점령하면서 구도심지인 인네르슈타트를 공동관리한 반면, 한반도에는 그 같은 공동 공간이 없었고 그만큼 소통도 드물었다. 국제적 맥락을 중심으로 볼 때, 오스트리아의 경우 임시정부 수립에 있어서 소련이 주도적인 역할을 했고, 서방측의 추인에서는 미국이 핵심적인 기여를 했다. 대조적으로, 한반도에서는 여러 요인들 중에서도 미소에 의한 남북 공간의 분리와 신탁통치 구상이 전국적인 임시정부 수립에 장애물로 작동했다.

4장은 미국과 소련의 대한반도 점령정책을 비교 분석한다. 해방 직후 미국과 소련의 대한반도 정책은 전후 일본 문제 처리에 종속되어 있었다. 소련은 전후 일본 점령에 참여하기를 원했지만, 미국이 일본 단독점령을 고수하자 한반도가 소련에 대한 침략기지가 되지 않도록 자국이 점령한 북한 지역에서만이라도 우호적인 국가를 수립하고자 하였다. 미국은 초기에는 소련과의 협력을 통하여 한국 문제의 해결을 원하였고, 한반도의 소비에트화를 막는 신탁통치의 실시를 통해 38선 분할점령을 종식시키고자 하였다. 해방 초기 미국과 소련의 협력 가능성은 상당한 정도로 남아 있었다. 미소는 합의에 의한 임시정부 수립이라는 모스크바 삼상회의 결정을 수행하려고 하였다. 그러나 미소공위에 임하는 미소의 정책은 모두 자국에 우호적인 정치세력 중심의 임시정부 수립에 초점이 맞춰졌다. 합의에 의한 임시정부 수립의 가능성이 희박해지자, 미국과 소련은 자신이 확보한 지역에서만이라도 자국에 우호적인 정부를 수립하는 방향으로 선회하였다.

5장은 미소의 오스트리아 점령정책을 비교 분석한다. 오스트리아를 점령한 미, 소, 영, 프 네 연합국들의 공통된 탈나치화 정책 덕분에 오스트리아에서는 해방 초기부터 구나치 세력들이 정치무대에서 배제되었다. 미국은 전후 오스트리아 재건의 핵심적 목표를 정치적 차원에서 민주주의적 안정성의 확보와 경제적 측면에서 자립으로 설정했다. 정치적 안정화를 위해 미국과 영국은 대연정, 즉 사회당과 국민당의 좌우협력을 강조했다. 경제적 측면에서도 미국의 원조, 특히 마샬플랜이 오스트리아가 심각한 식량문제를 극복하고 나아가 경제적으로 자립하는 데 결정적 도움을 주었다. 네 연합국들 중 오스트리아의 미래에 가장 결정적인 영향력을 행사한 것은 바로 소련이었다. 비엔나가 해방되자마자 즉시 좌우를 망라한 임시정부가 만들어질 수 있었던 것은 소련의 위임 또는 허락이 있었기 때문에 가능했다. 또한 소련은 지정학적 이유 때문에 오스트리아 공산당의 분리구상을 수용하지 않았고, 독일처럼 좌우로 쪼개진 두 개의 국가가 등장할 가능성을 차단했다. 나아가 소련은 자신의 점령지역에 남겨진 "독일 재산"을 전부 몰수했는데, 이를 막으려고 오스트리아의 보수세력조차 일찌감치 사회당과 힘을 합쳐 주요 기간산업의 국유화를 주장했다. 오스트리아의 핵심적 국가 정체성으로 자리 잡은 중립화 역시 국가조약 체결의 전제조건으로 소련이 요구해서 실현된 것이다.

 6장은 오스트리아와 한국에 대한 연합국 점령정책의 국제적 맥락을 이해하기 위해 미소의 독일과 일본 점령정책을 비교한다. 연합국들의 오스트리아 점령정책은 전후 독일문제의 일부로서 이루어졌고, 미소의 대한반도 정책도 일본문제의 일부로서 다루어졌다. 이런 문제의식에서 한국과 오스트리아 해방정국에서 국가형성 경로의 중요한 차이를 설명하기 위해서 전후 독일과 일본 점령정책을 둘러싼 미소의 갈등이라는 국제적 맥락을 고려해야 한다. 그러나 이는 해방정국의 상이한 동학이 전적으로 국제적 맥락에 의해 결정되었다는 주장이 아니다. 오히려 국제적 맥락의 구조적 제약 속에서 국내 행위자의 상대적 자율성과 선택에 영향을 미치는 역사적 우연성의 문제를 포착하고자 한다. 오스트리아가 분할점령 상태에서 단일한 정치적 중심 구축을 통해 통합된 국가를 형성한 것은, 독일문제를 둘러싼 미소의 갈등이 전면화되기 시작한 1946년 2월 이전 시점에 이미 국내 행위자의 상대적 자율성이 강화되어 있었기 때문이다. 이에 반해, 한반도에서는 일본 문제를 둘러싼 미소의 갈등이 해방정국의 초기 국면인 1945년 8-9월에 심화되어 38선 분할점령이 남북한의 영토적 분리의 효과를 낳아서 단일한 영토적 중심형성에 실패하게 된다. 한국에서는 국제 행위자들이 한반도 전체를 포괄하는 중앙행정 권위의 확립을 적극적으로 추구하지 않았던 반면, 오스트리아의 경우는 해방정국 초기 국면에 국제 행위자들 사이에 전국적 중앙행정 권위의 확립에 관한 합의가 존재했고 국내 행위자 또한 신속한 임시정부 수립과 정식 정부의 전환을 이루어 상대적 자율성을 확보할 수 있었다. 이 같은 대조는 오스트리아의 '분할점령-공동통치'와 한국의 '분할점령-분할통치'라는 국제 행위자들의 통치 방식의 차이에 연관되어 있었다.

3부와 4부는 국내정치 차원 분석이다. 2부에서 살펴본 것처럼, 한국과 오스트리아의 해방정국에서 상이한 경로의 전개는 무엇보다도 국제정치의 맥락에 의해서 크게 규정되었다. 특히 초기 해방정국에서 오스트리아에 비해 한반도는 외력의 규정력이 상대적으로 컸다. 이 점을 전제하고, 3부와 4부에서는 두 지역의 초기 해방정국에서 국내 정치세력들의 상호행위를 중심으로 비교한다. 외부의 힘이 '결정적'인 경우에도 국내정치를 '결정'하지는 않는다. 아무리 결정적인 영향력을 행사하는 외력도 국내 정치세력들 사이의 상호행위 과정을 통과해야 한다. 국내정치 차원에 집중하는 이유다. 3부와 4부에서는 한국의 ① 남북분단과 ② 좌우분열 문제로 초점을 나눠서 한반도와 오스트리아 해방정국의 국내정치를 비교한다. 남북분단 문제는 우리 형성의 '분리-통합'의 축이고, 좌우분열 문제는 남과 북 사이에 그리고 각각의 내부에서 전개된 '홀로주체-서로주체'의 축에 해당한다. 남북분단과 좌우분열, 또는 분리-통합과 홀로주체-서로주체의 두 축은 서로 연결되어 있다. 다만, 분석을 위해 이 두 축을 구분해서 따로 살핀다.

3부는 '분리-통합'의 축을 중심으로 한반도와 오스트리아 해방정국의 국내정치과정을 비교 분석한다. 왜 또는 어떻게 한반도에서는 남북이 분리된 반면 오스트리아는 통합을 유지할 수 있었는지가 분석의 초점이다. 먼저, 7장은 오스트리아의 통합과 한반도의 분리 요인을 비교 분석한다. 오스트리아는 국가건설과 국민건설 두 측면에서 모두 통합주의(대아주의) 수립에 성공했다. ① 단일 임시정부를 수립하고 그 권한의 공간적 확대를 통해 단일 국가건설에 성공했고, ② '희생자 신화'를 부각시킴으로써 오스트리아 '국민'을 건설하는 데 성공했다. 반면에 한반도에서는 ① 하나의 국가건설 대신 남과 북에서 두 개의 국가를 건설했고, ② 이들은 자기 지역에서 각자의 국가와 체제에 순응하는 두 개의 국민을 건설했다. 오스트리아에서 하나의 정치적 중심(임시정부)을 수립하고 공간적으로 확대한 반면, 한반도에서는 공간적 분리에 따른 정치적 구심력의 분리가 일어난 것이 두 사례의 결정적 차이라라고 여겨진다. 여기에 주요 정치세력의 정치적 호명의 차이가 더해졌다. 이러한 시각은 한반도에서 남과 북의 분립이 남북 대결의 결과이기보다는, 남과 북 각각에서 소아주의(분리주의)와 대아주의(통합주의) 사이의 헤게모니 투쟁의 결과라고 본다.

8장은 한반도의 남북 분리 문제를 다룬다. '남북한간 연합'을 통한 임시정부 수립이 가능했을까? 이것이 이 장의 핵심 질문이다. 해방 직후 미소의 분할점령, 38선 봉쇄, 그리고 남북교류의 단절은 한반도 문제의 남북 공동 논의 및 협의를 어렵게 만들었다. 38선을 경계로 미군과 소군의 남북 진주는 남북에 각각 우호적인 정치세력을 중심으로 임시정부 수립을 대비한 모색들이 진행되게 만들었다. 1946년 초 신탁통치 논쟁으로 국내 정치세력들 사이의 좌우갈등은 남북갈등으로 전환되었고, 이제는 한반도 임시정부 수립에 있어서 남북간 협상과 통합에 의한 '남북연합형 임시정부' 수립 방안이 현실적인 전략으로 남게 되었다. 즉, 남한에서 미군정의 자문기구로 수립된 민주의원과 북한에서 소련군의 간접통치 방식에 의해 수립된 임시인민위원회 사이에 남북연합형 임시정부 수립이 현실적으로 가능한 경로로 남아 있었다. 이 시점에서 미소공위는 한반도 내 통일된 임시정부를 수립할 수 있는 마지막 논의의 장이었다. 미소공위의 결렬은 미소간 합의를 통한 남북 임시정부 수립의 가능성을 희박하게 만들었고,

이후 미군정과 소군정은 각각 단독정부 수립을 진행하게 된다.

9장은 오스트리아 해방정국의 통합의 정치를 다룬다. 오스트리아가 단일 임시정부를 통해 통합된 단일 국가를 수립했지만, 모든 정치세력이 이에 합의하고 협력했던 것은 아니다. 해방정국에서 독립과 주권 회복이라는 대의와 다른 길을 찾는 정치세력 역시 존재했다. 좌우의 양 극단에 위치한 세력, 즉 공산당과 구 나치세력이 분리의 정치를 추구했다. 국민당과 사회당의 좌우협력이 압도적인 지지를 확보하고 있는 상황에서 공산당이 생각해낸 것은 오스트리아의 분리였다. 즉 소련 점령지역과 나머지 점령지역을 나누어 전자에 인민전선 정부를 구축함으로써 궁극적으로 동구권 사회주의의 일부가 되는 것이다. 그러나 소련은 오스트리아 공산당의 낮은 지지율, 지정학적 이유, "독일 재산"에 대한 경제적 이해관계 때문에 오스트리아 공산당의 분단 구상을 수용하지 않았다. 한편, 전쟁이 끝날 무렵 오스트리아에는 많은 열성 나치들이 모여들었다. 점령권력들은 이 열성 나치들을 체포하여 여러 포로수용소에 격리시켰는데, 이들의 상당수가 정치세력화를 준비하였다. 이들은 독일의 제4제국의 건설을 궁극적인 정치적 목표로 내세웠고, 나치들의 사면과 복권을 공개적으로 요구했다. 냉전이 시작되면서 나치의 정보부에 복무했던 구 열성 나치들과 미국 방첩대의 협력은 또 다른 기회의 창을 제공했다. 방첩대의 재정적 지원으로 말미암아 1949년 무소속연합(VdU)의 창당이 가능해졌고, 11월 연방의회 선거에서 일약 11.6%의 지지를 얻음으로써 이른바 제3지대의 구축에 성공했다. 구 나치세력은 해방정국의 통합의 정치의 시기에 지하에서는 제4제국의 건설을 꿈꾸었고, 정치세력화하면서 열성나치들의 완전한 복권을 외쳤다. 구 나치세력은 해빙 이후 오스트리아에서 통합의 정치에 대한 중대한 도전세력으로 부활한 것이다.

10장은 '분리와 통합'을 중심으로 한국과 오스트리아 해방정국의 정치 균열을 비교한다. 해방정국에서 남북한의 분립이라는 경로 형성에 영향을 미친 결정적인 변수를 해방정국에서 지배적인 정치균열의 변형으로 보는 문제의식을 전개한다. 탈식민지 사회 한국의 해방정국에서 지배적인 정치

균열은 독립 국가의 건설을 둘러싼 정치적 갈등을 반영하는 민족적 통합주의 대 이념적 분리주의 균열이었다. 민족적 통합주의는 민족을 우리 형성의 주체로 인식하는 반면, 이념적 분리주의는 국가를 우리 형성의 주체로 본다. 이에 따라 안과 밖을 구분하는 경계가 통합주의에서는 민족, 분리주의에는 국가로 나뉜다. 통합주의 세력에게 탈식민지 해방정국의 국제적 행위자는 민족적 타자로 인식되는 반면, 분리주의 세력에게 국제적 행위자는 이념적 타자가 될 수 있는 동시에 이념적 우리가 될 수도 있는 점에서 양가적이다. 그런데 1945년 12월 모스크바 3상회의 결정 이후 신탁통치 논쟁 속에서 이 같은 '분리 vs. 통합'의 지배적인 정치균열에 변형이 일어났다. 즉, 민족적 통합주의 세력의 헤게모니의 약화와 함께, 좌파 분리주의 대 우파 분리주의 균열로의 변형이 일어났다. 이 변형의 과정에서 한국의 해방정국은 그람시의 "파국적 평형상태"인 비헤게모니적 상황으로 귀결되어 남북한 모두에서 "퇴행적 카이사리즘"의 출현을 낳게 된다.

4부는 '홀로주체-서로주체'의 축을 중심으로 한반도와 오스트리아 해방정국의 국내정치과정을 비교 분석한다. 왜 또는 어떻게 오스트리아에서는 좌우 세력 간 서로주체적 정치(협력)가 이루어진 반면에 한반도에서는 홀로주체적 정치(적대)가 지배적이게 되었는지가 분석의 초점이다. 먼저, 11장은 한국과 오스트리아의 차이를 주요 정치세력들 사이의 헤게모니 유형과 상호 자세의 차이에서 찾는다. 오스트리아에서 서로주체적 정치가 지배적인 유형이 된 데에는 여러 요인들이 있지만, 특히 ① 온건 중도 세력의 헤게모니와 ② 적대세력들 사이의 권력공유 제도 등 두 가지 요인이 중요해 보인다. 우선, 연합국 군정 당국들의 탈나치화 정책과 공산당의 낮은 지지율 덕분에 중도 정당들이 지배적이었고, 그 정당들 내에서도 온건 세력이 헤게모니를 장악했다. 또한, 적대적 사회세력의 존재에 대한 상호 인정과 이를 바탕으로 한 공존 및 권력공유 제도를 구축했다. 해방정국 한반도에서 홀로주체적 정치가 우세했던 이유로는 ① 남과 북 각각에서 정치지형의 단극화와 ② 좌우 적대적 관계의 심화 현상이 특히 중요해 보인다. 남과 북에서 각각 우익과 좌익의 단극적 정치지형이 구축되었고, 좌우 양 진영(과 남과 북)이 서로를 동반자 주체로 인정하기보다는 적대적 호명을 통해 제거와 투쟁의 대상으로 상대했다.

12장은 한반도의 좌우갈등 문제를 다룬다. 해방정국에서 좌우협력은 왜 실패하였는가? 이것이 이 장의 핵심 질문이다. 해방 후 좌우 정치세력 간 협력은 통일국가 수립에 매우 필요한 근간이었다. 해방초기 남한에서의 건준 결성은 좌우협력의 출발점이었다. 북한에서도 좌우협력 조직이 출범하였고, 소군정의 지원 아래 좌우협력형 행정조직이 만들어졌다. 그러나 모스크바 3상회의 결정은 남북 모두에게 좌우협력을 어렵게 만들었고 정치세력들 간 대립과 경쟁을 심화시켰다. 신탁통치문제는 북한에서 조만식과 김일성으로 대표되는 민주당-공산당의 협력을 좌초시켰다. 그러한 상황에서 서울에서 공산당, 인민당, 국민당, 한민당 등 4당이 합의한 '4당 코뮤니케'는 좌우협력을 통해 통일국가 수립으로 나아가려는 소중한 시도였다. 비록 결렬되었지만, 4당 코뮤니케는 해방 후 주요 좌우 정당들이 이룬 유일무이한 합의문이었으며, 공산당부터 한민당까지 좌우를 폭넓게 포괄하는 광폭의 좌우협력이었다. 1차 미소공위 결렬 이후 시도된 좌우합작운동은 좌우합작 7원칙이란 합의를 만들었지만, 양 극단의 정치세력의 반대로 인하여 실패로 돌아갔다. 12장에서는 4당 코뮤니케와 좌우합작 7원칙을 둘러싼 좌우협력의 진행과 결렬 과정을 소상히 살핀다.

13장은 오스트리아 해방정국의 좌우협력의 정치를 분석한다. 해방정국에서 오스트리아는 좌우 정치세력 사이에 서로주체적 정치가 이루어졌지만, 1공화국 시절에는 초기 2년을 제외하고 극심한 적대정치를 경험한 바 있다. 즉, 제1차 세계대전의 패전과 함께 수립된 제1공화국 출범 이후 2년 동안 좌우협력의 정치를 실시했지만, 이후 1933년 오스트로파시즘의 독재체제가 들어서기 전까지 오스트리아는 치열한 계급갈등과 적대를 경험한 나라였다. 이 갈등과 적대는 1934년 2월 급기야 내전으로까지 치닫는 좌우간의 무장충돌을 낳기도 했다. 놀랍게도 2차대전 이후 오스트리아는 좌우협력의 매우 모범적인 사례로 반전하였다. 해방 직후 임시정부는 구

나치들을 제외한 모든 정당이 참여하는 거국정부로 만들어졌다. 해방 후 첫 선거에서 우파 국민당은 절대 다수의 의석을 확보했음에도 불구하고, 좌파 사회당은 물론 공산당도 함께 참여하는 거국정부를 구성했다. 오스트리아 해방정국의 통합의 정치는 나치 독일의 패전과 함께 독일로의 합병을 원하는 세력이 일단 퇴출되었기 때문에 가능했다. 또한 소련의 지원을 받는 공산당이 1945년 11월 선거에서 매우 낮은 지지율을 얻으면서 그 위상이 크게 약화되었기 때문에 가능해진 것이기도 했다. 해방정국 오스트리아는 전간기의 역사적 과오를 청산하고 사회당과 국민당으로 이름을 바꾼 좌우의 두 정치세력이 오스트리아라는 작은 나라의 재건을 위해 타협하고 협력하는 통합의 정치를 실시했다. 독립과 주권회복이라는 공동의 목표를 달성하기 위해 좌우 세력이 서로 인정하고 타협하며 협력했던 것이다.

14장은 해방정국에서 총선거 실시의 시점(timing) 문제를 다룬다. 총선거는 국민의 지지를 바탕으로 여러 정치세력들 사이의 헤게모니 관계를 정립함으로써 정치적 불확실성을 해소한다. 오스트리아에서는 1945년 11월에 총선거가 이루어진 반면, 한국에서는 그 같은 선거가 실시되지 못하고 결국 남과 북 각각에서의 단독 선거로 귀결됐다. 한국에서 정치적 불확실성 기간이 장기화되면서 상호불신, 선점과 배제의 논리가 지배하는 파국적 평형상태가 지속되었다. 해방정국 한반도에서 정치세력들 사이에 홀로주체적 관계가 강해진 배경이다. 남한이든 북한이든 임시정부의 지역적 수립 이후 다음 단계, 즉 임시정부의 전국화 단계로의 이행이 중요한데, 오스트리아와 달리 한국의 해방정국에서는 이 단계로 진입하지 못했다. 이 단계로 진입하기 위해서는 남한이나 북한에서 지역적으로 수립된 임시정부의 모체—가령 남한의 민주의원이나 북한의 임시인민위원회—가 전한반도에 걸쳐 인정받는 것이 필요하다. 그런데 오스트리아와 달리, 한국의 경우 '분할점령-분할통치'에 따른 영토적 중심 형성의 실패로 남북한 각자 지역적으로 수립된 임시정부의 모체를 형성하려는 시도가 1946년부터 이미 진행되었던 상황에서 전국적 권위를 행사할 수 있는 통합 임시정부 수립의 현실 가능한 방도는 미소의 국제적 협상에 의존하는 것이 아니라, 남북한 총선거에 의한 통합 임시정부의 수립이 아니었을까? 즉, 1948년 남북한 총선거에 의한 국회 창설과 정부 수립이라는 유엔의 한국 문제 해결의 해법이 해방정국의 더 이른 시기에 적용될 수 있었다면, 한국은 해방정국에서 두 개의 국가 형성이라는 정치발전의 최종 경로를 취하지 않았을 것이다.

마지막으로 에필로그에서는 우리 연구의 내용을 요약하고 그 함의를 모색한다.

이 책의 준비 과정에서 많은 분들의 도움을 받았다. 우선, 2년에 걸친 연구 수행 과정에서 총괄 행정조교로 영남대학교의 진희원씨와 김국태씨가 수고해주었고, 노태현(영남대), 김비호(조선대), 허선아(경남대)씨가 연구조교로 보조하였다. 또한, 오스트리아와 독일을 방문하여 진행한 여러 학자들과의 인터뷰에서 현실적인 감각과 함께 소중한 정보들을 접할 수 있었다. 특히, 비엔나 대학의 Laurenz Enser-Jedenastik 교수, Ulrich Brand 교수, Joachim Becker 교수, Karl Renner Institut의 Michael Rosecker 박사, 훔볼트 대학의 Jörg Baberowski 교수, Institut Für Zeitgeschichte(Abteilung Berlin)의 Hermann Wentker 교수, WZB(Wissenschaftszentrum Berlin für Sozialforschung)의 Dieter Plehwe 박사께 감사드린다.

2023년 6월부터 2년 동안 (대부분 「분리통합연구회」와 공동으로) 수차례 세미나를 개최하여 연구 성과를 점검하고, 많은 분들의 관심과 비판 및 격려를 받을 수 있었다. 2023년 6월 세미나에서 임상우(서강대) 선생님을 통해 오스트리아에 입문할 수 있었고, 2023년 8월 세미나에서 김인춘(연세대), 이옥연(서울대), 김종법(대전대), 정병기(영남대) 선생님의 귀중한 의견을 청취했으며, 2023년 11월 세미나에서 윤태영(경남대), 정재환(울산대), 조재욱(경남대) 선생님의 고견을 들을 수 있었다. 2024년 5월 학술회의에서는 이민경(가톨릭관동대), 김인춘, 한미애(계명대), 기유정(서울대), 이호근(전북대), 이옥연, 오창룡(부경대), 조재욱, 황인정(성균관

대), 박영환(영남대), 안병억(대구대), 김종법 선생님의 발표와 코멘트를 받을 수 있었다. 2024년 11월 세미나에서 김지혜(이화여대), 오창룡, 이옥연, 황인정 선생님의 의견을, 2024년 12월 한국정치학회 연례학술회의에서 손호철(서강대), 노명환(한국외대), 오창룡, 이옥연, 황인정 선생님의 말씀을, 그리고 2025년 2월 세미나에서 이옥연, 김인춘, 정병기 선생님의 제안들을 받을 기회를 가졌다. 마지막으로 2025년 5월 공동학술회의에서 안병영(연세대) 선생님의 특강과 고견을 청취하고, 김영순(서울과기대), 김영필(국회의정연수원), 도묘연(계명대), 김인춘, 윤광일, 이옥연, 이호근 선생님의 건설적이면서도 비판적인 코멘트를 받을 수 있었다.

많은 분들이 초고의 작성 이후에도 개별적으로 원고의 전체 또는 부분을 정독하고 날카롭고 건설적인 코멘트를 보태주셨다. 부족한 원고를 읽고 도움말씀을 주신 안병영, 구갑우(북한대학원), 이완범(한국학중앙연구원), 김인춘, 정병기, 박찬승, 진희원 선생님들께 진심 어린 감사의 말씀을 드린다.

여러 선생님들과의 협업을 통해서 우리 연구는 적지 않은 방향 전환과 수정을 거쳤다. 이런 의미에서 이 책에 실린 연구 결과물은 결코 필자들만의 공동연구의 성과에 그치지 않는다. 도움말씀을 주시고 의견을 보태주신 모든 분들의 협업의 결과물이라고 하는 게 적합하다. 특히 전체 연구 과정에 걸쳐 함께 해준 분리통합연구회와의 공동연구 결과물이라고 할 수 있다. 그럼에도 필자들 사이에 완전히 공유하지 못하는 이견(異見)들이 여전히 존재한다. 앞으로도 함께 논의하고 탐구할 문제들이 적지 않게 남아 있는 것이다. 이에 각 장의 필자를 밝혀서 각자 학문적 책임을 다하는 편저 형식을 취하였다. 끝으로 열악한 출판 환경에도 우리 책의 출판을 기꺼이 맡아주시고 성심성의로 책을 만들어주신 김철미 백산서당 대표(한국출판문화재단 이사장)께 감사의 말씀을 드린다.

2025년 7월 25일
필자들의 뜻을 모아 김학노 씀

1
분석틀과 사례

제1장 분석틀*[1]

1. 우리 형성의 두 축: '분리-통합'과 '홀로주체-서로주체'

이 글의 분석틀은 '아와 비아의 헤게모니 투쟁'(이하 '아비헤투')이라는 정치관에 입각해 있다(김학노 2010; 2023). 이 정치 개념은 '우리' 형성을 헤게모니 투쟁의 핵심 문제로 본다. 소아1과 소아2, … 소아n이 서로 자신을 중심으로 대아1,2…n을 형성하려는 헤게모니 투쟁을 벌인다. 일방적이거나 일상적인 헤게모니 행사처럼 가시적 쟁투가 없는 경우에도 헤게모니 실천이 이뤄지고 있는 점에서 헤게모니 '투쟁'이 전개되는 것으로 본다. 아와 비아는 그 만남의 방식에 따라 홀로주체적 또는 서로주체적 헤게모니 관계를 형성한다. 홀로주체적 방식은 상대방의 주체성을 인정하지 않고 대상이나 객체로만 대하고, 서로주체적 방식은 서로 상대방을 동등한 주체로 인정하고 받아들인다.[2] 이 두 방식은 어디까지나 이념형에 해당한다. '홀로주체-서로주체'는 이분법적 대립이 아니라 하나의 연속적인 정도의 문제로 보아야 한다. 현실세계는 이 이념형을 양극으로 하는 연속선 위에서 둘 사이를 오갈 것이다(<그림 1>).

---

* 김학노
[1] 이 부분은 김학노(2023, 33-37, 127-168)에서 가져옴.
[2] '홀로주체-서로주체(성)' 개념은 김상봉(2007)에게서 가져온 것이다. 김상봉의 개념은 매우 깊고 풍부한 함의를 가지고 있다. 나의 분석틀에서는 분석적 활용을 위해 원래의 개념을 단순화했음을 밝힌다(김학노 2023, 31 참조).

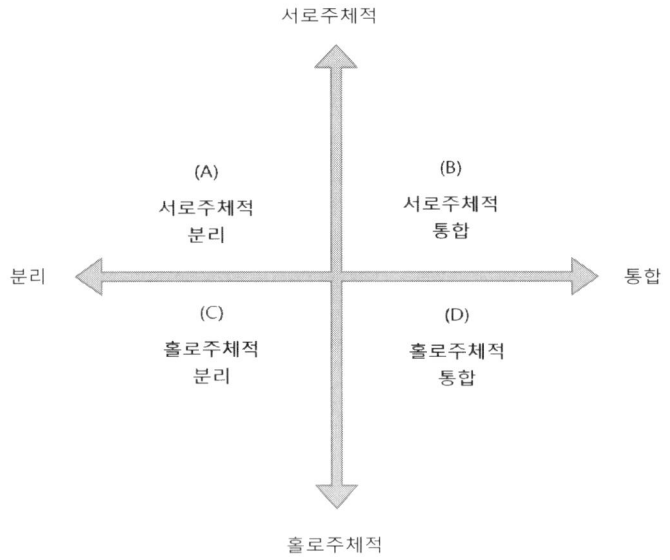

출처: 김학노 2023, 33.

<그림 1>에서 '분리'는 '대아(大我)에서 소아(小我)로의 축소'를, '통합'은 '소아에서 대아로의 확대'를 의미한다. '작은 우리'들을 모아서 '큰 우리'를 구축하는 것이 통합이라면, '더 작은 우리'들을 모아서 '작은 우리'를 구축함으로써 '큰 우리'로부터 떨어져 나오는 것이 분리다. 즉 분리는 '작은 통합'이다(<표 1> 참조). 홀로주체-서로주체의 개념처럼 분리-통합도 연속적인 단계의 문제로 보아야 한다. 분리-통합은 소아주의(분리주의)와 대아주의(통합주의)의 갈등을 내포하고 있는 상대적인 개념이다. <그림 2>에서 '작은 우리1'이 '큰 우리'에서 분리하는 과정은 '더 작은 우리1'과 '더 작은 우리2'를 자신('작은 우리1')을 중심으로 통합하는 과정과 같다. 한민족이라는 '큰 우리'(대아)에서 남한과 북한이라는 '작은 우리'(소아)로 분리한 과정은 곧 남과 북 각각의 내부에서 '더 작은 우리'들을 한민족이라는 '더 큰 우리'의 이름이 아니라 남한과 북한이라는 '작은 우리'의 이름으로 호명하고 통합한 것이다.

〈그림 2〉 분리와 통합의 상대적 개념도

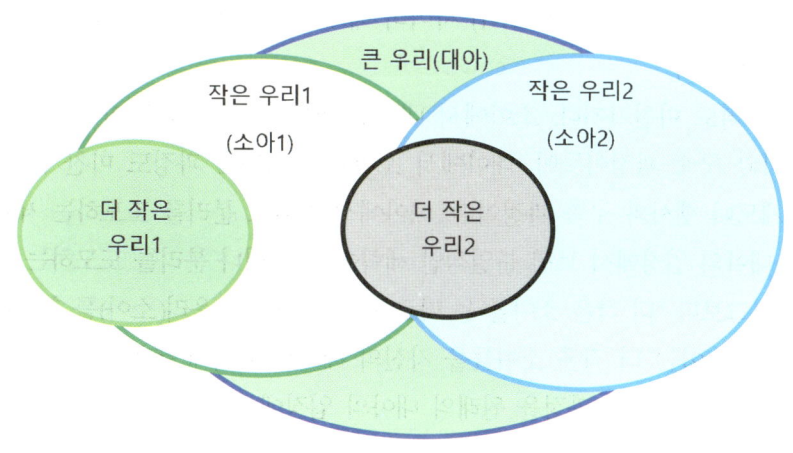

〈표 1〉 분리-통합의 개념

통합	소아에서 대아로의 확대 = '큰 우리' 구축 = 작은 우리들을 통합
분리	대아에서 소아로의 축소 = '작은 우리' 구축 = 더 작은 우리들을 통합
분리-통합	'큰 우리'와 '작은 우리' 사이의 헤게모니 투쟁 과정

출처: 김학노 2023, 159.

통합과 분리의 개념은 아비헤투 정치 개념과 유기적으로 연결되어 있다. 소아에서 대아로 자아를 확대하는 '통합' 과정은 곧 헤게모니 행사요 구축 과정이다. 통합의 주도세력 또는 구심세력은 하위세력들에게 강압이나 리더십, 양보와 담론 등 다양한 방식으로 헤게모니를 행사하고 구축함으로써 자신을 중심으로 한 '우리'의 틀 안에 하위세력을 규합한다. 주도세력과 하위세력을 각각 아와 비아라고 한다면, 아가 비아에 대하여 헤게모니를 구축함으로써 전체로서의 우리 안에 포함하는 과정은 소아에서 대아로 우리를 확대하는 통합과정이다. 원래의 아(즉 주도세력)나 원래의 비아(즉 하위세력)는 나중의 우리(즉 대아)에 비하여 모두 소아에 해당한다. 이 과정을 소아의 견지에서 보면 우리 밖의 헤게모니 행사 과정, 즉 외적 통합이다. 하지만, 같은 과정을 대아의 견지에서 보면 아(대아) 내부에 있는 아(소아)와 비아(소아) 사이의 헤게모니 투쟁과 구축 과정, 즉 내적 통합이다.

  그 역도 마찬가지다. 소아에서 대아로 확대되는 통합과정이 헤게모니 행사와 구축 과정이듯이, 대아에서 소아로 분리되는 과정도 마찬가지로 헤게모니 행사와 구축 과정이다. 대아에서 소아로 분리를 도모하는 세력은 대아의 입장에서 보면 분열적인 세력이다. 그러나 분리를 도모하는 세력은 그보다 '더 작은 소아들'을 따로 모아서 하나의 우리(소아)를 형성한다. 이 소아는 더 작은 소아들을 자신의 헤게모니 아래 통합함으로써 만들어진 것이다. 이 과정을 원래의 대아의 입장에서 보면 분열 내지 분리의 과정이지만, 아주 작은 소아의 입장에서 보면 또 다른 대아(원래의 대아보다는 작지만)로의 통합 과정이다.

  <그림 3>은 분리-통합을 아비헤투와 연결하여 분석하는 하나의 분석틀이다. 이 분석틀은 분리-통합 즉 우리의 단위의 (재)설정을 아비헤투와 연결시키고, 단위 (재)설정에 의한 우리의 (재)형성을 중심으로 그 전과 후의 인과관계를 연구하게끔 해준다. 이는 크게 두 단계로 나눌 수 있다. 첫째, 우리의 (재)형성(<그림 3>의 (3))을 기준으로 해서 그 이전의 단계들은 우리의 형성이 홀로주체적 분리/통합—서로주체적 분리/통합의 어떤 유형으로 귀결되는지를 본다. 주어진 구조적 요인들(1)을 바탕으로 사회적 행위자들이 어떻게 헤게모니 투쟁을 전개해서(2) 그 결과로 특정 유형의 분리나 통합이 나오는지(3) 분석한다. 둘째, 우리 형성의 특정 형태(3)가 사회세력들 사이의 헤게모니 관계에 미치는 영향(4)을 분석한다. 아비헤투는 아와 비아 사이의 세력관계에 의해서 영향을 받지만, 그 투쟁의 결과가 역으로 아와 비아의 세력관계를 재편성하는 영향력을 발휘한다. 요컨대, 분리-통합은 단위의 (재)설정이자 우리의 (재)형성이며, 그것은 헤게모니 투쟁 및 헤게모니 관계의 결과이자 원인이다.

〈그림 3〉 분리-통합 경로의 요인 및 영향

(1) 구조적 요인
정치-사회제도/사회경제적 이익/물리력/문화 및 정체성/국제관계 등

(2) 사회세력 간 상호작용 = 헤게모니 투쟁
소아(小我)와 대아(大我)의 헤게모니 투쟁, 또는 소아1과 소아2의 헤게모니 투쟁

(3) 분리-통합 = 단위의 (재)설정 = 우리의 (재)형성
홀로주체적 분리/서로주체적 분리/홀로주체적 통합/서로주체적 통합

(4) 사회세력관계에 미친 영향 = 헤게모니 관계
소아와 대아, 또는 소아1과 소아2의 헤게모니 관계

해방 이후 남과 북의 분리를 예로 들면, 아래 <그림 4>처럼 간단하게 그 경로를 그려볼 수 있다. <그림 4>의 (1)은 <그림 3>의 (1)과 (2)를 포괄한다. 즉, 국제적·국내적 구조적 요인(<그림 3>의 (1))과 사회세력 간 상호작용(<그림 3>의 (2))을 해방정국의 헤게모니 투쟁 분석에서 함께 고려한다. 여기서 해방정국은 한반도에서 분리-통합의 유형을 정하는 데 있어서 '결정적 국면'으로 간주된다. 이 책은 한반도와 오스트리아가 비슷한 조건(연합국에 의한 분할점령)에서 왜 다른 결과(홀로주체적 분리 vs. 서로주체적 통합)가 나왔는지 각각의 해방정국을 비교분석한다. 즉, <그림 4>의 (1)→(2) 과정에 집중한다. (2)→(3) 과정은 이 책의 범위가 아니다.

〈그림 4〉 남과 북의 분립 경로의 요인과 영향

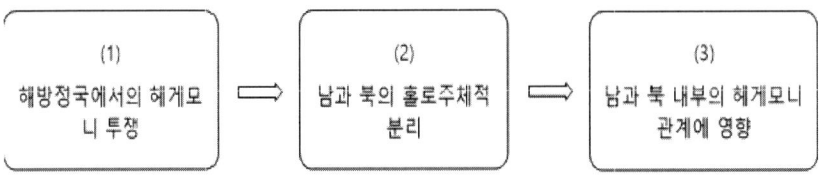

　분리-통합의 시각에서 볼 때, 해방정국에서 좌우 대립뿐 아니라 소아주의와 대아주의의 대립이 주요 대립 전선이었다. 좌우 이념의 차이 이전에 남과 북에 별도의 국가를 수립하느냐 아니면 한반도 전체에 통일된 국가를 수립하느냐의 문제가 더 근본적인 대립 전선이었다. 한반도 전체의 관점에서 볼 때 후자는 대아주의 즉 통합을 의미하고, 전자는 소아주의 즉 분리를 대표한다. 요컨대, 해방정국에서 '대아주의(통합주의) vs. 소아주의(분리주의)'의 대립이 좌우분열보다 더 근본적인 갈등 축이었다.
　오해를 불식하기 위해 두 가지 점을 강조한다. 첫째, '소아 vs. 대아'나 '분리 vs. 통합'은 분석을 위한 개념일 뿐 가치판단이 담긴 개념이 아니다. 분리-통합과 소아-대아는 철저하게 가치중립적인 개념이다. '뭉치면 살고 흩어지면 죽는다' 또는 '통합(대아)은 좋은 것, 분리(소아)는 나쁜 것'이라는 통속적인 가치판단이 철저히 배제되어 있다(김학노 2010, 47-48; 2023, 28-29, 161-162). 둘째, 소아주의를 홀로주체적인 것으로, 대아주의를 서로주체적인 것으로 등치해서는 안 된다. 대아로의 통합이 서로주체적으로 될 수도 있지만 홀로주체적으로 이루어질 수도 있고, 소아로의 분리가 홀로주체적으로 될 수도 있지만 서로주체적으로 이루어질 수도 있다. <그림 1>의 네 가지 유형이 모두 가능한 것이다.

2. '결정적 국면'과 '정치적 호명'

일반적으로 '우리'의 형성은 사회적 균열구조와 정치적 호명(및 그에 대한 응답)의 상호작용을 통한 아와 비아의 구분에 의해서 이루어진다. 사회적 균열구조와 정치적 호명 중 어느 하나만으로 아와 비아의 구분이 이루어지기는 힘들다. 아와 비아를 구분하기 위해서는 기본적으로 사회적 균열구조에 입각해 있어야 하겠지만, 특정의 균열선을 강조하고 불러내는 정치적 호명과 그에 대한 호응도 필요하다. 사회적 균열구조는 다양하고 복잡하게 중첩되어 있기 마련이고, 다양한 균열구조 중 어떤 것이 정치적으로 중요한 전선이 되는지는 미리 객관적으로 정해져 있지 않다. 사회적 균열구조가 다양하고 복잡하게 얽혀 있더라도, 샤츠슈나이더가 강조하듯이 정치 무대에서 아와 비아를 나누는 정치적 전선은 여럿일 수가 없다. 다수의 정치적 전선이 서로 대등하게 공존하기 어렵기 때문이다(샤츠슈나이더 2008, 115-135). 정치적 호명이 필요한 이유다.

'정치적 호명'은 다양한 사회균열구조 중에서 특정 균열을 부각시켜서 이를 기준으로 아와 비아를 나눔으로써 우리를 형성하는 헤게모니 실천 행위다. 정치적 호명은 사회적 균열구조를 둘러싼 '담론' 구도를 형성함으로써 균열구조를 선택적으로 강조하고 부각하거나 은폐한다. 다양한 사회 균열구조 중에서 어떤 것이 우리 형성에 있어서 중심축으로 작동하는지는 균열구조의 역사적·구조적 배경에도 달려 있지만 그에 못지않게 특정 전선을 중심으로 우리를 형성하는 '정치적 호명'과 그에 기반한 담론 지형에도 달려 있다. 정치적 언사, 발화행위, 프레임 구축, 담론형성이 모두 정치적 '호명'이 되는 것은 아니다. 발화자의 의도와 무관하게, 발화행위가 특정 균열을 우선적으로 불러내고 그것을 기준으로 아와 비아를 나눔으로써 우리를 형성할 때, 그것은 유의미한 정치적 호명이 된다.

정치적 호명은 진공상태에서 일어나지 않는다. 사회적 균열의 구조적·제도적 제약을 받으면서 이루어진다. 동시에 정치적 호명이 사회적 균열구조들 사이의 위계질서를 구성하는 담론지형을 만들어낸다. 사회적 균열구조에 기반하지 않는 정치적 호명은 인민대중으로부터 적극적인 호응(응답)을 받기 어렵다. 다른 한편, 정치적 호명이 없으면 사회적 균열구조는 정치적 대립 전선으로 활성화되지 않고 묻힐 수 있다. 예를 들면, 심각한 인종적, 종교적, 이데올로기적, 계급적 균열의 축적이 대량학살의 원인이 되기도 하지만, 인종차별주의 시대의 남아프리카에서처럼 그런 균열구조가 대량학살로 이어지지 않는 곳도 있다. 거꾸로 스탈린, 마오쩌둥, 폴 포트 등의 공산주의 사회에서처럼 사회적 균열이 심각하지 않은 곳에서도 대량학살이 발생할 수 있다(장원석 2018, 72-78). 요컨대, 사회적 균열구조와 정치적 호명은 서로를 구성한다. 궁극적으로 사회적 균열구조를 바탕으로 하는 정치적 호명에 대한 대중의 응답이 아비헤투에서 승패의 관건이 된다.

이 글에서는 정병기(2014, 63; 2018, 39)의 선도적 개념 구상에 따라, 정치적 호명에 의한 정치적 전선으로의 구축 정도를 기준으로 사회적 균열과 정치적 균열을 구분한다.3) 사회적 균열은 사회 내에 잠재해 있는 여러 사회 집단들 사이의 갈등과 대립 전선을 뜻한다. 정치적 균열은 정치적 호명에 의해서 특정 사회적 균열이 정치무대에서 주요 이슈로 등장하고 주요 전선으로 형성된 것을 의미한다. 정병기는 여기에 '정당 균열'의 개념을 더하고 있다. 정당 균열은 정치적 균열 내지는 전선이 유의미한 정당으로까지 발전한 균열을 말한다. 정병기의 개념 구분은 사회적 갈등의 심화과정에서 단계에 따라 정당과 사회 단체 및 비정당 정치 단체들이 모두 주요 호명자로서 연합정치에 참여하는 점을 볼 수 있게 해준다. 여기서는 정당이 사회적 균열을 정치적 균열로 만드는 중요한 주체로서 다양한 사회적 균열을 호명하고 대변하며 집약할 수 있다는 생각에서, 정당

---

3) 사회적 균열과 정치적 균열 및 정당 균열의 구분을 지적해준 정병기 선생님께 감사드린다.

균열이라는 개념을 별도로 사용하지는 않는다. 정당이 대변하는 주요 사회적 균열이 있겠지만, 그것이 가변적일 수 있다고 생각하기 때문이다.

정치적 호명은 '구조'와 '국면' 차원으로 나눠서 생각할 수 있다. '국면'은 구조에 뿌리박고 있으면서 구조의 큰 흐름에 영향을 줄 수 있는 제한된 시공간이다. 국면은 구조의 일부이면서 그것을 넘어선다. '구조와 국면'의 관계는 마치 '전략과 전술', '선전과 선동' 또는 '전쟁과 전투'의 관계와 비슷하다(Gramsci 2007, 105, 284). 전투는 전쟁의 일부이고 전투에 임하는 전술은 전쟁을 다루는 커다란 전략(또는 그보다 더 상위의 정치적 전략)에 입각해 있다. 그런데 주요 전투에서의 승패가 전체 전쟁의 판세에 결정적 영향을 줄 수 있다. 전투가 전쟁에 영향을 미칠 수 있듯이 주요 전투에서의 전술이 보다 상위의 전략에 영향을 주기도 한다. 구조와 국면의 관계도 이와 비슷하다. 일상적인 구조적 관계가 지속되지만 중요한 국면에서 행위자들의 상호행위가 일상적으로 지속되어온 구조적 관계를 변화시킬 수 있다. 국면은 구조에 뿌리내리고 있고 구조적 힘의 제약을 벗어나기 어렵지만, 주요 국면에서의 상호행위에 의한 변화가 구조적 힘의 관계에 영향을 주어서 구조의 큰 흐름을 바꿀 수 있다. 요컨대, 결정적 국면은 구조적 차원과 맞물려 있지만 구조의 큰 흐름을 좌우할 수도 있다.

먼저, 정치적 호명은 구조 차원에서 일상적으로 일어난다. 일상생활에서 국가에 의해, 또는 국가 속에서 서로서로에 의해 '국민'으로 호명되고 만들어진다. 다른 나라 국민들과의 관계도 '적국'이나 '우호국'으로 일상적으로 호명된다. 호명에서 '말'이 중요하지만, 호명이 반드시 말이나 담론에 국한되는 것은 아니다. 구조적 차원에서의 호명은 직접적인 발화 형식을 취하기도 하지만 다양한 물적 구조물과 일상적인 관습과 제도를 통해서 이루어지기도 한다. 가령 국민의례, 국기에 대한 맹세 같은 의례와 관습도 '국민'을 호명하는 기제로 작동한다.

"호명은 단순한 문장이 아니다. 호명은 오히려 다양한 물질적 배치와 명령을 통해 작동한다. 호명은 집단 의례, 습관, 모임 등을 통해 개인에게 도달한다. 호명은 물리적으로, 심지어 공간적으로 고정되어 있다. 그러므로 호명은 기관 전체를 통해서 전달된다'(카림 2019, 116).

다음으로, 국면 차원의 호명이다. 구조적 차원에서의 호명이 일상생활 속에 녹아 있어서 눈에 잘 띄지 않는 반면, 중요한 갈림길에 선 '결정적 국면' 차원에서의 정치적 호명은 보다 적극적이고 가시적이다. 선거, 혁명, 나라의 위기 상황, 전쟁, 촛불집회 또는 탄핵과 같은 주요 국면에서 아와 비아는 자기 세력을 규합하고 상대방 세력을 약화시키는 정치적 호명을 적극적으로 전개한다. 주요 국면에서 아비혜투의 승패는 다양한 소아들을 자신을 중심으로 하는 우리로 규합하는 정치적 호명에 달려 있다고 해도 과언이 아니다. 정권심판론이나 정권교체론, 또는 "우리가 남이가?"라는 한마디는 선거 국면에서 아와 비아를 구분하는 (새로운) 호명이자, 비아에 속한 사람들을 아(우리)로 규합하는 헤게모니 실천이다. 구조적 차원의 호명처럼 결정적 국면에서의 정치적 호명도 말에 국한되지 않는다. 다양한 방식의 힘의 과시와 전시(군사력의 배치, 시가행진, 본보기 처벌, 물리적 위해나 위협, 전쟁기념관, 전사자 무덤 조성 등), 실제 물리력의 사용에 의한 호명도 얼마든지 일어날 수 있다.

결정적 국면에서 호명에 대한 인민들의 응답 정도는 일상적 차원에서 정치적 호명에 의해 형성된 사회운동의 지형에 많이 좌우된다.[4] 구조와 국면이 연결되어 있는 것이다. 사회적 운동 지형은 한편으로 인민들의 밑으로부터의 '요구'로 분출하며, 결정적 국면에서 정치적 호명의 가능한 범위를 제약한다. 동시에 사회적 운동 지형은 결정적 국면에서 정치적 호명에 대한 인민들의 응답의 정도를 좌우한다. 일상적 차원에서 분출한 사회적 요구를 포함하고 반영하는 정치적 호명에 대해서 결정적 국면에서 인민들이 적극 호응할 가능성이 크다.

언제가 결정적 국면인지 판단하는 것은 쉽지 않다. 구조와 국면의 구분

---

[4] 이 점은 정병기(영남대 정치외교학과 교수)의 코멘트에서 배운 것임.

은 상대적인 것이어서 분석자의 관점에 따라 다를 수 있다. 그럼에도 구조와 국면의 개념은 유용하다. 한편으로 결정적 국면에서 행위자들의 상호행위에 의해 구조의 흐름(분기)이 영향받는 것을 파악하는 점에서 구조 결정론에 빠지지 않고, 다른 한편으로 행위자의 상호행위가 구조적 제약에서 완전히 자유롭지 않다는 점을 고려함으로써 주지주의에 빠지지도 않기 때문이다. 요컨대, 구조와 국면 차원의 분석을 통해 '구조-행위자'의 상호구성적 관계를 볼 수 있다.

나는 해방정국이 우리 현대사의 경로를 형성한 결정적 국면이라고 생각한다. 해방정국에서 우리의 민족 정체성에 입각한 대아(통합한국) 건설에 실패하고, 대신 남과 북의 소아가 분립하였다. 이는 해방정국이라는 결정적 국면에서 소아와 대아를 중심으로 하는 정치적 호명의 헤게모니 투쟁에서 대아주의가 패배했기 때문이다. 결정적 국면에서 소아주의로 결집하거나 적어도 그러한 소아주의의 호명을 극복하지 못했기 때문에, 이후 남과 북의 분립이라는 새로운 경로가 형성됐다. 각각의 소아가 만들어낸 국민 정체성이 우리의 민족 정체성을 대체하기 시작했다. 한국전쟁 이후 대한민국의 정치에서 '우리'는 남한(소아)을 기본으로 하였고 남과 북을 아우르는 대아 정체성은 억압되었다. 대아의 호명 자체가 '반국가', '반국민', 심지어 '반민족'으로까지 간주되기도 한다. 남과 북의 '국민'(소아)이 '민족(대아)'에 우선하고 대아 수립(지향)을 억압한다. 남북 분립 구조가 우리의 정치와 삶에 구조적 힘을 발휘하고 있지만, 이러한 구조를 결정지은 것은 해방정국이라는 결정적 국면에서의 아비헤투였다.

구조적 차원의 일상적 호명에서도 그렇지만 특히 주요 국면에서 새로운 우리를 만들거나 기존의 우리를 유지하는 데 있어서 정치적 리더십, 특히 정당의 리더십이 중요하다. 정당은 두 가지 기능을 수행함으로써 정치적 호명에서 특히 중요한 주체가 된다.

첫째, 정당은 특정 세력의 당파적 의지를 형성하는 데 그치지 않고 그것을 보편화하는 역할을 수행한다. 정당은 계급의 기계적이고 수동적인 대표가 아니라 자기가 대표하는 계급에 적극적으로 개입하여, 그것을 발전시키고 보편화한다(Gramsci 1996, 105, 247). 샤츠슈나이더(2008, 77-84)에 따르면, 정당과 직업단체(또는 이익단체)의 차이가 여기에 있다. 직업단체나 노조는 기업가, 농민, 노동자 등이 자신의 집합적 이익을 도모하기 위해 활동한다. 일찍이 샤츠슈나이더는 이익집단 체제의 편향성을 논하면서 조직 자체가 편향성을 동원하는 것임을 간파했다.

"하나의 집단이 어떤 이익을 증진하기 위해 스스로를 조직하는 시점에서, 그것은 또한 특정 종류의 정치적 편향성을 갖는다고 가정할 수 있다. 왜냐하면 **조직 그 자체는 어떤 활동을 위한 편향성의 동원이기 때문이다**"(샤츠슈나이더 2008, 77; 강조는 원문).

정당도 자기 세력의 당파적 이익과 세계관 및 가치관을 집약하고 표출하는 점에서 다른 집단과 마찬가지로 '편향성(당파성)의 동원' 조직이다. 그러나 정당은 여기서 그치지 않는다. 성공적인 정당이 되기 위해서는 자신의 당파성을 일부 희생하고 양보하면서 자기 세력 밖의 비아들을 자기 세력 안으로 끌어들여야 한다. 여전히 한쪽 발을 자신의 당파성에 굳건히 담고 있으면서 동시에 가급적 많은 비아들을 잠재적 아로 끌어들이기 위해서 보편성을 추구해야 한다. 이것이 바로 '당파성의 보편화'의 담지자로서 정당의 역할이다. 샤츠슈나이더에 기대어 덧붙이자면, 정당은 '편향성(당파성)의 동원'에 그치지 않고 그와 함께 '편향성(당파성)의 보편화'를 수행하는 조직이다. 오늘날 계급정당을 넘어선 초계급적인 '국민정당'은 더 말할 나위도 없다.5)

물론 정당은 당파성의 보편화라는 헤게모니 역할을 독점하지 않는다. 우선, 정당 자체가 당파적 보편성의 수립 대신 당파성을 강조하는 전략을 취할 수도 있다. 국가권력을 장악하는 대신 자신의 정치적 생명을 연장하기 위해서, 소수 정당의 정체성을 분명하게 수립하기 위해서, 또는 정당

---

5) 초계급적 정당의 존재를 일깨워준 정병기 선생님께 감사드린다.

내 강경파들의 목소리가 너무 커서 당의 지도부가 그들을 제압하는 데 실패하거나 오히려 그들 강경파에 의존해서 당권 경쟁에 나서기 위해서 등의 이유로 정당이 당파성의 보편화에 소홀할 수 있다. 특히 민주주의 체제에서 당내 경선에서 승리한 후보만이 본선 경쟁에 나갈 수 있고 당내 경선에서 승리하는 데 강경파의 지지 확보가 꼭 필요한 경우가 많이 있다. 이런 경우 당내 경선에서 뽑힌 후보가 당의 당파적 집합의지를 보편화하는 데 한계가 있을 수밖에 없다. 이 같은 정당의 당파화 또는 이익집단화는 종종 볼 수 있는 현상이다. 이러한 경우에도 정당은 정치적 호명을 한다. 다만 그만큼 국가권력의 장악이나 폭넓은 헤게모니 구축에서 멀어진다.

다른 한편, 샤츠슈나이더가 정당과 구분했던 이익집단이나 노조 등도 보편적 이익을 추구하고 도모하는 활동을 한다. 환경운동단체나 인권운동단체 같은 포괄적 가치를 추구하는 시민단체나 사회집단은 특정 집단이나 직업 또는 특수 이익을 대표하지 않고, 사회 구성원 모두를 위한 보편적 이익과 가치를 추구한다. 여성운동이나 장애인운동도 마찬가지다. 이들은 우선적으로 여성이나 장애인의 인권 신장을 도모하는 활동을 하지만, 궁극적으로는 남성과 여성, 장애인과 비장애인 모두를 위한, 모두와 함께하는, 보편적 가치를 도모하는 활동이다. 노조나 이익집단도 자기 집단의 '경제적-조합적(economic-corporate)' 이익만 추구하는 경향이 강한 방면, 나라에 따라서 또 경우에 따라서는 특정 집단의 이익만이 아니라 사회 전체의 이익을 위한 전반적인 사회 개혁을 도모하는 활동을 한다. 이 같은 사회집단이나 사회운동은 정당 못지않게 보편적인 가치와 이익을 대변하는 헤게모니 역할을 수행할 수 있다.[6]

둘째, 정당은 유권자들이 "선택할 수 있는 대안을 극단적으로 단순화하는 방식을 통해" 지지자들을 구축하고 그들을 하나의 '우리'로 결집시킨다(샤츠슈나이더 2008, 110). 정당이 만드는 '우리'들은 정당이 개입하기

---

[6] 이 구절은 정병기 선생님의 코멘트에서 배운 것임.

전에 형성 가능한 '우리'들에 비해 그 수가 절대적으로 작다. 극단적인 다당체계를 제외하면 대부분의 정당체계에서 유의미한 정당의 숫자는 많아야 4-5개에 그친다. 정당들 사이의 경쟁은 수많은 소아들로 쪼개질 수 있는 시민들을 소수의 '우리'들로, 대체로 두세 개의 주요 정당들 사이의 아와 비아로 통합한다. 이 점에서 정당은 그 자체로 사회통합의 역할을 수행하는 중요한 헤게모니 기제다. 정당은 '갈등의 사회화'의 주요 주체이기도 하다. 사회적 균열구조 중에서 정치적으로 중요한 전선이 되게끔 갈등을 정치화하는 게 정당의 역할이다. 따라서 정당정치는 "갈등의 수를 줄이되 갈등의 규모는 사회화"함으로써 시민들을 아와 비아로 구분하여 경쟁하게 한다(박상훈 2011, 104). 정당 경쟁의 논리 속에 정치적 호명의 역할이 내장되어 있는 셈이다.

정치적으로 중요한 균열이나 갈등의 숫자를 대폭 줄이는 과정에서 정당은 사회적 균열구조를 단순 반영하지 않는다. 사회적으로 형성되어온 균열구조에 입각해서 정당체계가 만들어지지만, 정당들이 균열구조를 활용하고 변용하기도 한다(샤츠슈나이더 2008, 115-135). 요컨대 사회적 균열구조와 정치적 호명의 사이에서 정당은 양방향으로 움직인다. 정당은 중요한 사회적 균열구조를 바탕으로 형성되고 그에 입각해서 아와 비아를 호명하지만, 동시에 정당은 정치적 호명 행위를 통해서 사회적 균열구조를 변용하고 만들어 내기도 한다.

물론 사회에 따라 정당의 발전 정도와 양상이 다르다. 또한 사르토리(Sartori 1976)의 정당체계 분류에서 일당지배나 패권정당체계처럼 비경쟁적 정당체계에서는 지배적 정당 이외에 다른 정당들은 사실상 유명무실한 존재일 수 있다. 경쟁적 정당체계가 잘 발달하여 제도화 수준이 상당히 높은 곳에서 정당 활동이 자유롭고 앞서 언급한 것처럼 정치적 호명의 주체가 될 수 있다. 해방정국의 한반도처럼 정당정치와 의회정치의 역사가 거의 전무한 지역에서, 게다가 정당들이 우후죽순으로 생겨나서 난립한 경우, 모든 정당이 다 비슷한 호명의 주체가 될 수는 없다. 이런 곳에서는 한편으로 정당들에 주목하면서 동시에 다른 한편으로 정당에 버금가는 정치 지도자나 특정 정치세력에 주목할 필요가 있다. 정당체계가 잘 발달되어 있지 않은 경우 이들의 정치적 호명이 더 중요할 수 있기 때문이다.

이 책은 해방정국을 한반도와 오스트리아에서 결정적 국면으로 보고 비교분석한다. 다양한 국내외 행위자들의 상호행위는 이후의 경로 형성에 결정적 영향을 미쳤다. 한반도에서는 남과 북에서 두 개의 국가가 분립하였고, 오스트리아는 하나의 단일 국가 수립에 성공했다. 이 같은 경로의 차이는 오늘날까지 지속되고 있다. 그런데, 양 지역에서 결정적 국면 자체가 모든 경로가 가능한 무중력 상태인 것은 아니다. 한반도의 해방정국과 오스트리아의 해방정국은 향후 경로에 결정적 영향을 미치는 점에서 결정적 국면인 것은 맞지만, 그 국면이 뿌리내리고 있는 구조에 있어서 큰 차이가 있다. 오스트리아는 그 전에 제1공화국의 경험이 있고, 의회정치와 정당정치의 경험과 유구한 제국의 역사가 있다. 반면 한반도는 그 같은 경험이나 역사가 없다. 대한제국을 한반도에서 근대국가가 출발한 시점이라고 보더라도 그 기간이 대단히 짧고 공화국의 경험은 아예 없었다. 의회정치와 정당정치의 경험도 사실상 없었다. 2차대전 이후 오스트리아가 돌아갈 체제와 경험이 있었던 반면, 한반도에는 그처럼 돌아갈 체제나 과거가 없었다. 일제 강점기도 돌아갈 역사가 결코 될 수 없었다. 그것은 단절의 대상이 되어야 했다. 즉, 오스트리아가 새로운 공화국을 수립하는 데 과거의 역사가 준거가 될 수 있었던 반면, 한반도에서는 그 같은 준거로 삼을 만한 역사적 사실이 존재하지 않았다. 오스트리아에서와 달리, 한반도의 해방정국에서는 완전히 새로운 경로를 구축하는 임무가 주어졌던 것이다.[7]

이 같은 역사적 구조의 차이는 해방정국이라는 결정적 국면에서 활약하는 주인공들 즉 주체에 있어서도 중요한 차이를 초래했다. 해방정국 오스트리아에서는 기존 정당의 복구가 신속하게 이루어졌다. 사회당과 국민

---

[7] 이 문단의 내용은 구갑우(북한대학원대학교) 선생님의 코멘트에서 배운 것임.

당 및 공산당은 모두 1공화국 때 이미 활발히 활동했던 정당들이고, 그 역사적 뿌리가 깊다. 그들은 1공화국 시절 적대적 대결의 아픈 과거를 갖고 있지만, 동시에 그로부터 학습도 공유했다. 또한 돌푸스의 권위주의 정부와 히틀러의 제3제국으로부터 박해의 경험도 공유하였다. 반면에 한반도에는 그 같은 정치적 주체가 새롭게 만들어져야 했다. 일제 강점기 시절 독립운동을 한 단체들이 있고 그들이 해방정국에서 중요한 정치 행위자들로 등장하지만, 그들이 정당정치나 의회정치의 주체로서 활동을 공유했던 것은 아니다. 한민당처럼 아예 새로운 정당도 수립되었다. 오스트리아에서 정당들이 과거 정치적 주체의 역사의 연속성을 바탕으로 활동한 반면, 한반도에서는 그 같은 연속성이 담보되지 않았다. 대신에 한반도에서는 거의 완전히 새로운 주체들의 형성과 그들에 의한 새로운 경로의 형성이 요구되었다. 한반도와 오스트리아의 해방정국을 결정적 국면으로 비교할 때 유념해야 할 중요한 차이점이다.

제2장 사례와 초점:
해방정국 초기 임시정부 수립 문제

1. 비교의 초점: 임시정부 수립 문제*1)

오스트리아에 대한 우리 학계의 기존 연구는 대부분 중립화를 통일의 주요 요인으로 본다. 오스트리아는 '중립화 통일'의 모범적인 사례로서, 한반도의 중립화 통일 방안을 모색하는 데에도 주요 전거로 취급된다. 이 장에서는 기존 연구와 달리 오스트리아가 분할점령에도 불구하고 통일국가를 수립할 수 있었던 가장 큰 이유를 해방정국 초기에 단일 임시정부를 수립하고 그 권한을 전국으로 확장한 데에서 찾는다. 우리 학계가 강조하는 중립화는 오스트리아 통일의 원인이라기보다는 그 결과로 보아야 한다. 이 점에서 오스트리아의 초기 해방정국에서 단일 임시정부를 수립한 것에 주목하고, 대조적으로 한반도에서 그렇지 못했음을 적시한다.

우리 학계에서 오스트리아에 대한 관심은 그리 많지 않다. 분단 및 통일 문제와 관련하여 독일 사례에 집중된 관심에 비교하면, 오스트리아에 대한 관심은 미약한 편이다. 그럼에도 오스트리아 사례에 대한 소중한 연구들이 축적되어 왔다. 정치학자 중에서 비교적 일찍 오스트리아 사례에 주목한 이호재(1978; 1999)와 안병영(1987; 2013)의 연구는 특히 중요하다. 이들은 오스트리아가 독일처럼 4개 연합국에 의해서 분할점령되었음

---

* 김학노
1) 이 절의 내용은 김학노(2024)의 일부를 수정 보완한 것임.

에도 독일과 달리 분단되지 않았으며, 이는 미소에 의해 분점된 한반도가 남북으로 분단된 사례와 대조된다는 점에 주목했다. 이후에도 상당수의 학자들이 오스트리아에 관심을 기울여왔다. 이들 연구는 ① 오스트리아 통일의 주요인으로서 중립화 정책을 강조하고 ② 국내 정치세력들의 좌우 협력에 주목하는 경향을 보인다.

첫째, 기존 연구들은 대부분 중립화를 오스트리아 통일의 주요인으로 본다. 중립화가 오스트리아의 통일국가 수립에 직접적으로 기여한 것으로 보아서는 곤란하다는 이호재(1999, 53)의 주의에도 불구하고, 우리 학계에서 오스트리아는 '중립화 통일'의 모범적인 사례로 통한다. 대표적인 예로, 오스트리아에 관해 가장 체계적인 연구서를 낸 안병영(2013, 14, 114-115, 138-182)은 오스트리아가 1955년 국가조약을 통해 '중립화 통일'을 성취했으며, 이후 '두 겹의 합의체제' 즉, ① 좌우 협력에 기반한 '합의제 정치'와 ② 노사정 협의를 통한 '사회적 파트너십'을 통해 발전했다고 본다. 그는 특히 오스트리아의 중립화 통일을 "냉전시대가 기록할 수 있는 가장 반(反)냉전적 정치협상의 산물"로 높이 평가한다(안병영 1987, 31; 2013, 16). 이처럼 오스트리아 통일의 주요인을 중립화에서 찾는 견해는 우리 사회와 학계에 널리 퍼져 있다(전득주 1990; 박정원 2007; 이서행 2005; 박수희 2021; 이경 2011; 김홍섭 2020; 정미영 2010). 이들 연구는 대부분 오스트리아가 중립화를 추진한 외교활동을 추적·기록하고 그것이 왜 일어났고 어떻게 성공했는지 분석한다.

오스트리아 연구는 남북한의 중립화 통일방안으로 이어지기도 한다. 안병영(1987, 49)은 오스트리아의 중립화가 가능했던 요건들을 고려한 뒤 "'현단계에서의' 한반도 중립화 통일안은 허구적일 수밖에 없다"고 결론을 내렸다. 그럼에도 오스트리아의 중립화 통일 방식은 한반도 통일을 구축하는 데 종종 모범적인 준거로 제시된다(임상우 2021; 김홍섭 2020; 이서항 2005; 김승국 2010; 강광식 2008; 박정원 2007; 이경 2011; 강종일 2014; 2023). 우리사회에서 오스트리아를 한반도 중립화 통일방안의 준거로 삼은 것은 그 역사가 꽤 길다. 2공화국 시절인 1960년 11월 장면 총리가 중립화 통일방안을 반대하면서 한국과 오스트리아의 차이점을 강조하기도 했다(윤태룡 2013, 84). 오늘날에도 우리사회 일각에서는 중립화 통일을 한반도 통일의 최선책으로 간주한다.2)

둘째, 기존 연구들은 오스트리아의 국내 정치세력들의 협력, 특히 좌우협력을 강조한다. 이 글에서 오스트리아 통일의 주요인으로 보는 임시정부 수립은 물론이고, 냉전이 고조되는 시점에 오스트리아가 중립화를 표방할 수 있었던 것도 좌우협력 덕분으로 본다. 기존 연구들은 오스트리아가 1공화국(1919~1934) 당시 내전까지 치를 정도로 적대적이었던 좌우 정치세력들이 2차대전 이후 어떻게 상호 협력하여 임시정부를 수립하고 합심하여 중립화 통일을 이뤘는지에 관심을 집중한다.

기존 연구가 오스트리아의 좌우협력을 가능하게 한 것으로 강조하는 요인들은 크게 문화와 제도 두 범주로 나눌 수 있다. 먼저, 타협 문화다. 오스트리아의 타협 문화는 멀리는 합스부르크 제국 시절까지 거슬러 올라간다. 합스부르크 제국은 수많은 민족들로 구성되어 있었으며, 이들 사이에 상이한 이익과 갈등을 조정하는 문화가 발달했다. 가깝게는, 1공화국 시절 소위 '레드 비엔나'를 중심으로 한 '붉은 진영'과 그에 대항하는 '검은 진영'의 적대적 격돌, 돌푸스(Engelbert Dollfuß)의 오스트로 파시즘, 그리고 1938년 합병(Anschluss) 이후 나치 지배의 경험 등을 겪으면서 배운 학습에서 타협문화가 강화됐다. 또 이같은 부정적 경험을 거치면서 주요 정당 내 극단적인 세력이 약화·소멸되고 온건 중도 세력이 당내 헤게모니를 장악한 것이 해방정국의 타협문화에 기여했다(안병영 2013, 38-39; 1987, 33; 이호재 1978, 128-137).

아울러, 협력과 권력공유를 사실상 강제하는 제도적 장치들도 중요하다. 오스트리아는 여전히 붉은 진영과 검은 진영으로 사회가 깊숙이 나뉘어 있는데, 이들 사이에 이익과 권력을 나누는 권력분점 또는 권력공유 제도가 발전했다. 이른바 '구성비(Proporz) 원칙' 또는 비례체제(Proporzsystem)

---

2) 한반도중립화통일협의회(http://www.jungrip.org) 참고.

라는 방식에 입각해서 주요 정당들이 획득한 지지도에 비례하여 정책결정 과정에 함께 참여하고, 정부 및 국영기업, 국책은행과 방송사 등 공공부문의 주요 공직을 나누어 점유한다. 양대 진영 사이의 적대감과 불신을 현실적으로 인정하고 아예 세력 분포에 비슷하게 자리와 힘을 나눠 갖는 방식이다. 2공화국의 근간이라 할 수 있는 정당 간 연정협약(Koalitionspakt)도 이러한 비례체제를 바탕으로 한다. 꼭 다수당이 되지 못하더라도 각 정당은 자기의 득표율만큼 내각에 참가하기 때문에 '전부 아니면 전무'식의 선거 경쟁을 하지 않아도 된다(이호재 1999, 28; 1978, 126-127; 안병영 2013, 187-188, 200).

오스트리아의 ① 중립화 통일과 ② 국내 좌우협력을 강조하는 기존 연구와 달리, 이 책은 다음 두 가지를 주장한다. 첫째, 분할점령에도 불구하고 오스트리아가 통일국가를 수립할 수 있었던 가장 중요한 요인은 해방정국 초기 단일 임시정부의 수립과 그 권한의 전국 확대, 그리고 이를 바탕으로 한 정식 정부의 신속한 수립이었다. 둘째, 이것이 가능했던 데에는 국내 정치세력들의 좌우협력도 중요했지만, 그에 앞서 단일 임시정부 수립을 허용하고 그 권한 확대를 수용한 점령국들의 정책이 더 중요했다. 두 번째 주장 즉, 오스트리아와 한반도에 대한 점령국들의 정책 비교는 3장에서 본격적으로 다루고, 여기에서는 오스트리아가 통일국가를 수립할 수 있었던 주요인을 중립화 정책보다는 단일 임시정부 수립에서 찾아야 한다는 논지를 전개한다. 중립화는 오스트리아 통일의 원인이기보다 그 결과로 봐야 한다.

오스트리아는 1945년 4월 27일 해방정국의 초기 국면에서 주요 정치세력인 사회당(SPÖ: Sozialistische Partei Österreichs)과 국민당(ÖVP: Österreichische Volkspartei) 및 공산당(KPÖ: Kommunistische Partei Österreichs)이 함께 참여하는 임시정부 수립을 공표했고, 이후 11월 25일 총선거를 실시한 뒤 12월에 3당이 모두 참여하는 거국 연립정부를 정식으로 출범시켰다. 4개 연합국 정부들은 1946년 1월 7일 오스트리아 2공화국 정부를 공식(de jure) 인정했다(The Department of State 1947, 28). 분할점령을 극복하면서 통일정부를 수립한 것이 아니라, 분할점령 속에서 그 초기부터 통일정부가 수립된 것이다. 이후 1947년 공산당이 연립정부에서 탈퇴했지만, 사회당과 국민당의 대연정 체제는 오스트리아가 주권을 완전 회복하는 1955년 국가조약 체결까지, 그리고 그 이후 1966년까지 계속 유지되었다. 1986년~2000년, 2007년~2017년에 보듯이, 오스트리아 정치에서 좌우 양대 세력의 대연정은 흔히 볼 수 있는 현상이 되었다(안병영 2013, 193-225 참조).

1945년 4월 임시정부 수립 및 11월 총선에 입각한 정식 통일 정부 수립의 일등공신은 레너(Karl Renner)였다. 비엔나를 포함하여 오스트리아의 동쪽 지역을 해방한 소련군은 레너를 찾아내어 그를 중심으로 임시정부를 수립하도록 했다. 레너는 처음부터 주요 정당들과 권력을 공유하는 합의제 방식을 도입했다. 3개 주요 정당 사이에 임시정부의 각료직을 나누고, 각 부처마다 장관과 다른 두 정당 출신의 차관을 두어서 세 정당의 합의를 유도했다(Carafano 2002, 54). 소련군의 승인과 지원 아래 주요 정당 대표들이 4월 22일부터 이틀간 협상 끝에 나치를 제외한 모든 정치집단이 참여하는 거국연정 구성에 합의했다(Anzelmo 1968, 31). 주요 정치세력이 모두 정부 구성에 참여하는 대연정 방식은 그 자체로 통합의 중요한 구심점이 되었다. 모든 정치세력이 참여하고 합의하여 정책을 결정함으로써 해방정국에서 분출할 수 있는 정치세력 간 주도권 다툼과 분열을 예방했다. 오스트리아에서는 해방정국의 아주 초기부터 레너를 중심으로 하는 거국 임시정부가 수립되었고, 이것이 정치적 구심점이 되어서 다양한 정치세력들 사이의 갈등이 분열로 이어지지 않을 수 있었다.

레너의 사회당은 공산당이 제안한 '통일전선'을 거부하고 공산당과 국민당을 모두 포함하는 대연정을 수립하는 방식을 고수했다. 사회당이 공산당의 통일전선 제안을 거절한 것은 매우 신중하고도 현명한 처사였다. 공산당과의 통일전선을 형성할 경우 좌익세력들 사이에 연합이 이루어지는 반면, 우익 세력은 배제되고 그들과의 협력은 어려웠을 것이다. 레너는 공산당과의 통일전선 대신 국민당을 포함한 좌우대연합 방식을 고수했다.

이는 주요 좌우 정당들을 모두 정부에 포함함으로써 대통합을 이루고 단일 정부 수립을 가능케 했다. 이를 통해 레너의 임시정부는 좌우 정치세력들의 통합정부로서 하나의 구심점을 수립하고 유지했다. 우익 세력이 레너의 임시정부에 처음부터 참여한 것이, 서방 연합국들이 점령 통치한 지역의 보수세력들이 훗날 레너 임시정부의 권한 확대를 수용한 중요한 배경이 되었다. 한반도의 38선 이북에서 1946년 1월 조만식의 연금 이후 좌익세력만의 연합이 이루어진 점을 생각하면, 레너 사회당의 선택이 얼마나 중요했는지 가늠할 수 있다.

서방측은 처음에는 레너 정부를 소련의 괴뢰정부로 의심하고 승인을 거부했다. 전국적인 임시정부를 표방했지만, 레너 임시정부는 실제로는 동쪽의 소련 점령 지역에서만 권한을 발휘할 수 있는 상황이었다. 서방 연합국의 승인을 받기 위해서 레너는 먼저 서부 지역의 국내 지도자들을 참여시키고자 그들의 합의를 구했다. 수도 비엔나와 인근은 산업이 발전하고 노동자들이 많아서 사회당 세력이 강했지만, 오스트리아의 나머지 지역은 대부분 농촌 지역으로서 가톨릭이 강하고 정치적으로도 보수 세력이 훨씬 강했다. 이런 배경에서 서부 지역의 국내 지도자들은 대부분 국민당 세력이었다. 레너는 9월 24-26일 연방주정부대표자회의(Länderkonferenz)를 개최하여 서방측 점령지역에 있는 보수적인 지도자들과의 합의를 이끌어냈다. 연방주정부대표자회의에서 상이한 정치세력들 사이에 대화와 타협, 토론에 의한 합의가 이루어졌다. 타협의 결과 서부 지역의 국민당 지도자들이 새로 내각에 참여했고, 임시정부 내 공산주의자들의 실권이 축소되었다(Anzelmo 1968, 73). 레너는 이를 바탕으로 서방 연합국들의 승인을 얻어내는 데 성공했다. 이로써 레너 임시정부는 오스트리아 전체에 하나의 중심, 하나의 구심점을 제공했다. 레너 정부가 4개 연합국들의 점령지역 모두에서 인정되고 영향력을 발휘했기 때문에 11월에 전국에 걸쳐 선거를 실시하고 하나의 통일된 오스트리아 정부를 수립할 수 있었다(Hudson 2015, 225).

오스트리아는 1955년 5월 국가조약을 체결하여 연합국들로부터 완전히 주권을 회복하고 점령군들의 철수를 이루어냈다. 1945년 해방 이후 1955년 국가조약 체결까지 10년이 걸렸고 그 사이 동서 냉전이 격화되면서 소련 점령지역인 동부 오스트리아와 나머지 서부 지역이 분단될 우려가 커지기도 했다. 이를 방지하고 통일된 국가를 지켜낸 방법의 하나가 중립화라고 할 수 있다. 특히, 박정원(2007, 90)이 강조하듯이, 오스트리아는 서독처럼 나토(NATO)에 가입하는 기회가 주어졌지만 동서 분단을 우려하여 나토 가입을 거부하고 중립을 선택했다. 크라이스키(Bruno Kreisky) 당시 외무차관은 오스트리아의 동서 분단을 초래할 수 있다는 인식에서 미국의 군사동맹체제 가입 권유를 거부했다(안병영 1987, 39). 이 점에서 중립화 정책은 동서 오스트리아의 분단을 예방했다고 할 수 있다(Carafano 2002, 140 참조). 하지만 그러한 분단은 가능성으로 존재했을 뿐 현실에 있어서는 존재하지 않았다. 중립화는 통일을 위한 정책이기보다는 주권을 완전히 회복하는 국가조약을 체결하기 위한 수단이었다.

　오스트리아 국가조약 체결에 가장 큰 걸림돌은 소련이었다. 소련은 1949년 3월 비엔나 근처 맛쩬(Matzen)에서 당시 중유럽에서 가장 큰 유전을 발견한 이후 오스트리아에서의 철수를 서두르지 않았다. 또 헝가리 및 루마니아와 평화조약을 맺으면서 동부 오스트리아 점령군의 보급을 구실로 두 나라에 소련군을 계속 주둔하고 있었다. 유전 등의 경제적 이유와 소련군 주둔을 비롯한 중·동유럽의 진영 강화를 위해 소련은 오스트리아 국가조약을 미루고 있었다(Ruggenthaler 2020, 77-80; Békés et. al. 2015, 9). 소련이 독일문제와 오스트리아 문제를 분리하고 오스트리아와 국가조약을 체결하고자 한 것은 서독의 나토 가입이 확실해진 이후였다(Steininger 2012, 107-111). 1954년 8월 30일 프랑스 의회가 유럽방위공동체(European Defense Community)를 부결하자, 서방 열강들은 1954년 9월과 10월 런던 및 파리에서 서독의 재무장과 나토 가입을 결정했다. 1955년 2월 소련은 오스트리아 문제를 더 이상 독일 문제와 연계시키지 않겠다고 선언하고, 오스트리아 문제 해결을 위해서 스위스 모델의 중립화 방안을 수용할 뜻이 있음을 전해왔다(Bischof 2020, 12-14). 이후 오스트리아 국가조약 체결까지 걸린 시간은 그리 길지 않다.

중요한 것은, 이 과정에서 오스트리아 정부가 주도적 역할을 수행했다는 사실이다. 오스트리아의 랍(Julius Raab) 정부는 소련과의 양자회담의 중요성을 인지하고 기회를 포착했다(Lendvai 2023, 126). 서방측은 오스트리아-소련의 양자회담을 부정적 시각으로 보았다. 미국과 영국은 ① 소국 오스트리아가 대국 소련의 회유와 압박에 굴복할 가능성, ② 소련이 오스트리아와의 대화를 이용하여 서독의 나토 통합과 재무장을 마지막 순간에 뒤집을 위험, ③ 오스트리아로부터의 철군이 서방측의 대소련 방어력 약화로 이어질 소지 등을 특히 우려했다(Stourzh and Mueller 2018, 335-342; Bischof 1999, 134-135, 144-147; Bischof 2002, 184-187; 박수희 2021, 299-300). 서방측의 우려에도 불구하고, 1955년 4월 12-15일 오스트리아와 소련 사이의 모스크바 양자회담 결과 '모스크바 각서(Molotov-Raab communiqué)'가 발표됐다. 여기에서 오스트리아와 소련 양국은 국가조약을 체결할 것과 연합군 철수 이후 오스트리아 의회에서 스위스 모델에 따른 중립화를 결의하도록 하는 데 합의했다(Eisterer 2002, 202-203). 서방으로서는 오스트리아와 소련이 합의한 조건 아래서의 조약 체결을 거부하기 어려웠다. 1955년 5월 15일 오스트리아 국가조약이 체결되었고, 6월 9일 의회의 비준을 거쳐 7월 27일 발효되었다. 10월 25일까지 소련군을 비롯한 점령군들의 철수가 완료되었고, 10월 26일 오스트리아 의회는 연방헌법으로 영세중립을 선포했다(김홍섭 2020, 222; 임상우 2021, 135-136).

이처럼 결정적인 시점에 오스트리아 정부가 연합국들과의 국가조약 체결을 주도했다. 중립화는 국가조약 자체에 명기되지는 않았지만, 동서 냉전 시기에 소련과 미국을 포함한 연합국들과 국가조약을 체결하는 데 일정한 기여를 했다.[3] 국가조약 체결 과정에서 오스트리아 정부가 소련의 입장 변화를 포착하고 기회를 잡았으며 서방 연합국들을 설득하는 등 주

---

[3] 안병영은 중립화 방안이 당시 상황에서 국가조약 체결에 대한 소련의 지지를 이끌어내기 위한 "절묘한 '신의 한 수'였다"고 주장한다(2025년 4월 27일 코멘트).

도적 역할을 했다. 이는 이미 10년 전부터 오스트리아에 통일 정부가 수립되어 있었기 때문에 가능했다. 따라서 중립화는 엄밀히 말해서 통일의 원인이나 방식이 아니라, 이미 통일정부가 있었기 때문에 가능했던 결과의 하나이다. 중립화는 이미 존재하고 있던 오스트리아 통일정부가 국가조약을 체결하기 위해 채택한 하나의 방편이었다.

이는 한반도의 미래와 관련해서도 중요한 함의를 가진다. 중립화를 오스트리아 통일의 주요인으로 보는 관점에서는 한반도 중립화를 남북의 통일 방안으로 제시하는 경향이 있다. 오스트리아와의 비교 연구에서 한반도는 미소 양 진영 사이에서 중립을 지키지 못하고 오히려 좌우로 분열되어서 분단을 막지 못했다는 결론이 도출되기 때문이다. 하지만 중립화는 통일의 원인이기보다 결과의 하나였다. 이 점에서 중립화가 과연 남북의 통일방안이 될 수 있는지 질문하지 않을 수 없다.

2. 한반도 사례: 임시정부 문제와 분단국가의 수립*

해방 직후 한반도는 통일국가 수립에 대한 열망이 가득 넘쳐났다. 미소가 분할점령하기전에 그리고 해외에서 활동하던 독립운동세력들이 귀국하기 전에, 한반도에서는 여운형의 건국준비위원회를 중심으로 통일국가 수립에 대한 논의가 시작되었다. 이는 남북한 모두 마찬가지였다. 그러나 38선을 경계로 한 미소의 분할점령은 건국에 대한 논의를 남북으로 분리시켰다. 1945년말 전해진 모스크바 3상회의 결정은 반탁운동을 거세게 불러일으켰으며, 한반도에 반탁과 3상회의 결정지지라는 좌우의 분열을 낳았다. 이 모든 논의에 중심에는 임시정부 수립문제가 있었다.

한반도에서 임시정부를 수립하는 문제는 통일국가로 가는 첫걸음이었

---

* 김용복

다. 미소분할점령 이후에도 미소간 합의는 임시정부 수립을 통해서 한반도의 국가수립으로 나아간다는 것이었다. 해방 후 유사한 환경에 처한 오스트리아는 좌우세력들이 협력하여 임시정부를 신속히 수립하였고, 이를 연합국으로부터 인정받았다. 이러한 임시정부 수립이 오스트리아가 점령 이후 통일국가로 나아갈 수 있는 중요한 기반이었다. 반면에 한반도는 단일의 임시정부를 수립하지 못하고, 북한 및 남한에 별도의 행정체계가 구축되었다. 왜 한반도에서는 단일의 임시정부 수립이 실패하였던 것일까? 통일된 임시정부 수립의 가능성은 원래부터 없었던 것일까?

해방 이후 일본군의 무장해제를 위해 38선을 경계로 분할점령에 합의한 미국과 소련은 한반도에 시차를 두고 진주하였다. 소련군은 8월 26일 평양에 진주하였고, 미군은 9월 8일 남한에 들어왔다. 점령군이 없었던 북한의 10여 일과 남한의 23여 일은 그야말로 해방공간이었다. 이 기간 동안 남한과 북한에서는 해방과 새로운 국가건설에 대한 희망과 다양한 모색들이 분출되었지만, 미소점령군의 진주는 분위기를 확 바꾸어놓았다. 그리고 38선 통제로 인하여 남북간 자유로운 소통이 단절되었기 때문에 남북 정치세력들이 자유롭게 한반도 문제를 논의할 기회가 극도로 제약되었다. 38선을 경계로 분할점령한 미국과 소련의 점령통치 방식은 전혀 달랐다. 소군정은 간접통치를, 미군정은 직접통치의 방식을 취하였다. 이에 따라 북한에서는 임시 행정기구의 발족이 필요하였지만, 남한에서는 미군정이 직접통치하고 한국인들의 자문기구가 만들어졌다. 미군정의 하지(J. Hodge) 사령관은 장기간 식민통치에 있던 한국인들은 곧바로 행정을 떠맡을 수 있는 경험이 없고 정치적으로도 분열되어 있다고 생각하였다. 그래서 미군정은 "연합군 최고사령관 아래에 미군에 의해 설립된 임시정부"이며 "남한에 존재하는 유일한 정부"였다(오코노기 2019, 219-222). 반면 간접통치를 행한 소군정하에서 북한의 임시 행정조직의 건설은 단독정부 수립과정이면서도 임시 자치행정조직의 진전이라는 자연스러운 흐름이었다. 이 글에서는 남한과 북한에서의 정치활동이 어떻게 전개되었는지 임시행정조직 논의를 중심으로 간략히 정리한다.

1) 미군정의 직접통치와 정치세력들의 재편

해방 직후 남한에서의 정치활동 전개를 다음의 다섯시기로 나누어 볼 수 있다.

첫째, 해방 후 미군진주전까지의 해방초기(1945.8.15.-9.8)이다. 이 시기는 여운형의 건국준비위원회를 중심으로 좌우협력형 건국조직이 자발적으로 결성된 시기이다. 비록 한계는 있었지만, 건준의 중앙과 지부는 좌우합작 또는 좌우연합의 성격을 띠고 있었고 중경의 임정과 같이 중도노선을 지향하는 정치세력들의 연합이었다. 여운형 중심의 건국준비위원회가 전국적으로 지방조직을 자연발생적으로 확산시키면서 해방공간의 중요한 대안이 되었다. 지역의 특성에 따라 좌우연합조직으로, 우익 혹은 좌익조직으로 등장하였다. 건준은 해방 후 8월31일 현재 전국에 145개 지부를 가질 정도로 급속히 확산되어 갔다(박명림 1996, 39). 건준은 미군진주전 3주동안은 사실상의 정부였다.

둘째, 미군진주 이후 모스크바 3상회의 결정이전까지 다양한 정치세력들이 건국준비를 위해 주도권 경쟁을 하던 시기(1945.9.8.-12.말)이다. 박헌영과 조선공산당은 건국준비위원회를 인민공화국으로 전환하면서 주도권을 잡으려고 시도하였지만, 미군정의 반대로 하나의 정파로 그치고 말았다. 이승만이 10월 16일 귀국하고, 김구가 임정세력과 함께 11월 23일 귀국하면서 우익세력간 협력과 경쟁을 통한 주도권 경쟁이 치열해졌다. 이승만은 미군정을 배경으로 자신 중심의 정계개편을 시도하였지만 성과로 연결되지는 못했다. 늦게 귀국한 김구 등 임정세력은 임정법통론을 내세워 건국의 중심이 되고자 하였다. 결국 해방초기의 남한 정치세력들은 서울중심적 사고에 서서 임정봉대론과 좌우협력론 등을 중심에 두고 주도권 경쟁을 하였다. 이러한 가운데 좌우협력형 임시정부 수립전략은 약화되었고, 중경 임시정부 지지진영과 인공 지지진영이라는 진영대결의 양상으로 나아갔다(정병준 2023, 163). 1945년 12월경 남한에서는 미군정부 통치하에서 조선인민공화국, 독립촉성중앙협의회, 중경 임시정부 등 세 개의 조직이 '통일'을 외치면서 '분리'되어 경쟁하고 있는 상황이었다(오코노기 2019, 402).

셋째, 모스크바 3상회의 결정 이후 반탁운동이 거세지면서 김구의 임정 등 우익세력이 부상하고, 좌익은 모스크바 3상회의 지지를 결정하면서 좌우대립이 치열해진 시기(1945.12월말-1946.3)이다. 미소 분할점령하에서 새로운 정부수립을 위한 정치세력들간에 치열한 경쟁과 연합이 진행되고 있을 때 전해온 모스크바 3상회의 결정은 남북한 모두에 크나큰 영향을 주었다. 3상회의 결정은 1945년 12월 16일-25일 모스크바에서 미영소 3개국 외상회의를 거쳐 12월 27일 조약문서에 서명한 후, 모스크바 시간으로 12월28일 오전 6시에 발표되었다. 조선임시정부 수립, 신탁통치, 그리고 미소공동위원회 설치 등으로 요약되는 이 결정은 공식발표에 앞서 1945년 10월23일에 한 언론에 의해 미리 보도되었는데, 한반도에 신탁통치의 실시와 이를 소련이 주장했다는 내용이었다. 이후 반탁 운동과 반소 움직임이 거세지게 되었다. 모스크바 3상회의 결정은 먼저 한반도에 통일 임시행정기구의 수립이 아닌 미소합의가 전제된 공동위원회를 통한 조선임시정부 수립방안이었기 때문에 미군정의 남한대표와 소군정의 북한대표간 협상과 연합이라는 과정이 필요한 단계론적인 통합을 추구한 결정이었다.

모스크바 3상회의 결정은 남한내 정치세력의 양분과 치열한 주도권 경쟁을 낳았다. 반탁과 지지로 나누어진 좌우대립 가운데, 한민당, 국민당, 인민당, 공산당간의 4당 코뮤니케 합의(1946.1.7)는 좌우연합을 가능하게 한 최소한의 공통분모였고, 최대의 정치세력간 합의였다. 4당 코뮤니케는 임시정부 수립이후에 반탁문제를 해결하자는 합의였으며, 이러한 좌우세력간의 협력안은 해방공간에서 통일적 임시정부 수립을 위한 가장 이상적이고 실현가능한 모색이었다. 그러나 이어진 극우와 극좌의 원심적인 대립이 좌우협력을 좌초시키고 임시정부 수립의 길에서 멀어지게 만들었다. 결국 중간세력들의 입지는 협소화되었고, 우익과 좌익 양 진영으로 양분되는 정치구도가 만들어졌다. 우익정치세력들은 김구의 비상정치회의와 이승만의 독촉중협이 중심이 되어 1946년 2월1일에는 우익 61개 단체를 망라하여 <비상국민회의>를 발족하였다. 비상국민회의 설립으로 남한내 우익세력이 집결될 수 있었다. 이후 비상국민회의가 <남조선대한국민대표민주의원>(이하 민주의원)으로 전환하면서 우익 정치세력들은 민주의원으로 결집하게 되었다. 좌익세력은 모스크바 3상회의 결정이 임시정부 수립에 그 초점이 있고, 신탁통치문제는 그 이후 협의할 문제라면서 반탁운동에 맞서 모스크바 3상회의 결정을 지지하였다. 좌익은 우익의 <민주의원> 결성에 대해 조선공산당이 주도하는 <민주주의민족전선>(이하 민족전선)으로 결집하게 되었다. 모스크바 3상회의 결정으로 반탁과 지지로 나뉘어진 좌우대립가운데, 중간세력들의 입지는 협소화되었고, 우익과 좌익 양 진영으로 양분되는 정치구도가 만들어졌다. 미군정의 자문기관인 <민주의원>은 우익의 집결체였으며, 미군정이 지지하는 남한내 대표적인 조직이었다.

넷째, 제1차 미소공위와 좌우합작운동이 전개된 시기(1946.3-1946.12)이다. 이 시기에는 미군정의 조선공산당 탄압, 이승만의 정읍발언, 제1차 미소공위 결렬 등에 이어 미군정이 주도한 좌우합작운동이 '협의의 좌우협력'으로 그 가능성이 남아있던 시기였다. 모스크바 결정에 따라 미소공동위원회가 예비회담(1946.1.16-2.6), 1차회담(1946.3.20- 5.9)이 개최되었다. 미소공위 참여대상을 놓고 1946년 5월 제1차 미소공위가 결렬되자, 미군정은 남한에서 온건한 좌우파 세력을 형성하여 모스크바 3상회의 결정 지지와 임시정부 수립에 대비하고자 하였다. 1945년 5월에 시작된 좌우합작운동은 민족전선의 여운형과 민주의원의 김규식을 중심으로 남한의 중도파로 좌우연합정부를 만들고 개혁정책을 수행하여 인민의 지지를 확보하려는 의도를 가지고 시작되었다. 이는 극좌파를 배제하고 중간파를 결집시키면 우파는 따라올 것이기때문에 우파를 강화시키기 위한 미군정의 전략이었다(남광규 2010, 310). 극좌와 극우세력이 배제된 중간파 중심의 좌우합작세력은 독자적인 운동으로서 임시정부의 중추세력이 될 가능성은 약했지만 미군정의 지원이 뒷받침된다면 임시정부 수립의 근간이 될 수도 있었다. 그러나 미군정의 공산당 탄압과 극좌세력의 이탈, 토지개혁 등의 문제로 극우세력의 탈퇴 등으로 좌우합작운동은 좌초하고 말았다. 이에 미군정은 1946년 8월24일 <남조선과도입법의원> 설치에 관한 군정법령을 공포하고 입법의원 선거를 실시하였다. 이렇게 미군정은 입법의원을 통해 중도우파를 육성함으로써 결과적으로 우익세력의 힘을 강화하고자 하였다(이준식 2004, 54). <입법의원>은 북조선임시인위에 대응하는 미군정하 대표적인 기구였고, 법적 정당성을 갖춘 남한의 대표조직이었다. 이는 미소공위 재개에 대비한 일종의 임시정부 수립전략이었다(서중석 1991, 398).

만약 좌우합작운동의 성공으로 남한내 중심적인 정치세력을 구축할 수 있다면, 소군정의 북조선임시인민위원회와 미군정의 좌우합작위원회 혹은 과도입법의원이 임시정부 수립의 남북 주체세력이 되어서 미소협의를 진전시켜 '남북연합형' 임시정부 수립이 가능할 수도 있었다. 그러나 극좌와 극우세력의 방해, 2차 미소공위의 결렬, 여운형의 암살 등으로 좌우합작운동이 실패하자, 남한에서 협의의 좌우협력도 실패하면서 좌우연합을 통한 임시정부 수립이라는 가능성이 사라지게 되었다.

다섯째, 1947년 초반에는 남북 주체적인 정치세력의 연합으로 임시정부 수립의 가능성은 사라지고 오직 미국과 소련의 한반도 정책만이 통일된 임시정부 수립의 결정적인 요인이 되었던 시기(1947.1-1948.8)이다. 1947년 이후에는 미소합의에 의한 강제적인 임시정부수립과 신탁통치 실시만이 통일정부 수립으로 이어질 가능성으로 남아있었다. 당시 한반도 임시정부 수립 여부는 미소공위의 합의에 달려있었지만, 1차회담, 2차회담(1947.5.21-10.18) 모두 합의 없이 결렬되었고 한국문제는 유엔에 이관됨으로써 결국 남한과 북한의 단독정부 수립으로 이어졌다. 1947년 들어서면서 미국의 트루만 정부는 소련과의 협의를 통한 통일정부수립이 어렵다는 판단하에서 한국문제를 유엔으로 이전하는 한편 남한으로부터 철수를 도모하기 시작하였다. 1947년 7월7일 미군정 정치고문 제이콥스(Joseph

Jacobs)는 북한을 다녀온 후, 북한에는 이미 공산주의 국가가 수립되었다고 결론을 내렸다. 1947년 7월27일 <민족전선> 주최 인민대회에 참석한 브라운 미국대표는 선거를 통해 정부를 구성하자는 새로운 제안을 제시하였다. 8월12일 미대표단은 자유선거에 의한 정부구성을 소련측에 제안하였지만, 9월5일 소련은 미국의 제안을 반대하였다. 1947년 9월말까지 소련과 합의를 통해 한반도 문제를 해결하려는데 실패한 미국은 미국의 안보이익을 들어 철군을 결정하였으며 한국문제를 유엔에 이관하기로 결정하였다. 미국은 1947년 9월 한국문제를 유엔에 이관하였고, 10월18일에 미소공위가 공식적으로 결렬되었다. 11월4일에는 유엔감시하에 총선거한다는 결의가 채택되었는데, 이러한 결의에 북한은 강력히 반발하였다. 결국 한국문제는 유엔으로 넘어가고, 유엔감시단에 의한 총선거 실시가 결정되자, 단선반대운동이 전개되었다. 5.10 단독선거 이후 제헌국회를 통해 헌법을 공포하고 1948년 8월15일 대한민국이란 단독정부가 수립되었다.

2) 소군정의 간접통치와 통치기구의 강화

해방 후 북한은 소군정에 의한 간접통치가 실시되었다. 이에 따라 행정관리를 담당할 국내의 행정조직은 점진적으로 체계화되어 갔다. 해방 후 북한에서의 정치활동과 조직 변화는 다섯시기로 나누어 고찰할 수 있다.

첫째, 해방 후 소련군이 진주하기 이전의 건국준비위원회와 같은 자생적인 조직이 만들어진 시기(1945.8.15.-8.26)이다. 평양의 민족주의자 대표였던 조만식은 자신이 활동했던 신간회 조직을 기반으로 하여 좌익성향의 정치세력을 포함시켜 1945년 8월17일 <평안남도 건국준비위원회>를 결성하였다(와다하루키 2002, 71). 초기 평남 건준의 성격은 민족주의자들이 주도하에 좌익인사를 포함한 좌우연합형 조직이었다. 평남은 건국준비위원회, 함남은 인민위원회 조직준비위원회, 황해도는 인민위원회준비위원회, 신의주시는 임시자치위원회 등 다양한 이름의 건준 형식의 조직들이 만들어졌다(박명림 1996, 53). 해방 후 대부분의 북에 있는 정치세력도 서울을 중앙으로 생각하고 정치활동을 재개하였다. 그러나 존속기간이 10여 일에 불과하여 각 활동들은 준비단계에 지나지 않았다.

둘째, 8월26일 소련군의 평양진주로 정치지형이 변하게 되어, 건준 조직들이 <인민정치위원회>로 개편되고 나아가 <5도행정국>이 설립된 시기(1945.8.26.-12.말)이다. 소련군의 진주로 평남 건준은 건준과 공산당을 동수로 하는 <인민정치위원회>로 개편되었고, 초기 건준은 10일만에 막을 내렸다. 부르조아 민주주의 정권 수립이 목표인 소군정으로서는 좌익세력을 강화하여 우익 민족주의자들과 균형적인 구도로서 좌우연합형 조직을 만들었다. 소군정은 간접통치의 방식으로 북한에 점령정책을 실시하였다. 10월3일 <소비에트민정>을 수립하여 점령정책을 집행할 체제를 갖추었다. 그리고 간접통치 방식을 취한 소군정은 북한의 임시적인 행정조직을 독자적으로 체계화하기 시작하였다. 10월 8-10일에는 북조선 5도인민위원회 연합회의를 개최하여 북한지방의 행정을 담당할 한국인 중심의 중앙행정기구 창설을 논의하였다. 그러나 조만식은 평양에 중앙정부 수립하는 것을 거부하여 이 계획은 뒤로 미루어지게 되었다. 1945년 11월말이전까지 북한 전역의 도, 시, 군, 면까지 인민위원회 조직이 완료되었다(서동만 2005, 62). 1945년 11월 19일에는 각도 인민위원회연합회의를 개최하여 '북조선 5도행정의 통일적 관리'를 위해 <북조선5도행정국>을 설립하고 산하에 10개 국을 설치하였다. 10명의 국장은 공산당 4명, 민주당 2명, 무소속 4명이었는데 최용건이 공산당원임을 감안한다면 공산당원이 5명인 분포였다. 공산당의 우위였지만 연합체의 성격을 유지하였다고 볼 수 있다. 이때까지 정치적으로는 공산주의자와 조만식을 수빈으로 하는 우익민족주의자의 연립시대였다(서동만 2005, 134).

셋째, 모스크바 3상회의 결정 이후 좌우연합의 틀이 붕괴되고 좌익중심의 통치기구인 <북조선임시인민위원회>(이하 임시인위)가 수립된 시기(1945.12.말-1946.2.8.)이다. 소군정은 반탁과 모스크바 결정지지를 둘러싼 대립에서 우익 민족주의세력을 지지로 끌어들여 좌우연합의 틀을 유지하고자 하였다. 그러나 해방 직후 북한에서 좌우연합의 가능성이 사라지게 된 요인은 모스크바 3상회의 결정을 둘러싸고 조만식 등과의 갈등이었다. 소련군 및 김일성, 최용건은 조만식을 설득하고자 하였으나 1946년 1월 5일 조만식은 이를 거절하고 평남인민정치위원회 위원장을 사임하였다. 소련군은 조만식을 반소적인 인물로 보고 호텔에 연금하였다. 공산당 분국과 민주당과의 통일전선은 실질적으로 파탄났으며, 이후 조만식 이외의 민주당 지도부는 거의 남한으로 도피하는 길을 택했다(서동만 2005, 142). 소군정은 조만식 등 우익세력을 배제하고 좌익중심의 정치세력을 기반으로 통치기구를 만들었다. 그것은 1946년 2월 북조선임시인민위원회 수립이었다. 임시인위는 5도행정국을 강화하여 행정책임자를 모은 내각이라는 측면과 각 정당대표가 참여하는 통일전선 조직이라는 성격이 있었다. 임시인위는 미소공위의 임시정부 수립에 대비하면서, 남한의 정치세력과 분리하였다는 의미가 있었다.

넷째, 북한내 지지기반 확대를 위한 사회경제적 개혁을 행하고, 1946년 중반 김일성이 민주기지론을 제안하면서 남한을 배제한 북한의 단독정권 수립이 구체화되어 <북조선인민위원회>가 수립된 시기(1946.2-1947.2.21.)이다. 북한도 미소공위가 결렬되자, 북한내 지지기반 확대를 위한 사회경제적 개혁을 행하고, 1946년 중반 김일성이 민주기지론을 제안하면서 남한을 배제한 북한의 단독정권 수립을 구체화하였다. 북한의 토지개혁은 지지기반의 확대를 위해 소련군의 지휘하에 급속히 실시되었다. 원래 공산당의 입장은 값싼 소작료로 지주-소작관계를 잠정적으로 유지한다는 3.7제안이었지만, 소련군의 식량징발 등으로 식량부족사태가 만연되면서 이를 해결하기 위한 제도의 변경을 소련군이 기초한 원안을 중심으로 급속히 진행한 것이 토지개혁이었다. 1946년 3월초에는 사법제도를 정비하였다. 6월24일에는 노동법령을, 7월 8일에는 김일성대학(처음에는 북조선대학)을 창립하고, 7월 30일에는 남녀평등관련 법령을, 8월10에는 산업국유화 조치를 단행하였다. 이어 1946년 11월 3일에 북한내 도, 시, 군 인민위원을 선출하기 위한 선거가 실시되었고, 1947년 2월에는 면리(동) 인민위원회 선거가 실시되었다. 그리고 1947년 2월 17-20일에 북조선 도시군인민위원회 대회에서 237명으로 <북조선인민회의>라는 대의기구를 만들었으며, 2월 21-22일 개최된 최고인민회의 1차회의에서 <북조선인민위원회>를 승인하였다. 북조선인민위원회는 1946년 2월에 만들어진 <임시인위>가 사회경제적 개혁을 통해서 지지기반을 확대한 이후, 선거를 통해 법적 정당성을 부여받아 인정된 소군정의 대표행정기구이자 미군정의 <입법위원>에 대응하고 장차 재개될 미소공위에 대비하기 위한 조직이었다. 북조선인민위원회는 사실상 북한만의 정부 수립을 의미하였다.

다섯째, 미소간 합의가 어려워진 1947년 이후 단독정부가 수립된 시기(1947.2-1948.9)이다. 미소간 합의가 어려운 상황에서 이제 남아있는 길은 북한만의 친소정부 수립이었다. 2차 미소공위가 결렬되면서 소련의 전략은 북한에 사실상 독립국가를 만들어 놓고 철수하면서 한반도 문제를 조선인에게 맡긴다는 방안이었다(남광규 2010, 323). 1947년에는 <인민경제부흥발전계획>을 채택하기도 하였으며, 1947년 10월 18일 미소공위가 중단되어 11월 4일 유엔감시하에 총선거한다는 결의가 채택되었는데, 이러한 결의에 북한은 강력히 반발하였다. 1948년 2월 4일에는 <조선인민군>을 설립하였다. 2월 10일에는 북한의 헌법안을 발표하고, 7월 10일 북조선인민회의에서 헌법의 실시와 총선거 실시가 결정되었다. 8월 25일 북한내 선거와 남한의 지하선거를 실시하여 9월 9일 북한만의 단독정부를 수립하였다.

3) 한반도의 임시정부 수립 가능성

초기 해방공간에서는 주체적인 임시정부 수립에 의한 통일국가 수립의 가능성이 열려 있었다. 여기에서의 관건은 좌우협력과 연합이었다. 미소 분할점령과 38선 봉쇄, 미소군정의 대립, 서울과 평양의 대립, 좌우의 대립 등 미소의 분할점령 이후에도 다양한 정치세력들의 연합과 경쟁이 지속되었지만, '좌우협력형' 임시정부 수립을 통한 통일로의 길은 열려있었다고 보인다. 그러나 신탁통치논쟁은 좌우간의 갈등을 격화시키고, 좌익의 중심이 된 북한과 좌우갈등에서도 미군정의 지원을 받은 우파우위의 남한간에 갈등이 이전되고 남북이 분리되는 상황이 전개되었다. 신탁통치논쟁은 남한에서는 친일파의 소생과 반공주의 확산을 초래하였고, 북한에서는 민족주의자의 탈락을 가져왔다(박명림 1996, 150). 신탁통치논쟁으로 남한에서는 주도권 장악을 위한 경쟁에서 우익세력의 결집과 좌익의 배제가 진행되면서 좌우연합의 가능성과 폭은 현격히 축소되었다. 북한에서는 민족주의 세력의 몰락 그리고 서울중심성에서의 탈피와 북한의 독자성 확보로 귀결되었다. 결국 신탁통치논쟁은 북한에서는 좌익이 주도하는 정치적 재편을, 남한에서는 미군정이 지원하는 우익세력과 이에 저항하는 좌익세력과의 갈등이란 정치상황으로 귀결되었다.

남한의 <민주의원>과 북한의 <임시인위>의 수립은 한반도에서의 좌우연합의 의미와 가능성이 약화되고 '남북연합형' 임시정부 논의가 중요해진 계기였다고 할 수 있다. 모스크바 결정의 핵심인 임시정부 수립안에 대해 미군정과 소군정은 자신의 우호적인 정치세력을 구축하여 임시정부 수립에 대비한 주체세력을 만들고자 하였다. 미군정은 초기 자문위안을 중심으로 정무위원회 구상, 민주의원 설립, 좌우합작위 지원, 입법의원 설치 등의 시도를 통해 임시정부 수립에 대응하려고 하였다. 소군정은 해방 초기 건준과 인민위원회를 기반로 하여 5도행정국 설립, 북조선임시인민위원회 수립, 북조선인민위원회로의 전환 등으로 이에 대응하고자 하였다. 이러한 구상이 구체적으로 현실화된 것이 신탁통치논쟁 이후 미군정의 민주의원 수립과 소군정의 임시인위 수립인 것이다. 미군정의 <민주의원>과 소군정의 <임시인위>는 남북한 각각의 행정체계였다. 직접통치 방식의 미군정하에서 자문역할을 담당하는 <민주의원>과 간접통치 방식의 소군정하에서 행정을 담당하는 <임시인위>는 남북에 중심적인 정치세력이 구축되어, 남북이 정치적으로 분리되었음을 의미하였다. 신탁통치논쟁으로 좌우갈등은 남북갈등으로 전환/이전되었고 이제는 한반도 임시정부 수립에 있어서 남북간 협상과 통합에 의한 방안이 현실적인 전략이 되었다. 이는 통일을 위한 남한의 단계론적 사고와 북한의 민주기지론과도 연결된다. 즉 남한에서의 좌우연합을 통해 임시적인 정치조직을 만들고 북한의 임시인위와의 남북연합을 통해서 한반도 임시정부를 수립한다는 것이다. 물론 이러한 '남북연합형' 임시정부 수립론이라는 단계론적 논의의 전제는 미소합의가 유지된다는 것이었다. 그러나 '남북연합형' 임시정부 수립의 논의의 장이었던 미소공위가 결렬되면서 이러한 가능성은 사라졌다. 우호적인 임시정부 수립을 위한 미소의 정책은 결국 미소공위 참여대상을 두고 대립하였고, 미소공위를 결렬시켰다. 이후 남북 모두 선거라는 절차를 통해 <입법의원>과 <인민위원회>의 수립으로 나아갔고, 미소간 냉전의 격화는 2차회담까지도 결렬시켜 남북의 분단화로 귀결되었다.

3. 오스트리아 임시정부의 수립과 인정*

1) 임시정부의 수립과 정치지형의 변화

1945년 4월 27일 독립선언이 공표되고 임시정부가 구성됨으로써 오스트리아에서 새로운 시대가 열렸다. 제2공화국이 출범한 것이다. 전쟁이 아직 채 끝나기도 전에 급속히 임시정부가 만들어질 수 있었던 것은, 오스트리아에서 독자적인 영향력의 확보라는 소련 측의 계산이 독립과 주권회복이라는 좌우 정치세력의 공동 목표와 맞아 떨어졌기 때문이었다. 주지하듯이 소련군은 1945년 3월 19일 다른 연합군들보다 빨리 오스트리아에 진입했고 이미 4월 13일 비엔나를 해방시켰다. 1943년 11월 1일 미국, 영국, 소련이 합의한 모스크바 선언은 독립에 대한 구체적인 방안을 담은 것이 아니었기에, 오스트리아에 먼저 진주한 소련은 자신이 원하는 방식대로 독

---

* 구춘권

립을 추진하려고 시도했다. 즉 소련은 동유럽의 여러 국가들에서처럼 오스트리아에서도 반파시스트 인민전선 정부를 구축한 뒤 점차 공산당의 영향력을 확대하는 방식으로 오스트리아가 독립되는 것을 원했던 것이다.

비엔나가 해방된 바로 그 다음 날 기존의 사민당과 혁명적 사회주의자들(Revolutionäre Sozialisten)들은 사회당(SPÖ)을 재건하였다. 4월 17일에는 공산당(KPÖ)이 재건되었다. 같은 날 기존의 기독교사회당(CSP, 이하 기사당)과 농민연합은 국민당(ÖVP)이라는 새로운 이름으로 창당했다. 스탈린이 레너를 물색하고 그에게 임시정부의 결성을 허락한 것도 4월 17일이었다. 비엔나 전투가 끝나자마자 스탈린이 빠르게 임시정부의 추진을 결정한 것은, 나치와 싸웠던 오스트리아의 저항운동 O5가 영국정부의 지원 아래 임시정부를 만들 것이라는 소식을 접했기 때문이라고 알려져 있다(Bischof/Ruggenthaler 2022, 45).

레너는 곧바로 스탈린에게 감사의 편지로 답하면서 오스트리아의 미래가 사회주의여야 한다는 염원을 표명하는 것도 잊지 않았다. 레너는 자신의 오스트로맑시스트로서의 경력, 특히 트로츠키의 비엔나 망명 시 그와 교류했던 점을 강조했다. 트로츠키가 스탈린의 천적이었다는 사실을 알았겠지만 이를 언급한 것은, 레닌 역시 오스트리아에서 감금되었다가 레너의 동료인 아들러(Viktor Adler)의 도움으로 스위스로 피신한 적이 있기에 1914년 볼셰비키 수뇌부에 대한 오스트리아 사민당의 도움을 상기시키고자 했을 것이다. 스탈린 역시 레너를 직접 만나지는 않았지만 레닌의 지시로 1913년 비엔나에 체류하면서 민족문제를 공부하고 "민족문제와 사회민주주의"라는 책자를 집필한 적이 있었다(Bischof/Ruggenthaler 2022, 46).

레너는 사회당, 국민당, 공산당과 접촉하면서 임시정부의 구성에 나섰다. 4월 17일 스탈린의 위촉이 있었고, 4월 27일 독립선언이 공표되면서 레너를 수반으로 하는 임시정부가 출범했으니, 불과 열흘 사이에 이 모든 일이 진행된 셈이다. 오스트리아의 다른 지역에서는 연합군과 나치의 군대가 여전히 전투를 벌이고 있었기에 미국, 영국, 프랑스는 임시정부의 구성에 간여할 수 없었다. 서방측의 점령권력은 소련이 자신들과 상의 없이 일방적으로 레너에게 위촉해 임시정부를 만든 것이었기에 처음에 이를 신뢰하지 않았다. 미국, 영국, 프랑스가 임시정부를 인정하기까지는 몇 달이 더 걸려, 레너가 스탈린의 꼭두각시가 아니라는 사실을 확신하고, 또한 임시정부가 오스트리아 전체 지역을 대표하게 되었을 무렵에서였다.

임시정부가 빠르게 만들어질 수 있었던 것은 강제 합병 및 전쟁을 거치면서 오스트리아의 정치지형이 근본적으로 변화했기 때문에 가능했다. 독일의 패전과 함께 나치의 퇴출은 당연히 예정되어 있었다. 이는 반히틀러 연합(Anti-Hitler-Koalition)의 가장 중요한 목표이기도 했다. 나중에 더 자세히 살펴보겠지만 모스크바 선언은 오스트리아가 히틀러의 전형적인 침략정책에 희생된 최초의 자유국가이기에 독일의 지배로부터 해방되어야 함을 명확히 했다. 그러나 동시에 오스트리아가 히틀러 독일의 편에 서서 전쟁에 참여했기 때문에 회피할 수 없는 책임을 진다고 했고, 오스트리아인들 스스로가 자신들의 해방을 위해 얼마만큼 기여했는지에 따라 이 책임의 크기가 결정될 것이라고 덧붙였다. 즉 모스크바 선언은 오스트리아의 희생자의 측면과 더불어 나치 독일에 대한 부역을 함께 언급하면서 히틀러에 대항해 싸울 것을 촉구하고 있었던 것이다. 실제 오스트리아인들의 상당수는 나치 독일에 적극적으로 부역했지만, 다른 일부는 나치에 대항해서 싸웠다.

해방이 되자마자 오스트리아인들은 모스크바 선언의 히틀러에 대한 투쟁 요구에 부응하기 위해서라도 반파시즘의 깃발을 높이 들어야 했다. 반나치즘적 저항이 찬양되어야 했고, 반파시즘이 고무되어야 했던 것이다. 그러나 오스트리아는 독일 나치즘의 광풍만 불었던 것이 아니라, 오스트로파시즘이라는 오스트리아식 파시즘의 변종도 횡행했던 나라였다. 즉 해방 직후 반파시즘의 청산 대상에는 나치의 야만에 대한 부역뿐만 아니라, 오스트로파시즘이라는 권위주의적 독재체제도 함께 포함되었다. 전간기 보수주의의 급진화가 야기했던 참담한 결과를 경험하고 오스트리아의 보수 진영은 나치즘과 오스트로파시즘이라는 두 개의 극우세력을 도려내고 퇴출시켜야 했던 것이다.

오스트리아 정치지형의 근본적 재편을 이끌어 낸 보수 진영의 변화는 국민당의 과거 청산에서도 잘 읽을 수 있다. 국민당은 자신을 더 이상 기사당의 후예로 생각하지 않았다. 오스트로파시즘으로 얼룩진 과거를 청산하는 차원에서 당의 이름도 국민당으로 바꿨다. 1947년 국민당의 최초 강령은 당의 정체성을 새로운 "연대의 당(Partei des Solidarismus)"으로 정의하고 있다. "연대"라는 전통적인 좌파의 구호가 당의 정체성으로 채택된 것은, 전후 보수세력이 과거를 진지하게 반성하고 있으며 좌파와 협력하겠다는 자세를 보여준 것이라 하겠다. 국민당의 탈나치화에 대한 강력한 의지 역시 주목할 만한 것으로, 해방 직후 당의 중앙위원 열다섯 명 중 열 명은 나치 시기 강제수용소에 수감되어 있었고, 나머지 다섯 명도 고향을 떠났거나 직업을 금지당하는 등 나치의 박해를 받은 인물들이었다(Schausberger 2022, 24, 56).

나치에 대한 무장투쟁에 가장 적극적으로 참여했던 공산당은 말할 것도 없고, 사회당에서도 반파시즘의 목소리가 매우 컸다. 과거 사민당 지도부의 상당수는 나치를 피해 인근 나라로 망명했고 거기에서 나치에 대한 투쟁을 계속했었다. 오스트리아 내부에서는 "혁명적 사회주의자들"이 나치에 대항해서 싸웠기에 사회당에게 반파시즘은 당연한 것이었다. 전간기 사민당은 민주주의에 대한 확고한 신념을 지녔고 오스트리아 민주주의의 보루의 역할을 했지만, 나름대로 과거 반성의 차원에서 당명을 사회당으로 바꿨다. 전간기의 계급적대와 갈등이 결국 오스트로파시즘에게 길을 내어주었고 마침내 히틀러 독일에 의한 강제 합병을 가져왔다는 역사적 사실에 대한 반성을 사회당도 일정하게 공유한 것이다. 따라서 전간기 사민당, 특히 오스트로마르크시즘의 비타협적인 태도는 계급갈등을 심화시킨 것으로 반성되었으며, 레너처럼 유연하고 실용적인 접근과 협력이 강조되었다.

히틀러 독일의 패배와 함께 오스트리아가 독일로 합쳐져야 한다고 외쳤던 대독일주의 정치세력도 함께 퇴출되었다. 오스트리아는 1938년 강제 합병 이전으로 돌아가 작은 나라로 다시 일어서야 했다. 그렇다고 오스트로파시즘 체제로 복귀할 수는 없는 노릇이다. 1920년의 헌법정신으로 오스트리아가 재건되어야 한다는 사실은 이러한 정치지형의 근본적인 변화 결과 좌우를 넘어 당연한 것으로 받아들여졌다. 물론 이 재건은 전간기처럼 계급적대가 아닌 계급협력의 기반 위에서 이루어져야 할 것이었다.

2) 임시정부의 구성과 연방주정부대표자회의의 소집

임시정부의 독립선언에서도 확인할 수 있듯이 오스트리아의 재건, 즉 독립과 주권회복이라는 목표는 국민당과 사회당은 물론 공산당조차 함께 합의한 것이었다. 공동의 목표가 합의되고 설정되었을 때 좌우는 오랜 적대를 청산하고 협력의 길로 들어섰다. 물론 공산당이 원하는 독립은 궁극적으로 소련식 사회주의권으로 편입되는 독립이었기에 임시정부를 인민전선 정부로 바꾸려는 생각을 했다. 그러나 임시정부 수반이었던 레너는 오랜 통치 경험을 지닌 실용주의자였고, 이데올로기적 순수성에 기반한 공산당의 공세에 휘둘릴 인물이 아니었다.

서방측 점령권력은 자신과 전혀 논의하지 않고 소련 단독으로 임시정부를 추진하고 인정한 것이었기에 레너 임시정부를 동유럽의 반파시스트 인민전선 정부와 유사한 것으로 간주했다. 미국, 영국, 프랑스가 임시정부를 인정하기까지는 몇 달이 더 걸려 오스트리아의 다른 주들이 임시정부에 모두 합류하고 난 뒤인 10월 20일이 되어서였다.

그러나 임시정부는 아직 서방측 점령권력의 인정을 받지는 못했을지라도 매우 중요한 역할을 했다. 레너라는 제1공화국을 주도적으로 건설한 경험이 있는 아주 노련한 정치인이 다시 임시정부의 수반이 된 것도 오스트리아로서는 큰 행운이었다. 임시정부는 첫 번째 조치로 5월 1일 오스트리아가 1920년 헌법정신을 근간으로 하는 1929년 헌법으로 재건된다는 사실을 선언하고, 그 과도기에 적용되는 임시헌법을 공포했다(vorläufige Verfassung 1945). 오스트리아 제2공화국의 출범을 선포한 것이다. 이를 통해 임시정부는 오스트리아 공화국을 재건하는 유일한 합법정부로 자신을 스스로 정당화했다. 나치 독일이 패망한 5월 8일 임시정부는 모든 나치 조직을 해산하고 금지하는 법률을 헌법적 차원에서 발효했다. 70만 명으로 추산된 구 나치 당원들 중 약 54만 명에 달하는 사람들이 정부에 등록되었고 정치적 권리를 박탈당했다. 국가기관과 공공부문은 물론 민간부문에서도 광범위한 탈나치화의 시동이 걸렸다. 아직 선거가 실시되지 않았기에 임시정부는 행정부는 물론 입법부의 권한까지 함께 보유했다. 물론 임시정부의 법령이 실행되기 위해서는 점령권력의 승인이 필요하기는 했다. 그러나 입법권과 행정권을 함께 허용했다는 점에서 오스트리아의 점령은 독일이나 일본과 같은 패전국의 점령과는 확연히 다른 모습을 보였다.

임시정부의 각료회의는 거의 30명에 달하는 장관과 차관으로 구성되었는데, 사회당 출신 10명, 국민당 9명, 공산당 7명, 무소속 3명이 그 임무를 맡았다. 공산당은 내무부와 교육부의 장관직을 집요하게 요구했고, 레너는 이를 수용한 대신 사회당과 국민당 소속 두 명의 차관을 그 밑에 각각 배정했다. 임시정부의 내각은 한 정당이 장관직을 맡으면 다른 두 정당이 두 명의 차관직을 맡도록 설계되었다. 즉 두 명의 차관이 혹시 모를 장관의 독주를 견제하도록 했으며, 세 정당이 합의에 기반해 정책을 입안하고 시행하도록 만든 것이다. 최고 의사결정기구인 각료회의를 장관은 물론 차관으로까지 확대하면서 숫자를 늘린 것도 소수의 큰 목소리를 견제하기 위한 방안이었다.

이러한 조치들은 임시정부가 혹여나 인민전선 정부로 변질될 위험을 차단하는 영리한 발상이었다. 스탈린이 레너에게 임시정부 구성을 위임했을 때, 그는 원래 점령계획에 있었던 반파시스트 인민전선 정부를 염두에 두고 있었다. 그러나 레너는 스탈린보다 더 노련했던 인물임에 분명하다. 레너는 스탈린의 동의를 얻기 위해 공산당에 상당한 권력지분을 할애할 수밖에 없었지만, 공산당의 권력이 자립화하지 않도록 견제하고 결박하는 방안을 강구했던 것이다.

1929년 헌법의 오스트리아는 연방제 국가였기에 각 주에서도 임시주정부가 구성되어야 했다. 임시정부는 각 주 정당들의 지도부가 제안한 인물들을 주지사로 임명했다. 주지사가 임명되어야만 연방주의의 핵심축인 연방주정부대표자회의(Länderkonferenz)가 소집될 수 있을 것이고 헌법적 틀이 완성되기 때문이다. 사회당 소속 정치인들이야 레너를 신임하고 있었기에 문제가 없었지만, 보수 정치인들은 서방측 점령권력과 마찬가지로 레너와 그 임시정부를 의심의 눈초리로 바라보았다. 레너는 물론 국민당 출신의 임시정부 각료들은 서쪽 점령지역의 보수 정치인들과 적극적인 소통에 나섰다. 나중에 제2공화국의 첫 번째 연방수상이 된 피글(Leopold Figl)이나 두 번째 연방수상이었던 랍(Julius Raab)과 같은 국민당의 핵심적 인물들이 이미 임시정부에 합류하고 있었다는 사실도 큰 도움이 되었다. 국민당이 기사당이라는 과거를 청산했던 것처럼 이들은 더 이상 과거 젊은 시절의 피글과 랍이 아니었다. 이들은 서방측 점령지역의 보수 정치인들에게 독립과 주권회복을 위한 임시정부의 노력을 알렸고, 신속한 연방주정부대표자회의 소집을 설득했다.

첫 번째 연방주정부대표자회의는 9월 24일에서 26일까지 비엔나에서 열렸다. 그러나 이를 성사시키기 위한 임시정부와 임시주정부들 사이의 소통은 이미 7월에 시작되었다. 서오스트리아 지역의 보수 정치인들은 7월에만 세 차례 잘츠부르크에서 피글, 랍, 후르데스(Felix Hurdes) 등 국민당 출신의 임시정부 각료들과 회동했다(Linke/Katholitzky 2020). 이들은 임시정부의 최고 목표가 독립과 주권회복에 있으며, 이 목표의 실현을 위해 주들과 임시정부의 협력이 긴요함을 설득했다. 오스트리아의 영토적 통일을 유지하고 독립을 달성하기 위해서는 서방측 점령권력의 임시정부 인정이 급선무였다. 그런데 연방주정부대표자회의가 소집되지 않을 경우 연방주의라는 헌법적 틀의 복원이 불가능하기에 서방측 점령권력은 임시정부를 인정하지 않을 가능성이 높았다(Bischof 2005). 이 경우 오스트리아의 빠른 독립이 불가능해질 것임은 물론이다. 연방주정부대표자회의의 소집을 미루는 것은 사실상 오스트리아의 독립을 연기하는 것을 의미했다. 처음에 사회당과의 협력에 회의적이었던 보수 정치인들, 예컨대 티롤주의 그루버(Karl Gruber)조차 연방주정부대표자회의 소집에 찬성하는 것으로 돌아섰고 나중에 임시정부에도 합류한다.

만약 연방주정부대표자회의가 소집되지 않았더라면 레너 임시정부는 서방측 점령권력에 의해 인정받지 못한 채 실패로 끝났을 것이다. 오스트리아가 동서로 분리되는 것은 해방 초기 현실적인 시나리오가 아니었을지라도, 정식정부의 구성이 지연되고, 임시정부의 정통성이 소련 점령지역으로 제한되는 상황은 충분히 상상해 볼 수 있다. 그러나 오스트리아가 분리의 길로 들어서기에 점령권력들은 상당히 협조적이고 덜 갈등적이었다. 이는 특히 독일과 비교했을 때 더욱 눈에 띈다(Tollas 2010). 연방주정부대표자회의가 소집되자, 즉 오스트리아의 모든 주들이 임시정부에 참여하는 상황이 등장하자 서방측 점령권력은 레너에 대한 불신을 거둬들이고 사실상 소련이 위촉해서 만들어졌던 임시정부를 승인한다.

서방측 점령지역의 보수 정치인들은 연방주정부대표자회의의 신속한 소집에 협력하는 대신 연방제의 완전한 회복과 임시정부에의 참여, 그리고 민주주의를 요구했다(Bischof 2005). 연방주정부대표자회의는 10월 9일과 10일 한 차례 더 회동하여 국민의회 선거일을 11월 25일로 확정하고, 구 나치들을 이 선거에서 배제하기로 결정한다. 오스트리아와 인근 국가들의 국경문제, 예컨대 이탈리아로부터 남티롤의 반환을 요구하는 것도 두 번째 연방주정부대표자회의에서 논의되었다. 이 회의가 열리고 열흘 후인 10월 20일 서방측 점령권력은 레너 임시정부의 인정을 공식적으로 발표한다. 소련이 지원하는 오스트리아 공산당을 지렛대로 임시정부를 인민전선 정부로 변질시키려는 스탈린의 전략은, 임시정부를 전국적으로 확대하고 빠르게 선거를 실시해 정식정부에게 의회제 민주주의의 정통성을 부여한다는 레너의 전략에 밀려 좌절되었다고 할 것이다.

한반도의 경험과 비교할 때 오스트리아 임시정부의 수립과 인정은 특히 다음과 같은 세 가지 측면에서 흥미로운 시사점을 제공한다.

첫째, 한반도가 미소라는 두 개의 강대국에 의해 분할 점령된 것에 비해, 오스트리아는 반히틀러 연합의 네 개의 국가들에 의해 분할 점령되었다. 그런데 이 숫자의 차이는 상당한 의미가 있다. 네 개의 국가들이 배치되는 것은 두 개의 국가 사이에 일어날 수 있는 경쟁·대치·적대를 완화할 가능성이 있기 때문이다. 특히 프랑스와 영국처럼 오스트리아의 역사와 정치적 갈등의 성격을 잘 알고 있는 나라가 점령권력으로 참여했던 것은 점령정책의 타협과 협조의 폭을 넓혔다. 임시정부의 급속한 수립은 스탈린의 지시로부터 시작되었을지라도, 임시정부가 인정받고 정식정부가 빠르게 출범할 수 있었던 것은 오스트리아에 우호적이었던 점령권력들의 협조와 무관치 않다.

둘째, 국내정치적 측면에 주목할 때 한반도와 달리 오스트리아의 경우 임시정부를 통해 달성하고자 하는 목표와 이를 향한 경로가 명확하게 설정되어 있었다. 독립과 주권회복은 좌우가 합의한 해방정국 최고의 목표였으며, 임시정부의 역할은 빠른 선거를 통해 정식정부를 구성해 이를 실현할 수 있도록 돕는 것이었다. 이 과정은 오스트리아가 1920년 헌법정신의 연방제 의회주의 국가로 복귀하는 것을 의미했다. 그러나 이를 위해서는 전간기 오스트리아 민주주의를 파멸로 이끌었던 보수주의 급진화의 결과물, 즉 나치즘과 오스트로파시즘의 역사적 청산을 전제했다. 보수 진영의 반성과 혁신이야말로 독립과 주권 회복을 향한 이정표의 출발점이었다고 해도 과언이 아니다.

셋째, 매우 근본적인 정치적·사회적 구조의 차이에 속하는 문제이기는 하지만 여기서 언급하지 않을 수 없는 것은, 한반도와 달리 오스트리아는 정당정치의 경험이 상당히 축적되었다는 사실이다. 제국의회 시절은 물론, 매우 갈등적이기는 했지만 1920년대의 정당정치도 이러한 경험이 전혀 없는 나라에 비하면 긍정적인 역사적 유산이었다. 더욱이 제1공화국 출범 직후 2년 동안은 좌우협력의 경험도 있었다. 특히 레너와 같이 격변의 시기에 철저히 실용주의를 추종한 정치인이 해방정국을 주도했던 것은 큰 행운이었다. 이념적 순수함과 확신을 넘어선 실용주의적 접근이야말로 임시정부의 판단과 전략의 특징적인 모습이며, 이는 레너라는 인물과 별개로 상상하기 쉽지 않다.

2

연합국 점령정책과
분리-통합의 국제정치

제3장 미소의 한반도와 오스트리아 점령정책 비교[*1)]

2장에서 오스트리아가 연합국에 의한 분할점령에도 불구하고 통일 국가를 유지할 수 있었던 제1의 요인은 중립화 정책이 아니라 해방정국 초기에 단일 임시정부를 수립하고 이를 유지한 사실에 있다고 주장했다. 중립화 정책은 우리 학계에서 널리 받아들여지듯이 오스트리아 통일의 원인으로 보아서는 곤란하다. 그것은 이미 통일된 정부가 있었기에 가능했던 결과의 하나다. 우리 학계에서는 오스트리아가 단일 임시정부를 수립하고 통일을 이룰 수 있었던 근본적인 이유를 오스트리아 국내 정치세력들의 좌우 협력과 권력공유에서 찾는다. 이 장은 오스트리아가 단일 임시정부를 수립하고 그 권한을 전국으로 확대할 수 있었던 데에는 국내 정치세력들의 협력과 통합 노력도 중요했지만, 그보다 우선해서 국제정치 차원에서 펼쳐진 점령국들의 정책이 더 중요했다고 주장한다. 한반도와 비교하여 오스트리아는 해방정국에서 단일 임시정부를 수립하기에 훨씬 유리한 국제적 지형을 가졌다.

해방정국이라는 결정적 국면에서 국내 행위자들의 상호행위는 그 나라의 경로를 정하는 데 대단히 중요하다. 국내 행위자들의 상호행위 측면에서 오스트리아와 한반도는 매우 대조적인 모습을 보였다. 하지만, 국내 차원의 대조에 초점을 맞출 경우, 한반도에서도 정치세력들이 보다 협력적이고 타협적인 모습을 보였다면 남북의 분단을 막을 수 있었을 것이라는 생각을 하기 쉽다. 그같은 가능성을 완전히 부정할 수는 없다. 특히 해방

---

* 김학노
1) 이 장은 김학노(2024)를 수정한 것임.

정국 초기에는 우리가 자율적으로 구성할 수 있는 공간이 이후 시기에 비해 좀더 많이 열려 있었다. 하지만 오스트리아에 비해 한반도는 강대국들의 국제적 규정력이 훨씬 강하게 작용했다. 국내 정치세력들의 자율적 전략적 공간이 완전히 닫혀 있지는 않았지만, 오스트리아에 비해 상대적으로 좁게 열려 있었다. 이런 이유에서 이 책은 국내정치 차원의 비교에 앞서 오스트리아와 한반도의 국제정치적 차원에서의 제약을 먼저 비교한다.

다음에서는 단일 임시정부 수립 문제에 초점을 두고 오스트리아와 한반도의 초기 해방정국을 국제 차원을 중심으로 분석한다. 1절은 오스트리아와 한반도에 대한 연합국들의 자세와 상호관계 전반을 조망한다. 미국과 소련을 중심으로[2] 연합국들이 군정 대상 지역에 대해 보인 자세와 그들 사이의 관계에 초점을 맞춘다. 두 지역에 대한 연합국들의 기본적인 자세는 비슷한 가운데서도 ① 상대적 경시의 정도 ② 해방자와 점령자의 양면성 정도 ③ 통치방식 등에서 중요한 차이가 있다. 또한, 연합국들 사이에 공동 정치공간의 유무 및 소통의 정도에 있어서도 차이가 있다.

2절에서는 오스트리아의 임시정부 수립과 그 권한의 전국 확대 과정을 점령국들의 정책을 중심으로 살핀다. 오스트리아는 1945년 4월 해방정국의 초기에 소련의 승인 아래 단일 임시정부를 소련 점령지역에서 구성했고, 그 해 가을 임시정부의 권한을 전국으로 확대하고 서방측 연합국들의 추인을 받는 데 성공했다. 이를 바탕으로 11월에 전국 선거를 실시하고 12월에 정식 정부를 수립했다. 임시정부 수립에 있어서 소련이 주도적인 역할을 했고, 서방측의 추인에서는 미국이 핵심적인 기여를 했다.

3절에서는 한반도에서 해방정국 초기에 단일 임시정부 수립을 어렵게 만든 많은 요인들 중 점령국들에 의한 남북 공간의 분리와 신탁통치 구상을 중점적으로 살핀다. 먼저, 소련은 ① 물리적 분리, ② 정치공간 분리, ③ 체제 분리 등으로 남북의 공간 분리에 큰 책임이 있다. 또한, 미국의 신탁통치 구상은 중경 임정 및 인민공화국에 대한 불인정으로 이어졌고,

---

[2] 오스트리아를 분할점령한 연합국에는 영국과 프랑스도 있지만, 여기서는 필요한 경우를 제외하면 미국과 소련에 초점을 맞춘다.

나아가 모스크바 외상회의 결정과 이후 한반도에서 탁치파동으로 인한 좌우 분열의 심화를 가져왔다. 연합국들의 남북 공간분리와 신탁통치 구상은 단일 임시정부 수립에 큰 장애가 되었다.

1. 연합국의 자세와 관계 비교

오스트리아와 한반도에서 강대국의 국제정치적 힘이 어떻게 작용했는지 비교하기에 앞서 두 지역에 대한 연합국들의 자세와 상호관계를 개괄적으로 조망한다. 국제적 무대설정의 비교는 각 사례를 이해하는 데 도움이 될 것이다.

1) 대(對) 군정 지역 자세

오스트리아와 한반도에 대한 연합국들의 기본적인 자세는 전반적으로 비슷한 가운데서도 중요한 차이점이 있다. 첫째, 연합국들은 오스트리아와 한반도를 상대적으로 경시한 점에서 공통되는데, 그 정도에 있어서 유의미한 차이가 있다. 특히 소련에게 한반도는 오스트리아보다 지정학적으로 더 중요했다. 둘째, 군정 대상에 대해 모두 '해방자'와 '점령자'의 성격을 복합적으로 가지고 있지만, 그 강조점에서 오스트리아와 한반도 사이에, 그리고 38선 이남과 이북 사이에 차이가 있다. 셋째, 이러한 차이점은 간접통치와 직접통치의 차이로, 나아가 해당 지역의 자치정부 인정과 불인정의 차이로 이어진다.

첫째, 미소 모두 한반도와 오스트리아를 상대적으로 중시하지 않았다. 우선, 미국은 오스트리아에 큰 관심이 없었고 오스트리아에 관여하기를 주저했다. 루즈벨트 대통령은 독일을 제압한 이후 유럽 전역에 있는 미군을 태평양 전역으로 이동시키기를 원했고, 이 점에서 유럽 내륙 깊숙이 위치한 오스트리아에는 관심이 없었다. 애초에 유럽자문위원회(EAC: European Advisory Commission)에서 미국이 오스트리아 전체를 점령하라는 제안이 있었는데, 막상 미국 정부와 군부는 오스트리아 진주를 주저했다. 종국에 미국은 소련의 권유에 따라 오스트리아의 분할점령에 참여했다. 소련은 유럽의 전후질서 형성과정에서 영국과 세력을 다투었고, 소련과 영국은 각각 미국을 통해 상대방을 견제하고자 했다(Carafano 2002, 29-32; Stourzh and Mueller 2018, 4-5, 12; Steininger 2012, 37-41; 전득주 2004, 407; 2000, 39-40).

소련에게도 오스트리아는 대독일 정책의 하위 범주로서 부차적인 중요성만 가졌다. 소련에게 오스트리아는 늘 '독일 문제'의 일부였다(Ruggenthaler 2020, 81). 소련의 오스트리아 정책은 독일의 약화(또는 재강화 방지)라는 목표에 종속되어 있었다. 오스트리아를 "작고 약한 독립국가"로 만든다는 소련의 입장은 비교적 일관된 것이었는데, 이는 강한 독일의 재부상을 견제하는 정책의 부산물이었다(Mueller 2006, 64-66).

한반도 역시 미소 양국에게 전략적으로 크게 중요한 지역이 아니었다. 하지만, 한반도는 오스트리아에 비해 인구와 면적 면에서 규모가 컸고, 소련과는 짧으나마 국경을 접하고 있는 점에서 오스트리아보다 더 중요한 지역이었다. 소련은 제정 러시아 때부터 한반도보다 만주에 관심이 많았다. 대일본 전쟁에 참전한 이후에도 소련은 만주 확보에 주력했다(전현수 2014, 70-71). 얄타회담에서 대일본 전쟁에 참여하는 조건으로 소련은 만주를 자신의 영향권으로 인정할 것을 요구했으나, 한반도에 대해서는 언급하지 않았다(민경현 2022, 182). 전쟁 당시나 종전 후에나 소련의 일차적 관심은 한반도보다 만주와 일본(북해도)에 있었다(안희수 2024, 27). 그렇지만 소련은 한반도가 "일본제국주의의 군사적 도약대" 역할을 한 역사를 기억했고(와다 하루끼 1999, 144), 자신과 국경을 마주한 한반도에 우호적인 국가가 수립되기를 바랐다(이정식 2006, 103-108; 기광서 2018, 121).

미국에게도 한반도는 중국이나 일본에 대한 정책의 하위범주로서 상대적으로 중요성이 떨어졌다. 주한 미군정은 일본점령 미군 즉, 연합국 최고사령관(SCAP: Supreme Commander for the Allied Powers) 산하에 예속되어 있었다. 한국 문제는 SCAP의 한 개 과에서 취급했다(이혜숙 2003, 42). 한국에 대한 미국의 군정 준비도 너무나 미흡했고 졸속이었다(미드 1993, 77-78). 사이판, 티니안, 괌, 오키나와 등에 대해 미국은 군정 계획과 요원들을 미리 준비했던 반면, 한국에 대해서는 그런 준비가 거의 없었다. 주한 미군정은 초기 아주 중요한 시기에 「FM 27-5」를 비롯한 매뉴얼들에 충실하는 수밖에 없었으나, 그것들은 군정에 실질적 도움이 되지 않았다(Taylor 1948, 355-357; 호그 1992, 94-95; 정병준 2023, 202-203). 오스트리아와 독일의 경우 미군정을 위한 핸드북이 있었지만, 한국에 대해서는 그러한 책자조차 없었다(Hudson 2015, 89-91, 168, 208-209, 229-234, 246).

둘째, 미소 양국은 군정 대상에 대해 해방자와 점령자의 성격을 모두 가졌는데, 그 강조점에서 오스트리아와 한반도 사이에, 그리고 38선 이남과 이북 사이에 차이가 있다. 엄밀히 따지자면, 한반도는 마땅히 '해방' 지역이고, 독일과 일본은 '점령' 지역이며, 오스트리아는 양자의 중간 지대에 해당했다. 연합국이 카이로 선언에서 한국인들의 "노예상태"에 유의하여 한국을 자주 독립시킨다고 밝힌 것은 당연한 것이었다. 반면에 1943년 10월 31일 모스크바 선언에서 보듯이, 오스트리아는 나치 독일에 의해 불법적으로 합병된 첫 번째 희생자이면서 동시에 제3제국의 일원으로서 저지른 범죄에 대해 책임을 져야 하는 양면성이 있었다(Hudson 2015, 3-4; 김홍섭 2020, 209-210). 하지만 오스트리아에 대해 연합국들이 해방자의 성격을 강하게 띤 반면에, 한반도에서는 해방자와 점령자의 성격이 혼재했고 특히 38선 이남 지역에서는 점령자의 성격이 강했다.

연합국들은 모스크바 선언에서 오스트리아가 희생과 책임의 양면적 성격이 있음을 지적했지만, 전후 오스트리아에 대해 희생자의 성격을 우선시했다. 오스트리아는 헝가리, 루마니아, 불가리아처럼 적대국으로 볼 수 없었다. 동시에 체코슬로바키아, 벨기에, 덴마크 같은 승전국의 일원으로 볼 수도 없었다. 연합국들은 논란 끝에 오스트리아에 대해 패전국에 해당하는 '평화조약'이 아니라 '국가조약'을 체결하기로 했다(Stourzh and Mueller 2018, 25-31; Bischof 2020, 4-5). 4개 연합국의 점령지역별로 차이가 있고, 점령 초기에 특히 소련군의 만행들이 눈살을 찌푸리게 했지만(Bischof 1999, 30-36), 전반적으로 오스트리아에서 연합국들은 점령자보다 해방자의 모습을 많이 보였다(이호재 1999, 24-25). 특히 1946년 6월 체결한 제2통제협정에 의해서 오스트리아는 연합국 중 한 국가의 동의만 얻으면 자신의 정책을 자유롭게 실시할 수 있게 되었다. 이는 점령국의 만장일치를 요구했던 독일의 경우와 대조적이었다. 독일과 달리 오스트리아는 '점령지'가 아니라 '해방지'로서 대접을 받은 것이다(The Department of State 1947, 30).

반면에 한반도에 진주한 미군과 소련군은 해방자보다 점령자의 모습을 더 많이 보였으며, 특히 남한 지역을 점령한 미군이 더 심한 경향이 있었다. 38선 이북에 진주한 소련군은 다른 점령지역에서 그랬던 것처럼 처음에는 갖은 만행으로 원성을 샀지만 이내 규율이 강화되었다. 25군 사령관 치스차코프 대장은 8월 26일 평양에 도착한 첫 번째 메시지에서부터 소련군이 '해방자'로 왔음을 강조했다(김국후 2008, 37). 이후 소련은 이북을 공산화하는 점에서 분명히 점령자의 성격을 가지고 있고 북한의 국내통치에 직접적인 영향력을 행사했지만(김학준 2020), 해방 후 자생적으로 형성된 자치기관들을 지역의 주권기관으로 인정하고 국내세력의 주도권과 자율성을 상당 부분 보장했다(기광서 2018, 126-127).

대조적으로 미군은 38선 이남에 진출하는 첫 일성에서부터 자신이 해방군이면서 동시에 점령군이라는 점을 강조했다(김광식 1985, 121-122). 맥아더 사령관 명의의 「포고 제1호」(1945.9.7)는 3조에서 "점령군에 대한 일체의 반항행위 또는 공공의 안녕을 교란하는 행위를 감행하는 자에 대해서는 가차없이 엄벌에 처할 것"이라고 천명했다(송남헌 1985, 96-98; 호그 1992, 109-110). 해방을 축하하는 말 한마디 없는 이 포고문은 패전국 국민에게 점령군이 보내는 경고문처럼 읽혔다(안희수 2024, 17-19). 남한 진주 다음 날인 9월 9일 하지 사령관도 점령군으로서의 의무를 다할 것이라고 발표했다(심지연 1999, 115-116). 기본적으로 미국 정부는 한국을 "일본 제국의 일부분으로 미국의 적"으로서 명백히 점령지로 규정했다. 1945년 10월 13일 확정되어 17일 맥아더에게 전달된 「민정 초기기본지령」(SWNCC 176/8)은 미군이 한국에서 "적국 영토의 군사적 점령자로서 관례적 권한"을 갖는다고 밝혔다(박찬표 2007, 55, 95-96; Hudson 2015, 237-238). 카이로 선언에 따라 한반도가 마땅히 '해방지역'으로 대접받아야 했음에도 한국은 일본과 함께 미국의 점령지역에 포함된 것이다(헨더슨 2013, 241; 심지연 1999, 135-136).

셋째, 이 같은 차이는 간접통치와 직접통치의 차이로, 또는 자치정부의 인정과 신탁통치 구상의 차이로 연결된다. 오스트리아와 38선 이북 지역에서는 간접통치 및 현지인에 의한 자치가, 38선 이남에서는 군정에 의한 직접통치가 주를 이루었다. 또, 오스트리아와 달리 한반도에 대해서 연합국들은 신탁통치 구상에 합의했다.

연합국들은 오스트리아에 대해 간접통치 형태를 취했다. 동부에서 소련은 독일과 전투를 치르는 중에도 점령지역에서 시장을 임명하고 구 행정조직을 재건했다. 서부와 남부 지역에서도 연합국들은 오스트리아 민간정부를 비교적 빨리 수립했다. 5월 말까지 오스트리아의 모든 주에서 임시정부들이 수립되었다. 주 임시정부의 수립 방식은 점령군에 따라 다양했다. 새로 재건된 민주 정당들이 구나치 관료들로부터 행정권을 접수하고(Styria와 Carinthia의 경우), 레지스탕스 운동 지도부가 정권을 장악하기도 했으며(Tyrol의 경우), 군정 당국이 주도해서 주정부를 수립하기도 했다(Vienna, Lower Austria, Salzburg, Upper Austria, Vorarlberg의 경우)(Eisterer 2002, 196; 자세한 내용은 Anzelmo 1968 56-60).

북한에 진주한 소련군도 처음부터 각 지역의 인민위원회를 중심으로 간접통치를 실시했다. 건준이나 우익이 '인민위원회' 호칭을 꺼려하는 지역에서는 '인민정치위원회'가 수립되었다(박병엽 2010, 34; 서동만 2005,

58). 이는 1945년 10월 8-10일 5도인민위원회 연합회의, 11월 19일 행정 10국[3], 1946년 2월 8일 임시인민위원회 수립으로 이어졌다. 이러한 일련의 조치는 이북에 단독정부 또는 과도정부를 수립하는 과정으로 보일 수도 있으나, 기본적으로 한국인들로 하여금 스스로 통치하게 하는 간접통치 방식이었다.

반면에 38선 이남에 진출한 미군은 한국인들의 자치를 허용하지 않고 직접통치를 실시했다. 미군은 처음에 대일본 정책이 간접통치 방식으로 정해지면서 한국에서도 조선총독부를 통한 간접통치 방식을 적용했다. 간접통치 방식은 미군이 라인란트 점령 시 영국으로부터 학습한 군정방식의 하나였다(Kehoe and Bleakley 2024, 62). 하지만 조선총독부와 일본인의 통치가 계속되는 데 대해 한국인들이 거세게 반발하자 곧바로 직접통치로 전환했다(오코노기 마사오 2019, 204-209). 한국인들에 의한 자치정부를 인정하거나 새로 구성하기보다는, 기존 총독부 행정 및 경찰조직을 가지고 미군이 직접 통치하는 방향으로 선회한 것이다. 이는 오스트리아는 물론이고 전범국가인 독일과 일본에 대해서도 간접통치 방식을 적용한 것과 대조된다(백경남 1999, 184, 191-192; 김학성 1999, 246-247; The Department of State 1947, 16).

또한, 미국은 한반도에 대해서 일찌감치 신탁통치 방안을 구상했다. 처음에 적극 호응하지 않던 소련도 1945년 12월 모스크바 외상회의에서 한반도의 신탁통치 방안에 합의했다. 직접통치 방식과 마찬가지로 신탁통치 구상은 기본적으로 한국인들의 자치능력을 인정하지 않는 자세에서 비롯했다. 오스트리아에 대해서는 신탁통치 구상이 거론되지 않았다. 엄밀하게 보자면 오스트리아도 한반도와 마찬가지로 "현 전쟁[2차대전]의 결과로 적에게서 분리된 영토"라는 얄타회담에서 정한 신탁통치 대상이 될 수 있었다. 그렇지만 연합국의 눈에 오스트리아는 광활한 영토와 막강한 힘을 자랑하던 제국의 후신이고, 정당정치와 의회정치 및 (짧지만) 공화국의 역사

---

[3] 기광서(2018, 164)에 따르면, 북조선 '5도행정국'으로 통용되던 기관은 실제로는 존재하지 않았으며 '행정10국'이 올바른 명칭이라고 한다.

를 가지고 있는 '유럽' 국가였다. 오스트리아에 대해 신탁통치 구상이 거론되지 않은 이유다. 반면에 한국은 정당정치와 의회정치 및 공화국의 역사가 없는, 이제 막 식민지배에서 벗어난 후진 지역일 뿐이었다. 한국은 오랫동안 식민통치를 받은 미개한 지역으로서 당연히 신탁통치가 필요한 지역으로 간주되었다. 이 같은 인종주의적 인식이 오스트리아와 달리 한국에 직접통치 방식을 적용하고 신탁통치를 구상한 바탕에 있었다.

2) 연합국의 상호 관계

오스트리아와 한반도 모두 연합국에 의한 '배타적 분할점령'이라는 점에서 공통되지만, 연합국 상호간의 관계에 있어서 중요한 차이가 존재했다. 첫째, 오스트리아에서는 분할점령 속에서도 공동의 관리기구와 공동 점령지역이 있었던 반면, 한반도에는 그와 같은 것이 없었다. 둘째, 오스트리아의 경우 공동 정치공간을 통해 소통과 교류가 이루어진 반면, 한반도에는 그 같은 대화의 창구가 거의 없었다.

첫째, 한반도와 오스트리아는 배타적 분할점령 방식을 적용한 점에서 공통되지만, 연합국 사이에 공동 공간의 존재 여부에서 중요한 차이가 있다. 오스트리아에는 연합국들이 2차대전 중에 유럽 문제에 대해 합의한 종전 구상에 의해서 수립된 공동의 제도적 공간이 마련되어 있었다. 1943년 10월 말 모스크바 외상회의에서 연합국들은 EAC(유럽자문위원회)를 설치하기로 합의했고, 이에 따라 1944년 1월 14일에 EAC가 런던에서 출범했다. EAC는 유럽 차원에서 연합국의 점령 정책 및 유럽 국가들의 재건 계획을 논의하는 공간 역할을 했다. EAC는 독일, 이탈리아, 루마니아, 핀란드, 불가리아, 헝가리 등 점령지 및 해방지역의 통치를 위해 나라별로 연합국통제위원회(Allied Control Commission)를 설치했다. 오스트리아에 대해서도 1945년 7월 4일 EAC에서 '오스트리아 연합국위원회(AC: Allied Commission for Austria)'를 수립했다. 오스트리아에 대한 제1통제협정을 합의한 것도 이 때다(The Department of State 1947, 24).

AC는 4개 점령국들이 현안을 논의하고 합의하는 마당 역할을 했다. 분할점령을 실시하는 가운데 공동의 사안을 논의하고 처리하는 공동의 정치공간과 제도가 존재한 것이다. AC는 연합국협의회(Allied Council)와 집행위원회(executive committee) 및 직원들(staffs)로 구성됐다. 연합국협의회에는 점령군 최고사령관들이 고등판무관(High Commissioners) 자격으로 참석한다(Steininger 2012, 47). 집행위원회는 점령군 부사령관들로 구성된다. AC의 직원들은 오스트리아 정부 부서에 조응하는 8개 국과 그외 5개 국으로 조직되었다(The Department of State 1947, 30; 이호재 1999, 31-32). 냉전의 심화에 따라 이데올로기적 갈등이 심해졌지만 오스트리아 AC는 1955년 10월 점령이 종식될 때까지 10년 동안 지속되었다.

오스트리아 점령국들 사이에 또 한가지 중요한 공동 공간은 바로 수도 비엔나와 그 중심부의 국제공동관리지역이다. 오스트리아의 동쪽 소련 점령구역 안에 위치한 비엔나는 베를린처럼 4개 연합국이 분할 점령했다. 그런데 베를린과 달리 비엔나에는 4개국이 공동으로 관리하는 공동관리구역이 추가로 설치됐다. 비엔나 중심부인 '인네르 슈타트(Innere Stadt)'가 바로 그것이다. 인네르 슈타트 지역은 매달 점령군이 순차관리했고, 이 안에서 각국 점령군 지도자들과 오스트리아 정치인들이 서로 접촉하고 소통할 수 있었다.

오스트리아와 대조적으로, 한반도에는 EAC나 AC 같은 다국적 통치체제가 없었고, 비엔나같은 공동분할점령지역도, 인네르 슈타트같은 공동관리지역도 없었다. 우선, 이남과 이북을 점령한 미소 군정 사이에 공동의 정치공간이 존재하지 않았다. 이는 전후 일본 문제를 처리하는 과정에서 파생한 결과로 보인다. 유럽에서 EAC를 만든 것처럼, 연합국들은 태평양 전쟁 지역에 대해서도 극동자문위원회(FEAC: Far Eastern Advisory Commission)를 만들기로 합의했었다. 1945년 12월 27일 모스크바 외상회의 말미에 FEAC 대신에 극동위원회(FEC: Far Eastern Commission)를 설치하기로 했다. FEC는 워싱턴에 위치하고 대일본 연합국협의회(Allied

Council for Japan)를 감독한다.4) 일본 연합국협의회는 공식적으로 미영중소 4개 연합국 최고사령관의 자문기관이지만, 실질적으로 미국이 주도했다.

연합국들은 한국에 대해서도 연합군통제협의회(Allied Control Council for Korea) 구상을 갖고 있었다. 원래 미국무성은 한반도에 대해서 미영중소 연합국들이 함께 통치하는 공동점령과 공동통치 방식을 구상했었다(정용욱 2003, 54). 1944년 초반에 미국 정부는 카이로 선언에서 밝힌 한국의 독립 문제에 대해 구체적 계획을 세우면서 '공동행동'과 '중앙관리'를 한국에 대한 기본원칙으로 수립했다. 공동행동 원칙에 따라 미영중소 4개국이 신탁통치에 공동 참여하고, 중앙관리 원칙에 따라 연합군들 대표로 구성된 이사회가 한반도 전체의 군사정부를 조정할 계획이었다(오코노기 마사오 2019, 71-75). 유럽의 EAC나 오스트리아 AC와 비슷한 구상이라고 할 수 있다. 한반도에 대한 연합군통제협의회는 3단계로 설정되었는데, 미소에 의한 남북의 분할 점령과 일본군 무장해제의 1단계를 거친 후 2단계에서 영국과 중국의 점령군이 진주하도록 한 점이 특기할 만하다(호그 1992, 60-63). 그런데 일본이 예상보다 빨리 항복하는 바람에, 공동 정치공간 구상이 실현되기 전에 미소의 배타적 분할점령이 실시되었다(박찬표 2007, 55-60). 이 과정에서 미국의 일방적인 38선 획정을 소련이 특별한 이의제기 없이 수용했다. 이는 오스트리아에서 연합국들이 공동으로 합의하여 점령구역을 확정한 것과 대조적이다. 결국, 한반도에 대해서는 EAC나 오스트리아 AC같은 공동의 정치공간과 제도적 장치가 설치되지 않았다. 1945년 12월 모스크바 외상회의의 결정으로 1946년에 미소공동위원회가 열렸지만, 그것은 상설적 제도적 장치가 아니었다. 오스트리아와 달리 한반도에서는 해방정국 초기의 중요한 국면에서 연합국 사이에 공동의 공간이 없었다.

---

4) FEC는 원칙상 대일전쟁에 참가한 11개국(미국, 영국, 소련, 중국, 캐나다, 프랑스, 네덜란드, 오스트레일리아, 인도, 뉴질랜드, 필리핀)으로 구성되었다(이혜숙 2003, 28-29).

더구나, 베를린이나 비엔나처럼 미소는 한반도의 전통적인 중심지인 서울을 분할점령하지 않았다. 비엔나의 인네르 슈타트 같은 공동관리구역이 없었음은 물론이고, 서울과 평양이라는 사실상 두 개의 중심지를 미소가 각각 점령하고 통치했다. 만약 서울 사대문 안 지역을 미소가 공동으로 관리했거나 서울 전체를 함께 분할 점령했다면, 이들 사이의 접촉 면이 훨씬 넓어졌을 것이다(황의서 2005, 389). 연합국들이 서울을 분할점령하거나 공동관리 하지 않음으로 인해서 서울 중심성이 해체되는 결과가 발생했다. 즉, 서울과 별도로 평양이 또 다른 중심으로 등장했고, 이들이 권력정치의 구심점이 되어 가면서 원심적 경쟁이 발생했다.

둘째, 공동 정치공간의 유무는 연합국 상호간 대화와 소통의 유무로 이어졌다. 오스트리아의 경우 AC에서 4개 연합국들이 상호의견을 교환했다. 4개 연합국들은 각자의 점령지역에서 자기 방식대로 군정을 실시했고 그들 사이에 의견 대립과 갈등도 있었지만, 서로 얼굴을 마주하고 논의할 수 있는 공간이 있었다. 1945년 8월 하순에 서방 연합국 점령군 사령부들의 비엔나 입성이 완료되면서, 그리 넓지 않은 수도 비엔나에 사령부들이 모이게 됐다. 특히 인네르 슈타트 지역에서 점령군 지도자들과 오스트리아 정치인들이 서로 접촉할 수 있었다. 훗날 강성 반공주의자가 되는 클락(Mark Wayne Clark) 미군사령관은 이곳에서 1946년 초반까지 소련군 사령관 코네프(Marshal Ivan Konev)와 우호적인 관계를 유지했다(Hudson 2015, 214). 1946년 6월 체결된 제2통제협정은 점령지역 사이에 사람, 상품 및 교통에 대한 통제를 철폐함으로써 오스트리아를 경제적으로 하나의 통합된 지역으로 복구했다(The Department of State 1947, 31; 이호재 1999, 33). 요컨대, 분할점령에도 불구하고 비엔나에서 점령군 사이에 그리고 오스트리아 정치인들과 함께 대화와 소통 및 접촉이 가능했다. 수도 비엔나가 오스트리아인뿐만 아니라 연합국 점령군에게도 하나의 중심 역할을 한 것이다.

반면에 한반도에서는 일본군 무장해제라는 군사적 편의를 위해 설정한 38선이 정치공간을 분리하는 선으로 변질되면서, 미소 양자 사이에 대화와 소통이 거의 단절되었다. 오스트리아와 비교할 때 미소 간 공동의 정치공간이 부재했던 것이 큰 이유다. 미소 점령지역의 공간적 단절을 극복하기 위해 미군정은 1945년 가을 소련군정과의 소통 창구를 마련하려고 노력했다. 그러나 미국측의 시도는 소련의 호응을 얻지 못했고, 미소 양군이 상대방 지역에 보낸 연락장교단도 곧 철수했다(Hudson 2015, 253-254; 이정식 2006, 437). 1946년 1월 16일~2월 5일 서울에서 열린 미소공위 예비회담에서도 미국측이 한반도 전역에 걸쳐서 통일된 행정기구의 수립을 제안했지만 소련에 의해 거절됐다(전현수 1997, 562-566). 오스트리아와 비교하면, 미소가 이처럼 한반도를 하나의 공간 단위로 만드는 데 실패한 것은 미소간 공동의 정치공간 및 제도적 장치가 없었던 데에서 그 이유를 찾을 수 있다.

2. 오스트리아: 단일 임시정부 수립과 확장

연합국의 오스트리아 분할점령 구역이 확정되기 3개월도 전인 4월 27일 레너는 수도 비엔나에서 나치를 제외한 주요 정치세력들과 함께 임시정부 수립을 선포했다. 레너 임시정부는 1938년 독일과의 강제합병이 무효임을 선언하고 (1929년 개정된) 1920년 헌법체제로의 복귀를 선언했다. 레너 임시정부는 놀랄 만한 속도로 국가행정을 복구하고 주요 입법 프로그램들을 진행했다(Stourzh and Mueller 2018, 15). 해방정국에서 정치세력들 사이에 주도권 다툼이 극심했던 한국과 비교할 때, 레너를 중심으로 한 국내 정치세력들의 단합은 대단히 주목할 만하다. 오스트리아와 한반도의 국내 정치세력들의 상이한 상호행위 유형은 통일과 분단의 갈림길을 정하는 중요한 요인이었다.

한편, 국내 정치세력들의 상호협력은 국제적 변수 즉 외력에 의해서 상당 부분 조성되었다. 오스트리아 2공화국의 정치세력들이 긴밀히 상호협력을 한 배경에는 연합국들의 탈나치화 정책이 있었다.5) 점령 지역에 따라 탈나치화 방식과 정도에 차이가 있었고, 시간이 지나면서 현실적인 필요성에 타협하여 후퇴하기도 했지만, 점령군들의 탈나치화 정책은 친나치 세력을 해방정국의 정치무대에서 제거하는 효과를 가져왔다. 1945년 11월 총선에서 나치당원이었던 사람들은 선거권과 피선거권이 모두 박탈당했다(The Department of State 1947, 28). 또, 사회당과 국민당 등 주요 정당의 지도부에서 친나치 경력 소유자들이 사라지고 반나치주의자들이 대거 등장했다. 결국 이들이 정부의 고위직을 차지하기 때문에, 정치무대에서 나치 전력이 있는 사람들이 사실상 사라졌다(Benson 1948, 179-180). 반면에 한반도의 38선 이남에서는 미국이 친일파를 제거하기는커녕 그들을 재등용하는 정책을 취했고, 한민당이 사실상 미군정의 인사정책을 주도하면서 친일파 출신이 공직을 대거 장악했다. 친일파가 보수세력에 편승하여 정치세력화 되고 좌우갈등이 심해진 데에는 미군정의 정책이 일정 책임이 있다(정병준 2023, 318-348; Eisterer 2002, 196-211; Hudson 2015, 188, 192-193).

해방정국에서 오스트리아가 한반도보다 좌우 정치세력들이 상호협력하는 모습을 연출한 데에는 이처럼 연합국들의 정책이 중요한 배경으로 작용했다. 국내 행위자들의 상호행위 유형이 국제적 변수와 연결되어 있는 것이다. 국내 차원에 대한 분석은 이 책의 3부와 4부에서 다루고, 여기서는 오스트리아의 단일 임시정부 수립에 소련과 미국 등 연합국들이 중요한 기여를 한 점을 살펴본다.

분할점령 상태에도 불구하고 오스트리아가 통일국가를 수립할 수 있었던 가장 중요한 계기는 소련 점령지역에서 레너가 나치세력을 제외한 주요 정치세력들을 모아서 임시정부를 수립하고 이를 서방 점령지역에까지 확대시킨 것이다. 레너 임시정부 수립 시 정당 지도자들은 사회당(SPÖ) 4명, 국민당(ÖVP) 4명, 공산당(KPÖ) 3명 및 무소속 2명의 내각 구성 비

---

5) 오스트리아의 국민당-사회당 대연정을 만들고 유지하는 데에도 미국과 영국의 압력이 기여했다(Bischof 2020a, 63).

율에 합의했고, 총선 후에 득표 비율에 따라 재배정하기로 합의했다. 레너의 임시정부 수립은 소련의 승인 아래 이루어졌다. 서방측은 처음에 소련의 일방적인 행동이라고 비판하면서 임시정부를 승인하지 않았다. 미국이 레너 임시정부 지지로 선회한 후 영국을 설득함으로써 임시정부의 권한이 전국으로 확대되었다. 레너 임시정부는 소련이 주도하고 미국이 추인한 미소의 합작품이라고 할 수 있다.

1) 임시정부의 수립

연합국 중 오스트리아 영토에 제일 먼저 진입한 나라는 소련이었다. 소련군은 오스트리아의 동쪽 지역을 장악했고 여기에 제국의 오랜 수도 비엔나가 포함되어 있었다. 비엔나에서 멀리 떨어지지 않은 자신의 고향(Gloggnitz)에 머물러 있던 레너를 찾아낸 소련군은 스탈린의 지시 아래 레너로 하여금 임시정부를 수립하도록 했다. 1945년 7월 4일 EAC에서 오스트리아 AC를 수립하기 3개월 전에 소련이 단독으로 레너를 중심으로 한 오스트리아 임시정부 수립을 추진한 것이다. 소련이 오스트리아 영토와 그 수도 비엔나에 진입한 첫 번째 연합국이란 사실은 레너 임시정부 수립에 있어서 중요한 요인이었다. 소련군은 먼저 비엔나 현지인들로 하여금 시정부를 구성하도록 했는데, 그 과정에서 오스트리아인들의 정치활동이 다시 활발해졌고 사회당과 국민당 등 전통적인 정당들이 재건됐다. 이것이 레너가 전국적인 차원의 임시정부를 수립하는 데 중요한 토대가 된다. 특히 비엔나 시정부 차원에서 사회당과 국민당 및 공산당 사이에 상호 협력과 비례체제에 입각한 권력공유 타협이 이루어졌는데, 이것이 연방 임시정부를 수립하는 데 모델로 작동했다(Anzelmo 1968, 1-2, 17-25).

스탈린은 왜 공산주의자를 선택하지 않고 저명한 온건 사회주의자인 레너를 선택했을까? 전통적인 냉전적 시각에서는, 스탈린이 오스트리아를 공산화하려고 했으며 이를 위해 레너를 이용했다고 본다. 다만 영악한 레너가 이를 알고 역이용함으로써 오스트리아가 공산화되지 않았다고 한다. 이는 레너 정부에 대해 가장 널리 알려진 해석이다(Piotrowski 1987, 249-251). 적지 않은 수의 한국 학자들도 이 입장에 입각해 있다(안병영 1987, 47; 이서행 2005, 227). 이 해석은 레너 정부 수립을 소련의 인민전선 전략의 하나로 본다. 공산주의 세력이 약한 오스트리아에서 인민전선 정부를 수립한 후 점차 공산주의자들이 헤게모니를 장악하는 계획이다. 이 전략은 결국 실패했다. 슬기로운 레너가 소련의 비위를 맞추면서도 꼭 두각시 노릇을 거부했기 때문이다. 1945년 11월 총선에서 공산당은 5.4% 득표에 그쳤고,[6] 이후 레너와 소련 사이에 거리가 멀어졌다. 급기야 1947년 9월 코민포름(Cominform)은 레너를 영국의 애틀리(Clement Atlee) 등과 함께 '우익 사회주의자'이자 '배반자'로 명명하기까지 했다(Mueller 2006, 67-68; Karner and Ruggenthaler 2020, 53-59).

이러한 냉전적 시각과 달리, 이 글은 소련의 오스트리아 정책이 대독일 정책에 예속되어서 독일 견제라는 보다 큰 지정학적 틀 속에서 이루어졌다고 본다. 소련은 독일의 세력이 다시 커지는 것을 방지하기 위해서 오스트리아를 하나의 독립 국가로 만들고자 했다. 소련의 일차적인 관심은 오스트리아가 대독일의 일부가 되거나 다뉴브연합(Danube Confederation) 같은 방식으로 중유럽에 커다란 세력으로 등장하는 위험이었다. 이 같은 시나리오를 미리 예방하고 오스트리아와 독일의 분리를 확실하게 하는 방법이 바로 오스트리아에 효과적인 독립정부를 수립하는 것이었다(Stueck 1995, 9, 14). 스탈린은 오스트리아에 대해서 이념적이기보다는 지정학적 전략에서 접근한 것이다.

오스트리아를 독일과 분리시켜서 독립된 국가로 만든다는 스탈린의 구상은 일찌감치 정립되어 있었다. 1941년 12월 영국 이든(Anthony Eden)

---

[6] 총의석 165석 중 국민당이 85석, 사회당이 76석, 공산당이 4석을 차지했다. 국민당이 과반수를 차지했지만, 공산당 1명을 포함하여 거국내각을 구성했다(이경 2011, 67).

외상의 모스크바 방문 시 스탈린은 오스트리아를 "작지만 독일로부터 독립적인 국가, 동시에 소련의 영향력을 수용할 만큼 충분히 약한 국가"로 만든다는 구상을 밝힌 바 있다(Steininger 2012, 25-36). 이후 독일로부터 분리된 오스트리아 독립국가의 재수립은 소련의 명확한 정책 목표가 되었다(Filitov 2020, 25-28; Stourzh and Mueller 2018, 5). 이 같은 시각에서 소련은 영국이 구상한 다뉴브연합 구상에 일관되게 반대했다. 남부 독일(Bayern)과 오스트리아 및 헝가리를 병합하는 다뉴브연합 구상은 중부유럽에 대국을 수립함으로써 소련과 프랑스를 모두 견제하려는 처칠의 복안이었다. 1943년 10월 31일 모스크바 선언 직후 소련의 언론들은 선언에서 천명한 오스트리아 독립 방침에 다뉴브연합 건설이 포함되지 않음을 강조했다(Piotrowski 1987, p. 263).

스탈린이 레너에게 임시정부 수립을 허용한 것은, 공산주의 세력이 미약하고 전통적으로 반(反)슬라브주의가 강한 오스트리아에서 레너야말로 자신의 계획을 실현하기 위해 이상적인 인물이라고 생각했기 때문이었다. 레너는 1공화국 시절 수상을 역임한 저명한 정치가였고, 서방 연합국들에게 반공주의자로 수용될 수 있는 인물이었다. 당시 75세 고령에다가, 1938년 독일과의 합병을 옹호한 발언 등 과거 흠집도 있어서 타협 가능한 인물로 보였다(Karner and Ruggenthaler 2020, 43-45). 레너는 자기 나름대로 자신이 외국의 꼭두각시 정부가 되지 않을 것임을 처음부터 분명히 했다(Piotrowski 1987, 254; Anzelmo 1968, 7).

요컨대, 소련의 오스트리아 정책의 핵심은 오스트리아를 작고 약하지만 통일된 독립국가로 만들어서 독일과의 분리를 확실히 하는 것이었다. 소련의 레너 임시정부 수립 허용은 이러한 일관된 정책에 입각해 있었다. 이는 소련이 ① 오스트리아에서 공산주의자에 의한 전복을 시도하지 않았으며, ② 오스트리아의 분단을 선호하지 않았다는 사실에 의해서 뒷받침된다.

첫째, 소련은 오스트리아에서 공산주의자에 의한 전복을 시도하지 않았다. 헝가리(1947)와 프라하(1948)에서의 공산당 쿠데타, 베를린 위기

(1948-1949) 등을 겪으면서, 서방에서는 오스트리아에서 공산주의자들의 정부전복 시도 가능성을 크게 우려했다. 특히 체코의 프라하는 비엔나보다 서쪽에 위치해 있었다! 오스트리아에서 1950년 10월 공산주의자들이 총파업을 시도했을 때에도 그들이 국가전복을 시도한다는 의심이 많았다. 하지만 소련은 오스트리아에서 공산주의자들에 의한 체제전복을 기도하지 않았다(Bischof 2020, 7; Ruggenthaler 2020, 80). 오스트리아에 대한 스탈린의 계산은 이념적이기보다 지정학적인 것이었다. 오스트리아의 공산화보다 훨씬 중요한 목표가 바로 오스트리아와 독일의 완전한 분리였으며, 이를 위해 통일된 오스트리아의 국가 수립을 우선적으로 추구했다. 공산당 쿠데타 우려는 사실로 판명되지 않았으며, 서방에 의해서 의도적으로 부풀려진 측면이 있다(Békés et. al. 2015, 21).

둘째, 소련은 기본적으로 오스트리아의 분단을 선호하지 않았다. 스탈린은 1945년 11월 총선 결과에 실망했지만 공산주의에 대한 지지가 미약한 오스트리아의 현실을 수용했다. 특히 그는 공산주의자들의 오스트리아 분단 계획을 지지하지 않았다. 1945년 선거 패배 이후 공산당 지도부는 오스트리아의 분할을 통해 동부 지역에 분단국가를 수립하는 방안을 모의했다.[7] 소련은 오스트리아 공산당의 분단 시나리오에 동의하지 않았다(Mueller 2006, 72-73). 1948년 2월 13일 모스크바의 소련공산당 중앙위원회에서 있었던 즈다노프(Andrei Zhdanov)와 오스트리아 공산당 지도부의 대화는 이 점을 분명히 보여준다. 공산당 지도부가 유고슬라비아 동지의 조언이라며 오스트리아의 분단 방안을 제시하자, 즈다노프는 이를 단호하게 거절하면서 공산당이 오스트리아의 주권 회복과 통일성 유지를 위해 각고의 노력을 다할 것을 주문했다(Békés ct. al. 2015, 346-352).

소련이 오스트리아의 분단을 선호하지 않고 공산당의 분단 시나리오를 오히려 반대하고 억제한 데에는, 무엇보다도 독일과의 분리를 확실히 하기 위해서 오스트리아를 하나의 국가로 독립시킨다는 기본 방침이 중요하

---

[7] 이 점에서 오스트리아와 한반도의 통일-분단의 차이를 국내세력의 상호행위 유형의 차이로 설명하는 데 한계가 있음을 다시 한번 지적한다.

게 작용했다. 오스트리아 동쪽 소련 점령지역이 하나의 독립 국가로 자립할만큼 크지도 않을 뿐더러, 동쪽 지역을 분리해서 공산화할 경우 보다 넓은 서부 오스트리아 지역이 독일과 합쳐서 대독일이 부활할 우려가 있었다. 이 같은 소련의 지정학적 사고는 오스트리아의 국가조약 체결에서도 중요하게 작용했다. 오스트리아 국가조약이 가져올 이점으로 소련은 오스트리아와 독일의 영구적 분리, 독일과 이탈리아 사이에 (오스트리아에 의한) 나토의 지리적 단절, 나토의 동진 저지와 이로 인한 중부유럽에서 소련의 지위 강화 등 지정학적 요인들을 고려했다(Ruggenthaler 2020, 84-88; Stourzh and Mueller 2018, 342-350). 임시정부 수립 이후 국가조약 체결 시까지 소련의 오스트리아 정책은 강력한 독일의 재등장을 막기 위해서 오스트리아를 독립국가로 만들고 새로운 합병을 예방하는 것이었다. 오스트리아 분단 옵션은 독일과 오스트리아의 분리라는 대전제에 위협적인 방책으로서, 소련에 의해 진지하게 고려되지 않았다.

2) 임시정부의 추인

모스크바에 있는 그들의 대사를 통해서 레너 임시정부 수립 소식을 처음 접한 미국과 영국은 레너 정부를 인정할 준비가 전혀 되어 있지 않았다. 소련이 레너 정부를 공식 승인했다는 소식이 4월 29일 서방에 전해지면서, 서방의 태도는 막연한 의심에서 노골적인 반대로 변해버렸다(Anzelmo 1968, 39-41). 아직 EAC에서 오스트리아에 관해 어떤 진지한 토의나 합의가 있기 전이었다. 앞서 언급했듯이, EAC에서 오스트리아 AC를 수립한 것이 7월 4일이다. 임시정부 수립 문제에 대해서 연합국들 사이에 어떤 상의도 없이 소련이 독단적으로 추진한 것이기 때문에 서방 측의 반발은 당연한 것이었다. 따라서 레너 임시정부는 소련 점령 지역 밖에서 권한이 인정되지 않았다. 레너 임시정부는 "마치 오스트리아 전체를 대변하는 것처럼" 행동했지만, 그것은 허구에 불과했다. 레너 임시정부는 소련 점령지역 밖에서는 실질적인 영향력이 없었다(Eisterer 2002, 197). 이 점에서 서방 연합국들의 레너 정부에 대한 추후 인정은 소련에 의한 임시정부 수립만큼이나 중요한 의미를 지닌다.

서방에서도 영국의 반발이 특히 심했다. 영국은 스탈린이 폴란드, 루마니아, 불가리아에서처럼 오스트리아 정부를 자신의 통제 아래 두려 한다고 의심했다. 5% 남짓 지지의 공산당이 레너 정부에서 1/3을 차지했을 뿐 아니라, 경찰을 통제하는 내무부와 선전을 관할하는 교육부를 차지한 것도 못마땅해했다. 영국은 레너 임시정부를 승인하는 대신에 연합국의 공동감시 하에 새로운 오스트리아 임시정부를 수립할 것을 원했다. 미국에서도 주소련 대리대사인 케넌(George Kennan)이 비슷한 견해를 보였다. 케넌은 무엇보다도 경찰을 통제하는 내무부를 공산주의자인 호너(Franz Honner)가 차지한 점을 우려했고, 폴란드 및 체코슬로바키아와 루마니아에서의 유사한 경험을 지적하면서 오스트리아가 공산화될 위험성을 지적했다(Bischof 1999, 45-47; 2002, 174; Karner and Ruggenthaler 2020, 52).

7월 초 EAC에서 오스트리아 AC를 수립하고 연합국들의 점령지역 분할선을 합의한 뒤 연합국들은 포츠담회담(1945.7.17~8.2)에서 레너 정부의 승인 문제를 다뤘다. 포츠담에서 스탈린은 식량보급 문제의 긴박성을 이유로 레너 정부의 권한을 오스트리아 전역으로 확대하자고 제안했다. 이 즈음 이미 미국은 레너 정부를 승인하는 방향으로 선회해 있었다. 트루만은 포츠담에서 서방 점령군들도 비엔나에 들어가서 레너 정부를 인정하고 AC를 작동시킬 것을 권했다(Bischof 1999, 48-49). 영국은 여전히 레니 임시정부에 반대를 접지 않고, 주정부들의 회의를 통해 새로운 오스트리아 정부를 수립하는 방안을 모색했다(Anzelmo 1968, 60-61). 영국이 다른 정부를 수립할 가능성이 있는 상태에서 레너는 복수 정부의 수립에 따른 분단 가능성을 염려하면서, 서방측 점령지역 내 정치지도자들의 지지를 확보하는 데 힘썼다. 레너는 9월 24일-26일 연방주정부대표자회의를 통해 서부 지역 지도자들을 임시정부에 포섭하고 통치권을 전국으로 확대하는 데 성공했다. 연방주정부대표자회의에서 동서 지도자들 사이의 합의야말로 오스트리아의 분단 위험을 막은 중요한 고비였다(Lendvai 2023, 126). 이후 10월 20일 AC는 연내 총선거 실시 조건으로 레너 임시정부의 권한을 오스트리아 전역으로 확대하는 데 동의했다(Hudson 2015, 220-225; Stueck 1995, 13; Bischof 2020, 5; 이호재 1978, 139-141; 1999, 41-42).

레너 정부를 서방측이 승인하는 과정에서 미국의 입장 변화와 중재자 역할이 중요했다. 1945년 여름 영국과 소련 사이에 갈등이 심해지자, 미국이 중재자 역할을 하기 시작했다. 7월 말 미군 선발대가 비엔나에 들어가서 AC 설치를 준비했고, 미군 사령관이자 고등판무관인 클락 장군이 영국과 프랑스 사령관들도 비엔나로 와서 소련 사령관과 함께 세부사항을 조율할 것을 권했다. 클락은 잘츠부르크 음악축제에 다른 사령관들을 초대하여 비공식 대화의 장을 마련하기도 했다. 덕분에 9월 11일 비엔나에서 첫 AC 회합을 열 수 있었다(Bischof 1999, 49; 2002, 175; Anzelmo 1968, 46-49). 이후 9월 하순 연방주정부대표자회의를 거치면서 10월 AC에서 서방측은 레너 임시정부의 전국 확대에 동의했다. 이 점에서 레너 임시정부는 소련이 주도하여 만들고 미국이 추인하여 전국으로 권한이 확대된 미소의 합작품이라고 할 수 있다.

미국의 입장 변화에는 여러 요인들이 작동한 것으로 보인다. 우선, 레너 정부에 참여한 공산주의자들에 대한 미국 전략사무국(OSS: Office of Strategic Service)의 우호적 평가가 긍정적으로 작용했다. OSS는 피셔(Ernest Fischer)를 비롯한 오스트리아 공산주의 지도자들을 온건한 성향으로 판단했다(Piotrowski 1987, 271-274). 레너의 노력도 중요했다. 레너는 9월 24-26일의 연방주정부대표자회의에서 서부 지역의 보수적인 지도자들을 임시정부에 일부 흡수하면서 지지를 이끌어냈다. 소련은 레너의 움직임을 경계했지만, 서방측이 별도의 친서방 정부를 수립할 것을 우려하여, 서부 지역 대표들을 임시정부에 포함하려는 레너의 노력을 지원했다(이호재 1999, 42). 한편, 서방측이 임시정부에서 공산주의자들을 제거할 것을 요구했지만, 레너는 소련의 존재를 의식해서 이를 거부했다. 대신에 티롤의 강성 반공주의자인 그루버(Karl Gruber)를 외무부 각료로 추가하고, 연방선거위원회에 대한 통제권한을 내무부장관(공산당 출신)에서부터 차관(국민당 출신)에게 옮기는 조치를 통해 서방측의 우려를 달랬다(Eisterer 2002, 198).

　이 과정에서 미군사령관 클락과 레너의 소통이 서방측의 레너 정부 인정에 크게 기여했다. 수차례의 의견교환을 통해 레너는 자신의 오스트리아 국가 수립 계획, 반공주의와 서구 민주주의에 대한 확고한 신념을 피력하고, 클락으로 하여금 영국을 설득해줄 것을 호소했다. 특히 공산당 당원인 호너에 대한 클락의 우려를 불식시키는 데 노력을 기울였다. 레너는 호너가 충분히 신뢰할 수 있는 사람이며, 어차피 오스트리아 국민들이 공산주의를 좋아하지 않기 때문에 자신의 임시정부를 중심으로 조기 선거를 실시하는 것이 원만한 정치적 해법이라고 강조했다. 호너를 임시정부에서 제거하는 것은 소련을 자극하는 일이 되므로 좋은 해법이 아니라고 설득하기도 했다. 일련의 대화를 통해 클락은 레너를 확고하게 지지하게 되었고, 영국이 레너 정부를 찬성하도록 설득하는 한편, 미합참에도 레너 정부를 지지할 것을 건의했다. 결국 10월 20일 AC는 레너 정부의 권한을 전국으로 확대하는 데 동의했다(Hudson 2015, 220-225). 레너와 클락의 소통은 오스트리아의 분할점령에도 불구하고 소련 점령지역에 있는 수도 비엔나를 4개 연합국들이 분할통치한 덕분에 가능했다. 전 과정을 통해 수도 비엔나의 중심성 유지가 그 배경에 있었다.

3. 한반도: 단일 임시정부 미수립

　오스트리아에서 레너 임시정부를 중심으로 통일국가를 수립한 것과 대조적으로, 한반도에서는 그같은 단일 임시정부 수립에 성공하지 못하고 남북으로 갈라지고 말았다. 오스트리아의 해방공간에서 연합국들이 레너의 임시정부 수립을 주도하거나 추인한 것과 달리, 한반도에서 미소 연합국들은 단일 임시정부 수립에 도움이 되기보다는 장애가 되었다. 여기에는 38선 획정과 미소의 분할점령, 남과 북 각 점령 지역에서 사실상의 공산화와 반공보루 건설 등을 포함하여 미국과 소련의 여러 정책들이 작용했다. 이 중에서도 ① 남북의 공간 분리와 ② 신탁통치 구상의 문제를 해방정국에서 상호행위의 큰 틀을 형성하는 데 특별히 영향력이 컸던 요인으로 선정하고 이들을 중심으로 살펴본다.

1) 남북의 공간 분리

연합국들의 오스트리아 정책이 독일 정책에 종속되어 있듯이, 한반도 정책도 일본 정책에 예속되어 있었다. 1944년 초반 연합국에 의한 일본의 공동점령을 구상하면서 미국은 ① 미국인 총사령관과 ② 분할점령 회피라는 원칙을 수립해 놓았다. 미국은 특히 일본 주변 바다와 태평양 해역에서 패권을 확실하게 수립하고자 했다(양기웅 1999, 122-128; 이혜숙 2003, 24, 33). 하지만, 미국은 막상 전후 처리 과정에서 일본 분할과 공동점령을 원하는 소련의 요구를 사실상 일축한다. 이같은 맥락에서 한반도의 38선 분할점령은 "소련의 대일전 참가와 미국의 대일 단독점령의 이중적 대가"의 의미를 가진다(양기웅 1999, 141).

소련의 한반도 정책도 일본 정책에 연계되어 있었다. 1945년 6월 29일자 외무성 제2극동과 보고서에서 한반도에 대한 소련의 기본 입장을 확인할 수 있다. 이 보고서는 ① 한반도를 통해 대륙 팽창을 꾀한 일본과의 역사적 투쟁의 관점에서, ② 일본을 한반도에서 영구적으로 구축하고, ③ 한반도가 (일본 및 다른) 강대국의 대소련 침략의 전초기지가 되지 않도록 해야 한다고 강조했다(Weathersby 1993, 11-12; 전현수 2014, 71-72). 한마디로, 한반도를 일본으로부터 확실히 분리하고 자국에 우호적인 국가를 수립하는 것이 소련의 기본 방침이었다(민경현 2022, 183; 김성보 1995, 56-60). 이는 독일과의 영구적 분리를 추구한 소련의 오스트리아 정책과 매우 유사하다.

오스트리아에서 해방정국 초기에 레너를 중심으로 전국 임시정부를 수립한 것과 달리, 한반도에 진출한 소련은 38선 이북 지역을 ① 물리적으로 분리하고 그 경계를 강화하는 한편, ② 당과 정부 등 새로운 정치적 중심을 구축하고 ③ 체제개혁을 통해 남과 북의 분리를 강화했다. 독일로부터 완전히 분리시키기 위해서 오스트리아를 단일 국가로 독립시킨 것과 다르게, 소련은 자신의 군사력이 지배하는 38선 이북에 자신에게 우호적인 정부를 수립함으로써 한반도와 일본의 분리를 도모한 것이다. 이북에 우호적인 정부를 수립하는 것이 반드시 한반도의 분단을 의미하는 것은 아니다. 백학순(2010, 380-382, 415-450)의 주장처럼, 소련은 38선 이북 지역에 친소정부의 수립을 도모하면서 동시에 한반도 전역에 걸쳐 자신의 영향력을 확보하는 '양궤(兩軌)전략'을 추구했을 수 있다. 그럼에도 해방정국 초기에 소련의 공간분리는 한반도 전역에 걸쳐 단일한 임시정부를 수립하는 데 큰 장애로 작용했다. 이를 좀더 자세히 살펴보자.

첫째, 38선 통제 강화와 물리적 분리다. 소련은 8월 14일 미국이 「일반명령 1호」 초안에 포함한 38선 분할선을 아무 이의제기 없이 수용했으며, 전후 일본 처리 문제에 대한 미국의 비협조에도 불구하고 소련군이 38선 이북에 머물도록 했다(매트레이 1989, 64-68; 김 2022, 208). 이 점에서 38선 분할은 미국의 "전후 최초의 봉쇄작전"(커밍스 2023, 180-186)으로 볼 수도 있지만, 미소의 "공동작전"으로 볼 수도 있다(오코노기 마사오 2019, 191). 하지만 소련은 곧 38선의 경계를 강화하고 물자 교류를 단절시켰다. 소련군 제25군사령부의 8월 27일 밤 38선 봉쇄 명령에 따라 다음날부터 남북 사이의 철도(교통), 우편, 전신전화 등이 단절되었다(박병엽 2010, 29-30). 소련의 주요 관심은 물자 확보에 있었던 것 같다. 소련이 석탄, 전기, 식량 등 이북 지역의 물자에 대한 통제를 강화한 것은 이북뿐 아니라 소련의 극동 지역에 대한 공급을 위해서이기도 했다. 물자 이동에 비해 사람들의 왕래에 대한 소련군의 통제는 비교적 느슨했다(Weathersby 1993, 13-14).

　소련의 남북 공간 분리로 야기되는 어려움을 해결하기 위해 미군정은 소련군정과 남북의 행정 통합을 위한 대화를 시도했다. 1945년 11월에는 미국 국무부가 모스크바 주재 미국 대사를 통해 한반도에서의 석탄 및 전력 등 물자 공급과 철도 교통과 연안 해운의 재개 등의 문제 타결 가능성을 타진하기도 했다. 12월 모스크바 외상회의에서도 미국은 38선을 철폐하고 중앙행정부를 수립해서 남북 행정을 통일하는 방안을 우선적으로 추진했다. 남북 공간분리를 극복하려는 미국의 일련의 시도는 소련에 의해서 거부되었다(박명수 2020, 158, 162-165, 177-181; 오코노기 마사오 2019, 535; 정용욱 2003, 98-100). 소련은 기본적으로 남한에 의한 경제적 침투와 첩자 및 테러세력의 침투를 경계했으며, 모스크바 협정 이후에도 단일 임시정부를 수립하면 38선 문제는 자연히 해결된다는 입장을 고수했다(기광서 2018, 321-322). 하지만, 소련군에 의한 경계 강화와 교통 및 물자교류 단절은 한반도 전역에 걸친 단일 임시정부 수립에 큰 장애가 되었다. 박찬표(2007, 60)는 "남북에 대한 배타적 분할 점령 통치 방식은 군사적 분할선이 정치적 분단선으로 귀착되는 데 결정적 매개로 작용했다"고 한다. 오스트리아와 한국이 동일하게 연합국의 배타적 분할 점령 방식이 적용되었지만 상이한 결과가 나오게 된 첫 출발점은 바로 이같은 공간 분리의 유무에 있었다.

　둘째, 정치적 분리다. 물리적 분리와 함께 소련은 38선 이북 지역을 하나의 독자적인 정치 공간으로 만들기 시작했다. 정치적 공간 분리는 무엇보다도 당과 정부의 두 차원에서 진행됐다. 먼저 당 차원으로, 조선공산당 북조선 분국의 수립이다. 서울에 있는 조선공산당 중앙위원회에 예속하고 당 중앙의 권위를 인정하는 모습을 갖췄지만, 분국 수립은 이북 지역에 공산당의 새로운 중심 형성을 의미했다(오코노기 마사오 2019, 446-452). 분국의 수립은 이북 지역에서 보다 효과적인 활동을 위한 공산당의 내부 조직 합리화에 그치지 않는다(기광서 2018, 179 참고). 그것은 보다 근본적으로 공산당 헤게모니 수립을 위한 중심 형성 투쟁의 문제다(박병엽 2010a, 15). 분국 수립에 의한 "공산당의 남북분립 과정과 그 내용은 북조선 역사에서 가장 중요한 분기점 중 하나"였다(서동만 2005, 65). '당=국가'인 공산주의 체제의 특성을 감안할 때, 공산당의 새로운 중심 형성과 이에 따른 사실상의 분리는 곧 국가의 분리에 버금가는 것이었다.

김일성의 분국 수립 시도에는 소련 점령당국의 의사가 크게 작용했다 (서동만 2005, 62-63, 76, 110, 134; 김국후 2008, 120-122). 분국 수립 문제를 둘러싸고 벌어진 이북 내부의 투쟁과 김일성-박헌영의 투쟁은 상당히 치열했으며, 결국 10월 9일 새벽 김일성과 박헌영의 담판 끝에 동석한 로마넨코(Andrei Alekseevich Romanenko) 민정사령관이 개입하면서 결판났다(박병엽 2010, 134-138; 2010a, 15-24). 북조선 분국의 설치는 단순히 국내 정치세력 간의 패권 싸움이 아니었다. 소련군이 청진, 함흥, 원산을 거쳐 평양에 들어온 것은 8월 23일-24일, 그리고 김일성이 원산을 거쳐 평양에 들어온 것은 9월 20일 경으로 추정된다(박병엽 2010, 23-24, 49, 52; 김국후 2008, 70-77). 조선공산당 북조선 분국 창설이 공식적으로 공표된 것이 10월 13일이다. 김일성의 평양 입성 이후 한 달도 안되어서 공산당의 새로운 중심이 형성된 것이다. 소련군정 당국의 비호가 없이는 불가능한 일이다(와다 하루끼 1999, 155-157; 심지연 2010, 100, 109; 이철순 2010, 349).

다음 정부 차원으로, 소련은 이북에 독자적인 정부를 수립함으로써 별도의 정치공간으로 만들었다. 오스트리아에서처럼 한반도에도 소련군이 먼저 진입했으나, 오스트리아에서 전국적인 임시정부를 조속히 수립한 것과 달리 한반도에서 소련은 이북 지역에 한해서 정부를 수립했다. 오스트리아에서는 수도 비엔나를 소련이 장악한 반면 한반도에서는 서울이 소련 점령지역 밖에 위치했고, 주요 정치지도자들이 서울로 몰려서 레너 같은 전국적인 인물을 이북에서 찾기 힘들었던 것이 이 같은 차이를 가져온 원인으로 생각된다(Stueck 1995, 6-9).

여기에서 결정적인 계기는 1945년 9월 20일자 스탈린의 지시다.[8] 스탈린의 지시는 이북에 소비에트 정권 수립을 기도하지 말고 부르주아 민주주의 정권(또는 권력)을 수립하라는 내용이었다. 이 지시가 북한의 단독정부 수립을 의미하는 것인지 여부를 놓고 논쟁이 치열하다(기광서 2018, 131-137; 김성보 1995, 82-84; 이지수 2009, 64-68; 전현수 2014, 73-74; 와다 하루끼 1999, 151; 박명수 2017, 254; 이정식 2006, 107-108; 김국후 2008, 127-136; 오코노기 마사오 2019, 488-489).[9] 스탈린의 지령에 담긴 의도가 북한 단독정부 수립이든 아니든 간에, 1946년 2월 8일 수립된 북조선임시인민위원회는 전년 11월에 수립된 "행정10국과 다르게 최고책임자가 있는 명실상부한 중앙정권기관으로 규정되었다"(기광서 2018, 258). 사실상 독자적인 임시정부였던 것이다. 박병엽(2010, 78-79, 167-169)에 따르면, 임시인민위원회 수립을 둘러싸고 이북 내에서도 논란이 많았다고 한다. 임시인민위원회가 사실상의 단독정부라는 인식이 만연했기 때문이다. 이처럼 이북에 사실상의 단독정부를 수립하는 과정은 "소련 점령을 배경으로 행정중심이 된 평양에 새로운 정치적 중심이 형성되어 가는 과정"이었다(서동만 2005, 59). 이로써 이북은 하나의 독자적인 정치공간으로 분리되었다.

정치공간의 분리는 남과 북에 별도의 정당체계가 발전하는 결과를 가져왔다(심지연 2010 참조). 이는 4개 연합국에 의한 분할점령통치에도 불구하고 오스트리아에서 정치공간의 분리가 없었고 별도의 정당체계가 발전하지 않은 것과 대조된다. 오스트리아는 레너를 중심으로 임시정부를 수립하는 해방정국 초기에 사회당과 국민당이 전국 정당으로 조직되었다. 특히 소련 점령 지역의 국민당과 서방 점령 지역의 국민당이 하나의 전국 정당을 형성한 것이 훗날 연방주정부대표자회의의 성공에 기여했다(Lendvai 2023, 125-126). 반면에 한반도에서는 정치공간의 분리로 인해 이남과 이북 사이에 정당 차원의 협력과 행동 통일을 기대하기가 어려워

---

8) 전문은 이지수(2009, 87-88) 참조
9) 소련의 대한반도 정책에 대한 논쟁의 전반적인 검토는 백학순(2010, 373-380, 402-415)을 보라.

졌다.

셋째, 체제개혁을 통한 체제 분리다. 소련은 이북 지역에서 토지개혁을 비롯한 광범위한 사회개혁을 전광석화로 진행했다. 체제개혁은 정치공간의 분리를 넘어서 남과 북의 사회경제 체제 자체를 달리하는 것이었다. 이는 소련이 오스트리아 동부의 점령지역에서 토지개혁을 비롯한 체제개혁을 하지 않은 것과 대조된다. 이북의 체제개혁은 모스크바 외상회의 이후 본격화되고 급진화되었다. 모스크바 회담 이후 탁치 문제를 둘러싸고 좌우 대립이 극심해지고 전선화되면서, 북한은 좌우합작노선의 상징적 파트너인 조만식을 버리고 '좌익동맹' 노선으로 방향을 바꾼다. 토지개혁 방안도 이에 따라 급진화되었다(전현수 2002, 95-111). 전현수(2002, 111)의 언명처럼, "토지개혁이 반탁세력에 대한 공세의 일환"으로 변한 것이다. 이후 이북에서는 주요산업 국유화, 보안간부학교 설립, 노동법 및 여성권리 강화 등 소위 '민주개혁'을 실시했다(김성보 2015, 60-65; 기광서 2018, 312-316).

토지개혁을 포함한 일련의 개혁은 이북의 체제를 남한의 체제와 양립하기 힘들 정도로 분리시키는 결과를 가져왔다. 이북에서 진행된 급격한 체제개혁은 일부 지주, 학생, 종교인들의 산발적인 저항과 단발적인 테러 이외에 커다란 저항 없이 신속하게 진행되었다(기광서 2018, 273-277). 저항이 약했던 이유로 소련군의 무력과 지주 및 부농 반동분자의 숙청 등을 생각할 수 있다. 아울러 남한이라는 또 다른 공간의 존재 그리고 이곳으로의 탈출(exit) 옵션이 중요한 이유가 된다. 1차 미소공위 결렬과 함께 미군정의 공산당 탄압이 본격화되었고 이남의 좌익 세력의 월북이 늘어났다. 월남과 월북을 통해 남과 북의 공간 분리가 이념적 색채를 갖는 체제의 분리가 되었다.

종합하면, 미국에 의한 38선 분할은 대일본 정책과 연계되어 있었다. 소련은 이를 받아들이고 곧 38선 이북 지역을 별도의 공간으로 만들기 시작했다. 그것은 ① 물리적 분리, ② 당과 정부의 새로운 중심 수립을 통한 정치공간의 분리, 그리고 ③ 체제개혁을 통한 체제분리의 세 차원으로 진행되었다. 이는 오스트리아에서 전국적인 임시정부를 수립하고 소련 점령 지역에 별도의 체제개혁을 시도하지 않았던 점과 대조를 이룬다. 이 같은 공간 분리는 한반도에 통일된 단일 임시정부를 수립하는 데 너무나 큰 장벽으로 작용했다.

2) 신탁통치 구상

2차 대전 중에 미국은 한반도에 대해서 신탁통치 구상을 세워놓고 있었다. 루즈벨트는 영국 제국주의의 구세계적 편견에 대항하는 독립과 자결의 기수로 자처하면서, 식민지들의 독립을 위한 방안으로 신탁통치 방안을 제시했다. 미국의 한반도 신탁통치 구상은 현실주의적 관점에서 소련의 한반도 전체 점령을 견제하는 지정학적 권력정치의 요소도 있었다(커밍스 2023, 161-180; 오코노기 마사오 2019, 44-46). 아울러 식민지에서 해방한 민족이 당장 독립을 하기에는 자치경험과 능력이 부족하다는 선입견이 바탕에 있었다. 이는 오스트리아에 대해서 신탁통치 구상을 하지 않은 점과 대조된다. 오스트리아는 1공화국 이전에 유럽대륙에서 '제국'이었으며 선진 강대국의 일원이었다. 반면에 연합국 특히 미국의 관점에서 한국은 하나의 주권국이기 이전에 일본의 식민지로서 점령의 대상일 뿐이었다(한배호 2008, 65). 이 점에서 인종주의 또는 서구중심주의적 편견이 작동하고 있었다(Stueck 1995, 16).

미국의 신탁통치 구상은 한반도의 단일 임시정부 수립과 관련하여 두 가지 중요한 영향을 미쳤다. ① 중경 임시정부 및 인공(인민공화국)의 불승인과 ② 모스크바 삼상회의 결정과 그에 따른 탁치 파동이 그것이다.[10]

첫째, 미국은 중경 임정과 인공을 인정하지 않았다. 레너 임시정부가 1945년 4월에 수립된 반면, 상해 임시정부는 이미 1919년에 수립되었다.

---

10) 이 외에도 신탁통치 구상은 한반도에서 조기 총선거를 통한 정부 수립의 경로를 결과적으로 배제했다. 이 점에 대해서는 이 책의 14장을 보시오.

미국이 이를 승인했다면, 상해에서 중경으로 옮긴 임정은 통일된 독립국가를 수립하는 데 핵심적인 역할을 수행했을 것이다. 미국의 임정 불승인은 이 같은 잠재적 구심점의 소멸을 의미했다. 임정 승인에 대한 수차례의 요구에도 불구하고 미국이 임정을 승인하지 않은 데에는 여러 이유가 있었다. 한국의 독립운동 세력과 임성의 분파주의가 심하며 대중석 기반이 취약하다는 점과, 소련에 두 개의 조선인 '사단'이 있다는 정보가 영향을 미쳤다(이정식 2006, 298-305; 신복룡 2006, 75). 미국 선교기관과 연관된 김규식을 제외하면, 대부분의 임정 요인들이 중국 국민당 정부와 연결되어 있다는 점도 임정을 기피한 이유의 하나였다(방선주 1999, 49-50; 김 2022, 215). 보다 근본적으로는, 임정 승인은 미국의 신탁통치 의도와 배치됐다(정용욱 2003, 82). 어쩌면 미국의 신탁통치 구상을 실시하기 위해 한국인들의 자치능력 부족과 분열상을 강조했을 수도 있다. 미국의 신탁통치 구상은 임정 불승인으로 이어졌고, 이는 해방정국에서 잠재적으로 가장 중요한 구심점의 상실을 의미했다.

또한, 미군정은 한국인들이 해방 직후 자생적으로 건설한 건준과 그에 기반한 인공을 인정하지 않았다. 인공의 존재는 미국의 신탁통치 구상과 정면으로 배치되는 것이었다. 미군정은 공식적으로 인공을 부정하고 지방인민위원회를 해체했다(정병준 2023, 299-306; 안종철 1991, 163-183; McDonald 1948, 367-370; 커밍스 2023, 380-450; 미드 1993, 300-301; 호그 1992, 214-217). 소련도 인공을 인정하지 않았다. 소련은 인민위원회를 인정하고 행정권을 위임했으나 인공을 전국적인 정부로 인정하지는 않았다. 11월 19일 행정10국을 발족할 때도 소련군은 서울의 인공과 협의를 거치지 않았다. 서동만(2005, 77-80)에 따르면, 이는 당시 소련이 미국과의 협조를 존중하는 입장에서 미군의 인공 불인정과 보조를 같이 한 것으로 보인다. 미소의 인공 불인정은 해방정국 초기에 한반도에서 레너의 임시정부와 같은 역할을 할 만한 실질적인 구심점의 박탈을 의미했다. 조순승(1982, 70)은 미국의 인공 불인정을 "한국의 통일을 성취할 수 있었던 최상의 기회"를 상실한 것으로 매우 아쉬워한다. 오스트리아의 레너 임시정부를 서방 연합국들이 승인하고 이것이 통일정부 수립의 주요 토대가 된 사실과 비교하면 아쉬운 대목이 아닐 수 없다.

그러나 다른 한편, 레너 임시정부가 연합국의 일원이었던 소련군정의 지원 아래 수립된 반면, 인공의 뿌리라고 할 수 있는 여운형의 건준은 패전국인 일본의 위임으로 수립된 점에서 중요한 차이가 있다. 하지는 남한 진주 직후 건준과 인공을 친소이자 친일 조직으로 부정적으로 평가했다(정용욱 2003, 25).[11] 오스트리아에서 서방측이 레너 정부를 소련의 괴뢰로 의심한 것과 비슷하다. 그런데 레너와 비교해서, 여운형은 그 출발점에서 일본과 연결되어 있다는 점에서 더 불리했다. 레너 정부는 연합국의 일원인 소련의 비호 아래 수립되었을 뿐, 독일로부터 권한을 위임받은 사실이 전혀 없다. 반면에 여운형은 일본의 조선총독부로부터 치안권을 위임받았고, 이를 바탕으로 건국사업을 진행했다. 미군정의 입장에서 볼 때 건준과 인공은 패전국이자 적국인 일본의 위임을 받고 자신의 권위를 수립한 셈이 된다. 점령국에 대한 중대한 도전으로 간주될 수 있는 지점이다.

둘째, 미국의 신탁통치 구상은 1945년 12월 모스크바 협정으로 귀결되었고, 이는 한국인들 사이에 탁치 파동과 극심한 좌우 분열을 일으켰다. 모스크바회의에서 미국은 신탁통치 구상과 함께 남북한에 걸쳐 단일 행정부 설치를 제안했다. 이에 대해 소련은 '선 정부 수립, 후 신탁통치'라는 수정안을 제안했다. 모스크바 협정은 임시정부 수립, 5년 이내 신탁통치, 미소공위 창설 등의 내용을 담고 있다. 이는 미국의 신탁통치안과 소련의 임시정부 수립안의 타협으로 볼 수 있다(기광서 2018, 223-232). 임시정부 수립을 1항으로 제시함으로써 모스크바 협정은 한반도에 단일 임시정부 수립의 길을 제공했다. 그럼에도 국내 정치세력은 이를 활용하기에 앞서 신탁통치 찬반으로 나뉘어 극렬 대립했다. 오스트리아에는 한반도처럼

---

[11] 미군정은 여운형의 친일 행위를 조사하기 위해서 일본에 조사관을 파견하기도 했다. 1947년 1월의 「최종 조사 보고서」는 여운형이 친일 행위를 한 적이 없으며, 여운형만이 한국을 통합할 수 있는 지도자라는 평가를 내린다(박태균 2021, 40-51).

연합국에 의한 신탁통치가 구상되지 않았지만, 레너는 유엔에 신탁통치 신청을 심각하게 고려한 적이 있다. 연합국들에 의해 나라가 분단되는 것보다 유엔이 대표하는 지구 공동체의 "유사 식민지" 상태가 더 나을 수 있다는 생각에서다(Rosecker 2020, 16). 이에 견줘 한반도의 많은 지도자들이 냉철한 국제정치 분석과 판단보다 민족의 즉자적 감정을 앞세운 점은 상당히 아쉬운 대목이다.

다른 한편, 자세히 살펴보면, 모스크바 협정은 한국인들이 임시정부를 수립할 길을 열어 주었지만, 동시에 이를 매우 어렵게 만들고 그 가능성을 심각하게 제한해 놓기도 했다. 첫째, 모스크바 협정에 명시된 절차가 대단히 복잡하고 곳곳에 파괴 요소가 도사리고 있었다. 모스크바 협정은 미소공위와 한국의 정당·사회단체가 합의하여 임시정부 수립안을 만들도록 되어 있다. 실제 미소공위의 진행과정에서 나타났듯이 여기에 참가할 단체의 자격부터 문제가 되었다. 설령 이 난관이 해결되었어도 그 이후의 복잡한 절차에서 언제든지 새로운 복병이 나타날 수 있었다(전현수 2014, 78; 정용욱 2003, 150-151). 둘째, 모스크바 협정은 연합국 정부의 고위급에서 해결할 문제를 현지 군정사령관들 사이의 합의 문제로 차원을 낮춤으로써, 고도의 정치적 결단을 요하는 문제의 해결을 어렵게 만들었다. 셋째, 한반도의 행정·경제 공간의 분점을 극복하고 공간통합을 먼저 이루려 한 미국의 접근이 모스크바 회의에서 후퇴했다. 남과 북의 공간 분리를 유지한 상태에서 임시정부 수립을 추진하겠다는 미소의 모스크바 합의는 분명 우리에게 통일 정부 수립의 기회이기도 했지만 동시에 그 가능성을 심각하게 제한해 놓았다.

실제로 미소 양국은 신탁통치 구상과 별개로 각각 자기 진영에서 임시정부 또는 과도정부를 수립한 후 이를 한반도 전체에 확대하거나, 그것이 여의치 않을 경우 분단정부를 수립하는 길도 마련했다. 북한의 민주개혁을 남한 지역으로 확산한다는 소위 민주기지론은 사실상 북한의 단독정부론과 마찬가지였다(오코노기 마사오 2019, 498). 미군정도 일찌감치 한국인들이 신탁통치를 받아들이지 않을 것으로 판단하고 미국에 우호적인 단정 수립의 길을 동시에 준비했다. 맥아더의 정치고문 앳치슨(George Jr. Atcheson)과 하지의 정치고문 랭던(William R. Langdon)의 구상은 이남에서 먼저 임시정부를 수립하고 이를 이북으로 확대하는데, 여의치 않으면 남한의 단독정부로 수립한다는 계획이다(정병준 2005, 480-484; 2023, 366-375; 커밍스 2001, 276-277; 정용욱 2003, 40-43; 호그 1992, 221-225). 이는 사실상 북한의 민주기지론에 필적하는 "반공기지·자유기지론"이었다(정병준 2005, 567). 모스크바 외상회의에서 미소가 합의한 임시정부 수립안은 이같은 이남과 이북 지역에서의 과도(임시)정부 수립 대결을 가속화했다. 모스크바 협정은 통일된 임시정부 수립에 있어서 "남북 양쪽에서 주도권을 장악하기 위한 경쟁의 계기가 되었고 이는 각 진영에서 지지 기반을 강화하는, 즉 남북 양극화의 계기로 작용했다"(박찬표 2007, 139). 요컨대, 미국이나 소련이나 자기 점령지역에서 임시정부를 세우고 이를 상대방 지역으로까지 확대한다는 생각을 가지고 있었고, 이같은 대립적 경쟁은 모스크바 협정 이후 더 심해졌다. 한편으로, 이는 레너가 소련 점령지역에서 임시정부를 먼저 수립하고 이후 전국으로 확대했던 것과 비슷한 길이다. 그러나 오스트리아에서와 달리 한반도에서 미국과 소련은 서로 상대방의 임시정부를 추인할 자세를 전혀 가지고 있지 않았다.

　이 장은 단일 임시정부 수립을 오스트리아 통일의 주요인으로 보면서 동시에 국제적 차원에 초점을 두고 한반도와 오스트리아의 해방정국 초기를 비교했다. 기존 연구는 한반도와 달리 오스트리아의 정치세력들이 타협과 협력의 모습을 보인 점을 강조한다. 이처럼 국내 차원에 초점을 맞춰서 비교하면 한반도 분단의 일차적 책임이 국내 행위자들에게 돌아간다. 하지만 국내 차원과 국제 차원은 밀접히 연결되어 있다. 오스트리아와 한반도의 해방정국에서 국내 행위자들이 보인 협력과 분열의 모습 자체가 국제적 변수 즉 외력에 의해서 상당한 영향을 받았다. 두 지역을 통치하는 연합국들의 무대장치 설정 자체에 차이가 있었고, 그것이 국내 행위자들의 상호행위 유형을 형성하는 데 영향을 미쳤다. 또 미소 양국이 각 지역에서 실제 전개한 정책도 국내 행위자들의 상호행위의 경로를 일정 부분 조성했다. 오스트리아의 레너 임시정부는 소련의 주도로 수립되고 미국의 중재로 추인되었다. 반면에 한반도에서 소련은 남북의 공간 분리를 심화했고, 미국의 신탁통치 구상은 단일 임시정부 수립에 장벽으로 작동했다. 요컨대, 오스트리아에 비해 한반도는 외력에 의한 규정력이 더 컸다. 국내 정치세력들이 좌우합작을 통해 단일 임시정부를 수립하고 이를 바탕으로 통일국가를 수립할 전략적 공간이 아예 닫혀 있지는 않았지만, 오스트리아에 비해 그것은 상대적으로 훨씬 좁았다.

제4장 미소의 한반도 점령정책*

2차대전 막판에 벌어진 소련군의 대일본 전쟁에의 참여, 미국의 핵무기 개발 성공, 그에 따른 일본의 무조건 항복 등은 전후 동아시아 질서에 큰 변화를 가져왔다. 일본군의 무장해제를 위해 38선을 경계로 분할점령한 미군과 소련군은 한반도 남과 북에서 새로운 질서를 만들고 국가를 수립하는데 결정적인 영향을 미쳤다. 한반도의 통일국가를 수립하는데에는 미국과 소련의 점령정책이 결정적인 영향을 미쳤다. 과연 미국과 소련은 한반도에 새로운 통일국가를 수립하는 데 관심이 있었을까?

2차대전 이후 한국과 유사한 환경과 조건에 처한 국가가 오스트리아였다. 오스트리아는 전전에 나치정권에 의해 점령당했다가 나치정권의 몰락 이후 해방된 국가였다. 전후 미국, 영국, 프랑스, 소련에 의해 분할점령되었다가 10여 년에 걸친 점령상황을 극복하고 통일국가가 수립된 경우이다(이호재 1978; 1999; 김학노 2024). 한국은 일본 군국주의하에서, 오스트리아는 나치세력으로부터 벗어나 과거청산과 새로운 국가수립이란 과제에 직면한 해방공간을 맞이하였다. 두 나라 모두 미소 등 연합국 합의가 있어야 통일국가 수립이 가능한 환경이었고, 전후 불어닥친 미소간의 냉전은 두 국가의 운명에도 크게 영향을 미쳤다. 또한 오스트리아도 해방 이전에 좌익과 우익간 내전이 있을 만큼 좌우 대립이 격렬한 국가였고, 한반도도 일제 식민지하 민족해방운동과정에서 좌우 갈등이 존재하였고, 이는 해방 이후 국가건설을 둘러싸고 더욱 극심해졌다. 해방공간에서 좌

---

* 김용복

우대립과 갈등은 양국 모두에게 극복해야 할 중요한 과제였다. 그런데 오스트리아는 오랜 기간 점령된 상황에서 좌우연합에 의해 중립화 통일국가 수립에 성공하였고, 한반도는 극좌, 극우세력에 의해 분단되고 전쟁으로 이어져 분단국가가 고착화된 대조적인 역사를 낳았다. 비슷한 환경과 조건속에서도 한반도는 분단으로, 오스트리아는 통일로 상이한 결과를 가져온 데에는 한반도와 오스트리아에 대한 미국과 소련의 전후정책이 지대한 영향을 미쳤다.

38선을 경계로 분할점령한 미국과 소련은 점령 이후 한반도에 수립할 국가에 대한 어떠한 정책을 가지고 있었을까? 초기부터 경직된 친미정권 혹은 친소정권 수립에 집착하였는가? 미국과 소련은 장차 수립될 한국의 통일국가가 ① 자국에 적대적이지 않은 중립국가 수립 ② 자국에 우호적인 국가 ③ 자국에 우호적인 국가에 이념적 요인을 더해 친미 자본주의국가나 친소 사회주의국가 등이 되기를 바랬을 것이다. 오스트리아의 경우에는 결과적으로 ① 적대적이지 않은 중립국가 방안을 연합국이 수용함으로써 중립화 통일국가 수립이 가능하였다. 해방공간에서 처음부터 미소 양국은 친미 자본주의국가나 친소 사회주의국가를 지향하지는 않았다고 보인다. 단지 자국에 우호적인 국가수립을 위해 국내의 정치세력을 어떻게 만들 것인가에 관심을 가졌다. 해방 후 미국과 소련의 한반도 점령정책을 미소는 왜 38선 분할점령에 합의했을까?, 전후 미국의 한반도 점령정책은 무엇을 목표로 했을까, 전후 소련은 한반도 전체를 공산화하고자 했는가, 미소공위는 왜 실패했을까 등 몇 가지 질문을 중심으로 살펴본다.

1. 38선 분할점령

종전 이후 한국문제와 관련된 중요한 연합국 회담은 ① 워싱턴회담(1943. 3), ② 카이로회담(1943. 11), ③ 테헤란회담(1943. 11), ④ 얄타회담(1945. 2), ⑤ 포츠담회담(1945. 7), ⑥모스크바 3상회의(1945. 12) 등이다. 이 중에 소련이 참가한 회담은 테헤란회담, 얄타회담, 포츠담회담, 모스크바 3상회의 등이다. 이 전시(戰時)회담들에서 한반도문제에 관해 합의된 사항은 "적당한 시기에 한국은 해방되고 독립될 것"이라는 카이로선언과 포츠담회담에서 이의 재확인, 그리고 "전후 한국에 대해서는 장기간의 국제신탁통치를 실시하고 외국 군대는 주둔하지 않을 것"이라는 얄타에서 구두로 합의된 내용뿐이었다. 즉 전시의 연합국회담에서는 한반도의 분할에 대해서 아무런 논의도 하지 않았으며 어떠한 합의에도 도달하지 않았다(김용복 1989, 183-187 참조). 이러한 일련의 국제회담에서 한반도문제에 대해 주도적으로 발의한 나라는 미국이었다. 소련과 영국 및 중국은 미국이 한반도문제에 관해 언급하거나 어떤 구상을 제시할 때 비로소 자신의 의사를 표시하였다. 소련의 이같은 소극적 태도는 당시 소련이 국내문제와 동유럽의 사회주의화에 치중한 데에서 비롯되었다(커밍스 1986, 252). 소련은 유럽에서의 전쟁이 종결되어감에 따라 대일전 참전을 검토하기 시작하였다. 소련은 1943년 10월 모스크바 외상회담에서 대일전의 참가 용의를 처음으로 밝혔고, 1944년 가을 모스크바 교섭에서 이 문제에 대해 미국과 대체적인 합의에 도달하였으며, 얄타회담에서 소련의 대일참전 대가로 만주에서의 권익 회복(중동철도의 공동경영, 여순의 조차, 대만의 자유항화) 및 남사할린의 반환과 쿠릴열도의 인도 등이 합의되었다(와다하루키 1983, 236). 이에 따라 소련의 대일참전이 결정되었는데, 1945년 8월 8일 대일 선전포고를 하고 군사작전을 개시하였다. 8월 9일 개전과 동시에 소련군은 동·서·북의 세 방면에서 만주 중앙을 향해 작전을 개시하였다. 한반도로의 진공은 없었으며 다만 공군이 북한의 몇몇 항구를 공격하였으나 포츠담에서 합의한 미군과의 경계선 이북에 한하였다. 만주에서의 작전에 성공하여 자신을 얻은 소련군부는 해군에 추가적 임무로서 북한 항구에의 상륙을 명하여 8월 12일 비교적 소규모의 병력으로 웅기·나진·청진을 점령하였다. 소련군의 본격적인 북한 진주는 8월 16일 미국의 국무·육군·해군 삼 성조정위원회(SWNCC)에서 결정한 한반도의 38선 분할점령의 내용을 담고 있는 '일반명령 제1호'를 스탈린이 받아들임으로써 이루어졌다. 북한에 진주하게 된 제25군의 주력부대는 8월 17일부터 18일에 걸쳐 만주에서 급거 남진하여, 육해공로를 따라 24일 함흥, 26일 평양에 입성하였다.

미국과 소련은 한반도의 38선 분할점령에 왜 합의하였을까? 군사적 편의주의에 따라 미국이 제안한 38선분할안을 소련이 수용하였다는 주장은 다소 피상적인 설명이다. 당초 소련은 대일본 전쟁에의 참전을 통해 일본의 공동점령에 참여하기를 원했다. 1945년 8월 10일 일본이 항복의사를 미국에게 타진한 이후 미국은 일본점령군 총사령관으로 맥아더를 임명하고, 한반도 분할점령계획을 소련에게 제안하였다. 이에 소련은 미국의 제안을 수용하면서, 동시에 소련극동군 총사령관인 바실렙스키 원수를 일본점령군 공동총사령관으로 임명할 것과 홋카이도 북부를 소련이 점령할 것을 제안하였다. 그러나 미국은 소련의 제안을 모두 거절하였다(기광서 2014, 43). 8월 15일에도 미국은 38선을 경계로 한 분할점령안을 스탈린에게 제안하였고, 이에 대해 소련은 8월 16일 홋카이도 북부를 소련의 점령지역에 포함시킬 것을 요구하였다. 그러나 미국은 소련의 제안을 거절하였다. 전후 동아시아에서 소련의 일차적인 관심은 일본점령에 소련이 미국과 함께 공동으로 참여하는 것이었다. 소련이 미국이 제안한 한반도 38선 분할점령안을 받아들인 이유도, 미국과 우호적인 관계를 유지하여 일본점령에 참여하기 위해서였다.

또한 미국의 입장에서 보면, 일본을 미국이 단독점령하기 위해서는 소련에 일정한 정도로 양보하는 것이 필요했다. 이러한 미국과 소련의 이해관계가 38선 분할점령이란 미국의 제안을 소련이 받아들이면서 한반도의 운명이 결정되었던 것이다. 결국 미국이나 소련 모두 일본의 전략적 이익을 우선시하여 한반도에서 적절한 수준으로 타협한 것이 38선 분할점령안이었고, 이는 '일본우선' 정책이 가져다 준 한반도의 비극이었다.

전후 연합국의 점령정책에서 오스트리아와 한반도는 우선순위에 있어서 패전국 독일이나 일본에 밀려있다는 점은 공통적이었다. 소련의 오스트리아 정책은 공산화의 목적보다는 독일견제라는 더 큰 지정학적 전략에 따라 진행되었으며, 소련의 대한반도 정책도 '일본견제'라는 지정학적 전략에 의해 이루어졌다. 미국의 점령정책도 패전국 독일과 일본에 집중되어 있었고 우호적인 국가를 수립하여 소련을 견제하고자 하였으며 냉전이 심화되면서 이러한 입장은 더 강해졌다. 그런데 패전후 독일은 연합국에 의해 분단되었고, 일본은 미국에 의해 단독점령되었다. 소련의 입장에서 보면, 독일이 분단되어 소련이 동독을 확보한 상황에서 대오스트리아 정책은 유연할 수가 있었다. 그렇지만 일본에서는 단독점령한 미국에 의해 친미정부가 수립되자, 소련의 대한반도 정책은 경직될 수밖에 없었고, 분할점령한 북한의 확보는 무엇보다는 중요하였다. 소련의 점령정책은 한반도가 소련의 침략기지가 되지 않도록 전한반도(최대목표)나 점령된 북한(최소목표)에 우호적인 국가를 수립하는 것이 초점이 맞추어져 있었다. 일본을 배타적으로 점령한 미국은 소련이 한반도 전체를 장악하는 것을 막기 위해 분할을 제안하였던 것이다. 미국의 대소견제가 한국의 독립에 우선하였던 것이다(신복룡 2010, 468). 따라서 독일의 분단은 오스트리아의 중립화 통일에 유연하게 대처할 수 있는 구조적 상황을 만들어주었지만, 일본의 친미화는 소련에게는 점령된 북한지역만이라도 친소화해야 하는 경직된 환경을 만들었다. 미국도 소련이 한반도 전체를 장악하는 것을 허용할 수는 없었다.

또한 한반도의 분할점령은 오스트리아의 분할점령과 차이가 있었다. 오스트리아는 미영프소라는 4개 국이 분할점령하였지만, 한반도는 미소만의 분할점령이었다. 이는 미소대립이 심화될 때, 완충역할을 하거나 중재자 역할을 할 수 있는 국가가 없다는 것을 의미하였다. 또한 오스트리아는 점령국에 의한 간접통치가 실시되었다. 이는 자치정부 혹은 임시행정조직이 필요하다는 의미였고 연합국들은 점령지역에 신속히 행정조직을 재건하여 1945년 5월말까지 오스트리아 모든 주에서 임시정부가 수립되는 환경을 만들었다. 반면에 한반도에서는 소군정은 간접통치를, 미군정은 직접통치 방식을 취하였다. 이에 따라 북한에서는 임시 행정기구의 발족이 필요하였지만, 남한에서는 미군정이 직접통치하고 한국인들의 자문기구가 만들어졌다.1) 간접통치를 행한 소군정하에서 북한의 임시 행정조직의 건설은 행정관리의 차원에서 자연스러운 과정이었고, 이는 단독정부 수립의 과정으로도 보여졌다. 그리고 점령과 동시에 단행된 38선 봉쇄는 남북한간 분리를 가져왔으며 미군정과 소군정사이에 공동의 정치적 소통공간이 존재하지 않았다. 1946부터 1947년까지 개최된 미소공동위원회는 상설조직이 아니었으며, 한반도의 중심인 서울을 공동으로 관리하지 않았다. 미군정이 독점한 서울은 모든 정치활동의 중심이었기 때문에, 소련은 북한만의 독자성을 만들 필요가 있었다. 이러한 필요성은 남북한간 원심적인 경쟁이 발생하게 만들었다.

해방 이후 일본군의 무장해제를 위해 38선을 경계로 분할점령에 합의한 미국과 소련은 한반도에 시차를 두고 진주하였다. 소련군은 8월26일 평양에 진주하였고, 미군은 9월 8일 남한에 들어왔다. 북한에 진주한 소련군은 38선 지역부터 먼저 점령한 이후, 다른 지역을 점령하는 순서로 진행하였다. 8월 23일-28일 사이에는 38선에 인접한 북한 지역의 교통요지를 모두 점령하였다. 그리고 8월 24, 25일 경계선 획정의 상징적인 조치로 경원선, 경의선을 차단하여 남북 철도교통을 단절하였으며(양동안 2007, 165), 소련의 지시에 의해 38도선을 봉쇄하였다. 이후 38경비대와 민간방위조직으로 38자위대가 보조하였으며, 경찰조직의 일부가 북한의 부대로서 배치되었다. 해방으로부터 38선 봉쇄까지는 10일밖에 걸리지 않았다(박명림 1996, 66). 소련의 38선 봉쇄정책은 통제완화를 지향한 미국의 38선 정책과 충돌하였다. 미국은 철도, 우편, 전신, 은행, 상업기반 등 대중생활의 편리에 봉사할 모든 기구와 시설들을 통일적 체계로 재편함으로써 인위적 분단에 따른 불편들을 제거하고자 하였다. 소련은 그러

---

1) 반면에 일본에서는 미군정은 간접통치 방식을 취하여, 일본의 기존정부를 그대로 활용하였다. 그래서 미국은 일본의 간접통치를 "군사통제권의 확립"으로 표현한 것에 비해, 한국의 직접통치를 "한국에서의 군사정부 수립"으로 정리하였다(오코노기 2019, 225).

한 과제가 미군정과 서울의 주도권아래에 진행될 수밖에 없다는 것을 알았다(김재웅 2015, 28). 결국 소련은 임시정부가 수립될 때까지 38선 철폐를 위한 어떠한 활동에도 반대한다는 입장이었다.

이러한 38선 획정과 봉쇄는 남북한간 교류의 단절을 가져왔다. 해방 직후 남북한 모든 지역에서는 건준과 인공 그리고 중경 임정을 중심으로 정치세력의 통합과 분리가 진행되었다. 그러나 미소분할점령과 38선 봉쇄는 남북한간 정치공간의 분리를 가져왔다. 이는 미군정과 소군정사이에 일상적인 소통과 협상도 어렵게 만들었다. 나아가 한반도 전체의 행정기관 수립이나 임시정부 수립과 같은 통일정부 수립과 관련된 논의보다는 각 독자적인 점령지역에서 친미 혹은 친소세력의 육성에 집중하게 만들었다. 남북에 흩어진 정치세력은 단절된 정치활동을 이어갈 수 밖에 없었다. 38선 봉쇄로 인한 남북정치 공간의 분리는 남한의 서울중심주의에 대해 북한의 독자적 정치화라는 흐름으로 이어졌다. 북에서는 소군정하에서 북한 내 좌우정치세력들이 연합과 경쟁을 하게 되었고, 남에서는 서울 중심성으로 인하여 모든 정치세력의 경쟁과 이합집산이 진행되었다. 또한 38선 봉쇄는 정치투쟁의 퇴출공간으로도 활용되었다. 북에서는 민족주의세력의 월남으로 북의 정치세력은 좌익과 중도세력중심을 재편되었다. 남에서는 조선공산당 세력의 월북으로 중도좌에서 극우까지의 정치세력이 경쟁과 협력을 하는 구도가 되었다.

이러한 소련의 38선 봉쇄정책은 북한을 친소국가로 만들려는 의도에서 비롯된 것이라고 한다. 38선을 제안한 것은 미국이지만, 38선을 이용해 북한에 친소정부를 만들고 고착시킨 것은 소련이라는 주장이다(김재웅 2015, 27). 그리고 38선 봉쇄는 북한의 민주개혁과 민주기지론적 사고의 기반이 되었다. 소군정과 미군정은 자신의 점령지역에 우호적인 정치세력을 중심에 세우고 임시정부수립에 대비하였다. 미소간 냉전은 미소합의를 더욱 지키기 어렵게 만들었고, 결국 자신의 점령지역이라도 굳건히 지키려는 '분단화'로 이어졌다.

2. 전후 미국의 한반도 점령정책

해방 이후 한반도에 진주한 미군은 서울에 있었던 건국준비위원회가 인민공화국으로 전환된 것을 인정하지 않고, 유일한 정부로서 미군정밖에 없음을 선포하였다. 1945년 10월 10일 아놀드 조정장관은 미군정이 '남한의 유일한 정부'로서 '모든 형태의 정부에 대해 배타적인 통제와 권위를 갖는다'라고 선언하였다(김광운 2019, 268). 미군정하의 남한에서는 건국준비위원회와 인민공화국, 그리고 중경임시정부 등 어느 것도 '정부성'을 갖는 단체로 인정받지 못하였고, 미군정만이 정부로서 직접 통치하였고, 필요한 범위내에서 한국인 자문기구를 만들고자 하였다.

미군정은 한국의 정계통합을 통한 미군정 자문기구 구성과 과도정부 수립 정책을 추진하였다. 이는 랭던의 정무위원회 구상으로 구체화되었는데, 미군정의 정무위원회 구상은 미국이 향후 한국정부를 이끌 정치적 대표집단, 즉 한국인 권력집단을 미리 구성하고 이를 육성하려는 계획이었다(윤덕영 2011, 198). 랭던의 구상은 이승만의 독립촉성중앙협의회와 한민당 중심의 정계개편에 중점을 두고 진행되었다. 미군정은 한국 정치인들과 연쇄 접촉을 통하여 이 구상을 구체화하고자 하였는데, 1945년 11월 30일에 하지는 여운형과 회담하였고, 12월 6일에는 이승만, 김구, 여운형 등과 회담하였고, 12월 7일에는 윌리엄 고문관이 안재홍과 회담하였으면 12월 8일에는 하지와 송진우가 장시간 회담하였다. 12월 11일에는 아놀드 군정장관이 박헌영과 회담하였다.

미국의 전후 한반도 정책은 남북한 행정의 통일관리를 실현하며 나아가 4대강국의 신탁통치 아래 두어 국제적인 이해대립을 조정하면서 장래의 독립에 대비시키는 것이었다(오코노기 2019, 647). 미국은 한반도 점령에서 독립으로 이르는 길을 카이로선언이나 전시 정상회담에 근거하여 미소의 점령행정, 미영중소에 의한 신탁통치, 완전한 독립국가 건설 등 단계적인 과정을 거쳐야 한다는 입장을 견지하였다(오코노기 2019, 302). 본래 신탁통치안은 1940년대 초반부터의 루즈벨트의 전후 식민지 처리구상의 일환이었다. 1943년 3월 루즈벨트는 이든 영국외상과의 만난 자리에서 한반도에 국제적 신탁통치가 실시되어야 한다고 주장하였다. 1943년 12월 1일 카이로 선언에서 한국의 독립은 '적당한 시기(in due course)'에 달성할 것이며, 테헤란 회담에서 루즈벨트는 스탈린에게 '한국민은 40년의 훈련기간이 필요하다'고 제의하여 구두합의가 이루어졌다. 1945년 2월 얄타회담에서 루즈벨트는 소련과 미국, 중국 등에 의한 한반도 신탁통치 구상을 이야기하였는데, 그 기간을 20-30년으로 생각하고 있다고 밝혔다. 그런데 1945년 4월 루즈벨트가 사망하고, 트루먼 대통령이 취임하면서 신탁통치안은 그 동력이 약화되었다. 1945년 7월 포츠담 회담에서 미국은 한반도를 유엔기구나 연합국의 신탁통치하에 두어, 소련의 공산화 의도를 저지해야 한다는 입장을 표명하였다. 1945년 10월 20일 미국의 3성조정위원회는 분할점령을 타개하기 위하여 중앙집권적인 신탁통치를 시행하자고 건의하였고, 한반도에서 신탁통치의 실시는 매우 긴박한 과제임을 강조하였다. 이러한 한반도에 대한 미국의 신탁통치논의가 1945년 10월 23일 언론에 처음 보도되면서 논란이 되었다. 이후 1945년 12월 16일-25일 모스크바에서 미영소 3개 국 외상회의를 거쳐 12월 28일 오전 6시에 발표된 모스크바 3상회의 결정에서는 미국과 소련의 주장이 절충되었다. 모스크바 3상회의 결정은 다음과 같다. ① 임시적인 조선민주정부 수립 ② 미소 공동위원회 설치 ③ 조선 임시정부와의 협의를 거친 후에 최고 5개년에 걸치는 조선의 4개 국 신탁에 관한 협정의 체결을 위한 미소영중의 공동심의회 회부 ④ 2주내 미소 대표회의 소집 등이었다. 결국 모스크바 3상회의는 미소공동위원회를 통한 미소협의로 모든 문제를 미루고, 한국문제에 관한 아무것도 결정하지 않은 회의였다고 비판되었다.

해방 직후 미국무부는 소련과의 협력을 통하여 한국문제 해결을 강력하게 원하고 있었다. 미국은 한반도에서 신탁통치의 실시를 위해, 가능한 빨리 38선 분할점령을 종식시키고자 하였다. 미국에게 신탁통치는 한반도의 소비에트화를 막는 방안이었다(백학순 2010, 428 각주 151 참조). 미군정은 초기에는 모스크바 3상회의 결정에 따라 한반도 문제를 해결하고자 하였다. 그러나 미국무부와 미군정 사이에는 모스크바 합의사항의 이행을 둘러싸고 이견이 존재하였다. 미군정의 하지는 모스크바 합의가 실행되지 않을 것으로 믿고 있었고, 소련이 동유럽에서와 같이 한반도의 공산화 통일을 바라기 때문에 미소협의에 비협조적이라고 생각하였다(서용선 1999, 197-198). 미군정은 한국내 반탁운동의 강력함으로 인하여 신탁문제에 대해서 유보적 혹은 철회의 입장을 가지고 있었으며, 미소공위에서 좌익의 색채가 강해질 것을 경계하였다. 모스크바 3상회의 결정에 대한 반탁운동과 지지운동이 미군정의 입장에서 보면, 함께 할 혹은 함께 하지 못할 정치세력을 나누는 중요한 계기였다고 보인다. 모스크바 3상회의 결정을 계기로 미군정은 장차 합의될 임시정부 수립에 적극적으로 대응하기 위해 자국에 유리한 정치적 주도세력을 만들고자 하였다. 미군정은 초기 자문위안을 중심으로 정무위원회 구상, 민주의원 설립, 좌우합작운동 지원, 입법의원 설치 등의 시도를 통해 임시정부 수립을 위한 남한내 대표적인 정치세력을 형성하고자 하였다.

3. 전후 소련의 한반도 점령정책

해방 이후 38선 이북을 점령한 소련은 북한 나아가서 한반도 전체를 사회주의화하려고 시도하였는가? 소련이 분할점령한 오스트리아와 한반도에서 전후 점령정책은 유사하였다. 전후 소련의 입장에서 보면, 오스트리아와 한반도는 우선순위에 있어서 패전국 독일이나 일본에 밀려있었다. 소련의 대한반도 정책은 '일본견제'라는 지정학적 전략에 의해 이루어졌다. 전후 일본의 점령에 참여하고 싶었던 소련은 한반도에서 다소 유연한 정책을 가졌다. 그러나 미국이 일본을 단독점령하려는 입장이 확고하였을 때, 소련은 한반도에서 우호적인 정부 수립이 필요하였고, 분할점령한 북한의 확보는 무엇보다 중요한 목표가 되었다. 특히 1945년 9월 11일-10월 2일까지 런던에서 열린 외상회의 중에 미국은 9월 22일에 미국정부가 독점적으로 일본을 점령하고 통치할 것이라는 성명을 발표하였다. 이러한 성명에 대해 소련은 매우 실망하였고, 이어진 1945년 10월25일 스탈린과 미국대사 해리만과의 대담으로 미국의 일본 단독점령이 확고해지자 소련은 미국과의 협조적인 태도를 버리게 되었다. 그리고 미국의 일본 단독점령에 대응하기 위해 점령한 북한지역에서라도 우선 확고한 친소정권을 수립하려는 방향이 필요하다는 경직된 점령정책으로 전환하였다(백학순 2010, 388-389). 이후 소련의 한반도 점령정책은 한반도가 소련의 침략기지가 되지 않도록 전한반도나 점령된 북한만이라도 우호적인 정부를 수립하는 것에 초점이 맞추어져 있었다.

북한에 진주한 소련군은 38선 지역부터 먼저 점령한 이후, 다른 지역을 점령하는 순서로 진행하였다. 8월 23일-28일 사이에는 38선에 인접한 북한 지역의 교통요지를 모두 점령하였다. 그리고 8월 24, 25일 경계선 획정의 상징적인 조치로 경원선, 경의선을 차단하여 남북 철도교통을 단절하였으며, 소련의 지시에 의해 38도선을 봉쇄하였다. 38선이북을 점령한 소련의 기본적인 정치적 입장과 정책은 다음의 5개의 포고문과 성명서를 살펴보면 알 수가 있다. ① 인민정부수립요강(9월 14일) ② 적군 최고사령부 훈령(9월 20일) ③ 인민정권을 수립하기 위한 일반정책(9월 22일) ④ 소련군사령부의 7개 항 성명(9월 27일) ⑤ 북조선주둔 소련 제25군 사령관의 명령서(10월 12일) 등이 그것이다.

이들의 대체적인 내용은 보면, 먼저 소련군은 북한의 실정에 맞지 않는 소비에트 질서를 강요하기보다는 기본적으로 부르주아민주주의혁명을 추구하였다. 둘째, 북한지역에 일본 제국주의의 잔재를 일소시키는 것을 제일의 기치로 내세웠다. 그리하여 일제의 모든 통치기구를 철폐하고 친일

분자의 철저한 소탕을 추구하였다. 셋째, 소련군은 북한지역에 친일분자를 제외한 노동자·농민 중심의 인민정권을 수립하고자 하였다. 그래서 반일적 민주주의적 정당·단체들의 결성을 인정하였다. 그렇지만 정당과 사회단체들은 그들의 강령·규약 및 인원명부를 지방자치기관과 군사령관에 제출하여야 했다. 또한 기존의 모든 무장대를 해산시키고 소련군사령부의 허락하에 보안대를 설치할 수 있었다. 넷째, 일본인이나 친일파들이 소유한 토지와 자기가 경작하지 않은 토착지주의 토지를 몰수하여 인구수에 비례하여 토지를 재분배하고자 하였다. 또한 북한시민의 사유 및 공유재산은 소련군의 보호를 받으며 일본인 소유의 공장은 공장노동자와 기술자가 관리하며 개인경영의 기술기관은 허가하지만 특별한 감시가 필요하다고 하였다. 다섯째, 모든 문화시설과 위생설비 및 교육기관은 국가가 경영하며 노동자·농민에게 개방된다고 하였다. 또한 종교의 자유는 보장된다고 공포하였다(김용복 1989).

이중 1945년 9월 20일 스탈린이 지시한 북조선 점령방침에 대한 지령은 소련의 기본적인 점령정책과 관련된 입장을 표명한 것이었다. 주요 내용은 북한에 소비에트 권력기관을 만들지 말고 반일적 민주정당의 광범한 블록에 기초하여 부르주아 민주주의적 권력을 수립하는데 원조하라는 내용이었다. 와다하루키 교수는 이를 반일적 민주정당의 중심이 공산당이고, 따라서 소련은 조선의 통일이라는 것은 생각하지 않고 북한에 우호적인 정권이나 친소정부를 만들면 좋겠다는 생각이거나 지시였다고 주장하였다(와다하루키 2002, 73; 서동만 2005, 60). 더 나아가 북한에 단독정부를 세우라는 명령이었다고도 해석되기도 한다(박명수 2017, 253). 반면에 북한에서 좌우정치세력의 협력을 통해 우선 친소정권을 만들어서 이후 수립될 전국적인 정부수립에 유리한 입지를 확보하려는 의도였다고 평가되기도 한다(기광서 2005, 79). 또한 부르주아 정권을 확립하라는 스탈린의 지령은 부르주아에도 방점이 있지만, 더욱 중요한 방점이 정권수립이었으며, 이는 소련 점령정책의 핵심적인 부문이었다고도 주장되기도 한다(오코노기 2019, 509).

결국 소련군은 초기에는 급격한 사회주의 혁명을 추구하기보다는 친일요소의 청산과 토지개혁을 주요한 내용으로 하는 부르주아민주주의혁명을 지향하였으며 그것은 소련에 우호적인 정권수립과 관련되어 있었다. 그래서 조만식을 중심으로 한 민주당과의 민족통일전선에 기초를 둔 부르주아 민주정권을 표방하였던 것이다. 소련군은 이러한 정책을 관철시키기 위하여 공산당의 조직을 강화하였고 인민위원회 형태의 지방자치기관을 북한정권 수립의 기반으로 인정하여 그를 통하여 구체적인 정책을 실시하였다. 이는 38선 봉쇄, 좌우 균형으로의 인민위원회 재편, 조선공산당북조선분국 창설, 5대행정국의 설립 등으로 구체화되었다. 초기 소련군의 방침은 북한지역에 자신의 이익을 보장해 줄 독자적인 질서를 구축함으로써 한반도 전체의 통일정부 수립의 토대로 삼는다는 것이었다(서동만 2005, 141).

해방 초기 소련도 미국과 마찬가지로 미소간 합의에 의해 모스크바 3상회의 결정에 따라 한반도 문제를 해결하고자 하였다. 소련은 전략적으로 더 중요한 지역을 확보하게 될 때까지 미국과 적대적인 관계가 되거나 어떠한 의혹이 제기되는 것을 피하기를 원하였던 것이다. 그런데 신탁통치논쟁이 거세어 지면서, 소군정은 신탁통치보다는 임시정부 수립 혹은 우호적 정부수립에 더 큰 관심을 갖게 되었고 반탁을 특정 정치세력을 배제하기 위한 방편으로 활용하였다. 반탁문제를 둘러싼 북한내 갈등은 소군정으로 하여금 좌우연합전략을 포기하게끔 만들었으며, 이후 좌익을 중심으로 미소공위에 대비한 정치적 세력의 정비로 나아가게 만들었다.

4. 미소공위의 결렬

공식적으로는 제1차, 제2차 미소공위가 결렬되고 한국문제가 유엔에 이관되어 선거에 의한 정부수립으로 결정되기까지는 미국과 소련은 합의에 의한 임시정부수립이란 모스크바 3상회의 결정을 수행하려고 하였다. 미소공위는 1946년 1월 16일 서울에서 예비회담을 시작으로 1946년 3월 20일-5월 6일 총 24회가 진행되었지만, 5월6일이후 무기한 정회되면서 1차 결렬되었다. 미소공위는 국내 협의대상을 둘러싼 미소간 의견대립으로 결렬되었다. 1946년 4월 17일 미소의 공동성명 5호는 "미소공위는 목적과 방법이 진실로 민주주의적이며, 모스크바 결정의 조선에 관한 조항의 목적을 지지하기로 선언한 조선 민주주의 제정당 및 사회단체들과 협의한다"라고 밝혔는데, 이의 해석을 둘러싸고 미국과 소련이 대립하였다. 미소공위에서 우위로 서려는 미국과 소련은 공위에 참여하는 정치세력을 두고 대립하였다. 미국은 남한의 우파를 통제하면서 미소공위에서의 좌파 참여 특히 극좌파의 참여를 최소화하려고 했다. 미소공위와 협의할 남한의 20개 정당사회단체 중 13개의 반탁단체들을 포함시키면서도 좌파 결집체인 민족전선 산하 조직들을 제외하였다. 소련측은 시종일관 반탁을 주장한 우익세력을 배제하려고 하였으며, 임시정부가 좌익중심으로 구성되기 위한 노선을 견지하였다. 또한 소련은 북한에서 실질적인 정부수립에 필요한 기간을 벌기 위해서, 임시정부 수립를 서두르지 않았다(남광규 2007, 133).

미소공위에 임하는 미국과 소련의 정책은 모두 '우호적인 정치세력' 중심의 임시정부 수립에 초점이 맞추어져 있었다. 소련은 북조선임시인위의 수립을 통하여 친소세력을 확고하게 결집시켰으며, 미소공위에서 이를 전국적으로 확대하고자 하였다. 따라서 미소공위의 참여대상에서 반소세력과 우익을 반탁세력이라는 명분하에서 배제하려는 전략으로 임하였다.[2] 반소세력이 한반도 임시정부 수립에 참여하여 확보된 북한지역까지도 뒤

---

[2] 당시 소련이 구상한 조선임시정부의 예비내각을 보면 좌익이 지배하는 구성이었다. 1946년 3월 15일의 구상에는 총 17명의 각료 중 수상 여운형을 위시하여 좌익과 중간파로 구성하였고 우익인사는 1명도 없었다. 7월 26일에는 소련공산당 정치국이 미소공위 대표단에게 조선임시정부의 각료를 16개 중 좌익에게 10개를 배당하거나 전체의 70%로 구성하도록 지시하였다(백학순 2010, 398-399).

흔드는 상황을 허용해서는 안되었다. 소련은 반소적인 정치지도자들이 임정수립에 주도권을 갖는 것은 용납할 수 없다는 입장이고, 따라서 친미적인 이승만, 친중적인 김구를 경계하였다. 여운형이나 김규식 등 중도적인 인물에 대해서는 받아들일 수 있다는 입장이었다(남광규 2010, 299; 오코노기 2019, 633). 결국 소련은 북한지역을 확보하고 남한의 반동화를 저지하여 궁극적으로는 한반도 전역에 친소정부를 세우고자 하는 전략으로 미소공위에 임하였다(백학순 2010, 414-415).

    제1차 미소공위 결렬 이후 미군정의 정책은 변화하였다. 초기의 미국무부는 소련과의 협력을 통하여 한국문제를 해결하기를 강력하게 원하고 있었고, 미국의 정책은 신탁통치를 위하여 가능한 신속히 지역적 분할점령을 종식시키는 것이었다. 1947년 들어서면서 미국의 트루만 정부는 소련과의 협의를 통한 통일정부수립이 어렵다는 판단하에서 한국문제를 국제연합으로 이전하는 한편 남한으로부터 명예로운 철수를 도모하기 시작하였다(남광규 2007, 135). 1947년 5월 21일에 가까스로 제2차 미소공위가 재개되어, 6월 25일 서울회의, 6월 30일 평양회의가 이어졌지만, 7월 15일 휴회하였다. 1947년 7월27일 민족전선주최 인민대회에 참석한 브라운 미국대표는 선거를 통해 정부를 구성하자는 새로운 제안을 제시하였다. 8월 12일에 열린 제53차 회의에서도 미대표단은 자유선거에 의하 정부구성을 소련측에 제안하였다. 미국은 1947년 9월 한국문제를 유엔에 이관하였고, 미소공위는 10월 18일에 공식적으로 결렬되었다. 이후 미국의 정책은 한국문제의 유엔이관을 통하여 남한만의 단독정부 수립 즉 친미반소 정부 수립으로 기울어졌다. 소련은 선거를 통한 정부수립이란 미국의 방안을 받아들일 수 없었다. 소련은 이미 수립된 친소세력의 임시인위를 정당성을 갖춘 북조선인민위원회로 전환시키고, 이를 토대로 북한에 친소사회주의 정부수립으로 나아갔다. 미군정과 소군정은 결국 분단화를 통해 친미정부와 친소정부를 수립함으로써 전후 한반도의 점령을 마무리지었다.

제5장 미소의 오스트리아 점령정책*

1. 모스크바 선언과 오스트리아 독립선언

1938년 3월 독일이 오스트리아를 강제 합병한 것은 나중의 연합국들, 즉 영국, 프랑스, 미국, 소련에게 분명 외교적 충격이었다. 그럼에도 불구하고 이 네 나라의 반응은 일관적이지 않았고 애매모호하기조차 했다. 영국과 프랑스 정부는 공식적으로 독일 외무부장관에게 항의했지만, 내부적으로는 오스트리아가 원래 독일이기에 "합병"이라는 것이 민족자결권의 행사와 관련된 문제라고 생각했다. 영국은 "합병"을 법적으로(de jure) 인정했으며, 프랑스와 미국은 법적으로는 인정하지 않았다. 그런데 미국은 1938년만 해도 여전히 고립주의 노선을 따르고 있었고, 유럽에서 일어난 강제 합병에 관심이 없었다. 적극적 의사 표현이 없는 법적 불인정은 사실상(de facto)의 인정과 별 차이가 없다. 소련의 입장도 애매모호했다. 모스크바는 합병이 폭력적 행위이며 유럽 국가들을 위협한다고 비난했지만, 이를 뒷받침하는 실질적인 조치는 취하지 않았다. 독일 정부에 대한 공식적인 항의나 강제 합병을 인정하지 않는다는 선언이 뒤따르지 않은 것이다. 1939년 8월 히틀러-스탈린 조약이 체결되면서 오스트리아 문제가 더 이상 언급되지 않았음은 물론이다(Bischof/Ruggenthaler 2022, 29-32).

1938년 강제 합병에 대한 연합국들의 애매모호한 반응과 비교한다면, 1943년 11월 1일 모스크바에서 소련, 미국, 영국의 외무상이 함께 발표한

---

* 구춘권

모스크바 선언의 내용은 훨씬 단호하고 일관적이었다. 이 선언은 오스트리아가 히틀러의 전형적인 침략정책에 희생된 최초의 자유국가이기에 독일의 지배로부터 해방되어야 함을 명확히 했다(Moskauer Deklaration 1943). 독일의 강제 합병을 명백한 불법으로 선언함으로써 오스트리아가 독립으로 가는 결정적인 디딤돌이 놓아진 셈이다. 물론 모스크바 선언은 오스트리아가 히틀러 독일의 편에 서서 전쟁에 참여했기에 회피할 수 없는 책임을 지며, 오스트리아인들 스스로가 자신들의 해방을 위해 얼마만큼 기여했는지에 따라 이 책임의 크기가 결정될 것이라 덧붙이는 것도 잊지 않았다. 요컨대 모스크바 선언은 오스트리아의 희생, 즉 독일에 의한 강제 합병을 강조했지만, 나치 독일에 오스트리아인들이 부역한 것을 함께 언급하면서 히틀러에 대항해서 싸울 것을 동시에 촉구하고 있었던 것이다.

오스트리아인들의 입장에서 행운이 된 역사의 아이러니는 모스크바 선언 중에서 강제 합병이라는 오스트리아의 희생의 측면은 이후에도 강조되고 기억되었지만, 히틀러에 대한 부역이라는 오스트리아의 역사적 책임의 문제는 거의 언급되지 않았고, 상당 기간 기억에서도 지워졌다는 사실이다. 인구의 10%가 나치당의 당원이었고, 약 120만 명이 전쟁에 자원하거나 징집되었으며, 아이히만(Adolf Eichmann)과 같은 이 지역 출신 인물이 나치의 수뇌부에 다수 포진되어 있었고, 친위대 및 비밀경찰 복무자들을 인구에 비해 독일보다 더 많이 배출했음을 고려할 때 오스트리아가 희생자였다는 주장, 즉 희생자테제(Opferthese)는 매우 논쟁적인 것임이 분명하다. 그럼에도 불구하고 희생자테제는 오스트리아 독립선언에서는 물론, 임시정부와 이후의 정부들에 이르기까지 일관되게 주장되었다.

소련군이 먼저 해방시킨 비엔나와 동쪽 오스트리아를 제외한 다른 지역에서는 여전히 격렬한 전투가 벌어지고 있었던, 즉 아직 나치의 최종적인 패전이 봉인되기 이전인 1945년 4월 27일, 비엔나에서 사회당, 국민당, 공산당은 오스트리아 독립선언의 낭독과 함께 임시정부의 결성을 공표한다(Proklamation über die Selbständigkeit Österreichs vom 27. April

1945). 이 세 당의 이름으로 발표된 독립선언은, 그 전문에서 오스트리아가 강제로 합병되었으며 여러 측면에서 희생되었다는 사실을 수차례 강조한 뒤 모스크바 선언의 희생 관련 문구를 그대로 인용한다. 선언의 내용은 오스트리아 민주공화국이 1920년 헌법의 정신으로 재건되며(제1조), 1938년 오스트리아에게 강요된 합병은 무효이고(제2조), 이 선언을 시행하기 위해 점령권력의 권리인 입법권과 집행권의 위임을 조건으로 모든 반파시스트적 정당들이 참여한 임시정부가 결성되며(제3조), 이 선언의 발표 이후 독일 제국과 그 지도부에 대한 오스트리아인들의 군사적이거나 직무상 또는 개인적인 모든 서약은 무효이고 구속력이 없다(제4조)는 것이었다. 나흘 후, 즉 5월 1일에 추가로 공표된 제5조는 모스크바 선언에서 오스트리아의 책임과 관련된 부분을 인용한 뒤, 현 임시정부는 오스트리아의 해방에 기여할 수 있는 모든 조치들을 지체 없이 시행하겠지만 나라의 쇠약하고 피폐한 상태에서 유감스럽게도 이 기여는 미미함을 시인할 수밖에 없다고 했다.

오스트리아 독립선언이 모스크바 선언을 문구 그대로 옮겨오면서까지 강제 합병의 희생자였음을 강조했던 것은 대외정치적으로 매우 현명한 선택이었다. 우선 희생자테제가 인정될 때 연합국들의 군대는 패전국을 점령하는 군대가 아니라, 희생국을 해방시키는 군대가 된다. 즉 점령군이 아닌 해방군으로 연합국의 역할이 정의됨으로써 점령의 목표는 가능한 빨리 오스트리아를 독립시키고 주권을 회복하는 것으로 설정된다. 오스트리아의 해방의 길은 독일의 점령의 길, 즉 분단을 경험해야 했고 냉전체제의 종식 이후 통일이 되고 나서야 완전하게 주권이 회복된 경우와 매우 대조적이다. 또한 희생자테제는 전쟁에 대한 배상 책임은 물론, 나치 테러의 희생자들의 정당한 보상 요구를 회피할 수 있도록 하는 국가의 변명수단이 되기도 했다.[1]

---

[1] 그러나 희생자테제는 상당 기간 오스트리아의 역사적 책임의 문제를 덮게 만들었다. 나중에 살피겠지만 오스트리아는 자신의 역사의 어두운 측면에 대한 반성을 독일보다 훨씬 게을리했고 뒤늦게 시작했다.

2. 점령권력과 탈나치화

1938년과 1943년, 연합국들의 오스트리아에 대한 인식은 분명히 달라져 있었다. 이 변화는 당연히 히틀러라는 공동의 적과 싸우면서 이 야만의 실체를 경험했기 때문에 일어났다. 적지 않은 숫자의 오스트리아인들이 히틀러에 열광하고 부역했음에도 불구하고 강제 합병이 자발적이 아니었음은 여러 사실들이 증명하고 있었다. 연합국들은 전쟁을 수행하면서 나치 독일에 대해 보다 많이 알게 되었고, 오스트리아에 대한 지식 또한 깊어졌다. 연합국들은 전쟁 이후의 상황을 구상하기 시작했다.

우선 미국과 영국의 전후 오스트리아 구상은 세 가지 선택지를 고려하면서 구체화되고 있었다. 첫째, 오스트리아는 독일을 분할하는 문제의 일부로 취급되었다. 오스트리아는 그 자체가 독립적인 문제가 아니라, 독일이라는 중요한 문제와 연계된 하위의 문제였다. 둘째, 오스트리아가 독립한다면 그 국경은 전쟁과 강제 합병 이전의 상황, 즉 1937년의 국경으로 재건되는 것이 고려되었다. 셋째, 영국은 도나우연방(Donauföderation), 즉 도나우 인근 국가들을 묶어서 그 안에 오스트리아를 위치시키는 것을 생각하기도 했지만, 이는 중·동유럽에서 새로운 권력중심의 형성을 원치 않는 소련과의 조율이 필요했다(Bischof/Ruggenthaler 2022, 33). 결국 이 아이디어는 모스크바 삼상회의를 앞둔 협상에서 소련의 격렬한 반대에 부딪혔으며, 1943년 말 테헤란 회담에서 스탈린과 루스벨트의 반대로 폐기되었다.

자본주의적인 사회경제체제가 뿌리를 내렸고, 매우 갈등적이기는 했지만 의회제 민주주의의 정당정치가 작동하고 있었던 제1공화국의 헌법정신으로 오스트리아가 재건된다는 사실에 반대할 점령권력은 최소한 서방측에서는 없었다. 독립선언이 명시한 오스트리아의 재건은 자본주의적 사회경제체제와 대의제 민주주의 정치체제로의 복귀를 의미했기에 결국 오스트리아가 서방의 일부가 되는 것을 뜻하기도 했다. 미국, 영국, 프랑스에게는 환영할 만한 일이었음은 당연하다. 점령의 목표 역시 독립과 자유선거와 주권회복으로 명확히 설정되었기에 순조롭게만 진행된다면 오스트리아의 서구권으로의 통합은 전혀 무리가 없어 보였다.

그러나 소련은 다른 생각을 갖고 있었다. 소련의 전후 오스트리아 구상은 지정학적 차원에서 보다 일관적이고 엄격했다. 소련은 전쟁 이후 유럽이 영국의 영향권과 소련의 영향권으로 양분될 것으로 판단했고, 이 양자의 사이에 일종의 중립지대가 있어야 한다고 보았다. 그리고 오스트리아는 바로 이 중립지대에 속해야 한다는 것이 소련의 생각이었다. 소련의 문건들에 따르면 오스트리아의 군사적 점령은 처음부터 계획된 것이 아니었다. 독일의 무조건 항복 시 소련 측의 군사 분계선은 체코슬로바키아 국경과 도나우 강을 따라 그어질 것으로 예측되었고, 오스트리아의 군사적 점령은 원래 계획에는 없었던 것으로 알려져 있다. 오스트리아의 공동점령은 스탈린 개인의 집착과도 관련이 있는데, 원래 독일 함부르크와 슐레스비히-홀슈타인 지역을 공동 점령하자는 스탈린의 제안이 영미에 의해 거절당하자 대신 이에 대한 "보상"으로 오스트리아를 점령했다는 것이다(Bischof/Ruggenthaler 2022, 35).

오스트리아의 점령권력은 기본적으로 반히틀러 연합(Anti-Hitler-Koalition)의 핵심국가인 미국, 영국, 소련에 1944년 프랑스가 합류한 것이었다. 공동의 적인 히틀러가 제거되었을 때 이 이데올로기적으로 불편한 동맹의 갈등은 이미 예정되었다고 해도 과언이 아니겠지만, 독일과 달리 오스트리아에서 이들의 관계는 놀랍게도 협조적이었다(Tollas 2010, 66). 이 협조는 기본적으로 오스트리아가 인구, 영토, 경제 규모 등 모든 면에서 작은 나라였기 때문에 가능했다. 유럽의 지정학적 중심에서 두 번씩이나 세계전쟁을 일으킨 독일과 비교할 때 오스트리아의 국제정치적 위상은 과거 제국의 영광에도 불구하고 미미한 것이었다. 점령권력은 최소한 해방 초기에 오스트리아를 사활을 건 각축을 벌일 만큼 중요한 곳으로 생각하지 않았다. 자국에게 결정적 의미가 없다면 타협과 협력의 폭은 커지기 마련이며, 이는 연합국의 오스트리아 점령정책에서도 마찬가지였다. 독일과 달리 일치감치 1945년 11월 자유선거가 허용된 것도 오스트리아에 우호적인 점령정책의 결과였다. 서방의 점령권력은 오스트리아의 정치적 안정을 위해서 좌우협력, 즉 대연정을 선호함을 여러 차례 내비치기조차 했다(Bischof 2020). 요컨대 점령권력의 우호적인 점령정책은 해방기 오스트리아에서 좌우협력이 자리 잡는 데도 일정한 기여를 한 셈이다.

연합국의 오스트리아 점령은 여러 차례 협상 끝에 1945년 7월 15일에 합의된 점령구역 협정에 따라 이루어졌다. 점령구역의 분할은 기본적으로 1943년 10월 모스크바에서 합의된 경계선을 토대로 했지만, 프랑스가 점령권력에 합류함에 따라 약간의 변화가 불가피해졌다.

〈그림 1〉 연합국의 오스트리아 분할 점령

출처: Luif/Benedek/Docekal 2024, 4

〈그림 1〉에서 보는 것처럼 오스트리아의 동쪽 지역은 소련이, 가운데 지역의 북쪽은 미국, 남쪽은 영국, 그리고 서쪽 지역은 프랑스가 각각 분할 점령하였다. 비엔나 역시 네 연합국이 기존의 행정구역들을 서로 나누

어 점령했지만, 주요 기관들이 밀집되어 있는 도심(innere Stadt), 즉 제1구역은 공동으로 점령하였다.2) 이 공동 점령구역에서는 네 연합국들이 매달 번갈아가면서 통치권을 행사했다.

점령권력은 오스트리아 독립선언이 주장한 희생자테제를 수용하고 인정했다. 이와 함께 연합군은 "점령군"이 아니라, "해방군"으로 역할이 정의된 셈이다. 점령권력은 오스트리아의 부역 및 전쟁에 대한 책임을 묻기보다는 오스트리아의 독립과 주권회복을 지원하는 세력으로 자리 매김 되었다. 점령권력의 가장 상급기관인 연합국위원회(Alliierter Rat)가 설정한 점령의 목표는 세 가지였다. 첫째, 독일로부터 오스트리아의 독립을 보장하며, 둘째, 자유선거를 실시하고, 셋째, 오스트리아의 중앙행정을 구축하여 스스로 넘겨받을 수 있도록 하는 것이었다(Erstes Kontrollabkommen). 즉 독립과 자유선거와 주권회복이 점령의 핵심적 목표로 명시되었다. 이 목표를 실현하는 과정조차 연합국위원회가 직접 입법하거나 행정명령을 내리는 것이 아니라, 임시정부 및 나중에 국민의회(Nationalrat)가 만든 법을 승인하는 방식으로 진행되었다. 요컨대 오스트리아에서 점령권력의 통치권 행사는 직접 통치가 아니라, 일종의 간접 통치에 기반을 두고 있었다. 연합국위원회의 입법 승인은 제1차 통제협정에서는 점령권력 중 한 국가만 반대해도 철회되었지만, 1946년 6월 제2차 통제협정이 발효되면서 네 국가의 만장일치를 통해서만 거부권을 행사할 수 있도록 바뀌었다. 거부권의 사용이 어려워진 만큼 오스트리아 정부의 자율성은 더욱 커진 것이다.

그러나 오스트리아에 우호적인 점령정책이 점령국들 사이의 긴장과 갈등을 수반하지 않았다는 얘기로 오해돼서는 안 된다. 점령권력은 정치적·사회경제적·이데올로기적 차원에서 확연히 구별되는 두 개의 세력으로 양분되어 있었다. 히틀러를 공동의 적으로 해서 싸우기는 했지만 자본주의와 공산주의라는 서로 적대적인 체제의 종주국 격인 나라가 점령권력으로

---

2) 소련은 이미 1945년 4월 13일 비엔나를 해방시킴으로써 전체 도시를 장악하고 있었지만 7월 15일 협정에 따라 비엔나의 다른 구역들에서 퇴각했고, 9월 1일 다른 연합국들이 여기에 주둔한다.

참여하는 한, 이들의 갈등이 점령 목표의 수정으로 표출될 위험은 상존했다. 특히 냉전의 발발은 오스트리아에서 협력적이었던 미국과 소련의 관계가 갈등적으로 전환된 중요한 분기점이었다. 그럼에도 불구하고 독립과 주권 회복의 과정에서 점령권력의 공동 관심사 또한 존재했는데, 이는 무엇보다 오스트리아의 탈나치화였다.

미국, 소련, 영국, 프랑스는 오스트리아의 탈나치화가 독립과 주권회복을 위한 전제조건이라는 것에 대해 일정한 공감대가 있었다. 네 개의 점령구역으로 쪼개진 상황으로 말미암아 구역마다 탈나치화의 속도와 강도에 일정한 차이가 있기는 했지만, 네 점령국 모두 탈나치화를 주도적으로 추진했으며 감독했고, 이를 재촉하면서 탈나치화를 약화시키려는 연방정부의 법안에 대해서는 거부권을 행사하기도 했다. 간략하게나마 오스트리아 독립의 출발점이었다고 할 수 있는 탈나치화에 주목해 보자.

1945년 5월 나치당을 금지하는 법안이 임시정부에 의해 발효되면서 70만 명으로 추산된 구 나치 당원들 중 약 54만 명에 달하는 사람들이 정부에 등록되었고 정치적 권리를 박탈당했다. 이 중 98,330명은 1933년 6월 오스트로파시즘에 의해 히틀러운동이 금지되었던 시기부터 활동했던 골수 나치, 즉 이른바 "불법당원(Illegale)"이었다. 1945~46년 동안 10만 명 정도가 과거의 나치 당적 때문에 공직으로부터 쫓겨났다. 공무원 세 명 중 한 명이 해고된 셈이다. 또한 약 3만 6천 명이 같은 이유로 민간 부문에서 일자리를 잃었다. 국가와 기업의 최고위직에서도 960명이 파면되었다. 이들 나치 부역자들 중 범죄 혐의가 있는 사람들은 기소되어 세 명의 배심원과 두 명의 직업판사로 이루어진 인민법정(Volksgericht)에 회부되었다. 비엔나, 그라츠, 린츠, 잘츠부르크 등 여덟 곳에 설치된 인민법정은 총 136,829건의 부역 관련 행위를 검토했고, 재판이 진행된 23,477건 중 13,607건에 대해 유죄 판결을 내렸다. 이중 43명이 사형을 선고받았고, 29명에게는 종신형이 내려졌다(Dokumentationsarchiv 2025a, 2025b).

초기의 탈나치화가 주로 나치 당적의 보유 여부에 초점을 맞추어 진행되었다면, 1947년 2월 국가사회주의자법(Nationalsozialistengesetz)은 보다 강력한 탈나치화를 요구한 점령권력의 의사를 수용해 나치에 대한 부역 활동의 경중을 따졌다. 정부에 등록된 54만 명의 나치당원들 중 약 10%가 "부역자들(Belastene)"로 분류되었고, 나머지는 "경부역자들(Minderbelastene)"이 되었다. 이들에게는 모두 "속죄의무(Sühnepflicht)"가 강제되었다. 즉 자신의 재산에 비례해 한 차례의 속죄부담금(Sühneabgabe)을 납부해야 했으며, 소득세에 추가적으로 가산금이 부과되었고, 직업 선택과 관련해서도 일정한 제한이 있었다(Pichler 2016, 90-138).

그러나 "경부역자들"은 이미 이 국가사회주의자법에 의해 선거권이 복원되었다. 1948년 4월 오스트리아 국민의회는 "경부역자들"에 대한 사면을 실시해 약 50만 명에게 "속죄의무"를 면제하고 피선거권을 비롯한 모든 정치적 권리를 복원시켰다. 점령권력은 이 사면을 우려의 눈초리로 바라보았지만 반대하지는 않았다. 오스트리아처럼 작은 나라에서 전체 인구의 거의 8%에 달하는 50만 명을 정치적·사회적으로 계속 배제하는 것은 지속가능한 해법이 아니었기 때문이다. 이들 중에는 기술자와 숙련노동자 등 경제적으로 긴히 필요한 사람들도 상당수였다. 특히 1947년 트루먼 독트린과 이란 위기를 계기로 시작된 냉전의 여파가 오스트리아에도 영향을 미쳐 이제 반파시즘보다 반공산주의가 더 중요해졌다. 반공의 선봉에만 설 수 있다면 나치 경력은 더 이상 문제가 되지 않는 시대가 열린 것이다. 오스트리아 국민의회는 사면의 범위를 더 확대하려 시도했고 1949년 인민법정도 폐지하려고 했지만, 이는 점령권력의 만장일치에 기반한 거부권에 부딪혀 저지되었다. 결국 인민법정의 폐지는 연합군이 철수한 1955년에야 가능했다. 요컨대 점령권력이 아니었더라면 오스트리아의 탈나치화는 훨씬 더 미약하게 진행되었을 것이고 훨씬 더 일찍 종결되었을 것임이 분명하다.[3] 점령권력은 탈나치화만큼은 애당초 생각했던 수준까지는 아

---

[3] 정치적인 탈나치화가 사실상 끝났음은 1949년 10월 국민의회 선거를 앞두고 국민당과 사회당이 "경부역자들"의 지지를 얻기 위해 치열한 경쟁을 벌이는 것에서도 확인할 수 있다. 모든 정치적 권리가 복원된 "경부역자들"의 상당수는 무소속연합(Verband der Unabhängigen, VdU)을 만들어 이 선거에 출마했고 11.67%의 지지

니었을지라도 서로 협력하며 일관되게 추진했다고 할 수 있다.

3. 미국의 오스트리아 점령정책

제1차 세계대전의 승전국들과 달리 제2차 세계대전의 승리 이후 미국은 자신이 주도할 전후 세계질서에 대해 과거와 다른 구상을 가지고 접근했다. 독일의 전쟁 책임에 대한 과도한 배상 요구, 즉 베르사유 강화조약이 전간기 국제적 불안정의 중요한 원인이었다는 사실을 미국은 간파했던 것이다. 따라서 미국, 그리고 어느 정도까지 영국은 전후 오스트리아의 재건의 핵심적 목표를 정치적 차원에서 민주주의적 안정성의 확보와 경제적 측면에서 자립으로 설정했다. 미국의 점령정책은 이 목표를 구체적으로 지원하는 것이었다.

전쟁 직후 오스트리아의 경제는 사실상 붕괴 상태나 다름없었고, 외국의 원조 없이는 생존이 불가능했다. 특히 식량문제가 매우 심각했다. 일반 오스트리아인들이 배급을 통해 받을 수 있는 식량은 1945년에 1인당 800칼로리의 열량에 불과했다. 소련이 점령한 지역에서는 이른바 "콩 원조(Erbsenhilfe)"로 알려진 구호 식량이 배급되었다. 그러나 오스트리아 전체에 대한 대규모 식량 원조는 미국이 압도적인 부분을 책임졌던 유엔구호재활청(UNRRA)을 통해 이루어졌다. 1946년 오스트리아는 식량의 40%만을 자급할 수 있었고, 나머지 60%는 이 기구를 통해 지원받았어야 했다(Mediathek 2025). 그밖에도 미국은 케어(CARE)를 비롯한 다른 원

를 얻었다. 이 무소속연합을 계승해 1955년 11월 결성된 당이 오스트리아 자유당(Freiheitliche Partei Österreichs, FPÖ)이다. 유럽 최초의 극우 포퓰리즘 정당 격인 오스트리아 자유당은 2024년 9월 국민의회 선거에서 28.85%의 지지로 제1당이 되었다. 독일과 대비되는 오스트리아 극우세력의 놀라운 성공의 역사적 배경에는 희생자테제와 연관된 불충분한 과거 청산이 있음을 주목해야 한다.

조 프로그램을 통해 오스트리아에 식량을 지원했다.

그러나 경제적으로 가장 결정적인 지원은 당연히 마셜 플랜(Marshall Plan)이었다. 마셜 플랜을 통한 미국의 오스트리아 지원은 1948년에서 1952년까지 거의 10억 달러에 가까웠으며, 전체 기간의 총액은 13억 달러에 달했다. 오스트리아가 받은 지원은 전체 마셜 플랜 금액의 7.4%에 달했고, 인구를 고려할 때 유럽에서 세 번째로 많은 액수를 받은 수혜국이었다. 비숍에 따르면 1945년에서 1953년까지 미국은 오스트리아에 거의 18억 달러를 무상으로 지원했는데, 이 액수는 다음 절에 살피겠지만 소련이 오스트리아로부터 전쟁 배상 또는 국가조약의 보상을 이유로 가져간 기계설비, 원유 등의 물자 및 다른 상품의 총액과 비슷한 규모이다(Bischof 2020). 미국의 지원액은 이 시기 오스트리아의 전체 무역적자를 상쇄할 정도의 큰 금액이었다. 즉 미국의 지원 없이 오스트리아가 해방기 10년을 경제적으로 버틴다는 것은 상상하기 어려운 것이 사실이다.

미국의 지원은 그 액수뿐만 아니라, 오스트리아의 경제적 자립이라는 목표의 실현과 관련해서도 효과적이었다. 미국의 지원 물자는 식량 등 긴급 구호품을 제외하고는 대부분 상품으로 기업들에게 재판매되었으며, 이 판매 금액은 기금으로 모아져 투자의 재원으로 사용되었다. 여러 산업의 기업들이 유리한 조건으로 이 기금을 활용해 투자함으로써 생산능력의 확대와 함께 생산성의 개선을 이루었다. 오스트리아를 유수의 관광국으로 만든 호텔과 도로 등 관광 하부구조의 투자 역시 상당 부분 이 기금을 활용한 것이었다(Bischof 2005). 마셜 플랜을 통한 미국의 지원은 전후 오스트리아가 누린 경제적 번영에 중요한 마중물 역할을 했다고 할 것이다.

오스트리아의 정치적 안정화를 위해 미국과 영국이 중요하게 생각했던 것은 대연정, 즉 사회당과 국민당의 좌우협력이었다(Bischof/ Ruggenthaler 2022, 52; Bischof 2020). 미국과 영국이 오스트리아에서 생각한 민주주의는 대의제 의회민주주의를 의미했고, 소련의 소비에트 민주주의나 소련의 영향력 아래 동유럽 국가들에서 등장한 반파시스트 인민전선의 인민민주주의가 아니었음은 당연하다. 그러기에 서방측 점령권력은 인민민주주의와 사회주의를 향한 평화적 길을 내세우며 망명에서 돌아온 오스트리아 공산당을 애당초 좌우협력의 대상으로 여기지 않았다(Mugrauer 2020, 46-52). 미국과 영국의 입장에서 공산당은 오히려 경계의 대상이었고, 따라서 공산당에 상당한 권력지분을 할애한 레너 임시정부 역시 상당 기간 의심의 눈초리로 바라보았던 것이다.

사실 해방 초기 미국은 오스트리아의 민주주의적 안정화의 가능성에 회의적이었다. 좌우 진영으로 쪼개진 전간기의 정치적 불안정은 물론 나치에 의한 강제 합병 역시 오스트리아 민주주의의 취약성을 나타내는 징표로 해석되었기 때문이다. 그럼에도 불구하고 맥(William Mack)과 같이 이미 전쟁 이전에 오스트리아에 근무한 경험이 있었던 정치자문관은 서방측 점령권력의 최고책임자들에게 좌우분열, 즉 사민당(SDAP)과 기독교사회당(CSP)의 분열이야말로 오스트리아의 민주주의를 불안정으로 이끄는 원인이었다고 진단해 보고했다. 이러한 보고와 자문들이 오스트리아 민주주의에 대한 미국의 생각을 바꾼 것으로 평가된다(Bischof 2005).

탈나치화가 오스트리아의 독립 및 민주주의를 뿌리내리기 위한 전제조건으로 점령권력의 공동 관심사였음은 앞에서 지적했다. 만약 탈나치화와 함께 대연정이 성사된다면 오스트리아 민주주의의 안정화, 즉 좌우 대결 없는 대의제 민주주의의 실현이 가능한 시나리오로 보였을 것이다. 따라서 서방측 점령권력에게 탈나치화와 대연정은 오스트리아 민주주의의 역사적 취약성을 극복하는 지렛대를 의미했다. 미국과 영국은 오스트리아 정부에게 대연정의 불가피성을 설파했고, 사회당과 국민당의 균열의 조짐이 보일 때마다 이들을 불러 설득하기도 했다. 국민당과 사회당의 주요 정치인들은 점령권력의 최고 책임자들에게 정기적으로 불려가 국내정치적 진척 사안들을 보고해야 했는데, 이 자리에서 서방측 책임자들은 대연정의 미미한 갈등에서도 당파정치보다 협력을 우선할 것을 요구했다(Bischof 2005). 대연정이 한편 오스트리아라는 작은 나라의 독립과 주권 회복의 시급함을 인식한 국내 정치세력들의 협력의 결과물이기도 했지만, 다른 한편 서방측 점령권력의 오스트리아의 민주화를 위한 처방이었다는 사실도 주목해야 한다.

그러나 냉전이 시작되면서 미국의 점령정책에 일정한 변화가 일어난다. 탈나치화와 대연정을 지렛대로 한 민주주의의 안정화는 포기되지 않았지만, 오스트리아의 지정학적 위상 역시 중요해졌기 때문이다. 원래 서방측 점령권력은 오스트리아 정부가 요구하는 빠른 독립과 주권회복을 지지했다. 소련의 반대 때문에 좌절되기는 했지만 이미 1946년 그 가능성이 타진된 적도 있었다. 그런데 이제 냉전체제가 등장하면서 독립보다는 오스트리아가 적대 진영으로 넘어가지 않도록 막는 것이 더 중요해졌다. 트루먼 독트린이 선언된 1947년 3월 미국 점령정책 책임자였던 키이스(Geoffrey Keys) 장군은 독립과 중립을 지향하는 오스트리아의 어떤 정부도 지원할 것임을 얘기한 적이 있다(Steiniger 2005, 97). 신속한 독립을 원하는 오스트리아 정부의 요구를 수용한 제안이었음에도 불구하고 소련이 전혀 관심을 보이지 않음으로써 이 아이디어는 폐기되었다.4)

미국은 냉전이 시작된 이후 공산당의 쿠데타 가능성에 대해 상당한 두려움을 가지고 있었다. 이는 오스트리아 정부도 마찬가지였다. 사실 소련은 점령 초기 오스트리아에서 인민전선 정부 구상이 실패한 이후 쿠데타를 통해 오스트리아가 공산화될 수 있을 것이라고 기대하지 않았다. 소련은 오스트리아 공산당에 쿠데타를 지시하지도 않았고, 지시할 생각도 없었다. 이른바 "쿠데타"로 알려진 1950년 9월과 10월 공산당이 주도했던 총파업은 완전한 실패로 끝났으며, 오히려 국민당과 사회당의 반공주의가 강화되는 계기가 된다. 이 총파업은 소련 점령지역에서 일어난 사건이었음에도 불구하고 거의 개입하지 않았다는 사실은, 미국이나 오스트리아 정부의 생각과 달리 소련이 오스트리아의 공산화 가능성을 부정적으로 판

---

4) 당시 소련의 입장은 오스트리아 문제를 이탈리아의 트리에스테(Trieste) 문제 및 독일 문제와 연계시켜 점령상태를 가능한 오래 지속하려는 것이었다. 이는 소련에게 경제적으로도 유리했다. 소련이 몰수한 기업들이 수익을 내고 있었고, 오스트리아 유전에서 많은 양의 원유를 채굴해 동독과 체코슬로바키아 등 자신의 위성국으로 공급하는 것이 가능했기에 점령은 오스트리아 정부가 부담해야 했던 소련군의 주둔 비용 이외에도 추가적으로 경제적 이익을 가져왔다.

단했음을 잘 보여준다고 할 것이다(Mugrauer 2020, 681-704)

　미국이나 오스트리아 정부가 가졌던 쿠데타에 대한 과도한 두려움은 비밀요원들이 제공한 과장된 정보와 관련이 있는 것으로 알려져 있다. 만약 공산당의 쿠데타가 일어난다면 미국은 오스트리아 정부와 함께 단호하게 대응할 생각이었다. 미국은 서방측 연합군의 점령지역에서 오스트리아 경찰의 무장을 지원하기 시작했으며, 오스트리아의 서쪽에 유사시에 사용할 수 있는 중화기 무기고를 비밀리에 만들었다(Bischof/Ruggenthaler 2022, 83). 냉전의 시작과 함께 지정학적 고려가 중요해지면서 만약 오스트리아의 독립이 공산화를 의미할 경우, 이를 막는다는 생각이 미국의 점령구상의 핵심이 된 것이다. 특히 한국전쟁이 일어나고 공산당의 총파업까지 발생하자 이러한 생각은 보다 강화되었다. 미국은 대연정이 깨질 경우 공산당의 영향력이 더 커질 것으로 판단했기에 대연정의 유지는 미국에게도 중요한 관심사였다(Bischof 2005). 1950년 10월 공산당의 총파업을 거치면서 사회당의 반공주의 역시 크게 강화되어 대연정의 색깔에 반공주의가 추가되었다.

4. 소련의 오스트리아 점령정책

　오스트리아를 점령했던 네 연합국들 중 이 나라의 미래에 결정적인 영향력을 행사한 것은 바로 소련이었다. 이는 특히 네 가지 측면에서 그렇다. 첫째, 비엔나가 해방되자마자 곧 바로 좌우를 망라한 임시정부가 만들어질 수 있었던 것은 소련의 위임 또는 허락이 있었기 때문에 가능했다. 둘째, 소련은 지정학적 이유 때문에 오스트리아 공산당의 분리 구상을 수용하지 않았고, 독일처럼 좌우로 쪼개진 두 개의 국가가 등장할 가능성을 차단했다. 셋째, 소련은 다른 점령국들과 달리 자신의 점령지역에 남겨진 "독일 재산"을 전부 몰수했는데, 이를 막으려고 보수세력조차 일찌감치 사회당과 힘을 합쳐 주요 기간산업의 국유화를 주장했다. 넷째, 오스트리아의 핵심적 국가 정체성으로 자리 잡은 중립화 역시 국가조약 체결의 전제조건으로 소련이 요구해서 실현된 것이다. 첫 번째 측면, 즉 임시정부의 수립은 2장 3절에서 살펴봤고, 두 번째 측면인 공산당의 분리 구상에 대해서는 13장에서 살펴볼 것이기에 아래에서는 "독일 재산"과 중립화 문제에 대해서 논의한다.

1945년 8월 포츠담에서 열린 미·영·소 삼자회담은 점령권력으로 하여금 오스트리아에 남겨져 있는 독일의 자산을 전쟁에 대한 보상으로 수용할 수 있도록 했다. 미국, 영국, 프랑스는 이를 거의 활용하지 않았고, 1946년 7월 이 권리를 공식적으로 포기했다. 그러나 소련은 입장이 달랐다. 나치 독일과의 전쟁에서 치른 천문학적인 인적·물적 피해를 고려한다면 당연한 것으로도 보이지만, 소련은 오스트리아 정부에게 자신의 점령지역 안에 있는 독일 기업들과 재산을 양도할 것을 요구한다. 나치 독일은 오스트리아에 정유공장과 같은 원자재 관련 산업 및 군비산업에 대규모로 투자했었고, 이들의 상당수는 전쟁 동안 파괴되지 않았다. 특히 당시 오스트리아의 원유 매장량은 유럽에서 세 번째, 즉 소련과 루마니아 다음으로 많은 규모였다(Bischof/Ruggenthaler 2022, 50-51). "독일 재산"이라는 것이 소련의 완강한 주장으로 말미암아 구 독일제국 지분이 10%만 되도 인정되었기에, 사실상 대규모 산업시설은 거의 여기에 속했다. 소련에 양도해야 할 "독일 재산"에는 전체 석유·가스 산업과 도나우증기선회사, 그밖에 전체 공업생산량의 약 10%를 차지하는 300여개의 기업, 농업과 임업에서 약 140개의 기업 및 1,500 제곱킬로미터의 토지가 포함되어 있었다(Rathkolb 2025). 소련은 나치 독일이 건립한 석유산업에 특별한 관심이 있었고, 채굴설비의 상당 부분을 해체해 자국으로 이송했다(Iber 2009, 580).

오스트리아 정부의 입장에서는 소련의 요구가 당연히 불만이었다. 희생자테제를 인정받아 전쟁배상금을 면제받기는 했지만, 경제 재건에 필요한 산업적 동맥과 같은 기업들을 잃을 상황에 처했기 때문이다. 국민당의 피글(Leopold Figl)이 지휘하던 거국정부는 석탄, 철강, 전기 등 핵심 산업을 국유화함으로써 소련의 요구를 피해가려 시도했다. 즉 "독일 재산"이 소련의 소유로 넘어가는 것을 국유화를 통해 막으려고 한 것이다. 공산당이나 사회당의 입장에서야 국유화는 당연한 것이겠지만, 국민당이 국유화에 강하게 집착했던 이유는 바로 이 "독일 재산"을 지키려 했기 때문이었다(Sander 2018, 47). 이와 같이 해방기 오스트리아에서 국유화는 좌우 공동의 구호가 되었다. 소련의 "독일 재산"에 대한 집착은 역설적으로 좌우 모두에게 국유화의 당위성을 확산시켰고, "독일 재산"을 지키려는 협력을 보다 공고화했다. 그럼에도 불구하고 소련은 전쟁에 대한 보상을 포기할 정도로 허술하지는 않았다. 소련 점령권력은 "독일 재산", 즉 소련에 양도되는 기업들을 1946년과 47년 오스트리아 정부가 두 차례 의결한 국유화법의 예외임을 관철시켰다.

"독일 재산"을 두고 일어난 갈등은 오스트리아 국가조약의 협상과정에서도 가장 어려운 문제였다. 소련은 이를 결코 포기하지 않았고, 오스트리아는 가능하면 이를 양도하지 않을 방안을 모색했다. 1949년 상당한 현금보상 및 소련 경제청의 오스트리아 내 존속 보장이라는 합의가 이루어져 국가조약이 완성될 것처럼 보였지만, 냉전이 심화되고 한국전쟁이 터지면서 다시금 분위기가 경직되었다. 국지적이기는 하지만 냉전이 열전으로 전화한 사태가 발생함으로써 미국, 영국, 프랑스와 소련의 거리가 멀어진 것이다. 소련에게 석유와 같은 핵심 산업의 권리를 보장해 주고, 나머지 상당수의 기업들은 현금보상을 통해 돌려받는 1949년 합의는 무산되었다. 스탈린은 "독일 재산" 문제가 해결되지 않는 한 오스트리아에서 철수할 생각을 아예 내비치지 않았다. 결국 오스트리아 정부는 1955년 국가조약을 체결하기 위해 당시 가치로 약 2천만 달러 상당의 원유를 1961년까지 소련에 제공하기로 하고 석유산업을 돌려받았다. 다른 기업들과 토지의 소유권을 넘겨받기 위한 대가로는 1천 5백만 달러에 달하는 현금보상 및 상품제공을 약속해야만 했다.

한편 중립화는 소련이 요구한 오스트리아의 특별한 지위와 관련이 있다. 소련은 오스트리아가 분리되는 상황을 원치 않았는데, 이 경우 오스트리아의 동쪽 일부를 제외하고 나머지 지역이 서방으로 편입될 것이기 때문이었다. 이는 소련에게는 완충지역 없이 서방과 직접 대치하는, 즉 서독과 이탈리아가 서오스트리아를 통해 연결됨으로써 동유럽이 포위되는 상황을 의미한다. 공산당이 상상했던 오스트리아를 분리하는 것은 지정학적인 이유 때문에서라도 소련으로서 수용할 수 있는 구상이 아니었다. 그렇다고 오스트리아가 정치적·군사적 차원에서 서방으로 편입되는 것을 허용할 생각 또한 없었다. 오스트리아의 서방 군사동맹 가입이나 이 동맹군의 오스트리아 주둔은 소련에게는 타부였다. 이는 협상의 대상이 아니었고, 이를 허용하기보다 소련은 오스트리아에서 영구 주둔을 택했을 것이다.

소련은 오스트리아의 특별한 지위를 요구했는데, 여기에는 중립화 말고 별다른 대안이 없었다. 요컨대 중립화는 오스트리아가 선택할 수 있는 문제가 아니라, 소련의 요구사항이었다. 중립화를 받아들지 않을 경우 소련은 군대를 철수할 생각이 없었으며, 오스트리아의 독립과 주권회복은 불가능했다. 더욱이 오스트리아 정부가 점령비용을 부담해야 했기에 소련의 입장에서 350만 대군의 아주 작은 일부가 오스트리아에서 계속 주둔하더라도 별 문제될 것이 없었다.5) 특히 스탈린은 자신의 원래의 점령계획, 즉 현지 공산당과 함께 인민전선 정부를 건설하는 목표는 실패했을지언정, 오스트리아가 적대적인 국가로 독립하는 것을 저지한다는 확고한 신념이 있었다. 오스트리아의 독립 문제는 스탈린이 살아있는 동안 해결의 실마리를 찾지 못했고, 1953년 3월 그가 죽고 나서야 본격적으로 논의

---

5) 레너 임시정부는 오스트리아가 해방되었기에 연합군이 점령비용을 면제해줄 것을 요구했지만, 이는 수용되지 않았다. 1947년 중반부터 미국은 점령군의 주둔 비용을 환불해주었고, 영국은 이를 부분적으로 시행했다. 프랑스 점령군은 숫자가 많지 않아 큰 문제가 되지 않았지만, 소련군의 주둔 비용은 만만치 않았다. 오스트리아로 진격했던 소련군의 숫자는 40만에 이르렀고, 1945년 말에도 여전히 20만 명이 주둔했다. 점령 내내 소련군의 숫자는 미국, 영국, 프랑스의 점령군을 합친 것보다 더 많았다. 소련군의 숫자는 계속 줄어들기는 했지만, 1955년 철군 시에도 거의 4만 7천 명의 군인과 장교들이 남아있었다(Stelzl-Marx 2012, 12; Seidel 1999, 302).

되기 시작했다.

1954년 1월에서 2월까지 베를린에서 열린 네 연합국의 외무상회담은 독일통일 문제가 쟁점이었다. 오스트리아 국가조약 문제는 회담의 끝 무렵에서 논의되었다. 소련은 오스트리아의 군사동맹 가입 포기와 동맹군의 주둔 금지를 재차 강조하였고, 독일과의 평화조약이 완성될 때까지 연합군이 오스트리아에 계속 주둔할 것을 제안했다. 그러나 연합군의 지속적인 주둔은 독립을 10년째 갈망하던 오스트리아 정부의 입장에서 수용할 수 없는 것이었음은 물론이다. 오스트리아는 1955년 6월 30일에 점령을 종식해줄 것을 요청했지만, 소련은 이를 거절한다.

베를린 회담의 실패를 경험하면서 오스트리아 정부는 소련의 요구를 수용하지 않고서는 독립이 불가능한 것을 확인했다. 요컨대 "독일 재산"에 대한 보상과 중립화는 이미 확정되어 있고, 오스트리아 정부가 소련과 협상할 수 있는 것은 얼마만큼의 보상과 어떤 중립화인가라는 문제임을 확실히 인식한 것이다. 오스트리아 정부는 정치적·군사적 차원에서 서방 편입, 즉 나토(NATO)에 가입하는 것을 포기하고 스위스를 모델로 한 중립화 방안을 검토하기 시작한다. 미국, 영국, 프랑스가 소련의 중간지대 구상에 줄곧 회의적이었기에 오스트리아 정부는 이 세 연합국을 설득하는 것이 급선무였다. 국민당의 연방수상 랍(Julius Raab)은 1954년 11월에서 12월 미국과 프랑스를 직접 방문하여 중립화에 대한 동의를 구했다. 1955년 4월 연방수상, 부수상, 외무부장관, 국가서기를 망라한 오스트리아 협상단은 모스크바를 방문해 모스크바 메모랜덤에 합의한다. 오스트리아의 중립화가 확정된 것이다.

중립화는 원래 오스트리아가 추구했던 목표가 아니었다(Rathkolb 2021, 110-111). 1946년 레너가 연방대통령 재직 시 중립화를 제안한 적이 있기는 하지만 이는 사회당 내부에서만 반향을 얻었고, 연방정부 차원에서는 논의되지 않았다(Rosecker 2022). 오히려 당시 외무부장관 그루버(Karl Gruber)는 나토의 결성이 추진되자 여기에 가입하려고 적극적으로 시도했다. 그러나 나토 가입보다 더 중요한 것은 오스트리아의 독립과 주권회복이었다. 1955년 오스트리아 정부는 독립과 주권회복을 위해 중립화를 선택했다. 소련은 오스트리아와 다른 연합국과의 관계를 고려해 중립화 조항을 국가조약에 삽입할 것을 요구하지 않았다. 대신 오스트리아가 자발적으로 중립화를 선언하고 이에 대한 법적 조치를 헌법적으로 명시하기로 했다. 1955년 10월 26일 헌법과 동일한 효력을 갖는 연방헌법법(Bundesverfassungsgesetz)은 제1조 1항과 2항에서 오스트리아의 영구중립을 선언하고, 어떤 군사동맹에도 가입하지 않으며, 영토 내 타국의 군사기지 건립을 허용하지 않음을 명시했다.6)

중립화는 오스트리아 좌우협력의 공고화에도 기여했다. 중립화가 좌우 갈등을 극복할 수 있게 하는 공동의 국가적 정체성의 중요한 일부가 되었기 때문이다(Foster 2024). "경부역자들"이 조직한 무소속연합7), 즉 극우 일부를 제외한 모든 정치세력이 중립화를 지지했다. 공산당은 처음부터 중립화를 지지했다. 나토의 가입에 적극적이던 국민당은 독립과 주권회복을 위해 서방 편입을 포기하고 중립화로 돌아섰다. 사회당 역시 서방 지향이 명백했지만 독립과 주권회복이라는 우선적인 목표 때문에 중립화의 길을 택했다. 요컨대 중립화를 통해 좌우가 공유하는 국가적 정체성이 추가적으로 자리 잡은 것이다. 중립화 연방헌법법이 발효된 10월 26일은 1965년부터 오스트리아의 국경일로 지정되었다. 중립화는 오늘날 오스트리아인들의 국가적 정체성을 구성하는 매우 중요한 요인으로 자리잡았다.8)

---

6) 오스트리아의 중립은 국제조약에 의해 보장된 중립이 아니라, 오스트리아의 일방적인 선언에 의한 중립이다. 따라서 자국 방위를 위해서는 무장에 기반을 둔 중립이 되어야 했고, 이는 연방군대의 역할로 규정되었다.
7) 국가조약이 발효되자마자 이들은 오스트리아 자유당(FPÖ)으로 이름을 바꿨다.
8) 유럽연합에 가입한지 30년이 지났으며, 우크라이나에 대한 러시아의 침략전쟁이 진행 중인 2023년에도 오스트리아인들의 75% 이상이 중립은 국가적 정체성의 일부라고 답했다(Senn 2023, 5).

제6장 미소의 독일과 일본 점령 정책 비교:
오스트리아와 한국 점령 정책의 국제적 맥락*

1. 국가 형성의 결정적 국면으로서 해방정국

한국과 오스트리아 해방정국 비교연구의 출발점은 1945년 이후 분할점령 상태의 해방정국이라는 유사한 정치적 조건에서 왜 한국은 오스트리아와 달리, 통합된 단일국가를 형성하지 못하고, 2개의 국가로 분리되었는가라는 질문이다. 이 질문은 암묵적으로 한국이 "가야 했지만 가지 못한 길"로서 해방 후 단일국가 형성이라는 오스트리아의 성공과 한국의 실패에 대한 규범적 평가의 뉘앙스를 함축하고 있다. 그러나 우리는 규범적 시각에서 벗어나, 근대 국가 형성(state building)과 국민 형성(nation building)의 결정적 국면으로서 해방정국에서 창출될 수 있는 20세기 정치발전의 다양한 경로를 탐구하는데 유용하고 동시에 유의미한 정치사회학적 분석 대상으로서 한국과 오스트리아의 역사적 경험을 인식할 필요가 있다. 달리 말하자면, 한국과 오스트리아 해방정국 비교연구는 한국과 오스트리아라는 특수사례를 근대 국가 형성과 국민 형성을 분석하는 정치사회학의 오랜 지적 전통과 이론적 분석틀 속으로 포괄함으로써, 한국적 혹은 오스트리아적 특수성에 내재한 근대 정치발전 과정의 보편성에 관한

---

* 김미경
　이 장의 일부 내용은 "해방정국, 국가형성, 그리고 우리형성의 정치사회학, 한국과 오스트리아 비교." 『문화와 정치』 11권 4호, 5-44(2024)에서 발표된 바 있다.

우리의 탐구를 가능하게 할 수 있다는 것이다.

해방정국 비교연구를 통한 한국과 오스트리아의 특수성에 내재한 보편성 탐구는 무엇보다도 지금까지 한국과 오스트리아 현대사 연구에서 "냉전"이라는 국제정치적 거시구조의 변화가 낳은 매우 특수한 역사적 시공간으로서 인식됐던 해방정국에 대한 새로운 시각을 요구한다. 우리는 해방정국을 '전쟁, 내전, 군사점령, 식민상태의 종료 등과 같은 한 사회의 불연속적인 정치 사회적 변화의 발생 이후, 국가와 국민 형성과 재구성을 위한 다양한 정치 사회적 행위자들의 갈등과 선택의 열린 공간이자, 한 사회의 정치 사회발전의 새로운 경로가 선택되는 결정적 국면'으로 정의할 수 있다. 이와 같이 해방정국의 의미를 정의했을 때, 해방정국에 대한 우리의 인식은 냉전이라는 국제정치적 거시구조의 압도적 영향력에 대한 인식에서 상대적 자율성을 가진, 그 자체로 정치발전의 근대적 이행 과정에서 발견되는 매우 다양한 맥락 중 하나로 인식하는 방향으로 확장될 수 있다.

물론, 정치발전의 모든 맥락은 각기 그 고유성을 갖는다. 해방정국 또한 그 자체로 고유한 특성을 갖는다. 해방정국의 고유성은 국가형성 과정에서 외부적(국제) 행위자의 영향력이 상대적으로 매우 강하다는 점, 즉 외부적 행위자와 토착적(국내) 행위자 사이의 힘과 영향력의 비대칭성에서 찾을 수 있을 것이다. 그러나 해방정국에 대한 냉전적 인식처럼 그 외부적 행위자의 영향력을 구조 결정론적 시각에서만 볼 필요는 없다.

분할점령이라는 해방정국의 유사한 맥락에서도 한국과 오스트리아가 국가 형성의 상이한 경로를 형성했다는 역사적 사실에 주목하면, 우리는 국가 형성과 국민 형성의 결정적 국면인 해방정국에서 발생하는 다양한 행위자들의 갈등과 선택의 의도된 혹은 의도하지 않은 결과, 즉 해방정국의 유동성과 역사적 우연성의 문제에 관심을 기울이는 분석적 민감성에 주목하게 되며, 해방정국에 대한 기존의 냉전적 시각의 구조 결정론적 오류의 문제를 성찰할 수 있다. 이처럼 우리가 전후 해방정국에 대한 냉전적 시각으로부터 인식적 자율성을 갖게 되면, 비로소 우리는 해방정국에서 다양한 행위자들의 행위 동기와 행위 유형을 친소/친미 혹은 좌익/우익이라는 이분법적 분류를 넘어 새로운 해석이 가능한 대안적인 분석을 향해 앞으로 나갈 수 있게 될 것이다.

근대 국가와 국민 형성을 위한 특수한 맥락적 공간으로서 해방정국의 고유성이 외부적(국제) 행위자와 토착적(국내) 행위자의 힘과 영향력의 비대칭성에 있을 때, 그 비대칭성으로 인해 불가피하게, 해방정국에서의 근원적인 정치적 균열은 외적 경계의 공고화(external boundary consolidation)를 둘러싼 토착적 행위자들과 외부적 행위자들 사이의 갈등, 그리고 그 갈등에 각기 다양하게 반응하는 토착적 행위자들 사이의 갈등이 될 수밖에 없다. 이 갈등은 친미/친소 혹은 좌익/우익의 갈등과 구별되며, 보다 더 근원적인 성격을 갖는다. 1945년 해방정국에서 한국은 외적 경계의 공고화 문제를 둘러싼 국제 행위자와 국내 행위자 사이의 갈등 그리고 국내 행위자들 사이의 정치 갈등이 첨예화되었고, 강한 원심력의 정치 양상을 보였다.

한국과 비교의 시각에서 볼 때, 오스트리아는 그 문제를 둘러싼 국제 행위자와 국내 행위자의 갈등 그리고 국내 행위자들 사이의 갈등이 해방정국 초기 국면에서 완화되고, 상대적으로 이른 시기에 제도화되었다. 한국의 해방정국에서 외적 경계의 공고화 문제를 둘러싼 국내 정치세력들의 극심한 갈등이 1945년 12월 모스크바 3상회의 결정으로 촉발되었다면, 오스트리아 해방정국에서 동일한 문제는 1945년 4월 임시정부 수립, 11월 총선거 시행 후 정식 정부수립이라는 일련의 제도화된 정치과정을 통해 해방정국의 초기 국면에서 일단락되었다. 국가 형성의 결정적 국면으로서 해방정국에서 오스트리아는 외적 경계의 공고화 문제가 해방정국의 지배적 정치균열로 전면화되지 않았던 반면, 왜 한국의 해방정국에서 그 문제를 둘러싼 양극적 갈등이 지배적 균열이 되었는가?

1945년 해방을 맞이한 한국인 누구도 한반도에 두 개의 국가가 건설되리라는 것을 상상하지 못했고, 오스트리아 해방정국의 주요 정치세력 중 누구도 오스트리아 민족의 새로운 탄생과 통합된 단일국가 형성이 당연하고, 불가피한 결과일 것이라 낙관하지 못했다.[1] 한국과 오스트리아 해방정국 초기 국면에서 국가 형성의 다양한 경로 형성의 가능성은 열려 있었다. 그러나 특정한 시점, 특정한 사건, 특정한 행위자의 선택, 그리고 그 선택의 의도된, 혹은 의도하지 않는 결과가 낳은 역사적 우연성 속에서 다양한 경로 중 특정한 경로의 가능성은 닫히게 된다. 1945년 연합군 점령지역 국가들은 모두 해방정국을 맞이했지만, 그들의 해방정국이 모두 한국과 동일한 경로, 즉 두 개의 국가로의 분리라는 경로로 귀결된 것은 아니었다. 특히, 한국과 유사하게 분할점령을 통해 해방정국을 맞이한 오스트리아는 한국과는 대조적인 경로, 즉 단일한 국가로의 통합경로를 창출했다. 그러나 오스트리아 해방정국에서도 처음부터 단일한 통합국가 형성의 경로가 예정되었거나, 불가피했던 것은 아니었다. 왜 한국과 오스트리아는 분할점령이라는 전후 해방정국의 유사한 조건에서 각기 두 개의 국가로의 분리와 하나의 단일한 국가로의 통합이라는 상이한 국가 형성의 경로를 형성하게 되었는가?

2. 국가 형성에서 영토적 외적 경계의 공고화 문제: 분리 vs. 통합

우리가 해방정국을 국가 형성의 결정적 국면으로 인식하고, 한국과 오스트리아 해방정국에서 국가 형성의 상이한 경로를 분석하고자 한다면,

---

1) 2차 세계대전 동안 유럽의 전후 계획에 주도적인 역할을 했던 영국의 외무성이 작성한 "오스트리아의 미래"라는 제목의 문서에 따르면, 모스크바 선언이 발표되었던 1943년 10월 30일 이전 그해 봄까지도 전후 오스트리아의 미래에 관한 적어도 4가지 선택지가 영국 외무성에서 논의되었다고 한다. 독일과 오스트리아를 통합하는 방안, 오스트리아를 남부 독일연합으로 귀속시키는 방안, 오스트리아를 자유 독립 국가로 전환하는 방안, 그리고 마지막으로 중부 및 동부유럽의 연방에 오스트리아를 포함하는 방안 등이 고려되었다고 한다. 이 네 가지 선택지에서 결과적으로 세 번째 방안이 결정된 것에는 독일문제와 전후 소련의 동유럽 세력권에 대한 고려가 큰 영향을 미쳤다. 이 점에 대해서는 Stourzh and Mueller(2018), p.1을 참조할 것.

국가 형성의 상이한 경로를 구별할 수 있는 분석적 준거에 대한 이론적 논의가 전제되어야 할 것이다. 이때 비교의 관점에서 근대 국가 형성에서 유럽 국가들의 다양성을 분석했던 로칸(Stein Rokkan)의 정치 사회학적 모델은 우리에게 의미 있는 통찰을 제공해 줄 수 있다. 근대 국가형성에 관한 로칸의 모델에 따르면, 근대 국가 형성 과정에서 다른 무엇보다 선차적으로 중요한 것은 영토의 외적 경계의 공고화 문제이다(Rokkan 1974, 44; Bartolini 2005, 13).

로칸은 국가 형성을 기본적으로 경계 형성(boundary building)의 관점에서 인식하고, 근대 국가를 문화적 경계, 경제적 경계, 정치 행정적 경계, 강제력과 자원 수취의 경계라는 개인과 집단이 형성하는 공동체의 다양한 기능적(functional) 경계가 특정한 영토적(territorial) 경계에서 "중첩"(overlapping)되는 정치공동체 유형으로 본다(Bartolini 2005, 17-19). 이처럼 다양한 기능적 경계들의 영토적 중첩을 심화시키는 것이 곧 영토적 외적 경계의 공고화이다. 이 공고화 과정은 국가의 특정한 영토적 경계, 즉 국경을 준거로 개별 행위자의 출입(exit/entry)을 통제하는 권위를 행사할 수 있는 '영토적 중심 형성'으로부터 시작된다.

그런데 근대 국가 형성에서 영토적 중심 형성은 단순히 국경에 대한 통제력 확립이라는 법률, 행정적 의미만을 갖는 것이 아니라, 특정한 "영토적 경계 안에서 영구적으로 거주하는 개인 전체"로 정의될 수 있는 국민이라는 집합적 주체로서 '우리'의 형성이라는 정치적 의미를 갖는다(Kymlicka 2002, 262). 즉 로칸의 모델에서 국가의 영토적 경계는 단순히 물리적 경계가 아니라, 곧 집합적 정체성의 경계라는 것을 전제하고 있다는 것이다. 근대 국가는 특정한 영토적 경계 안에 영구적으로 거주하는 개인들의 계급과 직업에 상관없이 모든 개인의 존엄성을 인정함으로써, 특정한 종교와 신념, 공유된 삶의 방식이라는 두꺼운 정체성(thick identities)을 요구하는 공동체주의의 한계를 넘어 영토적 경계를 집합적 정체성의 원천으로 하는 완전히 새로운 유형의 정치공동체이다.

문제는 영토적 중심을 확립하는 과정에서 불가피하게 직면하게 되는 중요한 갈등이 있다는 것이다. 그것은 우리의 경계를 어떻게 확정할 것인가를 둘러싼 갈등이다. 집합적 주체로서 우리의 경계를 '확장'할 것을 지향하는 개인과 집단이 있다면, 우리의 경계를 '축소'함으로써 진정한 우리의 형성이 가능하다고 믿는 개인과 집단도 있을 것이다. 전자의 지향을 통합의 지향이라고 부른다면, 후자의 지향은 분리의 지향이라 부를 수 있다. 김학노에 따르면, 우리 형성에서 분리와 통합은 "우리의 단위 설정 문제"이다(김학노 2023, 158). 분리는 우리의 외연을 축소하는 것, 달리 표현하면, 더 작은 우리, 즉 소아주의를 지향하는 것이라면, 통합은 우리의 외연을 확대하는 것, 더 큰 우리, 즉 대아주의를 지향하는 것으로 인식할 수 있다는 것이다.

그런데 분리와 통합의 구분에 관한 그의 논의는 왜 개인과 집단이 분리 혹은 통합을 지향하느냐는 질문, 즉 분리와 통합의 근원적 동기에 관해서는 명료한 논의를 제공하고 있지 않다. 그래서 이 쟁점에 대한 의미 있는 논의를 진전시키기 위해서는 분리와 통합의 구분을 앞에서 언급한 집합적 정체성의 두께(the thickness of collective identity)에 대한 킴리카의 논의와 연계시켜 숙고할 필요가 있다. 집합적 정체성의 두께라는 관점에서 보면, 분리는 두꺼운 정체성에 대한 지향, 태도, 행위를 말하며, 통합은 얇은 정체성에 대한 지향, 태도, 행위를 볼 수 있다. 즉, 정체성의 두께가 곧 집합적 주체의 외연의 범위를 결정한다는 것이다. 두꺼운 정체성을 지향하는 개인과 집단은 분리, 즉 우리의 외연을 축소할 것을 추구하고, 얇은 정체성을 지향하는 개인과 집단은 통합, 우리의 외연의 확장을 추구할 것이다.

이처럼 집합적 주체로서 우리의 경계 확장과 축소라는 통합과 분리의 지향이 얇은 정체성과 두꺼운 정체성에 대한 지향에 영향받는 것으로 해석할 수 있다면, 한국의 해방정국에서 두 개의 국가로의 분리는 한반도라는 오래된 영토적 경계를 원천으로 하는 얇은 정체성을 집합적 정체성의 원천으로 하여 근대 국민국가를 성취하고자 했던 통합의 지향이 좌절되고, 한반도라는 영토적 경계보다는 더 두꺼운 정체성(이념적 정체성)을 우리 정체성의 원천으로 삼고자 했던 분리의 지향이 실현된 것으로 볼 수 있을 것이다. 집합적 정체성의 원천으로서 한반도라는 영토적 경계가 과연 얇은 정체성으로 볼 수 있느냐는 의문이 한국인은 한반도라는 영토적 경계 속에서 오랜 세월 삶의 방식을 공유해왔다는 점에서 영토적 경계 자체가 두꺼운 정체성의 원천이 아니냐는 인식에서 제기될 수 있다.

그런데 킴리카가 말하는 정체성의 두꺼움과 얇음의 구분은 집합적 주체의 외연적 축소와 확장에 관한 것이다. 1945년 한국 해방정국의 우리 형성 과정에서 한반도라는 영토적 경계를 집합적 정체성의 원천으로 하고자 했던 지향이 우리, 집합적 주체의 외연적 확장을 추구하는 통합의 지향이었던 반면, 한반도라는 영토적 경계만으로 부족하다고 인식했던, 그래서 새롭게 이념적 정체성을 강조했던 지향이 곧 분리의 지향이었다. 물론, 집합적 주체의 외연적 축소와 확장은 절대적 개념이 아니고 상대적이다. 오랜 역사 속에서 공유했던 한반도라는 영토적 경계를 기준으로 했을 때, 그 기준의 지속을 추구하는 세력과 그 기준이 불충분하다고 생각하는 세력이 해방정국에서 충돌했다.

한편, 오스트리아 해방정국에서 단일 국가로의 통합은 나치독일에 의한 병합을 낳았던 독일 민족주의라는 인종적, 문화적 특성에 기반한, 오래된, 두꺼운 정체성을 포기하고, 전후 새롭게 확정된 오스트리아의 영토적 경계라는 얇은 정체성을 정치적 정당성과 집합적 정체성의 원천으로 하는 근대국가 형성 사례로서 볼 수 있다. 물론, 오스트리아 해방정국에서 영토적 경계라는 얇은 정체성에 대한 비판적 인식을 가진 정치세력들이 존재하지 않았던 것은 아니다. 전후 오스트리아 해방정국에서 오스트리아 공산당은 1945년 11월 25일 총선에서 패배한 이후, 1946년에 실제 오스트리아를 동서로 분리한 두 개의 국가 건설 구상을 고려한 바가 있다. 당시 오스트리아 공산당의 지도자, 코플니히(Johann Koplenig)는 소련 점령지역의 분리(secession)를 목적으로 소련당국이 소련점령 지역의 구독일 자산 접수와 경제적 통제력을 강화할 것을 촉구한 바 있으며, 더 나아가, 오스트리아 분리 문제를 1947년 10월 19일 헝가리와 유고슬라비아 공산당

지도부와 논의한 바도 있다(Mueller 2006, 72-73). 그러함에도 불구하고, 한국과 오스트리아의 중요한 차이는 한국과 달리, 오스트리아 해방정국에서 통합의 지향은 분리의 지향을 압도할 수 있었다는 것이다.

정리하자면, 해방정국의 근대국가 형성 과정에서 영토적 외적 경계의 공고화는 곧 종교, 이념, 인종, 지역, 언어, 계급 등 개별 행위자들이 정체성의 원천으로 삼았던 기존의 준거와는 다른, 영토적 경계라는, 얇은 정체성을 통해 그들을 새롭게 통합하는 과정이다. 이 과정에 저항하는, 즉 영토적 경계라는 얇은 정체성이 아닌, 종교, 이념, 인종, 지역, 언어, 계급 등 다양한 개별적인 정체성의 보존과 강화를 추구하는 개인과 집단은 분리의 행위와 상태를 추구하며, 바로 이것이 해방정국에서 표출되는 중요한 정치균열, 즉 통합과 분리의 정치균열이다.

3. 미소의 점령정책과 영토적 중심 형성의 문제

1945년 한국과 오스트리아 해방정국에서 국가 형성의 상이한 경로를 설명할 수 있는 결정적인 차이는 한국은 한반도라는 영토적 경계를 집합적 정체성의 원천으로 하여 한국인을 통합하는 영토적 외적 경계의 공고화 수준이 낮았던 반면, 오스트리아는 종교, 이념, 계급 등 집합적 정체성의 오래된 준거를 넘어, 전후 연합군 국가들의 국제적 합의인 1943년 10월의 모스크바 선언에 따라 대독일주의가 원천적으로 봉쇄되고 새롭게 확정된 오스트리아의 영토적 경계를 집합적 정체성의 새로운 원천으로 하여 통합의 효과를 발휘하는 외적 영토적 경계의 공고화 수준이 높았다는 데 있다.

한반도라는 영토적 경계가 오랜 역사에서 이미 확립되어 있었고, 해방정국의 한국인들 누구에 의해서도 부정되거나, 의구심의 대상이 되지 않았음에도 불구하고, 한국은 결과적으로 한반도라는 오랜 영토적 경계에 일치하는 단일 국가 형성을 성취하지 못했다. 반면, 1919년 오스트리아-헝가리제국의 해체 이후, 제1공화국 수립과 붕괴, 오스트리아 파시즘에 의한 연방국으로의 전환, 그리고 대독일주의에 의한 병합이라는 20세기 초 오스트리아의 역사는 곧 오스트리아 영토적 경계의 불확정성과 불확실성이 지배했던 역사였음에도 불구하고, 해방정국에서 오스트리아는 영토적 외적 경계의 공고화를 통해 통합국가를 성취했다. 왜 이 같은 역설이 발생했는가?

이 질문에 답하기 위해서 우리는 한국과 오스트리아 모두 공통으로 직면했던 분할점령이라는 외생적으로 발생한 전후의 국제적 맥락이 두 국가의 영토적 외적 경계의 공고화에 어떤 영향력을 미쳤는지에 주목할 필요가 있다. 독립된 주권 국가로서 역사 발전의 새로운 경로를 모색하는 것을 가능하게 했던, 외생적으로 발생한 결정적 사건이 곧 한국과 오스트리아 각각에서 일본과 독일의 강제 병합 상태의 종결이다. 일본과 독일에 의한 강제 병합 상태로부터의 해방은 곧 연합국에 의한 일본과 독일의 통치 지역 점령 정책으로 이루어졌다. 따라서 '점령을 통한 해방'이라는 점에서 누가 점령군이고 누가 해방군인가라는 식의 이분법적 인식과 논쟁은 한국과 오스트리아 해방정국에서 국가 형성의 상이한 경로를 분석하는 데 큰 의미가 없다. 더 중요한 논점은 연합국 점령의 특정한 방식이다.

분할점령은 단독 점령과 달리, 결정적 국면으로서 해방정국의 유동성을 강화한다. 물론, 단독 점령 상황에서도 점령지역의 정치 행위자들은 전체주의와 제국주의 발전이라는 기존 경로와는 완전히 단절적인 탈나치화 혹은 탈식민화라는 새로운 정치발전 경로로의 전환 기회가 제공된다. 그러나 단독 점령이라는 연합국 점령의 특정한 방식은 점령지역의 국내 정치 행위자들의 선호와 선택의 범위를 제약하고, 외생적으로 부과된 특정한 경로를 확정하는 경향이 강하다. 소련에 의해 단독 점령된 폴란드 사례와 미국에 의해 단독 점령된 일본 사례를 상기하면, 이 논점을 쉽게 이해할 수 있을 것이다. 전후 폴란드는 소련의 위성국가가 되었고, 일본은 미국의 동맹국이 되었다. 만약, 한국과 오스트리아가 미국 혹은 소련, 혹은 또 다른 연합국에 의해 단독 점령되었다면, 한국과 오스트리아 해방정국에서 국가 형성 과정과 결과는 우리가 익히 알고 있는 역사와는 현저히 달랐을 것이다. 이 점에서 한국과 오스트리아의 분할점령 상황은 단독 점령 사례를 통해서는 분석하기 어려운, 결정적 국면으로서 해방정국의 유동성과 역사적 우연성의 문제를 분석하기에 적합한 사례라고 할 수 있다.

해방정국의 유동성이 의미하는 바는 두 가지이다. 첫째, 분할점령하에 해방정국은 단독 점령 상황과는 달리, 미소 어느 국가도 상호 협력과 조정 없이 일방에 의한 전국적 통제력을 행사하는 것이 가능하지 않았다는 점에서 미소라는 국제정치 행위자와 국내 정치 행위자 사이의 비대칭적 권력관계가 부과하는 구조적 압력으로부터 국내 정치 행위자가 확보할 수 있는 상대적 자율성 정도가 유동적이었다고 볼 수 있다. 단, 국내 정치 행위자의 상대적 자율성의 정도에 영향을 미치는 중요한 변수는 그들 사이의 내적 통합의 정도일 것이다. 둘째, 분할점령 상황의 해방정국은 단독 점령과는 달리, 해방정국의 정치과정을 통해 건설될 신생독립국가의 정체성이 국제 행위자에 의해 일방적으로 확정되지 않을 수 있다. 이 점에서 새로운 국가 정체성의 실제 내용이 무엇이 될 것인가는 유동적일 수 있으며, 국내 행위자의 상대적 자율성과 선택의 문제가 고려될 수 있는 여지가 있다.

그런데, 중요한 것은 국내 행위자의 상대적 자율성과 새로운 국가 정체성 형성이라는 두 측면에서 해방정국을 열린 기회의 국면으로 볼 수 있지만, 기회가 현실이 되는 것은 전적으로 해방정국의 유동적 특성이 얼마나 지속되는가에 의존한다는 점이다. 해방정국의 유동성이 단기에 약화할 경우, 국내 행위자의 상대석 자율성도, 신생 국가의 새로운 정체성의 형성 가능성도 크게 위축될 가능성이 높다. 한국과 오스트리아의 분할점령 상태의 해방정국 비교를 통해 우리는 이 논점을 구체화할 수 있다.

1945년 2월 15일 얄타회담에서 오스트리아 4개국 분할점령 결정을 재확인한, 한 달 후인, 3월 16일에서 4월 15일까지 비엔나 탈환 작전을 전개하던 중, 4월 3일 오스트리아 제1공화국의 수상이자, 사민당 출신의 칼 레너(Karl Renner)와 접촉했던 소련 군대는 스탈린의 지시하에 소련의 비엔나 점령 직후인 4월 20일 레너에게 임시정부 수립을 준비하도록 요구했다.2) 레너는 4월 22일에 친나치세력을 제외하고, 오스트리아 사회당, 국민당 그리고 공산당을 중심으로 오스트리아 주요 정치세력들이 모두 참여하는 전국적인 임시정부 내각 구성과 만장일치에 의한 내각 운영 방식을 신속하게 결정한다(이호재 1999, 26-28). 1945년 7월 4일 런던에서 연합국은 국가별 오스트리아 점령지역을 확정하고, 오스트리아 제1통제협정을 체결한다. 그 직후 7월 9일 포츠담에서는 오스트리아 국제 공동관할지역 설정에 합의하고, 오스트리아 점령정책을 총괄하는 최고위급 기구로서 연합국 통제협의회(Allied Control Council)를 수립했다. 오스트리아 분할점령 주체인 미국-영국-프랑스-소련 중 소련을 제외한 나머지 3국이 비엔나에 실제 도착한 시점은 1945년 8월 23일 무렵이었다.

레너 임시정부는 미영프의 비엔나 도착 수개월 전에 이미 전국적 행정력을 확보했고, 임시정부에 대한 서방측 연합국 3국의 승인 문제가 오스트리아 해방정국에서 국내 정치 행위자의 상대적 자율성 정도를 결정하는 중요한 변수였다. 9월 4일 연합국이 오스트리아 남티롤 지역을 이탈리아에 할양할 것을 결정했지만, 국가의 영토적 사안에 대해 레너 임시정부는 어떤 영향력도 행사할 수 없었다는 사실은 당시 국제 행위자에 대한 레너 임시정부의 상대적 자율성이 제한적이었음을 잘 보여준다. 그러나 시간의 경과와 함께, 레너정부에 대한 서방측 연합국의 의구심이 완화되고, 오스트리아 국내 행위자의 상대적 자율성은 강화될 수 있었다.

이러한 변화가 가능했던 것은 레너 임시정부가 그 스스로 임시정부의 권력 확장을 추구하지 않았기 때문이다. 즉, 레너임시정부는 오스트리아

---

2) 칼 레너는 1918년에서 1920년까지 오스트리아 3당 연립내각의 수상직(the Federal Chancellor of the Republic of Austria)과 외무장관직을 동시에 수행했으며, 1931년에서 1933년까지 오스트리아 의회 의장직을 수행한 바 있다. 그는 1945년 12월 20일 공산당을 포함한 오스트리아 주요 3당 모두의 의회 양원 전원일치로 6년 임기 연방 대통령으로 선출되었다. 안병영, 『왜 오스트리아 모델인가: 협의와 상생, 융합과 재창조의 국가모델』(서울: 문학과 지성사, 2013). p.405.

제1공화국의 1920년 헌법을 계승하고, 신속한 총선거 시행을 통한 의회 구성 후 선출된 의회가 독립적 주권 국가로서 오스트리아 정식 정부를 구성하도록 법적, 제도적, 행정적 준비에 국한하여 임시정부의 권력 행사를 절제했다. 레너 임시정부는 국내 정치권력의 중심이 아직 형성되지 않은 해방정국의 특수성으로 인해 발생하는 국내 정치세력들 사이의 권력투쟁이 원심력의 정치로 구조화되지 않도록 세심하게 관리하는 일종의 "과도정부"(caretaker government)에 가까운 임무를 수행했다(Anzelmo 1968, 77).

  1945년 11월 25일의 총선거 후 오스트리아 국민당과 사회당은 연립정부를 구성하고 임시정부 시기를 종결했다. 11월 총선거 결과는 오스트리아 신생 정부의 상대적 자율성을 강화하는 데 결정적인 영향을 미쳤다. 11월 총선거 결과는 서방측 연합국들이 오스트리아 국내 정치세력들에 대해 가졌던 의구심을 완전히 해소하기에 충분했고, 5.4%에 불과한 낮은 득표율을 획득한 오스트리아 공산당의 정치적 입지를 위축시켰다. 이런 상황에서 오스트리아 공산당을 후원했던 소련은 총선거 전 11월 16일 영국에 의해 제안된 바 있었던 오스트리아 정식 정부의 통치권 강화와 경제 통일체 형성을 골자로 하는 오스트리아 통제협정 개정에 대해 더 이상 반대할 명분을 갖지 못하게 되었다.

  마침내 1946년 6월 28일 제2 통제협정이 체결된다. 이 협정체결로 이제 오스트리아 신생 독립 정부의 정책 자율성을 제약하고자 한다면, 연합국 모두의 만장일치가 필요해졌다. 이것은 곧 연합국 중 일국의 거부권 행사로는 오스트리아 신생 독립 정부의 입법과 정책을 저지하는 것이 더 이상 가능하지 않게 되었음을 의미한다(Stourzh and Mueller 2018, 33; 이호재 1999, 33). 제2 통제협정 체결 후 오스트리아 신생 독립 정부가 최우선으로 해결하고자 했던 문제는 크게 두 가지였다. 하나는 소련이 전후 전쟁배상금 징수 목적으로 400여 개 이상의 오스트리아 기업의 소유권을 오스트리아 내 소련 자산 관리국(USIA)으로 이전함으로써 발생한 심각한 경제위기 상황을 극복하고 국가 경제를 통합하는 것이었다. 다른 하나는 오스트리아의 완전한 주권을 회복하기 위해 연합국, 특히 소련과의 국가 조약(state treaty) 협상을 성공적으로 타결하는 것이었다. 이상과 같은 분할점령하에 오스트리아 해방정국의 동학에 대한 구체적인 이해를 통해 우리는 분할점령이 곧 두 개의 국가로의 분리로 귀결되는 직접적 인과적 효과가 있는 것이 아님을 확인할 수 있다. 분할점령이라는 조건에서도 오스트리아 신생 독립 정부는 상대적 자율성을 강화할 수 있었고, 오스트리아 민족주의라는 새로운 정체성을 형성할 수 있었다.

그렇다면, 분할점령 상항에서 한국의 해방정국은 어떠했는가? 한국과 오스트리아의 비교는 분할점령과 국가 형성의 경로라는 두 변수 사이의 인과성을 분석하기 위해서는 두 변수 사이를 매개하는 제3의 변수를 고려해야 한다는 것을 인지하게 한다. 오스트리아 분할점령은 오스트리아 분할통치를 낳지 않았다. 반면, 한국의 분할점령은 미소에 의한 한국의 분할통치를 낳았다. 즉, 오스트리아의 분할점령-공동통치와 한국의 분할점령-분할통치라는 차별성이 외적 영토적 경계의 공고화 문제에서 오스트리아와 한국의 해방정국에서 국가형성의 상이한 경로 형성에 결정적인 영향을 미쳤다고 볼 수 있다.

4개국 연합국에 의해 4개 지역으로 분할되어 점령되었지만, 오스트리아 해방정국에서 통치권까지 4개국이 분할했던 것은 아니었다. 오스트리아 점령통치의 최고 권위체인 연합국 통제이사회를 수립하고, 그 산하에 각 행정 부문별 집행위원회가 4개 점령지역을 전국적으로 총괄하여 통제력을 행사했다(이호재 1999, 31). 더 나아가 수도 비엔나 구도심은 국제공동통치 지역으로 설정하여, 4개국이 한 달씩 순회하며 공동 통치 지역의 관리를 책임지는 공동관리 시스템을 확립했다. 이 모든 분할점령 아래의 오스트리아 공동통치와 관련된 연합국 간 합의와 결정은 1945년 8월 23일 본격적인 4개국 연합국 점령이 시작되기 직전 시기인, 1945년 7월 4일 런던에서, 그리고 7월 9일 포츠담에서 모두 결정된 것이었다.

소련은 1945년 8월 23일에서야 비엔나에 도착한 미국, 영국, 프랑스 서방측 연합국보다 수개월 일찍 4월 13일 비엔나를 점령했고, 다른 3국과 사전협의 없이 레너 임시정부 구성을 일방적으로 주도했지만, 7월 런던과 포츠담에서 합의된 결정을 번복하거나, 자국의 점령지역에서 배타적 통치권을 행사하기 위해 점령지역을 전면 봉쇄하지는 않았다. 물론, 예외적인 사안이 있었다. 소련의 점령 정책 중 가장 중요한 정책은 전쟁배상 문제였는데, 그것을 위해서는 매우 배타적인 통제권을 행사했기 때문에 독일에서 베를린 봉쇄를 경험한 1948년 이후 시기에는 서방측 연합국도 오스트리아 소련 점령지에서 봉쇄 가능성을 실제 우려하기도 했다. 그러나 그 시기에는 이미 오스트리아 신생 독립 정부가 소련의 점령지역 봉쇄를 거부할 수 있을 만큼 충분히 상대적 자율성이 강화된 상태였다.

오스트리아와 비교했을 때, 한국의 분할점령이 준비되지 않은 상태로 시작되었다는 점은 명확한데, 그 이유는 단순하다. 한반도 미소 분할점령은 애초에 계획된 것이 아니었기 때문이다. 한국의 미소 분할점령은 1945년 7월 런던 외상 회담에서도 그리고 포츠담 회담에서도 구체적으로 논의되고, 합의된 바가 없다. 1945년 7월 24일 포츠담 회담 중 미국과 소련이 동아시아 작전구역 분할논의를 했지만, 이때도 정확하게 한반도 분할점령을 논의한 것은 아니었다. 다만 7월 24일 미소 사이에 소련군의 군사 작전상 현재의 함경북도 명천군 무수단까지 남하 후 서쪽으로 경로를 전환하는 것에 대한 논의는 있었지만, 그 시점까지 소련군의 한반도 상륙 후 점령 구상은 아직 존재하지 않았다(전현수 1995, 346).[3] 바로 이 점에서

---

[3] 1953년 작성 당시에는 미국 연방 문서보관소 기밀 문서로 분류되었다 해제된, 미국 국방성 전사편찬실의 폴 맥그래드(Paul C. McGrath)에 의해 작성된 <미국의 한반도 분할 결정에 관한 보고서>와 이완범(2013, 240-246)의 연구, 『한반도 분할의 역사: 임진왜란에서 6.25전쟁까지』에 따르면, 1945년 7월 24일 시작된 3국 군사 회담에서 소련 측이 미국에 한반도 해안에서 합동작전을 예정하고 있는지를 물었고, 이에 대해 미국은 계획된 바 없다고 답변했다. 당시, 미국의 마샬 참모총장은 한반도에서의 "수륙양용작전을 생각하지 못했고, 특히, 가까운 미래에는 없을 것"이라고 답했다고 한다. 이에 소련 측 대표 수석 안티노프(Aleksei Innokentevich Antonov) 장군은 자신들의 1차 공격목표가 만주 관동군이며 남사할린이 2차 공격 목표임을 확인시켜 주었지만, 한반도에 대한 언급은 하지 않았다. 이 사실 관련 1차 문서자료는 1945년 7월 24일 오후 2시 30분에 개시된 3국 군사 회담 관련 1차 문서자료,

전후 미소 갈등과 1945년 8월의 한반도 분할점령을 직접적 인과관계로 연결하는 논리는 실제 사실에 부합하지 않는다. 오히려 우리가 세밀히 추적해야 할, 풀리지 않는 퍼즐은 원래 계획되지 않았던 소련의 한반도 점령이 왜 실제 발생했는가이다.

4. 일본 문제의 일부로서 한국 문제: 한반도 분할점령과 38선 봉쇄의 국제적 맥락

이 퍼즐을 풀기 위해서는 미소가 38선 분할점령에 합의했던 1945년 8월 16일 전후 시점의 역사적 사실을 재구성해야 한다. 1945년 8월 10일 일본이 항복 의사를 미국에 타진한 후, 미국은 8월 11일 새벽 2시 해리만 대사를 통해 몰로토프 소련 외무장관에게 일본 항복을 접수할 최고사령관으로써 맥아더를 임명할 것을 제안했다. 이 시점은 소련군이 아직 한반도에 진입하지 않았던 시점이었다. 미국의 이 제안에 대해 몰로토프는 수용하면서 동시에 소련 극동군 총사령관인 바실레프스키 원수를 일본 항복 접수 공동 총사령관으로 임명할 것과 홋카이도 북부 소련점령을 제안했지만, 미국은 소련의 두 제안 모두를 거부했다(기광서 2014, 43). 그 직후인 8월 12일 소련 태평양함대의 나진과 웅기 상륙작전이 전개되었다. 원래 계획되어 있지 않았던 소련의 한반도 병력 투입이 시작된 것이다. 8월 13

"Tripartite Military Meeting, Tuesday, July 24, 1945, 2:30 p.m." *FRUS*, Berlin, 1945, vol. II, pp. 351-352를 참조할 것. 그 이틀 후인 1945년 7월 26일에 미소 간 한국, 만주, 동해를 중심으로 작전 지역 분할에 관한 논의가 있었다고 한다. 그러나 이때의 분할논의는 38선 분할과는 무관한 해·공·잠수함 작전 분계선 수정만이 논의 되었다고 한다. 이 점은 미국 연방 문서보관소 /신복룡·김원덕 역(2023), 『한국분단보고서 2』, 73쪽과 "Meeting of the United States and Soviet Chiefs of Staff, Thursday, July 26, 1945, 3 p.m.," *FRUS*, Berlin, 1945, vol. II, p. 410을 참조한 것이다.

일 소련의 태평양함대 1개 중대의 병력이 청진에 상륙한다. 8월 15일 미국은 38선을 경계로 하는 미소 양군 분할점령을 규정한 일반명령 제1호 초안을 스탈린에게 제안하고, 스탈린은 8월 17일 다시 한번 일본 홋카이도 북부를 소련 점령지역에 포함할 것을 요구했지만, 미국의 트루먼은 재차 소련의 요구를 거부했다(신복룡·김원덕 역, 『한국분단보고서 2』, 92).[4] 8월 16일 당시까지도 소련이 언급한 자국의 점령지역에서 한반도에 관한 내용은 아직 없었다(전현수 1999, 349). 그러나 소련은 8월 16일 이후, 21일 원산, 24일에는 평양에 진입했고, 25일 38선을 봉쇄했다.

이 같은 사실을 토대로 했을 때, 분명한 것은 한반도 분할점령이 미소에 의해 사전에 계획된 것이라기보다는 일본의 항복이 임박했음을 인지했던 8월 10일 이후 일본 점령 문제에 관한 미소의 연쇄적인 상호작용 속에서 특정한 시점에 전격적으로 단행되었고, 소련은 미국과의 일본 공동 점령에 대한 분명한 의사를 거듭 표명했지만, 미국이 거부했고, 그 직후 소련의 한반도 점령이 개시되었다는 점이다. 미소가 공히 중요하게 생각했던 사안은 한반도 분할점령 자체라기보다는 일본의 점령 정책이었다. 소련은 일본 점령에 미국과 함께 참여하기를 강력히 원했고, 미국은 일관되게 반대하였다. 일본 본토 탈환을 위해 오키나와 전투에서 마지막 공세를 벌이는 중 8월 10일 일본의 무조건 항복 의사를 전달받은 미국이 8월 8일 대일 선전 포고 후 만주와 한반도 북부를 통해 남하하던 소련의 한반도

---

[4] 스탈린은 트루먼 대통령이 보낸 일반명령 1호를 수용한 직후, 8월 17일 마닐라에 있는 맥아더 연합군사령부의 소련군 대표 데레비안코장군(Kuz´ma Derevianko)에게 쿠릴 전체와 홋카이도 북부 점령, 그리고 동경에 소련군 주둔을 위한 점령 구역 요구를 지시했다. 1945년 6월 26일-27일 소련 정치국에서 홋카이도 이슈가 논의되었을 때까지도 스탈린은 그 문제에 확고한 의지를 가지지 않았다고 한다. 그러나 8월16일 트루먼에게 보낼 답신을 작성하기 직전 극동 소련군 총사령관인 바실레프스키(Aleksandr Vasilevskii)에게 쿠릴 남부와 홋카이도 작전 수행명령을 내렸다. 스탈린이 홋카이도를 요구한 것이 외교 협상용이 아니었고, 매우 심각하게 이 문제를 고려하고 있었다는 것이다. 이 점에 대해서는 Hasegawa(2011), "Soviet policy toward Japan during World War II," p.15를 참조할 것.

단독 점령을 저지하기 위해 8월 16일 서둘러 38선 분할점령을 소련에 제안했다(신복룡·김원덕 역, 『한국분단보고서 2』, 85-86; 박다정 2023). 소련이 뜻밖에도 미국의 제안을 수용했고, 그 결과로써 한국이 분할점령은 확정된다. 1945년 8월 16일 38선 분할점령에 관한 미국의 제안을 소련이 수용했지만, 이 시점에는 이미 미국과 소련 사이에는 일본 점령 정책을 둘러싼 미묘한 갈등이 존재했던 상태였다.

사태의 진실에 다가가기 위해서는 1945년 7월 이전 시기인 4월, 미국의 FDR이 사망하기 직전인 4월 1일, 루즈벨트가 스탈린에게 서한을 보내, 폴란드의 루블린 임시정부를 정식 정부로 만들려는 스탈린의 대폴란드정책에 대해 강한 비판을 했고, 이에 대해 스탈린이 4월 7일 보낸 답신에서 폴란드를 포함한 동유럽에서 소련의 권리를 인정할 것을 요구했다는 사실을 상기하는 것이 필요하다(김진웅 2010). 즉, 포츠담 선언이 있기 수 개월 전부터 미국과 소련 사이에는 동유럽 문제를 둘러싼 갈등이 있었다. 7월 포츠담에서 일본의 무조건 항복과 전후 처리 원칙을 분명히 하고 포츠담 선언 제7항에 연합국에 의한 일본 영토의 점령과 관리가 언급되긴 했지만, 점령 구역 분할과 종전 후 공동통치 기구로서 공동 통제위원회를 명시했던 독일 경우와 달리, 일본의 연합국 공동 점령이 구체적으로 합의되고, 명시된 바는 없었다. 따라서 미국과 소련 사이에 일본 문제를 둘러싼 미묘한 갈등이 발생한 시점은 1945년 7월 이후, 즉 8월 10일 일본이 항복 의사를 미국에 타진하고 미국이 8월 11일 새벽 해리먼 대사를 통해 몰로토프 외무장관에게 일본 항복을 접수할 최고사령관으로 맥아더를 임명할 것을 제안하고, 8월 14일에 맥아더를 최고사령관에 일방적으로 임명한 시점 이후라 볼 수 있다.

일본의 공동 점령에 대한 소련의 강한 집념은 미국의 단독 점령이 기정사실화되었던 1945년 9월 초순까지도 소련이 일본 점령 정책에 참여하고자 하는 뜻을 포기하지 않았다는 사실을 통해 확인할 수 있다. 1945년 9월로 기록된 소련 외무성 문서고에서 발견된 문서에 따르면, 북한을 점령하고 38선 봉쇄를 단행했던 직후인 1945년 9월 5일 소련 외무성 미국 국장

차라프킨(S.K.Tsarapkin)은 당시 9월 11부터 10월 2일까지 진행되었던 런던 외상 회의에서 논의하기 위한 "대일본 통제 메커니즘에 관한 협약안"을 준비했다.5) 그러나 런던 외상 회의에서도 다시 한번 미국은 소련의 일본 점령 정책에의 참여 요청을 거부했다. 일본 점령에 미국과 공동으로 참여하기를 원했던 소련의 요구가 계속 거부되는 상황에서 소련은 일본 공동점령의 대안으로서 자국이 점령한 한반도 북부에 배타적인 영향력을 행사하고자 하는 의도를 가졌다는 추론은 가능하다. 지금까지의 논의를 통해 우리는 일본 점령 정책을 둘러싼 미소의 갈등이 한반도 분할점령이 분할통치로 연결되는 중요한 맥락적 요인으로 작용했음을 확인할 수 있다.

분할점령 후 분할통치는 전국적 중앙통치 기구 수립의 실패를 의미한다. 그러나 이 실패가 분할점령이라는 조건의 불가피한 결과는 아니라는 것을 우리는 오스트리아 분할점령-공동통치와의 분석적 대조를 통해 확인했다. 이와 같이 동태적인 역사적 사실의 진행을 미국 혹은 소련이라는 행위자의 고정된 국가이익과 선호와 그 두 국가의 갈등 관계의 구조, 즉 냉전 구조의 산물이라는 정태적 관점에서 일관되게 설명하고자 하는 것은 역사적 사실에 대한 해석 이전에, 일차적으로 있는 그대로의 역사를 이해하고자 하는 사람들에게 큰 감흥을 주지 않는다. 우리는 역사적 인과성과

---

5) 소련 측이 준비한 협약 초안에 따르면, "제1조 대일본 처리의 정치경제적 원칙 제1항에 따라 소련, 미국, 대영제국과 북아일랜드, 중화민국 정부 대표들로 구성된 대일본 연합국 통제위원회를 창설한다. 제2조 과거 일본의 위임통치하에 있던 섬들인 마셜제도, 캐롤라인제도, 마리아나제도, 그리고 류큐제도, 오가사화라제도, 스시만섬에 대한 통제 시행 질서는 4대국 정부 간 협정에 따라 정해질 것이다. 제3조 통제위원회의 기능에는 다음이 들어갈 것이다. 1. 일본의 통제와 관련된 주요 군사, 정치, 경제, 기타 문제에 대한 계획 작성 및 합의된 결정 달성, 2. 통제위원회의 요구 시행에 책임을 지는 일본의 모든 고위 정권 기관의 행동 통제…" 등의 내용이 포함되어 있다. "외상 회의 소련대표단의 제안. 일본에서의 연합국 통제기구에 관하여"라는 제목의 소련 측 협약안 초안은 V. M. 몰로토프가 1945년 9월 24일 런던 외상 회의 제18차 회의에서 번스, 베빈, 왕쉬제, 비도에게 제출했다, АВПР, ф. 0431, оп. 1, п. 8, д. 52, л. 70-71, 이 문서에 대한 해제와 번역문은 조선대학교 동북아연구소 『동북아워치』 제41호 (2024년 6월 18일), pp. 5-6.

역사적 우연성에 대한 균형적인 시각이 필요하다. 한국의 분할점령은 처음부터 예정된 것은 아니었다. 분할점령-분단이라는 논리적 서사의 연결고리를 느슨하게 하면, 우리는 비로소 분할점령이 가져온 예기치 않았던 해방정국의 유동성(fluidity)에 주목하게 된다.

오스트리아와 차별적인 한국 분할점령의 고유한 맥락은 1945년 9월 8일 미군이 서울 입성을 완료하여 미소에 의한 분할점령이 본격적으로 시작되기 2주 정도 앞선 시점인 8월 26일 소련군이 먼저 평양에 도착한 직후부터 한반도 북부의 영토적 봉쇄, 이른바 38선 봉쇄가 시작되었다는 점과 국내의 단일한 중심 형성을 위한 정치세력들의 시도가 다양한 세력들에 의해 분절적으로 이루어졌다는 점이다. 먼저, 소군정의 38선 봉쇄의 정치적 의미를 둘러싼 1945년 해방정국에서 한국 국내 정치세력들의 갈등과 그 갈등이 한국의 전국적 국내 중심 형성에 미친 영향을 논의하기에 앞서 38선 봉쇄와 관련된 객관적 사실 확인이 필요할 것이다. 소군정은 1945년 8월 24일과 26일에 걸쳐 서울과 원산을 잇는 경원선 철도 운행 중단, 남북 간 우편통신 업무 중지, 석탄 선적 금지 등 일련의 봉쇄 조치를 단행했다. 이 같은 봉쇄 조치에 따른 에너지와 물자 공급 단절이 초래한 38선 이남 지역의 경제적 혼란 상태를 완화하기 위한 미군정의 모든 협의 요청을 1945년 12월 16일 모스크바 3상회의가 개최되는 시점까지 거부했다(FRUS 1945, VI, 1059-60, 1066, 1071-73, 1107, 1143-44; Weathersby 1993, 13; 김재웅 2015, 21).

소군정의 38선 봉쇄 조치가 한반도 분할점령과 동시에 단행되었다는 점에서 1948년 베를린 봉쇄가 발생하기 전, 1945년 이후부터 적어도 수년 동안은 점령지역 간 봉쇄 조치가 취해진 바 없었던 독일과 분할점령 지역 간 봉쇄 조치가 아예 존재하지 않았던 오스트리아 분할점령 경험과 비교했을 때, 매우 특수한 상황이라 볼 수 있다. 이 같은 상황에 대해 미군정은 "마치 소군정은 38선을 미국과 소련의 국경선으로 생각하는 것 같다"라고 인식하며, 38선 봉쇄 조치에 대해 의구심을 가졌던 반면, 소군정은 "점령지역 북한의 에너지, 물자, 식량은 우리 극동군과 점령지역 주민을 위해 소비되는 것은 당연"하게 여겼다고 한다(김재웅 2015, 27; Weathersby 1993, 13).

1945년 이후 모든 소련의 점령지역에서 소련이 가장 우선시했던 정책, 즉 전쟁배상 정책의 하나로 소군정이 38선 봉쇄 조처를 했다는 추론은 가능하다. 즉, 한반도 38선 이북의 점령지역은 소련에게 일종의 전리품으로 여겨졌을 가능성이 높다는 것이다. 이 같은 추론이 가능하다면, 오스트리아 점령지역에서 소련자산관리국을 설립하고 오스트리아 기업을 독점 소유하며, 생산물을 소련으로 반출하고, 수익을 몰수하는 등의 소련의 경제적 봉쇄 조치와 한반도 분할점령 직후 38선 이북에서 단행했던 일련의 봉쇄 조치들이 크게 달라 보이지는 않는다. 그러나 중요한 문제는 오스트리아의 맥락에서 소련이 점령지역에서 취했던 일련의 경제적 봉쇄 조치들은 오스트리아의 영토적 경계를 재구성하는 영토적 봉쇄의 효과와 이를 둘러싼 오스트리아 국내 정치세력들의 정치적 균열을 격화시키지 않았던 반면, 한국의 맥락에서 소련의 38선 봉쇄 조치는 이 조치의 정치적 의미와 결과를 둘러싼 국내 정치세력들의 심각한 갈등을 불러일으켰다는 것이다.

1945년 8월 25일 38선 봉쇄 조치를 단행한 그 시점, 혹은 그 이전 시점에 이미 소련은 한반도 북부에 친소 단독정부 수립을 계획했다고 단정하기는 어렵다.6) 38선 봉쇄에 관한 소련의 진정한 동기가 무엇인지에 대한 분

---

6) 북한 점령 후 소련의 북한에 대한 분명한 정치 계획(단독정부 수립구상)이 언제 확정되었는지에 대해서는 두 가지 주장이 있다. 널리 알려진 주장은 스탈린의 지령이 있었던 1945년 9월 20일 스탈린의 비밀지령을 강조하는 것(이정식 2012, 35-50)이고, 또 다른 주장은 1945년 10월 17일 스탈린의 지령이 한반도 분단의 시작점이라고 주장하는 와다 하루키의 주장이다(와다 하루키 1999; 전현수 1995, 355). 1945년 10월 17일 지령은 소련의 외무성과 국방성 협의를 통해 평양에 북조선 임시 민정 자치위원회를 구성하고, 그 산하에 10개의 행정국을 설치하라는 내용을 담고 있다. 이완범(2007, 115-117)은 9월 20일 스탈린 지령을 북한 단독정부수립 지시로 해석하는 것은 확대해석일 수 있다고 본다. 다만, 스탈린 지령이 하달된 1945년 9월 20일의 시점이 바로 앞에서 언급했던 1945년 9월 12일에 시작된 런던 외상회의에서 일본 홋카이도 분할점령에 관한 소련의 제안이 미국과 영국에 의해 거부되어 9월 16일에는 이미 미소 관계가 교착상태에 빠져있던 상황이었음을 고려할

석은 여전히 명료하지 않다. 38선 봉쇄 조치의 시점에 이미 북한에 친소 단독정부 수립을 계획했기 때문인지,7) 오스트리아와 같은 전쟁배상정책 차원의 경제적 봉쇄 조치인지, 북한 점령 당시 진행 중이던 만주 대공세를 위한 후방 기지로서 북한의 필요성 때문인지, 후퇴하는 일본 관동군의 퇴로를 막기 위한 군사적 목적의 봉쇄인지 분명하지 않다. 아마도 이 모든 동기가 복합적으로 작용했을 수 있다. 그러나 분명한 것은 소군정의 38선 봉쇄 조치는 남한의 해방정국 초기 국면에서 국내 정치세력들 사이의 정치 균열 구조의 특성을 형성하는 데 큰 영향을 미쳤다는 것이다. 그 균열은 분할점령과 38선 봉쇄가 해방정국의 신생독립국가 형성 과정에서 외적 영토적 경계의 공고화에 미치는 부정적 영향, 즉 분할점령과 38선 봉쇄가 한반도를 영토적으로 분리하는 남북의 국경선으로 확정될 것을 두려워하는 국내 정치세력과 이와 반대로 분할점령과 38선 봉쇄를 국내 정치의 구조적 전환과 개혁을 통해 신생독립국가의 정체성을 명확히 규정할 기회로 적극 활용하고자 하는, 국내 정치세력 사이의 대립을 말한다(김재웅 2015). 우리는 이 정치균열을 해방정국에서 통합과 분리의 정치균열이라 부를 수 있다.

5. 독일문제의 일부로서 오스트리아 문제: 오스트리아 분할점령-공동통치의 국제적 맥락

분할점령-분할통치라는 전후 한국 점령 정책의 특성을 일본 문제에 대

때, 9월 20일 스탈린의 지령이 당시 미소의 고조된 갈등 상황과 무관하지 않음을 추론할 수는 있다.
7) 전후 동유럽에서 당시 스탈린과 깊은 친분을 가졌던 유고슬라비아 사회주의연방 부총리 밀로반 칠라스(Milovan Djilas)의 회고록에 의하면, 1945년 초 스탈린은 "어떤 지역을 점령하는 누구든지, 그 땅에 자신의 사회체제를 도입한다(whoever occupies a territory also imposes his own social system on it)"는 인식을 하고 있었다고 한다. Djilas(1962, 114).

한 미소 상호작용의 중요한 산물로서 볼 수 있다면, 연합국의 분할점령-공동통치라는 오스트리아 점령 정책의 특성은 전후 독일문제를 어떻게 해결할 것인가라는 문제와 긴밀히 연계되어 있었다고 볼 수 있다. 연합국의 분할점령-공동통치라는 오스트리아 점령 정책 자체가 곧 독일의 연합국 점령정책과 동일한 것이었다. 즉, 독일을 점령했던 동일한 방식으로 오스트리아를 점령했다. 1945년 8월 1일 포츠담 회의에서 독일과 오스트리아 4개국 분할점령이 결정되었고, 피점령지 관리 방식으로 결정된 것이 곧 연합국통제위원회(ACC: Allied Control Council) 설치에 의한 공동통치였다. 피점령지의 유일한 사법적 주권체로서 역할을 했던 연합국통제위원회의 가장 중요한 기능은 피점령지의 중앙행정권을 신속히 접수하고, 복구하는 것, 즉 분할점령이 각 점령 구역별 행정권 분할로 귀결되지 않도록 전국적인 수준의 통합행정부(a unified administration)를 수립하는 것이었다. 이 같은 점령 정책은 본질적으로 전후 독일을 해체하는 것을 통해 약화시키는 것이 목적이 아니라, 탈나치화하고, 민주화하여 독일을 전면적으로 개혁하는 것을 통해 재탄생시키고자 했던 독일문제의 전후 해법에 따른 것이었다.8) 따라서 독일과 동일한 점령 정책을 전후 오스트리아에 적용하고자 했다는 것은 곧 오스트리아 또한 독일과 같이 탈나치화, 민주화하여 새로운 오스트리아 국가를 탄생시키고자 했던 연합국의 오스트리아 문제 해법의 차원에서 이해할 수 있는 것이다.

1945년 전후 오스트리아 문제는 항상 독일문제의 일부였다(Bishop 1989, 14). 1943년 10월 30일 미국, 영국, 소련이 오스트리아를 나치 독일에 의해 희생된 최초의 자유 국가로 언명하며, 독일 지배로부터 해방을 약속했던 모스크바 선언에 최종 서명했을 때, 그것은 세 강대국이 전후

---

8) 전후 독일문제에 대한 소련의 정책에서 대전제는 독일의 약화였다. 전후 독일을 약화할 방법으로 소련이 1945년 8월 7일 포츠담 회담 이전 시기에 추구했던 것은 독일 해체였지만, 소련은 포츠담에서 미국, 영국과 함께 "단일화된 중앙행정 기구의 수립"에 합의하게 된다(권오중 2004, 219). 독일 해체를 포기하는 대신, 소련은 미국과의 협조하에 철저한 독일의 개혁과 독일인의 재교육, 즉 탈나치화의 길을 선택한 것이다.

독일문제 해법에 대한 일정한 합의에 도달했음을 의미하는 것이었다. 오스트리아 문제에 관한 연합국들의 논의는 1943년 봄 영국이 제시했던 오스트리아 문제에 대한 2단계 해법, 즉 자유 독립국으로서 오스트리아의 재건 후 중부 혹은 남동부 유럽의 준 연방적 질서로 오스트리아를 포괄하는 두 단계의 해법에 소련이 명확히 반대 의사를 표출함으로써 진전을 이루었다.

1943년 6월 7일 자 영국 외무부에 보낸 서한을 통해 소련은 폴란드, 체코슬로바키아, 유고슬라비아, 그리스, 오스트리아, 헝가리로 구성되는 준연방체 창설에 동의할 수 없음을 밝혔다. 특히, 오스트리아와 헝가리가 그와 같은 준연방체에 포함되는 것에 강한 반대를 피력했다. 소련이 1941년 12월 이후부터 자유 독립 오스트리아 재건에 찬성한 것은[9] 그것이 명백히 독일의 약화라는 더 광범위한 목표의 실현에 효과적이라고 생각했기 때문이다. 하지만, 오스트리아를 중부 혹은 남동부 유럽의 준연방체에 포함시키려는 영국, 정확히는 처칠의 구상은 그 지역에서 증대하는 소련의 영향력을 저지하려는 목적을 반영하는 것임을 인지했기에 소련은 오스트리아 문제에 대한 영국의 두 단계 해법을 거부하고 오스트리아 문제를 전적으로 독일문제에 국한 시켰다(Bishof 1989, 15; Stourzh and Mueller 2018, 5).

더구나 이 시기 미국의 루즈벨트는 동유럽에서 소련의 영향력 증대에 대해 영국보다는 수용적이었는데, 그 주된 이유는 그가 친소적이었기 때문이라기보다는 당시 동유럽에서 증대하는 소련의 영향력을 미국과 영국이 저지하는 것이 사실상 가능하지 않다는 그의 현실적 인식 때문이었다. 이 같은 루즈벨트의 인식은 "어떤 경우에도 미국과 영국은 소련에 대항해 싸워서는 안 된다"하는 주장으로까지 이어졌다(Stourzh and Mueller

---

[9] 1941년 12월 스탈린은 영국의 외상 이든과 오스트리아에 관해 대화를 나누었다. 그들의 대화에서 스탈린은 독일 해체의 한 부분으로서 오스트리아의 독립을 지지하지만, 그 경우 오스트리아 국경은 1919년 국경이어야 한다고 주장했다. 스탈린과 이든의 대화에 대해서는 Bischof(1989, 16).

2018, 4). 비록 루즈벨트가 오스트리아 문제에 대한 영국의 해법에 소극적이었다고 해도, 오스트리아 독립에 대한 미국의 명료한 입장이 정리된 구체적인 시점은 미국 국무부 내 유럽 개별 국가의 안보 기술적 문제를 검토하는 특별위원회에서 오스트리아 문제가 논의되었던 1942년 12월 이후였다. 이 특별위원회에서 쟁점이 되었던 것이 바로 대독일주의(Anschluss) 문제였고, 오스트리아인들의 대독일주의에 대한 태도가 오스트리아 독립을 결정하는 중요한 판단 기준이 되어야 한다는 논의가 적극적으로 개진되었다(Bischof 1989, 23).

미국, 영국, 소련 사이에 독일문제의 일부로서 오스트리아 문제가 논의되었고, 그들의 합의된 해법으로서 오스트리아 독립이 1943년 10월 말에 최종 결정되었다면, 그 다음 쟁점은 전후 오스트리아 점령 정책일 것이다. 1945년 1월 29일 오스트리아 분할점령-공동통치가 결정되고, 이 결정은 2월의 얄타회담에서 재확인된다. 왜 1945년 1월에 그리고 분할점령-공동통치 방식으로 오스트리아 점령 정책이 결정되었는가를 이해하기 위해서는 다시 우리는 당시 독일문제에 대해 미.영.소가 어떤 논의 과정을 진행했고, 최종적으로 어떤 결론에 도달했는가를 확인해야 한다.

오스트리아 독립에 관한 모스크바 선언이 있었던 1943년 10월 모스크바 외상 회의에서 미.영.소는 독일문제를 사전에 조율하기 위한 기구로서 유럽자문위원회(EAC) 설치 필요성에 합의했다. 같은 해 11월 28일 테헤란회담에서 독일 분할점령에 대한 서로의 견해를 타진했지만, 독일 분할에 관한 분명한 합의에는 이르지 못했다. 해를 넘긴 1944년 1월에 이미 합의된 바 있던 유럽자문위원회가 설치되고, 7월과 11월 사이에, 유럽자문위원회에서 논의를 통해 미.영.소 3개국 분할과 베를린 공동 분할이 결정되었다.[10] 이 시기 유럽자문위원회를 통해 합의된 결정 중 특별히 주목

---

[10] 당시 프랑스는 1944년 3월 25일 드골 임시정부가 독일점령에 참여할 것을 요청했고, 프랑스의 요청은 11월 24일경 미.영.소에 의해 승인되어 프랑스가 포함된 4개국 점령이 결정된다. 따라서 1943년 11월 테헤란회담이 개최된 시점에서는 프랑스를 포함하지 않은 3개국 점령안이 논의되었다.

할 부분이 바로 1944년 11월 14일 "독일 통제기구에 관한 협정(Agreement on Control Machinery in Germany)"이다. 이 협정을 통해 전후 독일 점령지를 관리할 최고 중앙행정 기구로서 연합국 통제협의회(ACC: the Allied Control Council) 설치를 통한 분할점령-공동통치의 독일점령 방식이 확정된다. 다음 해 1945년 1월 말 독일점령 방식을 동일하게 적용한 오스트리아 점령 방식이 결정된 것이다.

비록, 독일과 동일한 방식의 점령 정책이 적용되었지만, 독일과 차별적인 오스트리아 점령 정책의 기본 목표가 점령 이전에 설정되어 있었다. 1945년 1월 1일자 오스트리아 점령 정책에 관한 미국 국무부 문서자료에 따르면, 독일과 차별적인, 오스트리아 점령 정책의 세 가지 중요한 정책목표가 명시되어 있다: 1. 군사적 조건과 국내 정치적 조건이 허용하는 한, 신속하게 지역 및 전국적 수준에서 자치정부 복구; 2. 유럽 재건의 관점에서 오스트리아 경제의 정상화; 3. 독립 오스트리아의 즉각적인 확립.[11] 이 같은 미국의 오스트리아 점령 정책의 기본 목표는 중부유럽의 안정이라는 관점에서 오스트리아의 "전략적 위치"가 갖는 중요성에 대한 일반적인 고려에서 설정된 것이며, 당시 미국이 오스트리아 혹은 중부 유럽에서 자국의 독자적 이익을 추구하기보다는 공동통치 방식을 통해 오스트리아 점령 정책에 참여함으로써 소련과 "동등한 목소리"를 내는 일에 더 관심을 가졌던 것으로 보인다.

1945년 1월 이후 독일과 오스트리아에서 자신의 점령지역을 요구하는 프랑스의 요구에 따라 연합군 4국 사이에 점령지 분할 협상을 중심으로 하는 오스트리아 점령 정책의 구체적인 사안들의 협상 과정에서 소련 영향력의 상대적 우위가 관철되었지만, 연합국들 사이의 협상은 비교적 협력적인 관계 속에서 진행되었다. 소련이 비엔나 분할 협상에서 비엔나의 경계를 강제합병 이전의 비엔나를 기준으로 삼을 것을 주장했고, 그 주장

---

11) Memorandum by the Department of State, "Treatment of Austria-Summary" [Washington, January 1, 1945.], Foreign Relations of the United States: Diplomatic Papers, 1945, European Advisory Commission, Austria, Germany, Volume III.

이 관철된 후에는 비엔나 중심구인 인네르 슈타트를 소련 점령지에 포함하고자 했던 본래 입장을 양보하며 인네르 슈타트를 국제 공동구역으로 설정하자는 영국의 제안을 전격 수용했던 사실은 당시 연합국들 사이의 협력적 분위기를 반영하는 중요한 예시가 될 수 있을 것이다.

그런데 여기서 우리가 특별히 주목할 부분이 있다. 비엔나 중심구에 국제공동구역을 설치하는 것을 수용했던 소련의 양보가 전후 오스트리아 해방정국의 국가 형성 과정에서 결정적인, 그러나 누구도 미리 의도하지 않았던 결과를 낳았다는 점이다. 비엔나의 국제 공동구역 설정은 독일 베를린 점령 정책에는 없는 조치였는데, 이 조치는 분할점령 상태에서 연합국 공동통치가 실제 작동할 수 있게 만드는 중요한 환경을 조성했을 뿐 아니라, 오스트리아 국내 정치세력들이 국제 행위자인 점령 당국과의 관계에서 상대적 자율성을 강화하여, 독일과 동일한 방식으로 점령 정책이 적용되었음에도, 오스트리아 해방정국의 국가 형성이 독일과 동일한 경로, 즉 두 개의 국가로 분리라는 경로로 귀결되는 것을 저지하는 데 결정적인 영향을 미쳤다(Stourzh and Mueller 2018, 13).

이처럼 연합국들의 협력적 관계로부터 시작된 오스트리아 점령 정책이 갈등 국면으로 전환되기 시작한 것은 언제부터인가? 1945년 4월 비엔나에 먼저 진입한 소련이 서방측 연합국들의 점령 전 사전 정찰을 허용하지 않고 지연시킴으로써 소련에 대한 불만이 점차 고조되었지만, 1945년 7월 4일 유럽자문회의에 의해 최종적으로 오스트리아 점령계획이 확정되는 시점까지 서방측 연합국들은 소련에 의해 일방적으로 진행되고 있었던 오스트리아 임시정부 구성 시도를 저지하려는 적극적인 시도를 하지는 않았다. 서방측 연합국들은 오스트리아 임시정부 구성 문제에 대해 사실 깊은 관심을 갖지 않았으며, 소련의 후원하에 구성된 레너 임시정부가 전국적 장악력을 신속하게 확보할 수 있을 것이라는 가능성에 대해서도 과소평가했던 측면이 있다.

그러나 무엇보다도 서방측 연합국들은 적어도 베를린 선언으로 독일의 패전과 최고 통치권을 접수하여 독일점령을 완료했던 1945년 6월 5일까지도 오스트리아 문제에 대해 깊은 관심을 기울이지 않았다. 독일점령이 완료되고, 7월 4일과 9일에 걸쳐 포츠담에서 오스트리아 연합국 통제기구에 대한 협정(제1 통제 협정)이 완료된 후 8월 23일 서방측 연합국 사령부가 마침내 비엔나 진입을 완료한다. 그 후 시점에서도 오스트리아 점령 정책에서 서방측 연합국들, 특히 미국과 소련 사이의 갈등은 표출되지 않았고, 오히려 10월 20일에 레너 임시정부가 연합국 4국의 승인을 모두 획득하고, 11월 총선거 시행이 예정됨에 따라 오스트리아 점령 정책은 연합국의 완벽한 통제 속에서 질서정연하게 수행되고 있는 것처럼 보였다.

1945년 11월 총선거 시행으로 오스트리아 정식 정부가 수립된 후, 연합국의 오스트리아 점령 정책은 오스트리아에 국제법적 지위를 어떻게 부여할 것인가를 둘러싼 연합국들 사이의 논쟁이라는 새로운 국면으로 접어든다. 정식 정부의 수립과 함께 오스트리아 제1 통제협정의 개정이 필요하다는 영국의 선제적 제안이 있었고, 동시에 1946년 1월 18일에는 이제 4개국 점령을 종결하고 오스트리아를 독립된 주권국으로 전환하는 "오스트리아 독립을 재확립하는 조약(the Treaty for the Re-establishment of Austrian Independence)"이 필요하다는 미국의 압력이 있었다. 이에 대한 소련의 대응은 다소 모호한 것이었는데, 오스트리아는 2차대전에서 하나의 국가로서 전쟁에 참여한 것은 아니지만, 독일의 부분이었다는 점에서 다른 해방된 국가들과 달리 특별한 위치에 있다는 것이다. 패전국도 아니지만, 그렇다고 승전국의 완전한 일원이 될 수도 없으며, 단지 분명한 것은 독일문제의 일부라는 것이다.

이에 반해 미국은 오스트리아를 패전국이 아니라, 해방된 국가로 인정해야 한다는 태도를 분명히 밝히며, 1946년 2월 12일 미국의 국무장관 번스(James Byrnes)는 오스트리아국가조약 협상을 제안한다. 중요한 점은 미국의 이와 같은 제안이 중부유럽, 특히 헝가리와 루마니아에서 소련군 주둔을 종결하고자 하는 미국의 의지 표명과 무관하지 않다는 것이다 (Muller 2006, 74). 달리 말하자면, 오스트리아의 국제법적 지위에 관한 미국과 소련의 갈등이 본격화되는 시점이 독일을 포함하는 동유럽에서 소련의 영향력 확대에 대한 미국의 의구심이 증대하는 시점과 대체로 일치한다는 것이다. 그 시점이 1946년 2월 경이었다. 왜 1946년 2월인가?

독일점령 정책에서 미국과 소련의 갈등을 초래한 근원적인 사안은 전국적인 통합행정 기구 설립과 단일경제 수립이었다. 1945년 6월 5일 베를린 선언 시점부터 미국과 영국은 독일의 전국적 중앙행정 기구 설치를 추진했지만, 프랑스의 적극적 반대와 프랑스 입장에 대한 소련의 동조로 지지부진했다. 결국 1945년 9월 23일에 이르러서 미국은 소련의 협력을 기대할 수 없는 상황에서 미국 독자적인 행보의 필요성을 인식했고, 미국의 독일 점령군 사령관 클레이(Lucius Clay)는 전국적 중앙기구 설립이 지연된다면 미국 점령지역에서라도 그 대안을 모색해야 함을 주장하며 당시 독일 연합국 통제위원회 프랑스 정부 대표 퀼츠(Louis Koeltz)를 압박하기도 했다. 한편, 독일의 국내 정치에서는 1945년 10월 이후 동독 지역 사민당과의 통합을 추진하고 있던 동독 공산당이 오스트리아와 헝가리의 선거에서 공산당이 패배한 이후 사민당에 대한 합당 압박을 강화했고, 이에 맞서 사민당의 지역적 분리를 거부하며 전국적 정당을 고수하는 사민당은 동독 지역 사민당 해체라는 강수를 두며 저항하는 일련의 국내 정치적 갈등이 지속되고 있었다.

독일 국내 정치 상황의 악화와 더불어 미국이 더 이상 지체할 필요 없이 독일 재건을 위한 미국 주도의 독자적 행보에 나설 것을 결단하게 된 결정적인 사건이 1946년 2월에 발생한다. 그것이 곧 자본주의적 제국주의와의 전쟁의 불가피성을 역설했던 스탈린의 1946년 2월 9일 연설이었다. 바로 이 시점이 미국이 오스트리아 국가조약 협상을 제안하고, 헝가리와 루마니아에서 소련군의 철수를 주장했던 시점과 맞물려 있다. 오스트리아 국가조약 체결은 곧 오스트리아에서 점령군 철수를 의미하는 것이며, 동시에 동유럽에서 소련군 주둔의 정당성이 약화하는 것을 의미한다. 스탈린 연설에 대한 서방측의 우려가 3월 5일 영국 처칠의 미국의 대소련 봉쇄정책을 촉구하는 철의 장막 연설로 표출되고 4월 25일에서 7월 12일까지 파리에서 열린 연합국 외무장관 회담에서 독일문제 해결을 위해 독일과 연합국 간 평화협정을 체결하자는 미국의 제안에 대해 소련이 독일 정부 수립 후 평화조약 체결로 응수함으로써, 서방측 연합국은 동독 지역에 이미 친소적 독일사회주의통일당이 창당된 독일 국내 상황에서 소련이 실제 원하는 것은 친소적 독일 정부 수립이라는 것을 분명히 인식하게 된다(김학성 1999, 261-2). 1946년 5월 1일 미국은 연합국 통제이사회에서 독일경제 단일화를 위한 전국적 중앙행정 기구 설치를 제안했고, 5월 26일에는 미국 점령지역과 다른 서방 연합국 점령지역과의 경제통합 구상을 발표했다(백경남 1999, 192).[12] 그 후 1946년 9월 6일 서방측 연합국들이 독일의 전국적 경제통합체 수립을 선언함으로써 독일에서 미소의 대립은 격화되어 그 후 1948년 6월 베를린 봉쇄까지 독일에서 진행된 파국적 사태의 전개 과정은 우리가 익히 아는 것이다.

다시 오스트리아 해방정국으로 돌아와서 독일에서 미소의 대립이 격화되었던 바로 그 시기의 오스트리아 상황을 재구성하는 것을 통해 우리는 왜 독일과 동일한 방식의 점령 정책이 적용되었음에도, 오스트리아는 독일과는 다른 경로로 발전했느냐는 질문에 대한 의미 있는 답을 찾을 수 있을 것이다. 1945년 10월 20일 레너 임시정부는 총선거 시행에 대한 소련 및 서방측 연합국들의 허가를 받았다. 1945년 11월 25일 실시된 총선거에서 오스트리아 공산당이 참패하고[13], 국민당(기사당의 후신)과 사민

---

12) 당시 미국이 제안한 독일경제 단일화와 중앙행정 기구 설치 등은 1945년 12월 모스크바 3상회의에서 한국 문제를 논의할 때 미국 측이 제안했던 38선 봉쇄에 따른 남북의 영토적 분리로 발생한 여러 사회경제적 문제를 해결할 전국적 통합행정 기구 설치를 연상시킨다. 미국의 제안에 대해 소련은 임시정부 수립이 더 시급한 선결과제임을 강조했었고, 모스크바 3상회의 결정은 소련의 제안이 대부분 반영된 것이었다.

13) 오스트리아 총선 3주 전에 실시된 헝가리 총선거에서 헝가리 공산당은 16.9% 지지율을 획득했다. 헝가리 총선 후 오스트리아 공산당은 오스트리아 총선에 대한 예상을 묻는 스탈린에게 자신들은 25% 상당의 지지율을 획득할 수 있다고 답했다고 한다. 이 점을 고려한다면, 오스트리아 총선에서 공산당의 패배는 "예측하지 못한 패배"였다(Stourzh and Mueller 2018, 24). 오스트리아 총선 이후 소련은 동독의 공산당에게 "자유 총선을 통해 권력을 상실"하는 오스트리아와 같은 일(Austrian dag-

당이 승리했음에도, 그들은 공산당과의 연립정부를 구성하여 권력 공유를 지속했다. 이 같은 상황은 오스트리아가 정치적 내적 구조화, 즉 다양한 정치세력들의 정치적 대표 체제의 구조화에 성공했다고 판단할 수 있는 중요한 정황이다.

총선 이후 1946년 6월 28일 연합국 통제이사회는 오스트리아 정부의 입법정책이 일국의 거부로 저지되는 것을 사실상 불가능하게 만드는, 거부권 행사 시 4개 연합국의 만장일치를 요구되는 "reverse veto"를 핵심으로 오스트리아 통제협정을 개정하여 오스트리아 정부의 자율적 통치권 강화를 촉진했고, 점령지역 간 경계를 기준으로 통제되었던 경제행위에 대한 모든 제약을 해제하여, 마침내 오스트리아는 단일한 통합경제로 전환하게 된다(Stourzh and Mueller 2018, 33; 이호재 1999, 33). 만약, 제2 통제협정이 더 늦은 시기, 즉 미소가 독일문제로 갈등이 격화된 1946년 9월 이후 논의되었다면, 협정체결이 가능하지 않았을 것이라는 논리적 추론에 주목하면, 우리는 독일과 동일한 방식의 점령 정책이 적용된 오스트리아 해방정국의 상이한 동학을 이해하는 데 "타이밍"이라는 요인이 중요하다는 인식에 동의할 수 있다(이호재 1999, 52).

그런데 적절한 시기를 포착하여 제2 통제협정 체결이라는 성과를 얻기 위해서는 또 하나의 중요한 조건이 필요하다. 그것은 적절한 시기에, 적절한 의제를 추진할 수 있는 국내 행위자의 상대적 자율성의 문제이다. 11월 총선 후 오스트리아 정식 정부 수립과 함께 1945년 12월 20일 새로운 수상(chancellor)으로 임명된 피글(Leopold Figl)은 외무장관 그루버(Karl Gruber)와 함께 국가 조약(state treaty) 체결 문제를 국내외에 공론화했다. 국가 조약 체결 문제는 오스트리아의 국제법적 지위에 관한 문제로서 수상 피글은 오스트리아는 "해방된 국가"이기 때문에 평화조약(peace treaty)이 아니라 국가 조약(state treaty)을 체결해야 함을 분명히 하며, 평화조약이라는 표현 대신, 국가 조약이라고 표현할 것을 촉구하기도 했다

---

er)이 발생할 수 있음을 경고하며, 사민당과의 통합에 대한 압력을 증대시켰다고 한다(Stourzh and Mueller 2018, 24).

(Stourzh and Mueller 2018, 29).

　평화조약이라는 표현이 일반적으로 널리 사용되고 있던 당시 유럽 상황에서 오스트리아를 해방된 국가임을 역설하며, 평화조약과 국가 조약의 차별성을 강조했던 당시 오스트리아 정부의 궁극적인 목적은 연합국 점령의 조기 종식이었다. 이 같은 오스트리아 정부에 가장 적극적으로 응답했던 연합국은 미국과 영국이었고, 미국이 1946년 2월에 오스트리아 국가 조약 협상을 제안했던 것도 이 같은 맥락에서였다. 프랑스는 오스트리아의 최고통치권이 연합국에서 오스트리아 정부로 완전히 이전되기 위해서는 오스트리아의 완전한 탈나치화가 전제되어야 한다는 유보적 입장을 표명했다. 오스트리아의 국가 조약 체결에 대해 소련은 가장 적극적으로 반대했고, 오스트리아 국가조약 체결이 의미하는 것이 곧 오스트리아에서 소련군의 철수임을 정확히 인지하고 있었다. 오스트리아에서 소련군이 철수한다는 것은 헝가리와 루마니아에 소련군이 주둔하는 것의 명분이 사라진다는 것을 의미했기에 소련은 오스트리아 국가조약 체결을 지연시킬 수 있는 효과적인 대안이 필요했다(Stourzh and Mueller 2018, 31).

　앞에서 언급했듯이, 오스트리아 제2 통제협정은 연합국 점령군들이 오스트리아 내정에 개입하고자 한다면, 만장일치에 의한 찬성이 아니라, 만장일치에 따른 거부권 행사를 통해서만 가능하다는 점에서 연합국 점령군의 권위 행사는 제1 통제협정과 달리 구조적으로 제한된다. 당시 소련은 왜 오스트리아 통제협정 개정을 수용했을까? 1946년 4월 22일 소련의 외상 몰로토프가 서방측 연합국들에 보낸 서한에 따르면, 미국의 국가 조약 협상 제안을 거부하는 중요한 명분으로 소련이 오스트리아 정부의 권한을 확장하는 것에 동의했다고 한다. 즉, 오스트리아 제2 통제협정 체결이 오스트리아국가조약 협상을 지연시키기 위한 수단이었다는 것이다(Stourzh and Mueller 2018, 33). 이처럼 미국과 소련 사이에 독일과 동유럽 문제로 갈등이 심화하고 있는 상황의 한복판에서 오스트리아 정부는 총선거를 통한 정식 정부 수립 후 독립국이 건설을 위한 국가 조약이라는 자신의 정치적 의제를 분명히 했고, 그 의제를 둘러싼 연합국들 사이의 국제협상이 낳은 복합적 동학의 유동성을 활용하여 결과적으로 자신의 자율성을 강화할 수 있는 적극적 행위자였다.

6. 한국 vs. 오스트리아: 두 개의 중심 형성 vs. 단일한 중심 형성

해방정국의 국가 형성 과정에서 한국과 오스트리아의 중요한 차이는 한국의 두 개의 중심 형성과 오스트리아의 단일한 중심 형성에서 찾을 수 있다. 국가 형성 과정에서 영토적 중심 형성은 경제적, 문화적 강제력과 수취(coercion and extraction), 그리고 정치 행정적 경계가 특정한 영토적 경계와 중첩되는 것을 말하며, 이 중 경제적 경계와 강제력과 수취의 경계가 특히 중요하다(Bartolini 2005, 20). 그런데 이 두 경계의 영토적 중첩성은 중앙행정 권위의 존재를 전제한다(Bartolini 2005, 24). 특정한 영토적 경계를 기준으로 교역 및 물자 공급, 노동시장, 신용과 자본통제를 통해 경제적 단일체를 형성하는 것과 국방, 경찰 기능의 영토적 경계를 확정하고, 국경을 통제하고, 거주와 이동을 제한하여, 자원과 재화 수취의 영토적 경계를 확정하는 강제력과 수취의 메커니즘의 작동은 중앙행정 권위의 확립을 요구한다. 한국의 해방정국에서 두 개의 중심이 형성되었다는 것은 곧 한반도 전역을 포괄하여 경제적 단일체와 강제력과 수취의 메커니즘을 작동시킬 수 있는 중앙행정 권위체의 확립에 성공하지 못했음을 의미하는 것이다.

해방 정국에서 국내 정치세력으로 전국적 중앙행정 권위가 완전히 이전되기 이전 시점까지는 점령군 당국이라는 국제 행위자가 해방정국에서 전국적 중앙행정 권위를 행사하는 주체였다는 점에서 한국과 오스트리아의 차이는 없었다. 한국과 오스트리아의 중요한 분기점은 한국의 분할점령 상황에서 국제 행위자들이 한반도 전체를 포괄하는 의미의 전국적 중앙행정 권위의 확립을 적극적으로 추구하지 않았던 반면, 오스트리아의 경우는 해방정국의 초기 국면에서 국제 행위자들 사이에 전국적 중앙행정 권위의 확립에 관한 합의가 존재했고, 국내 행위자 또한 임시정부를 신속하게 정식 정부로 전환하며 전국적 중앙행정 권위를 행사할 수 있는 상대적 자율성을 확보할 수 있었다는 차이에서 발생한다. 앞에서 논의한 오스트리아와 분할점령-공동통치와 한국의 분할점령-분할통치라는 중요한 맥락의 차이는 바로 이 문제와 연계된 것이다.

분할점령의 조건에서 국제 행위자와 국내 행위자가 중앙행정 권위의 전국성을 확보하고자 하는 정치적 의지와 구체적인 실행이 취약한 조건에서 분할점령-분할통치-두 개의 중심 형성이라는 경로의 창출 가능성은 증대한다. 이것이 곧 분리의 경로이다. 오스트리아 분할점령 정책의 최고 통치기관인 연합국 통제이사회는 해방정국 초기부터 통치권의 전국성을 유지할 수 있도록 전 점령지역을 가로질러 각 행정 부문별 집행위원회를 설치하였고, 연합국들 사이의 공동통치가 실제 작동할 수 있는 국제 공동통치 구역이 존재했다. 이와는 대조적으로 한국 해방정국에서는 미소 분할점령과 동시에 진행된 소련의 선제적 38선 봉쇄가 가져온 영토적 분리의 효과로, 1945년 12월 모스크바 결정에 따라 미소 공동위가 활동을 개시한 1946년 3월 이전에 이미 남북한 지역에서 각자 독자적인 행정 권위의 중심 형성이 진행되고 있었다. 모스크바 3상회의 준비를 위한 미국 측 제안서에서 미국이 교통·통신·체신·교역·산업 등 모든 행정부문의 현안을 다룰 남북 간 통합행정 기구의 조속한 수립을 촉구했지만, 제안자인 미국조차도 그것을 관철하려는 적극적 노력을 하지 않았다.

우리가 모두 아는 바와 같이, 실제 모스크바 3상회의의 4가지 결정문에는 남북한 통합 행정부에 대한 언급은 존재하지 않고, 대신 임시정부 수립에 관한 언급이 있다. 미군정 당국은 1946년 3월 20일에 개최된 제1차 미소 공동위에서 다시 이 문제를 재론했지만, 그해 여름부터 확산한 콜레라의 여파로 38선 봉쇄가 강화됨으로써 한반도 전국적 수준에서 중앙행정 권위의 확립을 통한 단일한 중심 형성은 사실상 불가능해졌다. 이 모든 맥락을 고려했을 때, 미소 공동위원회 1차 회의가 개최되기 전, 1946

년 3월 5일에 공식화된 북한의 토지개혁은 광범위한 대중적 지지를 받는 진보적 개혁 의제로 정치적 정당성 측면에서 당시 북한 체제의 우월성을 보여주는 상징적 조치로 해석되기도 하지만, 그것은 38선 이북이라는 새로운 영토적 경계를 기준으로 단일 경제권을 형성하고자 하는 경제적 경계 형성의 상징적 조치로도 해석될 수 있다. 물론, 이 같은 경제적 경계 형성은 38선 봉쇄 조치가 상징하는바. 즉 국방, 경찰 기능의 영토적 경계를 확정하고, 국경을 통제하고, 거주와 이동을 제한하여, 자원과 재화 수취의 영토적 경계를 확정하는 강제력과 수취의 메커니즘이 사전에 작동했던 조건에서 가능했다.

3
분리-통합의 국내정치(1)

제7장 분리 vs. 통합: 대아주의 vs. 소아주의*

    이 글은 한반도의 경우와 비교하여 오스트리아의 통일국가 수립에 대한 두 가지 잠정적 판단을 전제로 하고 출발한다. 첫째, 오스트리아의 통일 요인으로 '중립화'를 강조하는 기존 연구와 달리, 오스트리아가 통일국가를 수립할 수 있었던 가장 큰 이유는 해방정국 초기 단일 임시정부를 수립하고 그 권한을 전국으로 확대한 데 있었다. 둘째, 기존 연구가 오스트리아의 국내 정치세력들의 좌우협력을 중시한 반면, 이 글은 오스트리아 정치세력들의 좌우협력도 중요했지만 그보다 우선해서 국제 차원에서 점령국들의 정책이 우선적으로 작용했다고 본다(김학노 2024).

    초기 해방정국에서 오스트리아에 비해 한반도가 외력에 의한 규정력이 훨씬 컸다는 점을 전제하고, 이 장에서는 한국과 오스트리아의 초기 해방정국에서 국내 정치세력들의 상호행위를 중점으로 비교한다. 외부의 힘이 '결정적'인 경우에도 국내정치를 '결정'하지는 않는다. 아무리 결정적인 영향력을 행사하는 외력도 국내 정치세력들 사이의 상호행위 과정을 통과해야 한다. 이 글은 해방정국 한반도의 국내 정치 행위자들에게 통일국가를 수립할 전략적 공간이 존재하였는지, 그것이 존재했다면 남북 분단(과 이후의 한국전쟁)을 막을 수 있는 기회가 언제 어디에 있었으며, 왜 또는 어떻게 우리의 선조들은 그 기회를 잡지 못했는지 등의 문제의식을 갖고 양국의 국내정치과정을 분석한다. 이는 길윤형의 절규에 가까운 다음과 같은 문제의식과 동일하다.

---

* 김학노

"당대 조선인들이 이 같은 파국[분단]을 피할 방법은 전혀 없었을까? 그렇지 않았다. 실낱같은 기회가 남아 있었다. 조선인들이 좌우를 망라한 단일 정치세력을 형성해 연합군을 맞이했다면, 역사는 바뀔 수 있었다. 소련이 점령한 북한 지역의 사정과는 별개로, 적어도 '남한 내 분단'은 막을 수 있었다. 그랬다면 1945년 12월 모스크바 3상회의 결정이 공개됐을 때, 신탁통치안을 둘러싼 극렬한 좌우대립은 없었을지 모른다. 이후 열리는 미소공동위원회 역시 훨씬 우호적인 분위기에서 진행됐을 것이고, 모스크바 3상회의 결정에 따라 한반도에 남북을 포괄하는 임시정부가 수립될 수 있었다. 요컨대 냉전이라는 '구조적 제약' 속에서도 분단을 피할 '아슬아슬한 기회'는 분명히 남아 있었다"(길윤형 2020, 17-18).

강한 외적 규정력에도 불구하고 국내 행위자들이 주체적 구성력을 발휘할 수 있는 여지가 존재했다고 생각하는 근거를 두 가지만 제시한다. 첫째, 점령국의 정책이 반드시 그들의 의도대로 실현되는 것은 아니다. 38선을 기준으로 한반도를 분할 점령할 때 미국과 소련이 남북을 분리시킬 의도를 가지고 있었다고 보기는 어렵다. 그럼에도 미국과 소련도 그들이 '의도하지 않은 결과'인 한반도의 분단을 막지 못했다. 신탁통치 문제에서 보듯이 연합국들이 합의한 구상이 국내 반발로 인해 합의한대로 실현되지 않을 수도 있다. 둘째, 국내정치와 국제정치 차원이 밀접히 연결되어 있다. 국제 차원의 정치가 국내 정치세력들을 구속하지만, 그것은 일방통행 관계가 아니다. 국내 행위자들이 국제 차원의 행위자에게 중대한 영향을 줄 수도 있다. 예를 들면, 미군정의 초기 정책은 한민당의 우익 인사들(특히, 통역정치의 주역들)의 왜곡된 정보 제공에 의해서 큰 영향을 받았다(정병준 2023, 276-298). 미군정의 인식이 일정부분 국내세력의 투입에 의해 조성된 것이다.

강력한 외적 규정력의 제한 속에서도 국내 행위자들이 주체적 구성력을 발휘할 수 있는 전략적 공간을 여러 지점에서 찾을 수 있지만, 이 글에서는 해방정국 초기(1945년 8월부터 대략 1946년 5월까지)에 집중한다.

이 시기 단일 임시정부 수립을 위한 통합된 구심점을 구축할 수 있었던 계기들에 주목하고, 우리 선조들이 그 기회를 포착하는 데 실패한 과정을 분석한다. 오스트리아와의 비교분석에서 해방정국 초기의 통합된 단일 임시정부 수립이 중요한 지점으로 판단되기 때문이다.

국내정치 차원을 비교 분석할 때, ① 남북분단과 ② 좌우분열 문제를 나누어서 한반도와 오스트리아 해방정국의 국내정치를 비교하고자 한다. 남북분단 문제는 우리 형성의 분리-통합의 축이고, 좌우분열 문제는 남과 북 사이에 그리고 각각의 내부에서 전개된 홀로주체-서로주체의 축에 해당한다. 남북분단과 좌우분열, 또는 분리-통합과 홀로주체-서로주체의 두 축은 서로 연결되어 있다. 다만, 분석을 위해, 이 두 축을 구분해서 따로 살핀다. 이 두 가지 문제 중 첫 번째인 남북의 분리 문제를 이 장에서 다루고, 두 번째 문제인 좌우분열 문제는 11장에서 다룬다.

분리-통합의 차원에서, 오스트리아는 국가건설과 국민건설 두 측면에서 모두 통합주의(대아주의) 수립에 성공했다. ① 단일 임시정부를 수립하고 그 권한의 공간적 확대를 통해 단일 국가건설에 성공했고, ② '희생자 신화'를 부각시킴으로써 오스트리아 '국민'을 건설하는 데 성공했다. 반면에 한반도에서는 ① 하나의 국가건설 대신 남과 북에서 두 개의 국가를 건설했고, ② 이들은 자기 지역에서 각자의 국가와 체제에 순응하는 두 개의 국민을 건설했다. 남과 북의 두 국가는 서로에 대해 홀로주체적인 소아주의(분리주의) 국가였고, 각자의 공간에서 홀로주체적 소아주의 국민을 건설했다. 그에 저항하거나 반대하는 세력은 억압과 배제 및 축출의 대상이 되었다.

오스트리아에서 하나의 정치적 중심(임시정부)을 수립하고 공간적으로 확대한 반면, 한반도에서는 공간적 분리에 따른 정치적 구심력의 분리가 일어났다. 특히, 상당히 이른 시점에 사실상의 임시정부를 수립한 이북과 달리, 이남에서는 정치적 중심을 신속히 구축하는 데 실패했다. 이남에서 단일 임시정부 수립을 위한 통합 움직임이 있었지만, 그것이 지지부진한 가운데 단정 수립을 추구하는 소아주의 세력이 준동했다. 이에 대한 대아주의의 대항이 있었지만, 그것은 너무 늦었고 너무 미약했다. 두 개 국민의 건설 과정에서는 이북의 '반동' 호명과 이남의 '반공' 및 '반탁' 호명이 중요한 역할을 했다.

1. 오스트리아: 단일국가의 수립

해방정국 오스트리아의 정치세력들은 1공화국 시절의 유산인 분리주의를 극복하고 하나의 통일국가를 수립하는 데 성공했다. 이를 ① 국가건설(state-building)과 ② 국민건설(nation-building)의 두 차원으로 나눠서 살펴보자.

1) 국가건설: 정치적·공간적 구심점 형성

해방정국에서 오스트리아에 단일 국가를 수립하는 일은 쉬운 과제가 아니었다. 1차대전 이후 수립된 1공화국 시절 오스트리아의 연방주들 중에는 독일이나 스위스 등과의 합병을 원하는 분리주의 움직임이 상당히 강했다(Steininger 2012, 3-5). 2차대전 중 오스트리아에는 명실상부한 망명정부가 없었고, 연합국들에 의해서 승인된 임시정부도 없었다. 오스트리아의 해외 레지스탕스 운동이 있었으나, 분열이 심했고 구심점을 찾기 힘들었다(Steinacher 2002, 212-213; 전득주 2004, 399). 전후 합스부르크 왕정복고도 사실상 불가능했다. 그럼에도 오스트리아는 해방 직후 소련군 점령지역인 비엔나에서 좌우 주요세력들이 모두 참여하는 통합된 임시정부를 수립했고 그 해 가을 전국으로 그 권한을 확대했으며 연말에 통합된 2공화국을 출범시켰다.

오스트리아에서 단일 임시정부를 수립하고 나아가 2공화국을 수립할 수 있었던 요인을 여러 가지 찾을 수 있다. 예컨대, 이호재는 ① (1공화국 시기) 정치불안과 내란에서 얻은 역사적 교훈, ② 잘 조직된 기존 정당과 연정협약, ③ 2공화국 수립에 주요하게 활동했던 지도자들의 비이념적 태도, ④ 사회당의 뛰어난 중재 역할, ⑤ 4대국의 협상 참여, ⑥ 국제공동지역과 제2통제협정, ⑦ 영세 중립 등을 제시한다(이호재 1978, 121-151). 이에 더해 일제로부터 해방된 한민족이 "돌아가야 할 본연의 정치사상이나 체제"가 없었던 데 반해(이정식 2010, 16), 오스트리아는 '(제1)공화국'이라는 돌아갈 본연의 체제가 있었다는 점도 들 수 있다. 이와 관련하여 레너가 임시정부를 수립하면서 1920년 헌법(1929년 개정)에 의거하는 형식으로 1공화국을 승계함으로써 공화국의 지속성을 강조한 대목에 주목할 만하다(Piotrowski 1987, 254; 안병영 2013, 88). 공화국의 지속성을 강조함으로써 임시정부의 정당성뿐만 아니라 오스트리아의 통합 정체성을 강화하려는 시도로 읽힌다.

오스트리아가 단일 임시정부를 수립하고 이를 바탕으로 신속히 단일국가를 수립할 수 있었던 가장 중요한 요인으로 이 글에서는 ① 주요 정치세력이 모두 정부에 참여하는 대연정 방식과 ② 임시정부의 권한을 서부 지역으로까지 확장한 연방주정부대표자회의(Länderkonferenz)를 강조한다. ①은 오스트리아의 주요 좌우 정치세력들을 통합하고 하나의 정치적 구심점을 확립한 것이다. ②는 오스트리아 동쪽의 소련군 점령지역에 위치한 비엔나에서 출발한 임시정부가 그 구심력을 전국적으로 확대한 것이다. ①이 정치적 구심점의 수립이라면, ②는 정치적 구심력의 지리적·공간적 확대다.

첫째, 좌우연합에 입각한 정치적 구심점의 수립이다. 레너 임시정부는 출범부터 좌우 주요 정당의 대연정 방식에 입각해 있었다. 소련군의 승인과 지원 아래 주요 정당 대표들이 4월 22일부터 이틀간 협상 끝에 나치를 제외한 모든 정치집단이 참여하는 거국연정 구성에 합의했다(Anzelmo 1968, 31). 여기에는 점령 당국이 국민당, 사회당, 공산당 등 세 정당만 인정함으로써 정당의 난립을 막았던 것이 크게 작용하기도 했다(이호재

1999, 28). 주요 정치세력이 모두 정부 구성에 참여하는 대연정 방식은 그 자체로 통합의 중요한 구심점이 되었다. 모두가 정부에 참여하는 연립정부를 구성함으로써 친나치 이외에 권력에서 배제되는 정치세력이 없었다. 좌우 정치세력을 모두 포함하는 임시정부의 대연정 방식은 11월 총선거 이후 수립된 2공화국의 정부 구성에도 이어졌다. 1947년 공산당이 연정에서 철수한 뒤에도 사회당과 국민당의 좌우 대연정이 1955년 국가조약 체결시까지 유지되었다. 그 이후에도 대연정은 오스트리아 정치에서 자주 볼 수 있는 현상이 되었다.

좌우 정당이 모두 참여하는 연립정부를 구성하는 것은 쉬운 일이 아니었다. 레너 임시정부 구성에서 가장 어려웠던 문제는 공산당의 요구를 수용하는 문제였다. 상대적으로 열세를 면치 못했던 오스트리아 공산당은 임시정부의 내무부와 교육부를 요구했다. 교육부는 국가 이데올로기를 담당하고 내무부는 경찰을 관장하는 점에서 대단히 중요한 부서들이다. 레너는 고심 끝에 공산당의 요구를 수용한다. 이를 수용하지 않으면 공산당이 연정에 불참할 것이고, 그 경우 비엔나와 인근 지역을 점령한 소련군의 승인을 얻기가 난망했기 때문이다(Anzelmo 1968, 32). 대신에 장관직을 차지한 정당과 다른 정당들이 2개의 차관직을 하나씩 차지하도록 해서 부처마다 정당들의 합의를 유도하는 소위 '중화(中和, Neutralisieren)' 방식을 채택했다(이호재 1999, 25-27; 안병영 2013, 206-207).

레너는 사회당이 공산당과 국민당을 모두 포함하는 대연정을 수립하는 방식을 고수했다. 여기에서 사회당이 공산당의 '통일전선' 제안을 거절한 것이 중요했는데, 이 거절도 좌우연합을 유지하기 위한 선택이었다. 사회당이 공산당과 연합할 경우 국민당과의 협력이 중단될 수 있고, 소련 점령지역 밖의 서부 지역에 있는 국민당 보수주의자들도 레너 정부를 승인하지 않았을 것이다. 서방 점령 당국들이 레너 정부를 승인하지 않은 상태에서, 이는 서부 지역에 별도의 임시정부 수립으로 이어질 가능성이 있었다. 사회당이 공산당의 통일전선 제안을 거절한 것은 매우 신중하고도 현명한 처사였다. 사회당은 공산당과의 좌익동맹을 결성하는 대신에 보수

세력을 대표하는 국민당을 포함하는 대연정 즉 좌우대연합을 선택했다. 이념과 계급에 우선하여 민족을 선택한 것이다.

레너의 사회당의 이같은 자세는 좌우의 주요 정당들을 모두 정부에 포함함으로써 대통합을 이루고 단일 정부 수립을 가능케 했다. 이를 통해 레너의 임시정부는 좌우 정치세력들의 통합정부로서 하나의 구심점을 수립하고 유지했다. 11월 25일 총선에서 정당 경쟁이 치열했지만, 모든 정당이 연립정부 원칙을 유지할 것을 미리 약속했다. 총선 결과 국민당이 과반수를 얻었음에도 내각의 절반 조금 넘는 몫만 차지하고 좌익 정당들과의 연정 약속을 지켰다. 공산당에게도 작은 부서를 하나 마련해줬다. 레너는 초대 의회에서 연방 대통령으로 선출됐고, 오스트리아 국가의 정치적·상징적 구심점이 되었다(Stueck 1995, 13-14).

둘째, 공간적 구심력의 수립 및 확대다. 레너의 임시정부는 권한을 서부 지역에까지 확대하는 데 성공함으로써 비엔나 정부의 중심성을 전국적인 차원으로 확대하고, 또 다른 중심의 출현을 예방했다. 미국과 영국 등 서방측 연합국들은 레너 임시정부를 즉시 인정하지 않았었다. 그럼에도 레너는 소련 점령지역에서의 분립정부 수립을 통한 권력유지를 꾀하지 않았고, 임시정부의 관할권 확대를 위한 노력을 멈추지 않았다.

7월 포츠담 회담에서 서방 연합국들이 레너 임시정부의 승인을 거부했고, 영국은 레너 정부에 대한 대안정부(counter-government)를 수립하고자 했다. 하지만 이 같은 움직임에 오스트리아 정치인들은 단합된 모습을 보인다. 당시 티롤(Tyrol) 주수상(Hauptmann)으로서 서부 지역의 대표적 지도자였던 그루버(Karl Gruber)는 서부 주 지도자들의 회동을 소집하고, 대안정부의 수립이 과연 애국적인 행동이고 정당화될 수 있을지 반문했다. 그는 서부 지도자들에게 오스트리아의 영구분단을 야기할 수 있는 일을 절대로 하지 말 것을 당부했다(Anzelmo 1968, 62).

서방 연합국의 승인을 받기 위해서 레너는 서부 지역의 국내 지도자들의 합의를 먼저 구했다. 이를 위해 1945년 9월 24일에서 26일에 걸쳐서 비엔나에서 연방주정부대표자회의를 소집했다. 소련 점령군 당국은 레너의 연방주정부대표자회의 소집을 반기지 않았다. 임시정부에 포진한 공산당 각료가 퇴출될 것을 우려했기 때문이었다. 레너는 자신이 이 회의를 비엔나에서 개최하지 않으면, 다른 점령 당국이 그 들의 지역에서 대안 회의를 소집할 것이라는 논리로 소련을 설득했다.

이에 앞서 서부 주 지도자들은 레너 정부에 대한 승인의 조건을 제시해 놓은 상태였다. 1945년 8월 20일 잘츠부르크(Salzburg)에서 회동한 서부 주 지도자들은 임시정부 내각에 서부 지역의 대표가 포함되고 공산주의자의 비중을 줄일 것을 레너 정부 승인 조건으로 제시했다(Anzelmo 1968, 62-63). 서부 주의 보수적 지도자들은 연방주정부대표자회의 개최(9월 24-26일)에 직면하여 9월 18-23일에도 잘츠부르크에서 준비 회동을 가졌다. 이 회동에서 외무부 신설을 요구하고 공산당원인 호너(Franz Honner)의 내무부 장관 사퇴를 요구했다. 연방주정부대표자회의에서 공산당 측은 이를 거부했고, 내무부와 교육부 고수를 천명했다. 이에 그루버는 서부 지역 지도자들의 퇴장 위협으로 응대했다. 좌우 진영 간 교착상태에서 린츠(Linz) 시장인 코레프(Ernst Koref)가 중재안을 제시하여, 내무부 차관으로 하여금 총선을 실질적으로 관리하도록 하고, 특별공안위원회(a special public security commission)와 외무부 각료직을 신설하고, 모든 신설 부서를 서부 지역 출신들이 차지하도록 할 것을 제안했다. 이를 바탕으로 그루버의 수정 제안이 있었고, 투표를 걸쳐서 타협안이 채택되었다(Anzelmo 1968, 67-73).

이 과정에서 보듯이 연방주정부대표자회의에서 상이한 정치세력 사이에 대화와 타협, 토론에 의한 합의가 이루어졌다. 타협의 결과 공산당이 교육부와 내무부를 계속 차지하되, (선거관리에 핵심적인) 내무부의 실제 권한을 국민당 출신 차관이 담당하도록 함으로써 총선 관리에 대한 (우익과 서방측의) 우려를 해소할 수 있었다. 이 같은 연방주정부대표자회의의 결과는 사실상 새로운 임시정부의 형성이었다. 레너가 계속 수장으로 남아 있었지만, 서부 지역의 국민당 지도자들이 새로 내각에 참여했고, 공산주의자들은 잔존했지만 그 실권이 축소되었다(Anzelmo 1968, 73). 영국은 레너 정부의 변화를 완전히 새로운 정부 조직으로 포장('레너 정부II'라고 명명)하여 체면을 유지하면서 이를 승인했다(Karner and Ruggenthaler 2020, 52).

레너 임시정부의 서부 지역으로의 권한 확대는 정치적 구심점의 공간적 확대라고 할 수 있다. 공간적 구심력의 확대는 정치적 구심력을 바탕으로 해서 이루어졌다. 모든 정치세력들이 함께 참여하는 대연정 방식으로 정치적 구심점을 확립하고, 그 구심점의 공간적 확대과정에서 레너 정부는 대연정 방식을 고수했다. 공간적 구심력의 확대가 정치적 구심력을 바탕으로 이루어진 것이다. 이는 소련과 서방측의 까다로운 요구 사항을 모두 맞추기 위한 방책이기도 했다.

2) 국민건설: 국민 호명과 희생자 신화

단일 국가 건설과 함께 오스트리아 지도자들은 오스트리아인의 정체성을 강화함으로써 하나의 국민(nation)을 건설했다. 1공화국 시절 오스트리아는 국민 정체성이 대단히 약한 편이었다. 오스트리아는 1차대전 이후 오스트리아-헝가리 제국이 해체되는 과정에서 남겨진 '잔여' 국가였고, '누구도 원하지 않았던 국가'였다(전득주 2004, 393). 오스트리아는 합스부르크 시절 제국의 영광과 '세기말(fin-de-siècle) 비엔나'의 화려한 문화 부흥에 기대어 서서히 국민 정체성을 수립해갔다. 하지만 새로운 국가에 대한 국민적 일체감은 쉽게 형성되지 않았고, 많은 오스트리아인들이 독일과의 통합을 원했다. 1공화국 출범 이후에도 오스트리아와 독일의 합병을 원하는 대독일주의자들이 모든 정당에 포진해 있었고, 사회민주노동자당(Sozialdemokratische Arbeiterpartei Österreichs, SDAPÖ)[1]은 당의 강령에 독일과의 합병 추진을 명기하기까지 했다(임종대 2014, 236). 독일

---

1) 사회당의 전신. SDAPÖ는 2차대전 종전 이후 사회당(SPÖ)으로 개명했다.

과의 통합 즉 합병(Anschluss) 운동은 연방주 차원에서 강한 동력을 발휘했다. 특히 Tyrol, Salzburg, Carinthia 주들이 비엔나에 있는 연방정부로부터 분리하여 독일과의 합병을 원했고, 더 서쪽에 위치한 Vorarlberg는 스위스와의 결합을 희망했다(Steininger 2012, 3).

그러나 1938년 독일과 합병된 후 오스트리아인들은 나치 치하를 거치면서 스스로를 독일로부터 뚜렷하게 구별하기 시작했다. 나치에 대한 부정적 경험과 인식이 커질수록 오스트리아 자신의 정체성이 강화되었다.

> "오스트리아인의 국민적 정서가 강하게 독일을 지향할 때, 오스트리아의 정체성 및 국민형성의 기반이 약화된다 … 반면 오스트리아인의 가치 정향이 탈(脫)독일을 시현하면, 상대적으로 오스트리아 의식은 고양되고 국민형성의 기반은 공고화된다. 제1공화국 초기가 전자를, 그리고 제2공화국의 상황이 후자를 분명하게 투영한다"(안병영 2013, 352).

합병 직후의 '붐'은 금방 사라졌고, 합병 당시 독일에 가졌던 우호적인 마음에 변화가 오기 시작했다. 나치의 잔혹한 인종차별과 전쟁에 직면한 오스트리아인들은 독일의 지배를 싫어하게 됐고 오스트리아 나치에 실망했으며 전쟁의 종식을 염원했다(Steinacher 2002, 213-214).

1차대전 종식 이후 1공화국에서 독일과의 통합을 원한 사람들이 많았던 것과 달리, 2차대전의 종식 이후 오스트리아인들은 스스로를 나치 독일과 구분하고자 하는 열망이 강했다. 오스트리아의 연방주들이 비엔나로부터 떨어져 나가려는 분리주의의 힘도 약해졌다. 하지만 독일과 분리하고자 하는 열망이 곧 오스트리아 국가에 대한 충성심과 일체감으로 이어지는 것은 아니었다. 이런 상태에서 정치세력들이 각자 자신의 당파성을 앞세우면, 그렇지 않아도 연약한 오스트리아 정체성은 보다 작은 단위들로 분리될 가능성이 있었다. 해방정국에서 정치 지도자들의 호명이 중요한 이유다. 오스트리아 지도자들은 오스트리아인의 독립적 국민으로서의 정체성을 강조하고 이를 확고히 수립하는 데 뜻을 같이했다. 오스트리아의 국민 정체성 수립은 독일 및 슬라브와의 이중의 경계짓기 호명을 통해 진행됐다(안병영 2013, 358-366; Bischof 2020a, 66-67).2)

첫째, 독일과의 경계짓기다. 이는 소위 '희생자(victim) 교의'를 중심으로 전개됐다. 1943년 10월 30일 연합국들은 '모스크바 선언'에서 오스트리아를 나치 독일 침략의 첫 번째 희생자로 인정하고 1938년 합병이 무효임을 선언한 바 있다. 동시에 연합국들은 오스트리아가 히틀러의 편에서 참전한 사실에 대해 책임을 피할 수 없으며, 종전 처리에서 그들 자신의 해방을 위한 기여도가 고려될 것임을 강조했다. 모스크바 선언은 오스트리아인이 나치의 희생자이면서 동시에 공범(동조자)의 양면성이 있음을 적시한 것이었다. 실제로 오스트리아인들 중에서 나치에 부역한 사람들도 많았다. 오스트리아인들은 비록 강압적 분위기에서였지만 히틀러에 의한 합병을 압도적으로 지지했었고, 나치의 테러기구에 상당수 참여했으며 유대인 학살에 가담하기도 했다(Steininger 2012, 14-15; 임종대 2014, 301-309).

해방정국에서 오스트리아 정치인들은 오스트리아인의 나치 공범 책임은 강조하지 않고 히틀러 침략의 희생자 측면만을 강조했다. 임시정부를 수립하면서 선포한 「오스트리아 2공화국 선언문(Proclamation of the Second Republic of Austria)」은 1943년 10월 모스크바 선언문을 직접 언급하면서 2공화국의 수립을 정당화한다. 여기에서 연합국들이 모스크바 선언에서 오스트리아인들을 나치 독일의 희생자로 규정한 점을 장황하게 언급하고 강조하는 반면, 연합국들이 동시에 지적한 오스트리아인들의 나치 동조 행위에 대한 책임은 오스트리아 인민과 국가가 전쟁으로 피폐해진 점을 구실로 부차적으로만 취급한다. 레너 임시정부가 모스크바 선언을 선별적으로 취사 강조하고 있음을 알 수 있다(Bischof 2020, 4; Renner 1945 참조).

'희생자' 호명은 역사투쟁을 수반했다. 1938년의 합병이 '강압에 의한 것이냐 자발적인 것이냐(a case of rape or seduction?)'라는 논쟁에서 정

---

2) 중립을 전제로 국가조약을 체결한 이후에는 동서 냉전 속 '중립'이 오스트리아인의 정체성에서 점차 중요한 지위를 차지한다.

치 지도자들의 희생자 교의는 '강압적 합병(rape-of-Austria)' 테제에 힘을 실어주었다. 이로써 오스트리아가 나치 독일과의 합병을 '유혹'한 측면, 즉 오스트리아 나치의 정권 장악이나 독일군의 진군에 대한 오스트리아인들의 무저항 등은 무시되었다. 레너 임시정부의 「독립선언문」은 오스트리아인의 희생자 신화를 부각시킴으로써 오스트리아와 독일의 '합병 테제'에 비해 독일에 의한 오스트리아 '점령 테제'가 확실히 우위에 서게 했다(Bischof 2002, 162-166).

모스크바 선언의 선별적인 강조에 의해서 조성된 '희생자' 호명은 오스트리아가 나치 독일과 협력한 추악한 과거를 잊고 탈(脫)독일화를 추진하는 데 기여했다. 독일로부터 독립적인 오스트리아 국민 형성은 이같은 희생자 명제를 바탕으로 한다. 이는 오스트리아 국민을 독일 국민과 구분함으로써, 즉 양자 사이에 경계짓기를 통하여 오스트리아의 자체적인 국민을 건설하는 작업이었다. 모스크바 선언의 또 다른 측면 즉 2차 대전에 공동책임이 있다는 지적은 오스트리아인들에 의해 거의 반세기 동안 의도적으로 외면됐다(임종대 2014, 330). 오스트리아인들이 나치 독일에 협력한 공범자라는 어두운 이면은 1980년대 발트하임(Wladheim) 사건이 터진 이후에야 비로소 무대의 전면에 등장했다(Steininger 2012, 23).

둘째, '서방화'를 통한 슬라브족과의 경계짓기다. 오스트리아인들은 공산화된 슬라브 세계와도 경계짓기를 실시했다. 해방정국 오스트리아인들은 동유럽의 공산화 위협에 직면하여 반(反)슬라브 및 반공주의 정서를 내면화하고 있었다. 오스트리아 정부는 소련의 야욕에 대해 강하게 반발하기도 했다. 소련이 전쟁배상의 명목으로 점령지역 내 광산과 산업시설 등의 독일재산을 몰수하려고 하자 오스트리아 정부가 이들 독일재산을 국유화하는 조치를 취한 것이 그 예다. 오스트리아는 마셜 플랜(유럽부흥프로그램)과 유럽경제협력기구(OEEC: Organization for European Economic Cooperation) 등에 참여함으로써 경제적·문화적으로 친서방화를 분명히 하기도 했다(안병영 2013, 84-85, 144).

군사적으로도 오스트리아는 사실상 서방화를 추진했다. 클락의 후임으로 미국 고등판무관이 된 키이즈(Geoffrey Keyes)는 이미 1948년부터 장래 오스트리아 군의 근간을 건설하는 계획을 추진했다. 1950년 10월 공산주의자들의 총파업이 일어났을 때 오스트리아 정부는 이를 공산주의자들에 의한 쿠데타 시도로 인식하고 미국의 후원 아래 오스트리아의 군사화를 적극 추진했다. 미국의 군사장비를 들여왔을 뿐 아니라 미국의 지도에 따라 미래 오스트리아 군의 핵심으로서 경찰 간부들을 훈련했다. 1955년 오스트리아 국가조약 체결 무렵까지 9,000명의 전투경찰이 배출되었다. CIA는 오스트리아에 100곳 가량 비밀무기저장소를 만들어 놓기도 했다. 오스트리아는 나토에 가입하지는 않았지만 사실상 서방의 "비밀 동맹국"이 되어 있었다(Bischof 2020, 7-8, 16; Carafano 2002, 95-192).

오스트리아의 중립화도 서방화에 입각해 있었다. 오스트리아의 중립화는 국제법적 중립이지 이데올로기적 중립이 아니다(안병영 2013, 146). 동서 냉전에서 어느 한쪽의 동맹에 가입하지 않지만, 실제에 있어서는 서방화를 표방하고 서방의 가치를 추구했다. 서독이 민족의 통일성을 희생하면서까지 서방화를 추구한 반면, 오스트리아는 국민의 통일성을 유지하면서 사실상의 서방화를 추구한 것이다(Carafano 2002, 109). 이같은 서방화는 한편으로 슬라브 세계와의 경계 짓기에 해당한다. 오스트리아 국민 형성의 중요한 한 축이다.

종합하면, 오스트리아 정치 지도자들은 단일한 통합된 국민을 건설하기 위한 노력을 함께 기울였다. 공산당 지도부가 동부 지역의 분리정부를 기도한 데서 보듯이, 모든 국내 정치세력들이 대아주의 통합에 완전히 합심했던 것은 아니다. 그러나 그러한 분리주의 세력은 대단히 미약했고, 전반적으로 정치 지도자들은 이구동성으로 오스트리아 '국민'을 호명하고 국민적 통일성을 유지하고자 했다. 오스트리아의 국민건설은 희생자 교의와 사실상의 서방화를 통한 독일 및 슬라브 세계와의 이중의 경계짓기를 통해 진행되었다.

2. 한반도: 남과 북의 분립

한반도가 남과 북으로 갈라진 데에는 국제적 요인이 우선적으로 작동했지만, 국내 정치 행위자들에게도 책임이 있다. 오스트리아처럼 국가건설과 국민건설의 두 차원으로 구분해보면, 해방정국 한반도는 ① 두 개 국가의 건설과 ② 두 개 국민의 건설이 진행되었다.

1) 두 개 국가의 건설

남과 북은 '분단국가'로 출발하지 않았다. 원래 하나의 국가였던 것이 두 개로 나뉜 것이 아니다. 처음부터 두 지역으로 나뉘어 각각의 지역에서 국가가 건설되어 '분립'한 것이다. 이 점에서 '분단국가'는 정확한 표현이 아니다. 한반도에 하나로 통합된 국가가 수립되는 대신 두 개의 국가가 분립하는 과정에서 남과 북의 공간 분리와 정치적 중심의 분리가 중요하게 작동했다. 오스트리아에서 하나의 정치적 중심을 수립하고 공간적으로 확대한 반면, 한반도에서는 공간적 분리에 따른 정치적 중심의 분리가 일어났다. 강대국들에 의한 두 개의 공간 분리는 두 개의 중심 형성으로 이어졌고, 곧 두 개의 정치공간으로, 종국에는 두 개의 국가 건설로 이어졌다. 미소에 의한 공간 분리가 남과 북 각각에 분리주의 세력이 등장할 기회의 창을 제공한 것이다. 두 개의 정치공간이 수립됨에 따라 각각의 공간에서 정치권력을 획득하려는 경쟁이 발생한 것은 일면 자연스러운 측면이 있다.

분리-통합의 일반론적인 관점에서 볼 때 남북한 분립의 한 가지 중요한 특징은, 분리주의 운동이 강하지 않은 상황에서 일어났다는 점이다. 돌이

켜보면, 해방 직후 한반도에는 지방주의(localism)가 강해서 마을마다 정치적 세력관계가 상이했고, 자생적으로 형성된 인민위원회도 중앙의 통제에서 벗어난 곳이 많았다(커밍스 2023, 355-450). 하지만, 해방 초기 한반도에는 대중적인 분리주의(separatism) 열망이나 움직임은 없었다. 그러나 결과는 남과 북의 분립국가 수립에 의한 분리였다. 분리주의 의식이나 운동이 없는 상태에서 남북이 분리되는 결과가 발생한 것이다. 따라서 남과 북의 분리는 뿌리깊은 사회적 균열구조가 정치적 균열로 정치화된 것이 아니다. 이는 일차적으로 외적 규정력이 매우 강했던 데 그 이유가 있다. 바로 위에서 언급했듯이, 남북의 정치 공간의 창출에 따라 각각의 공간에서 정치권력을 획득하려는 소아주의 세력이 등장하는 것은 어쩌면 당연한 일이었다.

그럼에도, 남과 북에서 각각 홀로주체적 소아주의 세력이 헤게모니를 구축하고 그에 대항하는 대아주의 헤게모니 수립에 실패한 데 대해서 결국 국내 행위자들의 책임을 묻지 않을 수 없다. 이는 한국의 역사에서 반복적으로 나타난 병폐인, 위기 국면에서 "정치적 응집력의 부족"(헨더슨 2013, 38) 현상이 다시 한번 나타난 것으로 볼 수도 있다. 여기에는 서로 상대방을 인정하지 않고 배척·적대하는 홀로주체적 자세가 깔려 있었다. 그러나, 반복하지만, 두 개의 정치공간으로 분리된 상황에서 각각의 공간에서 정치권력을 장악하려는 소아주의(분리주의) 정치세력이 등장하는 것은 현실주의 관점에서 볼 때 지극히 자연스러운 현상일 수 있다.[3] 남과 북 각각의 공간에서 소아주의(분리주의) 세력은 점령 외세와 결탁하여 분립 정부를 먼저 수립하는 "현실주의적" 길을 택했고, 이에 맞서는 대아주의(통합주의) 세력은 외력에 의한 공간 분리를 극복하고 통일 국가를 수립하려는 "이상주의적"인 길을 추구했다(심지연 1999, 136). 남과 북 모두에서 소아주의가 대아주의와의 헤게모니 투쟁에서 승리했다. 이 헤게모니 투쟁의 결과는 국제적 환경에 의해서 우선적으로 조건지어졌다.

---

[3] 이 부분은 김영순(서울과기대 교수) 선생님과의 대화에서 많은 도움을 받았다.

공간의 분리와 별도의 중심 형성은 이북에서 먼저 시작됐다. 소련에 의한 38선의 물리적 통제와 새로운 중심 구축은 새로운 정치 권력의 형성으로 신속히 이어졌다. 해방 직후 한반도에는 서울 중심성이 유지되고 있었다. 하지만 소련군이 진주하면서 평양에 새로운 중심이 형성되기 시작한다. 소련군정은 38선을 경계로 ① 물리적 공간 분리, ② 정치적 공간 분리, ③ 체제 분리의 단계를 밟아나갔다(김학노 2024, 47-50). 먼저, 물리적 공간 분리는 38선의 경계를 공고화하고 소통과 교통 및 물적 교류를 제한했다. 물자 교류의 제한과 달리 사람들의 이동 통제는 덜 엄격했다. 정치 분리는 당과 정부 두 차원에서 이뤄졌다. 1945년 10월 조선공산당 북조선분국의 수립을 통해서 당 차원에서 이북 지역에 새로운 중심을 형성했다(오코노기 마사오 2019, 446-452; 서동만 2005, 65; 박병엽 2010a, 15). 또 9월 20일 스탈린의 지령에 의해서 이북 지역에 국한된 정부(또는 권력) 수립을 도모했고, 일련의 과정을 거쳐 1946년 2월 북조선임시인민위원회가 수립됐다. 이는 사실상 이북 지역에 국한된 임시정부 수립에 해당했다(전현수 1995, 360-368).

새로운 중심 형성에 대한 이북 내 저항은 거세지 않았다. 소련 군정의 막강한 물리력과 공산당의 발빠른 행보가 저항이 적었던 중요한 배경이 된다. 이에 더해 이남이라는 또 다른 공간의 존재가 두 가지 점에서 중요한 이유가 되었다. 첫째, 서울 중심주의다. 해방정국 초기에 서울 중심주의의 헤게모니가 여전히 작동하고 있었고, 공산주의자들을 포함한 대부분의 정치세력들이 서울에 몰려 있었다. 여러 정치집단들 사이의 헤게모니 투쟁도 서울에 집중해 있었다. 따라서 이북 지역에 공산당에 반대할 만한 정치세력, 나아가 대아주의 국가 수립을 주도할 만한 정치세력이 많지 않았다. 평양에서 공산당의 새로운 중심 형성에 반대할 만한 세력으로는 국내파 공산주의자들을 제외하면 조만식의 평남건준 세력이 사실상 거의 유일했다. 둘째, 이남으로의 탈출(exit) 옵션이다. 조만식이 소련군정에 의해 연금되기 이전부터[4] 조선민주당의 주요 지도자들이 상당수 월남했다. 배제와 탄압의 대상이 된 우익 및 보수세력이 이북 지역에서 목소리(voice)

를 낼 수 있는 길이 사실상 막혀 있었다. 제대로 된 목소리를 낼 수 없는 상황에서 이들은 적극적으로 항의하기보다는 이남으로의 탈출을 선택했다. 탈출 옵션이 없었다면 이북 지역 내에서 더 많은 저항과 투쟁이 있었을 것이다. 이남으로의 탈출 옵션의 존재가 이북에서의 헤게모니 투쟁의 격화를 막는 역할을 한 셈이다.

한편, 이북과 비교할 때 해방정국 초기 이남 지역에서 한 가지 특이한 점은 (서울중심성 유지에도 불구하고) 신속한 정치적 중심 형성에 실패했다는 점이다. 이북과 이남에 각각 단독정부가 신속하게 수립되고 두 개의 소아주의 정부가 헤게모니 투쟁을 전개한 결과 남북이 갈라진 것이 아니다. 이북에 북조선임시인민위원회라는 사실상 분립 (임시)정부가 1946년 2월 수립됨으로써 확실한 구심점이 이른 시점에 등장한 반면, 이남에서는 그같은 중심 세력이 한동안 구축되지 못하였다. 1946년 초 북조선임시인민위원회와 남조선대한민국대표민주의원, 그리고 1946년 말-1947년 초 북조선인민위원회와 남조선과도입법의원은 각각 이북과 이남의 과도(임시)정부에 해당하며 결과적으로 분단으로 이어지는 단독정부들이라고 할 수 있다. 하지만 이북의 임시인민위원회는 소련군 사령부의 지도를 받았지만 소련군 사령부가 보유했던 입법권 및 집행권을 넘겨 받은 실질적인 통치 주체였던 반면(기광서 2018, 254-255), 이남의 민주의원과 입법의원 그리고 1947년 6월에 출범한 남조선과도정부 같은 기구들은 미군정의 자문기구에 불과했고 국내 정치세력들의 구심점이 되지 못했다.

여기에는 이북에서 소련이 간접통치를 실시한 반면 이남에서 미국은 직접통치를 실시한 것이 중요한 이유로 작용했다.5) 김대중(1994, 41)은 "그 당시 김규식이나 안재홍 같은 지도자들이 어째서 경찰력을 포함한 행

---

4) 정병준(2021, 365-366)에 따르면, 9월 3일 발생한 현준혁 암살 사건은 해방 직후 평양과 평남의 치안유지권을 둘러싼 좌우 대결의 맥락 속에서 일어났고, 이후 최능진을 비롯한 평남건준 치안부원 10명이 서울에 본부를 둔 정당을 조직하여 공산당에 맞서 싸우기 위해 9월 15일에 월남했고, 9월 말까지 50여 명이 월남했다고 한다.
5) 이 책의 8장 참조.

정실권이라든가 그런 실권을 민정장관 수중에 집중시키도록 요구하지 않았는가" 의문을 제기한다. 그러나, 김규식이 의장으로 있던 남조선 과도 입법의원에서 미군정에게 행정권의 일부를 이양할 것을 요구하는 결의를 하였지만, 하지 중장이 이를 거부한 바 있다(『동아일보』 1947년 1월 11일; 심지연 1982, 220-221에서 재인용). 미군정이 군정의 현지인화(한인화)를 추구했지만, 최종 결정권은 어디까지나 미군정이 장악하고 있었던 것이다. 이북의 소군정이 간접통치를 실시했던 것과 달리 이남의 미군정은 기본적으로 직접통치 방식을 고수했다. 이것이 남한 지역에서 미군정의 자문기구들이 국내 정치세력의 실질적인 구심점이 되지 못한 근본 이유다. 만일 이북의 (임시)인민위원회처럼 이남의 남조선과도정부가 실질적인 정치적 중심이 되었다면 어떻게 되었을까?

이북에서는 공산당을 중심으로 한 좌익의 헤게모니가 일찌감치 수립된 반면에, 이남에서는 확실하게 헤게모니를 구축한 중심세력이 형성되지 못한 상태에서 다양한 좌우세력 사이의 진영 간 및 진영 내 갈등과 대립이 상당 기간 혼란스럽게 계속되었다(기광서 2018, 38 참조). 이북의 중심은 한반도 전체로 보면 원심력에 해당한다. 반면 이남에서 서울에 확고한 중심을 신속하게 세웠다면 한반도 전체에 대해서 구심력으로 작용했을 것이다. 해방정국에 (특히 초기에) 여전히 서울 중심주의 헤게모니가 작동했기 때문이다. 만일 이남에서 이북처럼 하나의 구심점이 수립되어서 북한의 임시인민위원회 같은 것이 일찌감치 수립되었다면 그리고 그것이 실질적인 권력의 중심이 되었다면, 서울 중심성의 헤게모니를 발휘하여 이북의 원심력을 상쇄하거나, 여차하면 남과 북의 임시정부들 사이에 대화와 협상의 공간이 마련되지 않았을까? 돌이켜보면, 이남 지역의 신속한 중심 수립 실패는 이북의 소아주의 국가 수립에 못지않게 남북이 갈라지는 데 중요한 요인이 되었다고 볼 수 있다.

38선 이남에서 해방정국 초기 임시정부 수립을 위한 구심점 구축 노력이 없었던 것은 아니다. 여운형은 해방 직후 한반도에 국민국가 건설을 위해 구심력 구축에 매진했다. 당시 해방 직후 국내에서 레너와 같은 구심점 역할을 할 수 있는 인물은 여운형이 거의 유일했다. 이승만, 김구, 김일성 등은 아직 국내에 없었고, 박헌영은 너무 극단에 치우쳐 있어서 중심이 되기에 부적절했다. 그런데 여운형의 입지는 레너의 그것에 비해 훨씬 열악했다. 레너는 해방된 공간에서 해방군(소련군)의 요구와 승인 아래 임정을 수립했다. 반면 여운형이 건준을 수립하고 건준이 인공(인민공화국)으로 변신할 때까지, 이남 지역은 아직 '미해방' 상태에 있었다. 일본군이 여전히 막강한 군사력을 보유하고 주둔하고 있었고 한국인을 대량학살할 우려도 지울 수 없었다. 안재홍이 건준에 적극 참여한 이유 중 하나도 바로 일본군의 "최후 발악적 유혈의 대참극"을 미연에 방지하기 위해서였다(안재홍 1983, 211-212, 259-260). 만일 서울에서 여운형의 건준 활동이 (레너의 임시정부처럼) 해방군이 진주한 상태에서 전개되었다면, 혹은 아예 미군이 진주한 이후에 해방군의 후원 아래 건준을 구축했다면, 이후의 사태 진전이 굉장히 달랐을 것이다. 하지만 미군의 남한 지역 진주는 "전투 종결 후의 진주"였다(오코노기 마사오 2019, 214). 여운형은 일본의 패전과 미군 진주까지의 "26일 동안의 광복"(길윤형 2020) 공간에서 여전히 일본군이 막강한 물리력을 갖고 있는 상태에서 새로운 국민국가 건설을 위한 정치적 구심점을 수립해야 했던 것이다.

여운형은 "노동자, 자본가, 민주당, 공산당 등" 좌우 모든 세력이 "대동단결"하는 "통일전선"을 구축하고자 건준을 준비하는 초기에서부터 좌우통합을 시도했다(이정식 1992, 30-32). 하지만 (후에 한민당으로 결집하는) 우익 세력의 대표격인 송진우와 합작을 수차례 도모했지만 끝내 건준은 좌우통합 기구가 되지 못하였다. 주요 정치세력 전체를 통합하는 구심점 수립에 실패한 것이다. 결국 건준은 출범부터 (안재홍의 참여에도 불구하고) 좌경 우위의 노선을 걸었고, 건준과 한민당 세력의 협력은 끝내 이루어지지 못했다. 건준이 9월 6일 인공으로 변신하면서 좌경 색채는 더욱 강화되었다. 이후 이남 지역에서 여러 정치세력들을 하나로 통합할 수 있는 잠재적 구심점은 10월에 귀국한 이승만과 11월과 12월에 1,2차로 나눠 귀국한 김구의 임정세력이 있었으나, 이들은 좌우를 망라한 단일 임시정부를 수립할 수 있는 구심점이 되는 데 실패하거나 그런 사명을 외면했다. 1946년 1월 탁치 파동 속에서 좌우 주요 정당들이 모여서 소위 '4당 코뮤니케'에 합의했지만, 이에 대한 맞불 격인 이승만의 반탁 성명과 한민당의 비준 거부로 끝내 무산되었다.

이처럼 이남 지역에서 단일 임시정부를 수립하기 위한 구심점을 구축하지 못하는 사이에 남한만의 단독정부를 수립하려는 분리주의 움직임이 시작됐다. 단정노선 즉 이남 지역의 소아주의(분리주의) 움직임은 하지와 이승만이 주도했다. 이 둘은 사실상 연결되어 있었다. 첫째, 하지는 남한에 진주한 후 곧 과도정부(정무위원회) 구상에 착수했다. 하지는 점령 초기부터 신탁통치의 대안으로 미군정 통제 아래 임시정부를 중심으로 하는 일종의 과도정부 수립을 구상했다. 정무위원회 수립 구상은 10월 16일 이승만의 귀국 이후 독촉중협으로 추진되었다(정병준 2005, 440-453; 2023, 22-23, 351-379; 정용욱 2003, 40-43; 2003a, 39-52). 둘째, 이승만은 10월 귀국 후 독촉중협을 중심으로 좌우 정치세력을 통합함으로써 자신의 헤게모니를 강화하려 했으나, 그 시도가 실패하자 우익 세력과 긴밀히 손을 잡고 일찌감치 1946년 초부터 남한 단독정부 수립의 길로 나섰다. 1946년 6월 이승만의 남선순행(南鮮巡行) 과정에서 '정읍발언'을 통해 그는 이북의 공산주의에 대항하여 남한만의 단독정부를 수립할 것을 역설했다.[6] 이후 이승만은 도미 외교를 통해 단정 노선을 적극 추진했다. 미국은 결과적으로 이승만이 제시한 노선을 따랐다. 이정식(2006, 458-459)이

---

[6] 이은선(2018, 42-67)은 남선순행 과정에서 이승만이 "민주주의적 공화국"과 "미소공위를 통한 통일정부"의 수립을 주장했다고 한다. 그에 따르면, 이승만은 "단독정부 수립이란 용어를 사용한 적이 없었"으며, 이북에서 이미 임시인민위원회를 만든 상황에서 남북협상을 위한 포석으로 "남방만이라도 임시정부 혹은 위원회 같은 것을 조작"하자고 주장했다. 이은선의 주장은 이승만이 6월 3일 정읍발언에서 남한의 단독정부론을 제기했다는 기존의 통념과 상이하다. 그러나 이은선도 이승만이 남선순행에서 줄곧 공산주의를 비판하고 우익세력을 강화하는 데 역점을 두었음을 주장한다. 뒤에서 보듯이, 이승만의 반공 호명이 곧 단정노선에서 중심적 역할을 하였다.

강조하듯이, 이승만을 미국의 괴뢰라고 규탄한 공산당의 비판과 달리, 사실은 이승만이 미국을 주도했다. 이 점에서 레너가 '오스트리아 통일의 아버지'라고 불릴 만하다면, 이승만이야말로 "한반도 분단의 아버지"라는 이름에 걸맞은 인물이었다(Stueck 1995, 19).

　남한의 단정수립 운동은 한반도 관점에서 볼 때 소아주의이자 분리주의다. 앞서 언급했듯이, 해방정국 초기 국면에서 분리주의 움직임이나 운동은 없었다. '분리주의 vs. 통합주의' 또는 '소아주의 대 대아주의'가 한반도에서 사회적 균열구조의 하나가 아니었던 것이다. 이런 상태에서 단정수립 운동 특히 이승만의 6월 3일 정읍발언은 새로운 '정치적 균열'을 만드는 중요한 '정치적 호명'이었다. 그것은 남한만의 '작은 우리'를 형성하는 헤게모니 실천이었다. 친일파를 비롯한 다양한 세력이 각양각색의 이유에서 작은 우리로 모여들었다. 이에 따라 새로운 정치 균열이 본격화되었다.7)

　한민족 전체의 통일된 단일 독립국가를 수립하려는 대아주의(통합주의) 세력의 반발이 나오는 것은 당연했다. 그러나 이남에서 단정 세력에 대한 대아주의(통합주의)의 대항 헤게모니 구축은 제대로 시도되지 못했다. 특히, 좌익 진영에서 남한의 단정노선에 반대하는 대아주의 투쟁을 전개하는 것은 지극히 어려운 일이었다. 이북에 좌익 정권이 사실상 수립되어 체제개혁을 단행하고 반대세력을 '반동'의 이름으로 탄압하는 상황에서, 남한 단독정부 수립에 대한 좌익의 반대와 저항은 곧 이북 정부를 지지하는 것으로 인식되거나 그렇게 치부되었다. 좌익 진영의 단정 반대는 한반도의 통일국가 수립 문제를 둘러싼 '대아주의 vs. 소아주의' 대립을 '북의 좌익 소아주의 vs. 남의 우익 소아주의'의 대결로 바꿔버렸다. 남한 단정 수립에 좌익이 반대하면 할수록 공산주의를 적대·배척하는 우익 세력의 목소리가 커지는 구도였다. 이남의 우익 세력은 이 같은 구도를 이용하여 제주 4·3이나 여순 10·19 사건이 가지는 단정 반대 의미를 억누르고 이

---

7) 이 점은 정병기 선생님의 코멘트에서 힌트를 얻었다.

를 좌익 폭동으로 규정하고 무자비하게 탄압했다. 좌우 이념 갈등 속에서 좌익에 의한 대아주의 호명이 지극히 어려웠던 것이다.

따라서 남한 지역에서 소아주의 움직임에 대한 반대 목소리는 좌익이 아니라 우익이나 중도 진영에서 나와야 했다. 실제로 김규식과 김구가 그러한 역할을 담당했다. 두 가지 시도가 특히 중요했다.

첫째, 김규식과 여운형의 좌우합작운동이다. 김규식과 여운형은 미군정의 주동 아래 1946년 1차 미소공위의 휴회와 함께 5월 25일부터 좌우합작 운동을 시작했다. 우여곡절 끝에 10월 7일 '좌우합작 7원칙'에 합의하고 좌우합작위원회를 발족했다. 그러나 미군정이 주동한 좌우합작운동은 공산당과 한민당을 포함하지 못하는 등 원초적인 한계가 있었으며, 종국에 이를 극복하지 못했다. 결과적으로, 좌우합작운동은 이남 지역의 소아주의에 대한 대아주의의 호명 주체로서의 역할을 성공적으로 완수하지 못했다. 어렵게 '좌우합작 7원칙'에 합의했지만, 좌우의 양 극단으로부터 반대의 목소리가 컸고 이들 사이의 거리는 좁혀지지 않았다. 여운형의 반발속에 좌우합작위원회는 종국에 미군정의 자문기관 성격을 갖는 과도입법의원으로 흡수되었다. 설사 좌우합작운동이 성공했어도, 남북 사이의 합작이라는 또 하나의 고비가 남아 있었다. 북한에서 구축된 정치적 중심이 좌익 일변도인 점을 고려할 때, 남한에서 좌우합작이 성공하고 단일 중심이 형성되었다고 해도 이를 바탕으로 남과 북 사이에 좌우를 아우르는 통일된 임시정부를 수립할 가능성이 있었을지에 대해서는 회의적일 수밖에 없다.8) 그럼에도 '실낱 같은 희망'이나마 그것을 붙잡는 노력이 필요했던 것 또한 사실이다.

둘째, 김구와 김규식을 중심으로 한 남북협상 시도다. 많은 반대론자들이 비판하듯, 이들의 남북 연석회의 참가는 이북 집권세력인 공산주의자들에게 사실상 농락당한 것이었을 수도 있다. 북한 공산주의자들과 소련 군정이 이미 짜놓은 각본에 따라 진행될 것이 뻔했기 때문이다(김국후

---

8) 안병영 선생님과 구갑우 선생님의 코멘트에서 배움.

2008, 245-249). 남한 단독선거에 대한 김구의 입장도 일관성이 없어서 (정병준 2005, 686-696; 신복룡 2024, 159), 그의 남북협상 참가 의도가 의심받을 소지도 있었다. 하지만 그럼에도 남북 분리의 중요한 고비에 통합주의의 험난한 길을 걸었다는 사실에서 이들의 행동은 유의미한 것이었다(김학노 2018, 447). 4월 26일 김일성과의 회담에서 김규식은 남북 지도자협의회에서 '남북 연합기구'를 창설하는 문제를 논의하자고 제안했다(김국후 2008, 272). 이는 남과 북에서 각각 단독정부가 수립되어 가는 당시 상황에서 적대적 분리주의가 전쟁으로 이어지는 것을 막기 위한 현실적인 대안이었다(박태균 2021, 262).

돌이켜보면, 1948년 4월 남북정당·사회단체지도자회의 전까지 남과 북의 지도자들이 다 같이 함께 만난 적이 한 번도 없었다! 서중석(1996, 46)이 역설하듯, "이 회의가 없었더라면 한국인은 한번도 남과 북의 지도자들이 만나지 않은 속에서 분단을 맞는 것이 되었을 것이다." 오스트리아 해방정국에서 단일 임시정부의 수립 못지않게 중요한 지점이 바로 1945년 9월의 연방주정부대표자회의였다. 오스트리아의 전국 지도자들이 함께 모여 의견을 나누고 권력을 나누는 데 합의한 반면, 우리는 좌와 우 사이에, 남과 북 사이에, 좌와 우 또는 남과 북 각각 내부의 여러 세력들 사이에 함께 모여 말과 생각을 나누고 이념과 이해관계를 조율하는 회동을 갖는 데 너무나 인색했다.

주요 정치 지도자들이 한반도 전체를 관장하는 정치적 중심 수립 노력을 기울이지 않았다. 이북에서 일찌감치 정치적 중심을 구축한 김일성은 임시인민위원회의 권한을 한반도 전체로 확대하기 위해 이남 지역의 정치 세력들을 설득하는 시도를 하지도 않았고, 이남(서울)을 방문하지도 않았다. 이승만과 (남북협상 이전의) 김구도 마찬가지로 이북을 방문하여 이북의 정치 지도자들과 허심탄회한 회동을 하지 않았다. 이승만이 독촉중협을 구축하면서 조만식을 통해 김일성을 초청할 것을 제의했던 것으로 알려졌으나(기광서 2018, 185), 김일성은 조만식의 제의에 응하지 않았다. 모두가 자신을 중심으로 하는 통합, 즉 홀로주체적 통합을 내세웠으며, 민족의 분단을 극복하기 위해 필요한 진솔한 대화와 타협의 자세를 갖지 못했다.

특히 아쉬운 것은 김구의 원칙주의적 행동이다. 김구는 이승만 못지않은 우익 인사이지만, 임시정부의 법통을 몸으로 지켜왔고 마지막 순간에 남북의 분립을 막기 위해서 방북을 마다하지 않았다. 김구의 입장에 대해 의혹의 눈길을 보낼 수 있지만, 그의 반탁운동은 해방정국에서 또 다시 외국의 지배를 받을 수 없다는 순수한 뜻에 입각해 있었고, 그의 남북협상 추진은 남북의 분단만은 막아야 한다는 일념에서 비롯했다고 믿는다. 하지만 그의 지고지순한 뜻과 상관없이 현실은 남과 북의 분립을 향해 나가고 있었다. 남북협상이 사실상 실패한 후 그에게는 여전히 마지막 기회가 있었다. 당시 많은 사람들이 우려하듯이, 남과 북의 국가 분립은 동족상잔의 극단적인 대결로 치달을 가능성이 농후했다. 그렇다면, 그 같은 전쟁 발발을 막기 위해서라도 김구는 남한의 단독정부 수립에 참여해서 남한 내 소아주의자들과의 싸움에서 승리를 쟁취했어야 했다. 남한의 국가권력을 장악하고 이를 바탕으로 대아주의 행보를 계속했어야 했다(김대중 1994, 42). 혹은, 대아주의의 행보를 지속하지 못하더라도, 남한의 국가권력을 장악하고 북한과의 홀로주체적 무력 충돌만은 막았어야 했다. 그러나 그는 남한의 단독정부 수립 자체를 받아들일 수 없다는 원칙을 고수하면서 단정 수립을 위한 선거를 보이콧했다. 이것이 민족의 장래를 위해 중요한 기록을 남기고 밤하늘의 별을 이어주는 한줄기 빛과 같은 길을 남기는 의미를 가질 수 있다(김학노 2018, 444-449). 하지만 그의 단독정부 선거 불참은 단정 수립 자체를 소아주의의 최종적 승리로 간주함으로써, 남과 북에서 각각 수립된 분립국가들이 서로주체적 분리나 서로주체적 통합의 길로 가는 경로 형성을 스스로 포기한 것이나 마찬가지였다. 물론 남북이 각각 개별국가로 분립하는 상황에서 이들 사이에 서로주체적 통합의 가능성은 극도로 제한되어 있었다. 그럼에도, 남한에서 홀로주체적 소아주의의 최종적 승리는 김구의 자포자기에 가까운 원칙주의 노선에 의해 확정된 것이다.

이처럼 남과 북의 공간적·정치적 분리를 극복하고 남북 분립의 길을 극복하기 위한 목소리는 미약했다. 해방정국 초기 한반도의 통일국가 수립은 당연시됐는데, 막상 이를 위한 움직임은 그 구심력을 확보하지 못했다. 그 결과 한반도에 통합된 하나의 대아주의 국가 대신에 남과 북 각각에서 두 개의 소아주의 국가가 수립되었다.

2) 두 개 국민의 건설

남과 북 각각의 공간에서 별도의 국가건설과 함께 국민건설이 추진되었다. 이는 하나의 민족을 두 국민으로 나누는 분리 작업인 동시에 각각 다른 두 개의 국민을 건설하는 작은 통합 작업이었다. 이북 지역에서는 급속한 '체제개혁'을 통해서 남과 북의 체제를 분리하는 한편, 이북 체제에 저항하거나 거부하는 세력을 억압하고 탈출하게 함으로써 체제 순응적인 국민을 건설했다. 이남에서는 이북의 국가에 대항하는 국가를 수립하면서 '반북·반공' 국민을 건설하였다. 남과 북의 소아주의 국민 건설에 저항하는 대아주의 움직임이 있었으나, 이들은 '반동'이나 '빨갱이'로 억압·제거되었다.[9]

북조선임시인민위원회의 수립과 함께 전격 단행한 이북 지역의 토지개혁은 남과 북의 정치공간의 분리를 체제 분리로 심화시켰다. 체제 분리는 이북에 국한된 소아주의 국가를 수립할 뿐만 아니라, 이북 내 공산당의 체제를 강제하는 홀로주체적 통합 과정이었다. 체제 분리는 좌우합작의 민족통일전선을 버리고 좌익동맹 노선으로의 선회를 분명히 한 것이었다. 이북 지역에서 홀로주체적 소아주의 국가 수립 및 체제 개혁에 대항하여 현물세 창고 방화와 삐라 살포와 같은 저항이 있었지만 적극적 저항은 대체로 미약했다(김재웅 2019, 68-70). 소련군정이 배후에 버티고 있는 이

---

[9] '적'의 호명으로서 '반동분자'와 '빨갱이' 용어의 기원과 역사적 변천에 대해서 한상철(2017) 참고.

북 정권에 대한 저항은 물리력의 측면에서 거의 불가능했다. 토지개혁 실시 전 인민위원회와 정당·사회단체에서 지주, 자본가, 부농 성분을 미리 숙청해서 저항의 기반도 약해졌다. 앞서 언급한 것처럼, 이남으로의 탈출 옵션도 이북 내 저항의 약화에 기여했다.

이북의 홀로주체적 소아주의 국가 수립과 우익 숙청 및 토지개혁 등 '민주개혁'은 곧 이를 지지하거나 순응하는 국민들과 이에 반대하고 저항하는 국민들을 분리하는 결과를 나았다. '민주' 개혁에 대한 불만 세력은 '반동분자'로 호명되었고, 이들은 곧 억압과 숙청의 대상이 되었다. 이북에서 민주개혁에 저항하고 월남한 자는 "잠재적 반체제 행위가 아닌 실제적 반체제 행위"를 자행한 "도주자"로 불리었다(김재웅 2015, 36). 황순원(2006, 74)이 탄식하듯, "아직 나라도 서기 전에 토지개혁을 한다는 건 민족을 분열시키는 시초"였다. 이북의 지주층과 기독교 및 우익 세력이 대거 월남했고 이남의 많은 대학교수와 지식인들이 이북의 초청이나 지령에 의해 월북하는 등 "남북한 엘리트의 이동과 결집"이 일어났다(이정식 2010, 31). 이같은 민족 구성원의 분리는 민족의 통일 즉 대아주의 통합 국가의 수립을 지극히 어렵게 만들었다.

이남의 소아주의자들은 이북 소아주의에 대항하는 '반공 국민' 건설에 착수했다. 반공·반북 국민건설에서 ① 월남인들과 단정노선 세력의 '반공' 호명과 ② 우익의 '반탁' 호명이 중요한 정치적 호명으로 작용했다.

첫째, '반공' 호명이다. 이 중심의 한편에는 이북에서 탈출한 월남민들이 있었다. 토지개혁 이후 대거 월남한 지주, 기업가, 상인, 부농 등 유산층과 일제 시기 관료 출신을 비롯한 친일파 및 기독교인들은 대개 반공주의적 성향을 지닌 사람들이었다. 이들 중 적지 않은 수가 남한의 경찰, 국방군, 서북청년단 등 반북 기구나 단체에 들어갔으며, 한국전쟁 중에는 물론이고 그 이전에도 이북 집권세력에 대해 보복성 폭력을 휘두르곤 했다(김재웅 2016, 201-205). 일제 시절 만주군의 밀정이었다가 해방 후 월남하여 우익 테러조직 「백의사」를 이끈 염동진처럼 친일 세력 상당수가 이남에서 극우세력이 되었다(정병준 2021, 342-344). 이북에서 월남한 반공

세력은 이남 지역에 '계급적 복수'를 위한 강력한 반공 기지를 구축하는 데 일조했다. 반공 세력의 탈출로 이북에서는 지주와 농민간의 계급적 대립이 줄어들었으나, 이남에서는 계급 적대 현상이 더 심해졌다(전현수 2002, 119-120). 월남인들은 한편으로 서북청년단 같은 반공 극우 세력이 되기도 했지만, 다른 한편으로는 1950년대와 1960년대 맹위를 떨친『사상계』같은 온건 자유주의 세력의 근간이 되기도 했다(김건우 2017). 서북청년단과 사상계 지식인 사이에 간극이 크지만, 이들은 모두 이북에서 공산당 독재와 홀로주체적 통합에 저항하여 남하한 반공 세력이었다.

귀국 후 '무조건 대동단결'을 외쳤던 이승만은 1945년 12월 17일 "공산당에 대한 나의 입장"이란 제목의 방송에서 반소·반공 입장을 분명히 선언했다. 그는 공산주의자들이 소련을 자기 조국으로 여긴다며 한국을 떠나라는 극단적인 언사를 퍼부었다. 이승만 특유의 "냉전의 선취(先取)"였다(오코노기 마사오 2019, 397-398). 1946년 4-6월 미군정의 후원 아래 이루어진 이승만의 남선순행은 단독정부 노선을 공론화하는 한편, 지방의 세력관계를 좌익 우위에서 우익 우위로 역전시켜 놓았다. 이 과정에서 순방 지역의 좌익 인물들에 대한 경찰의 예비검속, 우익 청년단의 폭력 행사가 빈번히 일어났다. 지방 유지와 친일 경력을 가진 우익인사들은 이승만을 지지하면서 재빨리 독촉국민회 지회를 결성하여 결집했다. 미군정과 한국인 경찰 및 관리 등의 보호와 방관 속에서 지방의 좌우 세력균형을 역전한 것이다(정병준 2005, 548-563; 송남헌 1985, 286-287; 미드 1993, 214-215 참조). 이처럼 단정노선의 정치적 호명으로서 '반공'은 무력을 동반한 호명이었다. 국민을 반공과 친공으로 나누어 반공 국민 만들기가 시작된 것이다.

둘째, '반탁' 호명이다. 김구가 앞장서 주도한 반탁운동이 반소·반공운동의 성격을 강하게 띠면서 남한 단독정부 수립 운동에 힘을 실어주었다. 반탁 호명은 새로운 적을 정립하고 적대관계를 새로 정의함으로써 국민을 '반탁'과 '찬탁'으로 나누고, 남한 내 소아주의 세력의 헤게모니 강화에 기여했다. 1945년 12월 27일 동아일보는 "소련은 신탁통치 주장, 미국은 즉시 독립 주장, 소련의 구실은 38선 분할점령"이라는 제목의 머리기사를 실었다. 정용욱(2003a, 53-68)은 이 역사적 오보에 주한 미군정과 도쿄의 맥아더 사령부가 조직적으로 관련되었다는 정황을 추적했다. 미군정은 이 오보를 바로잡지 않고, 소련이 한국에 신탁통치를 실시하고자 했다는 믿음을 방치했다. 한민당은 신탁통치가 소련안이고 미국은 즉각 독립안을 제안했다고 주장하여 반소 감정을 적극 조장했다(송남헌 1985, 258). 이후 소련이 타스 통신을 통해 신탁통치 구상이 원래 미국의 제안이었음을 밝힌 뒤에도, 우익 세력은 탁치와 소련을 연결시키는 작업을 계속하였다. 반탁운동은 곧 반소·반공 운동으로, 나아가 "'자유민주주의 대 공산주의'라는 이념 대립에서 '한반도의 독립 대 한반도의 공산화'라는 민족주의적 논리로 전환되었다"(전재호 2012, 150). 한마디로, "반탁 운동은 반공 이데올로기를 확대재생산하는 에너지가 되었다"(송남헌 1985, 247).

탁치파동을 통해 '좌익=찬탁=친소=매국 vs. 우익=반탁=독립=애국'의 전선이 형성되었다. 이전까지 '민족 vs. 반민족' 대립구도가 기본이었는데, 1946년 초 탁치 문제를 둘러싸고 '좌익 대 우익'의 전선이 다른 대립선을 뒤덮었다. 박헌영과 존스턴(Richard J. H. Johnston)의 기자회견 사건에서 보듯이, 미군정도 '찬탁=친소=매국, 반탁=반소·반공=애국'이라는 대립구도를 확대하는 여론공작을 수행했다(정용욱 2003a, 71-76). 원래 반민족적 매국세력인 친일세력이 반탁운동에 편승하면서 '애국'세력으로 변신하는 데 성공했고, 반대로 좌익은 '매국'적 찬탁세력으로 비난받았다(김동춘 2006, 173). 우익은 '찬탁=친소=매국' 호명을 통해 좌익을 '매국 반민족' 세력으로 규정했다. 이는 좌익을 '우리'의 범주에서 배제하기 위해서 "이념이 아니라 민족을 내세운 공격" 또는 "민족을 내세운 이념적 공격"이었다(박찬표 2007, 168). 우익과 좌익이 각각 '비상국민회의'와 '민주주의 민족전선'이라는 통일전선체 아래 뭉치고 대립함으로써, 헤게모니 투쟁의 주전선이 이전까지의 '애국 대 매국(친일)' 구도에서 '좌익 대 우익'의 구도로 전환되었다(김용철 외 2018, 29-32).

"이 반탁소동은 그들의 구호와 같이 자주독립 쟁취를 위한 것이 아니라, 실제로는 반소, 반공의 악선전이었다. … 이 반탁소동은 친일파, 민족 반역자를 순식간에 열성적인 애국자로 둔갑시켰다. … 그 후 소위 신탁안이 소련안이 아니라 미국안이라는 것이 명백하게 드러난 뒤에도 그들의 반소 반공의 태도는 조금도 변함이 없었던 것이니, 그것은 그들의 반탁소동이 단순히 국제적 상식의 무지에서 유래된 것만이 아니라, 이것으로 반소 반공의 기회를 삼아 진정한 민주주의 진영을 위협하려는 계획에서 출발했던 까닭이었다"(민주주의 민족전선 1988, 124-125).

반탁운동은 결과적으로 남한 단독정부 수립 운동으로 이어지는 연결고리가 되었다. 우익 반탁 진영의 일파가 남한의 단독정부수립안을 주장하면서 반탁이 곧 통일정부 수립을 포기하거나 미루는 것을 의미하게 됐고, 혼란에 빠진 우익 진영은 여러 갈래로 갈라졌다. 결과적으로, "초기에는 '반탁 대 찬탁'으로 단순했던 논쟁이 이제 반탁을 통한 남한단정수립 주장과 찬탁을 위해서라도 조선통일정부를 수립하자는 주장이 맞서는 복잡한 대결로 나타나게 되었다"(이호재 1975, 208; 김동성 2006, 34). 김구로서는 의도하지 않은 결과였겠지만, 반탁 호명은 남한의 단정세력이 강화되는 데 결과적으로 기여했다. 남한의 단독정부는 당연히 반소·반공 정부여야 했고, 좌익과 이북은 그 적이었다. 오스트리아에서 독일과의 경계짓기가 실행된 것과 달리, 한국에서는 '일본과의 경계짓기'가 수행되지 않았다. 그러기는커녕 독립국가 수립에서 배제되었어야 할 친일·반민족 세력은 이제 반공정부 수립에서 배제의 대상이 아니었고 오히려 반공투사로서 '우리-중심'을 차지하게 되었다. 김대중(1994, 40)이 지적하듯이, "친일파가 자기들이 살기 위한 방패로 반공을 지상명제로 만들었으며 반공이면 살인을 해도 상관없는 세상으로 만들었던 것입니다. 그러다보니 친일했다는 과거는 문제가 안 되고 어느새 나라를 지키는 의인이 돼버렸습니다." 이남의 소아주의 국가가 성립되면서 친탁 진영인 좌익 세력은 소아주의 국민의 적으로, 적대와 섬멸의 대상으로 새롭게 규정되어 갔다.

종합하면, 남과 북의 각각의 지역에서 소아주의 세력이 대아주의 세력에 대해 우위를 차지하면서 각각의 지역에서 소아주의 국가가 수립되어 갔다. 이는 남과 북의 분립이 남과 북의 대결의 결과이기보다는, 남과 북 각각에서 소아주의(분리주의)와 대아주의(통합주의) 세력 사이의 헤게모니 투쟁의 결과라고 보는 시각이다. 이북에서는 소아주의 정부가 토지개혁을 포함하여 '민주'개혁을 단행했고, 이에 저항하거나 반대하는 세력을 '반동'으로 호명했다. 반동은 함께 의논하고 타협하거나 협력할 주체가 아니라 억압하고 숙청해야 할 대상이었다. 반동 호명을 통해 소위 '민주' 세력에 의한 홀로주체적 통합이 이뤄졌고, 그에 걸맞은 국민을 건설하기 시작했다. 이남에서는 이북에 대항하는 반공·반북 정권을 수립한다는 단정노선이 주창되었고, 이를 주도하는 세력은 반공·반북 국민을 건설했다. 아울러 '반탁' 호명이 '찬탁=친소=친공' 구도를 만들어서 반공 국민 건설에 힘을 실어주었다. 공간적으로 분리된 적대적 두 국민 건설이 본격화된 것이다. 남과 북 각각의 공간에서 배제·청산·척결의 대상으로 '친공·친북·친소' 세력과 '반동' 세력이 지목되었다. 남과 북 각각의 공간에서 진행된 이와 같은 홀로주체적 소아주의 국가 및 국민 건설에 맞서 저항하는 움직임이 있었다. 하지만 이북에서는 그와 같은 저항이 미약했고, 이남에서는 대아주의 세력의 저항이 정치적 구심점을 확보하는 데 성공하지 못했다. 남과 북의 소아주의 국가형성에 저항하는 세력은 '빨갱이'나 '반동'의 이름으로 사냥의 대상이 되었다.

제8장 한반도의 남북분리*

　해방 직후 한반도에서 건국의 준비와 논의는 다양했지만, 대부분이 통일국가 수립을 위한 전단계로 임시정부를 어떻게 만들 것인가에 관한 것이었다. 당시 남북한 정치세력들의 선택의 폭은 다소 넓었고 유연했지만, 몇가지 계기를 통하여 그 선택지는 축소되고 경직되어 갔다. 해방정국 초기에는 통일된 '좌우연합형' 임시정부 수립의 가능성이 다양하게 모색되고 있었다. 그러나 미소분할점령과 38선 봉쇄, 신탁통치논쟁, 미소공동위원회의 결렬은 남과 북의 분리를 확대 심화시켰고, 정치세력을 좌우만이 아니라 남북으로 나뉘는 결과를 낳았다. 38선 봉쇄는 남북간 정치적 공간의 분리를 가져왔다. 해방 직후 만연했던 서울중심주의는 소군정과 김일성세력에 의해 거부되었고, 그들은 독자적인 정치의 중심을 북한에도 구축하기 시작하였다. 신탁통치논쟁은 좌우갈등을 남과 북의 분열로 전환시켰다. 이러한 상황에서 남아있는 통일의 길은 남한과 북한내에서 각각 좌우연합을 통한 통합세력의 구축과 이에 기반하여 남한의 정치세력과 북한의 정치세력이 협력하는 '남북연합형' 임시정부 수립이란 단계적인 통합론으로 좁혀졌다. 오히려 시간이 흐를수록 남과 북사이의 통합 논의 즉 남한내 대표적인 정치세력과 북한내 대표적인 정치세력간에 임시정부 수립을 도모하는 남북연합의 논의가 더욱 중요해졌다. 물론 남북한 연합을 위해서는 남한내 정치세력의 통합, 북한내 정치세력의 통합이 중요한 선결과제였다. 남북연합형 임시정부 수립을 위한 합의의 장이되어야 했던

---

* 김용복

미소공동위원회가 미국과 소련의 입장차이로 결렬되자, 한반도에 남아있는 선택지는 단독정부 수립이란 남북분리의 완성뿐이었다. 이 글에서는 38선 봉쇄, 신탁통치논쟁, 미소공위 대응을 계기로 '좌우연합'과 '남북연합'을 통한 임시정부 수립방안이란 선택지가 어떻게 축소되어 갔고 분단으로 이어지게 되었는지 그 과정을 남북한간 정치세력의 통합과 분리라는 관점에서 살펴보고자 한다. 남한과 북한의 정치세력들이 각자 지역에서 좌우연합과 분열이란 정치활동을 지속하면서 한반도의 임시정부 수립을 위한 남한과 북한 사이에서의 정치적 연결과 분리라는 남북한간 통합문제에 어떻게 대응했는지를 고찰하였다.

1. 서울중심주의와 정치세력들의 주도권 경쟁

일제의 항복 이후 주어진 해방공간에서는 자연스럽게 한반도 임시정부 수립에 대한 논의와 이에 대한 준비작업이 진행되었다. 좌우를 막론하고 정치지도자들은 해방과 동시에 전국적인 조직의 구축을 시도하였다(박명림 1996, 48). 대부분의 정치세력은 한반도 전체를 대상으로 정당활동과 임시정부 수립을 준비하였으며, 이들은 서울을 중앙으로 생각하고 모든 활동을 서울에 집중하였다. 그리고 이들은 주도권 경쟁을 하면서도 좌우 정치세력들간의 연합 혹은 통일전선의 필요성에 공감하였다. 남한내 조선공산당, 조선인민당, 한국민주당 등 초기의 주요 정당들은 서울을 중심으로 활동을 시작하였다. 북한에서 시작된 독자적인 정당활동도 결국은 남한과의 연결을 추구하였던 것이 당시 상황이었다.[1] 이들은 서울 중심적

---

[1] 조선공산당의 일부 북한 내 정치세력들은 평양에 <분국>을 세우려고 노력하였고, 조만식등이 중심이 된 <조선민주당>(1945.11.3. 창당)은 북한에서 출발하였지만, 신탁통치 논쟁 이후 다수의 핵심세력이 월남하여 1946년 4월 25일에 서울에서 <조선민주당>을 별도로 출범시켰다. 연안파 독립동맹의 김두봉은 1945년 11월말에 귀

사고로 인하여 자신의 구상과 경쟁이 한반도 전체의 운명을 좌우할 것이라는 신념을 갖고 있었다. 남한에서의 정치적 경쟁은 건준과 이어진 인공세력과 중경 임시정부 세력을 중심에 놓고 진행되었다.

가장 먼저 건국준비를 시작한 것은 여운형 등의 건국준비위원회(이하 건준)였다. 여운형은 일제말 건국운동을 전개하여 <건국동맹>(1944.8)을 결성하였고, 이 건국동맹이 건준의 모체가 되었다. 여운형 중심의 건준이 전국적으로 지방조직을 자연발생적으로 확산시키면서 해방공간의 중요한 대안으로 등장하였다. 건준은 민족주의와 공산주의자의 초계급적 협동전선으로 인식되었다(김인식 2004, 157). 8월22일 단행된 건준의 확대조직에도 건국동맹계열과 신간회 계열이 중심이 되어 좌우세력이 비슷하게 참여했다. 건준은 해방 후 8월31일 현재 전국에 145개 지부를 가질 정도로 급속히 확산되어 갔다(박명림 1996, 39).2) 해방정국 초기에 건준은 사실상 정부역할을 담당하였지만, 이러한 자생적인 정치활동은 미군진주와 함께 짧게 끝나고 말았다. 9월4일 미국상륙설이 돌면서 건국준비위원회에서 우익이 빠져나가 좌익중심으로 개편되었다(서중석 2004, 14). 그리고 급하게 9월6일 '전국인민대표자대회'라는 이름으로 <조선인민공화국>(이하 인공) 수립을 선포하였다. 이러한 건준의 인공으로 전환은 박헌영과 재건파 공산당이 주도했다. 9월 14일 인공의 조각이 발표되었지만, 좌우협력과는 거리가 먼 것이었고 재건파 공산당으로 중심이 옮겨지면서 인공의 성격이 변하였다. 또한 미군정이 인공을 통치기구로 인정하지 않고 미군정만이 유일한 정부라고 선포하자, 인공은 좌익의 한 정파세력으로 약화되었다. 이렇게 인민공화국으로 급하게 전환한 데에는, 미군진주에 대비

국하여 1946년 1월 16일에 본격적인 정치활동을 선언하고 독립동맹을 <조선신민당>으로 개칭하였다. 그리고 조직을 확대하여 남한에도 <독립동맹 경성특별위원회>를 조직하였고, 후에 <남조선신민당>으로 명칭을 바꾸었다.

2) 1945년 11월 21-22일 전국인민위원회 대표자대회에 보고된 11월 현재 인민위원회는 북한에서는 총 564개면 중에 564개, 남한에서는 1,680개면 중에 1,667개 위원회가 창설되었다고 한다. 남북 총 13대 도가운데 13개 전부 도위원회가 창설되었다(박명림 1996, 40).

하여 정부성을 갖춘 조직으로 전환하기 위한 측면과 우익들이 중경 임시정부를 절대적으로 지지하는 것에 맞대응하기 위한 측면도 존재하였다(정병준 2023, 155-156). 인공의 수립은 미군부대가 남한에 진주하기 이전에, 그리고 해외독립운동단체나 지도자가 귀국하기 이전에 좌파세력이 주도하는 새로운 국가 및 정부를 수립하고 이를 기정사실로 만들기 위한 시도였다. 공산당지도부는 북한에 진주한 소련군처럼 남한에 진주할 미군도 자치조직인 인공에 행정권을 이양하리라 생각했고 그것이 인공의 급조로 표출되었던 것이다. 또한 우파세력이 결속하여 지지를 표명한 중경 임시정부에 대항하기 위한 예방조치였다. 당시 좌파는 인공수립으로, 우파는 한민당을 결성하여 중경 임시정부 절대지지와 미 점령당국에 대한 협력을 표명하는 형국이었다(오코노기 2019, 303-304; 정병준 2023, 159). 이렇게 해방 이후 남한에서 서울중심주의와 조급성을 보여준 것이 건준의 인공으로의 전환이었다(정병준 2023, 163).

미군정은 서울에 있었던 건준이 인공으로 전환된 것을 인정하지 않고, 유일한 정부로서 미군정밖에 없음을 선포하였다. 1945년 10월 10일 아놀드 조정장관은 미군정이 '남한의 유일한 정부'로서 '모든 형태의 정부에 대해 배타적인 통제와 권위를 갖는다'라고 선언하였다(김광운 2019, 268). 10월 27일에는 인공에 대하여 공화국의 '국'자를 삭제할 것을 요청하였으며, 12월12일에는 하지의 인공해체 지령과 비판 성명이 있었다.[3] 따라서 인공의 '정부성'은 부정되었고 하나의 정치단체로 규정되었다. 나아가 미군정은 남한 정치세력의 통합을 통한 미군정 자문기구 구성과 과도정부 수립 정책을 추진하였다. 이는 랭던의 정무위원회 구상으로 구체화되었다. 정무위원회는 미군정하의 일종의 과도정부형태를 의미하였다(정병준 2023, 22). 랭던의 구상은 이승만의 독립촉성중앙협의회와 한민당을 중심으로 정계를 개편하려는데 중점을 두고 진행되었다. 미군정은 한국 정치인들과 연쇄 접촉을 통하여 이 구상을 구체화하고자 하였다.

---

[3] 결국 1946년 4월 23-24일에 개최된 제2회 전국인민위원회 대표자대회에서 인공이라는 용어는 사라지고 중앙인민위원회라는 용어가 등장하였다.

그러나 미군정과 이승만, 한민당이 추진한 정무위원회와 독촉중협 계획은 실패하였다. 이 계획은 정무위원회, 전한국국민집행부, 통합고문회의 등 다양한 이름으로 불리웠지만 독촉중협이 중심이 된 것이었다(정병준 2023, 23). 이승만은 미군정을 배경으로 자신을 중심으로 한 정계개편을 시도하였지만 성과로 연결되지는 못했다. 늦게 귀국한 김구 등 임정세력은 임정법통론을 내세워 건국의 중심이 되고자 하였다. 결국 해방초기의 남한 정치세력들은 서울 중심적 사고에 서서 임정봉대론과 좌우연합론 등을 중심에 두고 주도권 경쟁을 하였다. 이승만과 박헌영은 임정봉대론과 거리를 유지하거나 비판하면서, 좌우연합보다는 주도권 확보를 위한 일에 몰두하였다.

해방공간에서 미군정이 정국을 주도하는 가운데, 각 정치세력은 주도권을 잡기 위한 경쟁을 하면서도 통일정부 수립을 위해서는 정치세력간 연합이 필요하다고 생각하고 있었다. 좌우연합지향의 건준과 급조된 좌익 결사체인 인공에 대하여 민족주의 정치세력들과 친일세력을 포함한 우익들은 임정봉대론을 내세우며 이합집산을 거듭하였다. 우파 민족주의세력과 중간파사이에서는 임정봉대론이 지배적이었다. 박헌영과 조선공산당은 건준을 인공으로 전환하면서 주도권을 잡으려고 시도하였지만, 미군정의 반대로 하나의 정파세력에 머물고 말았다. 이후 '좌우연합형' 정권수립 전략은 약화되었고 중경 임시정부 지지진영과 인공 지지진영이라는 진영대결의 양상으로 전개되었다(정병준 2023, 163).

2. 북한의 독자적 정치화

해방 후 북한에서도 건준형식의 다양한 조직들이 결성되었다. 1945년 8월 17일 조만식 등이 중심이 되어 <평안남도건국준비위원회>가 결성되는 등 다양한 형식의 건준조직들이 지방에 만들어졌다. 해방 후 대부분의 북에 있는 정치세력들은 서울을 중앙으로 생각하고 정치활동을 재개하였다. 북한의 지방공산주의자들도 습관적으로 서울 중앙의 지시를 바랐다(오코노기 2019, 510).

북한에 진주한 소련군은 북한에서의 우호적인 정권수립을 원하였다. 소련군은 먼저 북한에 소련의 이익을 보장해 줄 독자적인 질서를 구축하고, 이를 토대로 한반도 전체의 통일정부를 수립한다는 생각이었다(서동만 2005, 141). 소군정은 소련군이 직접통치하지 않고, 한국인이 행정을 담당하는 간접통치의 방식으로 북한에 점령정책을 실시하였다. 먼저 소비에트 민정을 수립하고, 해방초기 만들어진 정치조직들을 우호적인 정치세력으로 재편하였으며, 서울과 분리된 독자적인 공산당 조직을 만들고, 독자적인 행정기구를 수립하는 등 서울중심으로부터 북한을 분리하는 노력을 착실히 진행하였다.

첫째, 소련군은 사령부 내에 조선의 민간문제를 담당할 특별기관인 <소비에트민정사령부>를 10월 3일 설치하였다. 책임자는 로마넨코 소장으로, 이는 남한의 미군정에 해당되는 조직으로 북한에서의 구체적인 점령정책을 담당하는 기관이었다(박명림 1996, 85). 미군정은 한국인의 자문기구를 두고 직접통치하였지만, 소군정은 한국인 집행기구를 두고 각 집행기구에 소련군이 자문을 담당하는 간접통치의 형식을 취하였다.

둘째, 소련은 북한에 진주하자 먼저 소련에 우호적인 세력을 육성하기 위해 기존의 자생적인 건준조직들을 좌우연합 혹은 좌익중심의 조직인 <인민정치위원회>로 재편하기 시작하였다. 부르조아 민주주의 정권 수립이 목표인 소군정으로서는 좌익세력을 강화하여 우익 민족주의자들과 균형적인 구도로서 좌우연합형 조직을 만들고자 하였다. 더불어 조만식등의 조선민주당의 강세에 대항하기 위해 북한내 공산당 세력을 강화시킬 필요가 있었다. 조선민주당은 1945년 10월 19일 창당준비를 위한 모임을 거쳐 민족파 기독교도와 민주파가 합작하여 11월 3일 발족하였는데, 조만식이 당수였고 부위원장은 발족 직전에 귀국한 최용건이 맡았다. 1945년말 당시 조선민주당에 비하여 공산당의 당세는 그리 크게 성장하지 못하였으며 여전히 자체의 독자성을 유지하고 있던 북한 각 지역의 당조직이나 인민위원회 조직에 대한 통제력에도 한계가 있었다(서동만 2005, 135; 기광서 2021).

셋째, 소련군은 서울의 중심성을 인정하지 않았으며, 따라서 서울의 인공을 부정하였고, 북한내 독자적인 공산당 조직과 행정기구를 만들어갔다. 1945년 8월 26일 소련 치스차코프 대장은 새로운 정권을 각 도에 성립한 이후 통일된 정부를 세운다는 방침을 밝히면서도, 새로운 정부의 소재지는 경성(서울)에 한하지 않는다고 말하여 서울중심주의에서 벗어나는 생각을 보였다. 북한의 공산주의자들도 1945년 9월 15일 조선공산당평남지구확대위원회에서 '인민대표회의를 소집하여 인민공화국을 수립한다'고 해서 서울의 인공을 실질적으로 부정하는 모습을 보였다(정병준 2023, 173-174).

이어서 서울의 조선공산당으로부터 북한의 공산당을 독자화하기 시작하였다. 초기에 소련군은 민족통일전선을 결성하기 이전에 이를 지도할 북조선공산당을 창립하는데 어려움을 겪었다. 소련군이 북한에 진주했음에도 불구하고 국내파 공산주의자들과 좌익세력들은 서울을 무대로 정치활동을 전개하였고 북한정세와 관계없이 수립된 인공을 지지하였다. 거기다 박헌영 등 재건파 공산주의자들은 남한에서의 혁명활동 즉 우파세력과의 투쟁과 미군정에 대한 저항에 힘을 소진하는 바람에 북한에서의 당 활동과 국가건설에 큰 관심을 쏟지 못했다(오코노기 2019, 509-510). 1945년 10월 5일에는 북한내 공산당세력들의 예비회담이 개최되었는데 여기서는 독자적인 정당수립에 대한 격론이 있었다. 서울에서 파견되어 평남과 해주에서 활동하던 현준혁과 김덕연에게는 서울은 움직일 수 없는 중앙이었다. 따라서 독자적인 공산당 조직의 창설에 대해 격렬하게 반대하였다. 박헌영은 북한내 공산당분국을 창설하는 것에 대해 명백하게 반대하였지만, 소군정과 김일성세력은 분국을 설치하려는 의지가 강력하였다. 결국 10월 10-13일에는 <조선공산당5도당책임자및열성자대회>가 비밀리 개최되었고, 여기서 조선공산당의 북조선분국의 설치가 결정되어 공산주의자들의 지역적 분립이 시작되었다. 이에 따라 10월 20일 <조선공산당 북조선분국>이 수립되었고, 서울의 조선공산당은 10월 23일 <분국>을 승인하지 않을 수 없었다. <분국>은 서울 중앙의 지부창설이 아니라 북한내 새로운 또하나의 중앙의 창설이었다(박명림 1996, 111-113). 11월 15일에 조선공산당 북조선분국 제2차확대집행위원회가 열렸다. 12월 17일에는 조선공산당 북조선분국 제3차확대집행위원회가 열렸는데, 김일성은 연설 과정에서 <북조선공산당>이라는 명칭을 처음으로 사용하였다. 여기서 김일성이 북조선분국의 책임비서로 취임하였는데, 이를 계기로 박헌영과 김일성의 입장이 역전되었다고 평가되기도 한다(오코노기 2019, 511). 북한의 공산주의자들은 해방 후 8월과 9월에는 서울 공산당의 지부로서 활동하였지만, 10월에 <북조선분국>의 수립으로 남한과 분리되어 활동하다가 12월에 오면 확고해진 김일성주도의 공산당헤게모니하에서 활동하지 않을 수 없었다. 결국 1945년 12월에는 공산당이 남한과 북한의 두 개로 갈라졌는데 힘의 중심이 서울에서 평양으로 이동하였다.

또한 간접통치 방식을 취한 소군정은 북한의 임시적인 행정조직을 독자적으로 체계화하기 시작하였다. 10월 8-10일에는 북조선5도인민위원회 연합회의를 개최하여 북한지역의 행정을 담당할 한국인 중앙행정기구의 창설을 논의하였다. 그러나 조만식이 평양에 중앙정부 수립하는 것을 거부하여 이 계획은 뒤로 미루어지게 되었다. 1945년 11월말 이전까지 북한 전역의 도, 시, 군, 면까지 인민위원회 조직이 완료되었다(서동만 2005, 62). 1945년 11월 19일에는 각도 인민위원회연합회의를 개최하여 '북조선 5도행정의 통일적 관리'를 위해 <북조선5도행정국>을 설립하고 산하에 10개 국을 설치하였다.

더욱이 1945말-1946년초에 북한은 해방 후 최대 대중조직인 <조선노동조합전국평의회>(전평)의 북한조직을 중앙조직에서 떼어내 북한의 독자적인 조직을 만드는 등 여러 대중단체들도 남한과 분리하여 독자적인 조직체를 만들어 갔다(박명림 1996, 120). 또한 서울의 좌익지도자들이 소군정과 상의하거나 지시를 받기위해서 방북하곤 하였는데, 이는 자연스

럽게 좌익의 중심을 평양으로 이동시켰다.4)

대체로 북한의 독자화 혹은 서울로부터의 분리는 5도행정국을 북한의 중앙정권기구로 전환시켜 만든 1946년 2월 <북조선임시인민위원회>의 수립으로 마무리되었다고 보인다. 이러한 소련의 초기 점령정책은 '확보된 지역내의 사회주의 구축'이라는 기본적인 전략이 관철된 것이었다. 북한에 우호적인 정치세력을 확고히하여 향후 논의될 한반도 임시정부 수립에 대비하는 전략이었다.

3. 신탁통치논쟁과 남북분리

미소 분할점령하에서 새로운 정부수립을 위한 정치세력들간에 치열한 경쟁과 연합이 진행되고 있을 때 전해온 모스크바 3상회의 결정은 남북한 모두에 크나큰 영향을 주었다. 1945년 12월 28일에 발표된 3상회의 결정은 조선임시정부 수립, 신탁통치, 그리고 미소공동위원회 설치 등의 내용이었다. 3상회의 결정은 전후의 한국문제를 미소공위에서 미소간 협의를 통해 해결한다고 한 것으로 아무것도 결정하지 않고 모든 문제를 미소공위에 미룬 것이란 비판을 받았다. 즉 한반도에 바로 통일 임시행정기구를 수립하는 것이 아니라, 미소협의란 미소공동위원회에서 논의를 거쳐 임시정부를 수립한다는 방안이었다. 이는 미소공위에 참여할 미군정과 소군정의 대표 정치세력을 구성한 이후에 미군정의 남한대표와 소군정의 북한대표간 협상과 연합이라는 과정을 거쳐야 하는 단계론적인 임시정부 수립안

---

4) 박헌영은 1945년말에 방북하여 12월 28일 로마넨코를 만나고, 12월31일 개최된 조선공산당 북조선 분국 제4차 확대집행위원회에 참석하였다. 이어 1946년 4월 5일 북조선 조직위원회집행위원회에는 김일성, 박헌영이 참석하여 조선임시정부의 간부 비율은 좌익 6, 우익 4로 의견을 모으기도 했다(백학순 2010, 401). 1946년 4월 북한을 방문한 여운형도 김일성과 비밀회동을 갖기도 하였다.

이었다. 따라서 3상회의 결정을 계기로 미군정과 소군정은 장차 논의될 임시정부 수립에 적극적으로 대응하기 위해 자국에 유리한 정치적 주도세력을 만들고자 하였다.

신탁통치논쟁은 반탁을 주장하는 우익세력과 3상회의 결정을 지지하는 좌익세력을 분리시켰다. 이러한 좌우갈등은 미군정내 좌우세력간 협력을 추구하는 모든 노력을 무산시켰다. 이제 미군정내 정치활동은 좌우연합보다는 반탁세력내에서 주도권 경쟁을 위한 정계재편이 중심이 되었다. 1945년 12월 30일 송진우의 암살 이후 한민당은 우익경향이 강화되고 당내 진보세력, 우파 사회주의세력이 약화되었다. 김구 등 임정세력은 반탁운동을 통하여 정권을 이양받으려고 하였지만, 미군정에 의해 거부되면서 위축되고 말았다. 김구는 1946년 1월 4일 '임정법통론'을 내세워 비상정치회의 소집과 임정을 확대강화하는 성명을 발표하였지만, 좌익을 끌어들이지는 못하였다. 결국 김구의 비상정치회의와 이승만의 독촉중협이 중심이 되어 비상국민회의 주비회가 결성되었고 이를 기반으로 2월1일에는 우익 61개 단체를 망라하여 <비상국민회의>를 발족하였다. 이후 비상국민회의가 <남조선대한국민대표민주의원>(민주의원)으로 전환하면서 우익 정치세력들은 민주의원으로 결집하게 되었다. 민주의원의 조직 결성을 주도한 것은 미군정의 지원을 받은 이승만이었다. 1945년 12월경 우익진영의 정치활동에서 고립되었던 이승만은 1946년초 비상국민회의와 민주의원이 조직되는 과정에서 미군정의 지원 아래 화려하게 부활하였다. 민주의원 결성으로 중경 임정은 유명무실하게 되었고, 이후 김구는 한독당이란 정당활동에 집중하였다. 이러한 우익의 재편과정에서 공산당은 물론 조선인민당, 독립동맹, 임정 내 좌파, 조선민족혁명당, 조선민족해방동맹 등 중간파 성향의 좌파도 배제되었다(윤덕영 2016, 333-336). 좌익세력은 모스크바 3상회의 결정이 임시정부 수립에 그 초점이 있고, 신탁통치문제는 그 이후 협의할 문제라면서 반탁운동에 맞서 3상회의 결정을 지지하였다. 1946년 1월 2일 조선공산당이 3상회의의 결정을 지지하기로 하였고, 1월 5일에는 박헌영이 기자회견에서 3상회의 결정이 조선을 독립국가로 발전시키기 위한 결의라고 주장하였다. 좌익은 우익의 <민주의원> 결성에 대해 조선공산당이 주도하는 <민주주의민족전선>(민족전선)의 결성으로 맞섰다. 민족전선 의장에는 허헌, 여운형, 박헌영, 백남운, 김원봉 등이 선임되었다. 김원봉등은 3상회의 결정지지를 통한 한국문제 해결과 좌우합작 및 미소공위 참여를 통한 임시정부 수립을 주장하였다(김광운 2019, 270-271). 3상회의 결정은 남한내 정치세력들은 민주의원과 민족전선이란 우익과 좌익 양진영으로 양분되는 정치구도를 낳았으며, 이후 좌우대립을 더욱 격화시켰다.

북한에서의 신탁통치논쟁은 우익세력을 탈락시키는 정치적 결과를 낳았다. 3상회의 결정 이후 소군정은 반탁과 지지를 둘러싼 대립에서 우익민족주의세력을 3상회의 결정에 대한 지지로 끌어들여 좌우연합의 틀을 유지하고자 하였다. 그러나 조만식 등 민족주의세력들은 반탁의 입장을 굽히지 않았다. 1946년 1월 2일 북한내 정당, 사회단체들은 3상회의 결정에 대해 지지한다는 공동성명을 발표하였는데, 조만식 등 조선민주당만은 서명을 하지 않았다(기광서 2021). 소련군 및 김일성, 최용건은 조만식을 설득하고자 하였으나 1946년 1월 5일 조만식은 이를 거절하고 평남인민정치위원회 위원장을 사임하였다. 소련군은 조만식을 반소적인 인물로 보고 호텔에 연금하였다. 이로써 북한내 공산주의세력과 조선민주당과의 연합은 실질적으로 파탄났으며, 이후 조만식 이외의 민주당 지도부는 거의 남한으로 도피하는 길을 택했다(서동만 2005, 142).[5] 북한에서 3상회의 결정에 대한 조만식의 완고한 반대에 직면한 소군정은 결국 민족주의자들과의 연립정책을 폐기하였던 것이다. 북한에서 좌우연합의 가능성이 사라지게 된 것은 3상회의 결정을 둘러싼 갈등 때문이었다. 소군정은 초기에는 조만식을 중심으로 좌우연합형 대표조직을 만들고자 하였으나, 결

---

[5] 1946년 2월 24일 조선민주당은 조만식그룹의 출당을 공식화하고, 당수 최용건 부당수 강양욱 등 새지도부를 구성하였다. 월남한 조선민주당 인사들은 1946년 4월 서울에서 조만식을 당수로 추대하여 <조선민주당> 재건을 선포하였다(기광서 2021).

국 조만식 등 우익세력을 배제하고 김일성을 내세워서 좌익중심의 정치세력을 기반으로 통치기구를 만들었다(남광규 2007, 132).6) 그것이 1946년 2월 수립된 <북조선임시인민위원회>(이하 임시인위)이었다. 임시인위는 미소공위의 임시정부 수립에 대비하면서, 남한의 정치세력과 분리하였다는 의미가 있다. 남한의 좌익세력이 결집하여 민족전선이란 통일전선조직을 만든 것에 대응하여 북한은 통일전선 조직의 성격을 갖는 정권기관으로서 임시인위를 만들었던 것이다(와다하루키 2002,79; 서동만 2005, 144). 또한 임시인위 수립은 3상회의 결정인 임시정부 수립에 대비한 북한의 조직 정비와 더불어 미군정의 민주의원 설치를 통해 독자적인 행정조직을 구축하는데에 대응이라는 복합적인 의미를 가지고 있다. 소군정은 일찍부터 소련에 우호적인 정치세력을 결집함으로써 미소공위의 임시정부 수립에 대응하고자 한 것으로 보인다. 임시인위 수립은 미군정 보고서가 '북한에 인민정부가 수립되었다'고 평가하였듯이(박명림 1996, 154-156), 사실상의 김일성을 수반으로 하는 단독정부의 기능을 하였다(오코노기 2019, 23).

결국 미군정과 소군정은 신탁통치논쟁을 우호적/적대적인 정치세력을 나누는 중요한 계기로 삼았다. 신탁통치논쟁은 남한에서는 친일파의 소생과 반공주의 확산을 초래하였고, 북한에서는 민족주의자의 탈락을 가져왔다(박명림 1996, 150). 신탁통치논쟁으로 남한에서는 주도권 장악을 위한 경쟁에서 우익세력의 결집과 좌익의 배제가 진행되면서 좌우연합의 가능성과 폭은 현격히 축소되었다. 북한에서는 민족주의 세력의 몰락 그리고 서울중심성에서의 탈피와 북한의 독자성 확보로 귀결되었다. 나아가 소군정과 좌익의 모스크바 3상회의 지지는 남한 좌익의 북한에의 의존도를 높여, 좌익내 평양중심성이 강화되는 결과를 낳았다. 결국 신탁통치논쟁은 북한에서는 좌익이 주도하는 정치적 재편을, 남한에서는 미군정이 지원하는 우익세력과 이에 저항하는 좌익세력의 갈등이란 정치상황으로 귀결되

---

6) 이승만, 김구, 조만식은 임시정부 수립이라는 목표와 분할점령된 상황에 대한 이해 보다는 반공과 민족주의라는 교의에 더 충실하였다고 평가된다(박명림 1996, 147).

었다.

　남한의 민주의원과 북한의 임시인위의 수립은 한반도에서의 좌우연합의 의미와 가능성이 약화되고 '남북연합형' 임시정부 논의가 중요해진 계기였다고 할 수 있다. 모스크바 결정의 핵심인 임시정부 수립안에 대해 미군정과 소군정은 자신의 우호적인 정치세력을 구축하여 임시정부 수립에 대비한 주체세력을 만들고자 하였다. 이러한 구상이 구체적으로 현실화된 것이 신탁통치논쟁 이후 미군정의 민주의원 수립과 소군정의 임시인위 수립이었던 것이다. 미군정의 민주의원과 소군정의 임시인위는 남북한 각각의 행정체계였다. 직접통치 방식의 미군정하에서 자문역할을 담당하는 민주의원과 간접통치 방식의 소군정하에서 행정을 담당하는 임시인위는 남북에 중심적인 정치세력이 구축되었고, 나아가 남한과 북한이 정치적으로 분리되었음을 의미하였다. 이후 한반도 임시정부 수립에 더 이상 '좌우연합형' 임시정부 논의는 현실적인 방안이 되지 못하였다. 신탁통치논쟁으로 좌우갈등은 남북갈등으로 전환/이전되었고 이제는 한반도 임시정부 수립에 있어서 남북간 협상과 통합에 의한 방안이 현실적인 전략이 되었다. 이는 통일을 위한 남한의 단계론적 사고와 북한의 민주기지론과도 연결된다. 즉 남한에서의 좌우연합을 형성하거나 혹은 미군정이 후원하는 민주의원과 북한의 임시인위와의 '남북연합'을 형성하여 한반도 임시정부를 수립한다는 단계론적 방안의 실현가능성이었다. 물론 이러한 '남북연합형' 임시정부 수립론이라는 단계론적 견해의 전제는 미소합의가 유지된다는 것이었다.

4. 미소공위와 '남북연합형' 임시정부 수립?

　왜 미소공위에서 '남북연합형' 임시정부 수립에 미국과 소련은 합의를 하지 못했을까? 미소공위는 '남북연합형' 임시정부 수립에 대한 논의와 합의의 장이었다. 당시 북한에서는 임시정부 수립에 참여할 대상이 이미 확정되어 있었기에 소군정은 남한의 대표세력에 관심을 두고 미소공위에 임하였다. 그래서 우익들이 중심이 된 반탁세력을 배제하여, 장차 수립될 임시정부에 소련에 우호적인 세력을 다수 확보하고자 하였다. 미군정도 좌익세력들을 배제하여 임시정부 협상에 참여하고자 하였다. 미소공동위원회는 예비회담(1946.1.16-2.6), 1차회담(1946.3.20- 5.9), 2차회담(1947.5.21.-10.18)이 개최되었지만, 모두 합의없이 결렬되었다.

미소공위에 임하는 미국과 소련의 대책은 모두 '우호적인 정치세력' 중심의 임시정부 수립에 초점이 맞추어져 있었다. 소련은 북한내 <임시인위>의 수립을 통하여 친소세력을 확고하게 결집시켰으며, 미소공위에서 이를 토대로 전국적으로 확대하고자 하였다. 그래서 소련은 미소공위의 참여대상에서 반소세력과 우익을 반탁세력이라는 명분하에서 배제하려는 전략으로 임하였다. 이러한 소련의 전략은 우선 확보된 북한지역을 견고히하고 남한의 반동화를 저지하여 궁극적으로는 한반도 전역에 친소정부를 세우자는 것이었다(백학순 2010, 414-415). 미국은 초기 소련과의 협력을 통해서 한국문제를 해결하고자 하였다. 4개국 신탁통치를 실시함으로써 한반도의 소비에트화를 막고자 하였다. 그러나 소련이 비협조적이고, 미소공위에서 좌익의 색채가 강해질 것을 경계하여, 미군정은 미소공위 참여대상에서 좌익을 배제하려는 전략으로 임하였다.

제1차 미소공위는 1946년 1월 16일 서울에서 예비회담을 시작으로 1946년 3월 20일-5월 6일 총 24회가 진행되었지만, 5월6일 무기한 정회되면서 결국 결렬되었다. 미소는 미소공위에 참여할 국내 협의대상을 둘러싸고 대립되었다. 미국은 남한의 우파를 통제하면서 좌파의 참여 특히 극좌파의 참여를 최소화하려고 했다. 소련은 시종일관 반탁세력을 배제하여 좌익우위의 정부 수립노선을 견지하였다. 결국 북한의 참여대상은 이미 정리된 상황이었기 때문에, 남한의 참여대상을 두고 미소가 대립하였는데, 미국은 좌파를 배제시키고자 하였고, 소련은 우파를 배제하고자 하였다. 제1차 미소공위는 3개의 분과위의[7] 설치를 합의하는 등 진전된 부분도 있었지만, 반탁세력 배제라는 소련의 완강한 입장으로 결렬되었다. 사실 반탁세력의 미소공위 참가 불허는 1946년 3월 16일에 하달된 소련의 훈령에 이미 절대적인 조건으로 적시되어 있었다(남광규 2010, 312). 소련공산당 정치국도 1946년 7월 26일에 모스크바 결정에 반대하는 세력은 철저히 배제시키라는 지령을 내렸다. 제1차 미소공위에서 슈티코프 소련측 수석대표는 "소련은 조선이 진정으로 민주적이고 독립적인 국가가 되어 소련에 우호적인 그리하여 장래에 소련에 대한 공격기지가 되지 않도록 하는데 깊은 관심을 가지고 있다"고 말하였다(박명림 1996, 82: 오코노기 2019, 645). 소련은 반탁운동을 반소반공운동으로 전환시킨 우파를 허용해서는 안된다는 입장이었고, 어떻게해서든지 미소공위를 소련이 원하는 방향으로 운용하여 친소좌익 세력이 실권을 장악하는 조선임시정부를 만들고자 하였다(백학순 2010, 420). 미국도 1946년 1월 반탁운동에 나타난 김구 등 임정의 극단적인 정치노선에 회의적인 시각을 갖고, 임정 및 남한의 우파를 통제하면서 미소공위에 대비하기 위한 계획을 진행하였다(남광규 2010, 308-309). 반탁운동을 거치면서 우파는 비상국민회의로 총집결하여 민족주의세력의 구심점을 형성하였다. 미군정은 비상국민회의를 자문기관으로 삼아 미소공위에 참가시키면서 좌파내 중도인사를 합류시켜 우파를 강화시키고 극좌파를 배제하려 하였다. 비상국민회의가 1946년 2월에 <민주의원>으로 전환한 것도 미군정의 의도가 작용한 것이었다. 이것이 1946년 5월 이후 좌우합작운동으로 이어졌던 것이다.

1946년 5월 제1차 미소공위가 결렬되자, 미군정은 남한에서 좌우합작운동을 통해 온건한 좌우파 세력을 형성하여 모스크바 3상회의 결정 지지와 임시정부 수립에 대비하고자 하였다. 좌우합작운동은 1946년 10월 4일 좌우합작 7원칙에 합의하는 등 일정의 성과를 내기도 하였지만, 극우의 한민당과 극좌의 공산당이 반대하는 바람에 좌초하고 말았다. 1946년 7월에 좌우합작운동은 극우와 극좌가 포함 전체 정치세력들이 참여하였

---

7) 첫째, 민주적 정당 및 사회단체와의 협의, 조건 등 둘째, 임시민주정부의 기구, 조직원칙 등 셋째, 임시민주정부의 정강, 법류문제 등 3개의 분과위가 설치되었다.

지만, 9월에 극좌가 배제되고, 10월에 우익이 이탈하여 11월 이후에는 중간파의 결집으로만 한정되었다(이완범 2007, 114). 이러한 중간파는 미소대립과 좌우대립이 격해진 상황에서 설 자리를 잃어갔다. 이후 미군정은 선거를 통해 남조선과도입법의원을 설치하였다. 입법의원은 북한의 임시인위에 대응하는 미군정하 대표적인 기구였고, 법적 정당성을 갖춘 남한의 대표조직이었다. 이는 미소공위 재개에 대비한 일종의 임시정부 수립 전략이었다(서중석 1991, 398). 만약 좌우합작운동의 성공으로 남한내 중심적인 정치세력을 구축할 수 있다면, 소군정의 임시인위와 미군정의 좌우합작위원회 혹은 입법의원이 임시정부 수립의 남북 주체세력이 될 수도 있었다. 그리고 이를 기반으로 하여 미소협의를 진전시켜 '남북연합형' 임시정부 수립이 가능할 수도 있었다. 당시 중도파 정치세력들의 생각도 좌우합작을 성취하여 미소합의를 유도하고 이를 통해 통일민족국가 건설을 도모한다는 것이었다(김인식 2004, 151). 다만 이것은 미소간 냉전격화에 따른 단독정부 수립이란 방향이 정해지기 이전에 가능한 방안이었을 것이다.

북한도 미소공위가 결렬되자, 북한 내 지지기반 확대를 위한 사회경제적 개혁을 행하고, 1946년 중반 김일성이 민주기지론을 제안하면서 남한을 배제한 북한의 단독정권 수립을 구체화하였다. 1946년 5월초 조선공산당 북조선분국을 북조선공산당중앙위원회로 변경하여 남한의 조선공산당과 동등한 분리 나아가 좌익의 중심성을 확보하였다. 8월28-30일에 북조선공산당과 신민당이 합당하여 북조선로동당을 창립하였다. 북로당의 창립은 북한내에서 복수의 정당간 경쟁체제가 끝이 나고 일당체제 즉 당-국가체제가 시작되는 것이라고 평가되기도 한다(서동만 2005, 373). 또한 1946년말에 선거를 실시하여, 1947년 2월에 북조선인민회의라는 대의기구를 만들고, 여기서 북조선임시인민위원회의 임시를 떼어버리고 법적 정당성이 갖춘 북조선인민위원회를 정식으로 발족시켰다. 북조선인민위원회는 선거를 통해 법적 정당성을 부여받아 인정된 소군정의 대표행정기구이자 미군정의 입법위원에 대응하고 장차 재개될 미소공위에 대비하기 위한 조직이었다. 북조선인민위원회 발족은 사실상 북한만의 단독정부 수립을 의미하였다. 결국 1947년초에 북한에서는 거대한 북조선로동당을 권력의 중심으로 하고 북조선인민위원회가 통치하는 당=국가체제가 완성되었다고 평가된다(서동만 2005, 373).

남한의 입법회의와 북한의 북조선인민위원회가 결성된 이후 1947년 5월 21일에 가까스로 제2차 미소공위가 재개되어, 6월 25일 서울회의, 6월 30일 평양회의가 이어졌지만, 7월15일 휴회하였다. 1947년 7월25일 미소공위에 참여하겠다는 청원서를 제출한 남북한 정당, 사회단체는 남한이 425개, 북한은 36개였다. 북한은 북조선인민위원회의 성립으로 참여단체가 정리된 모습을 보였지만, 남한은 미군정이 지원하는 단체와 좌익단체들이 난립하는 모습을 보여주었다. 이러한 상황에서 2차 미소공위의 재개는 소련의 입장에서는 남한내 벌어지는 좌우합작운동을 방해하고, 좌익세력들이 입법의원에 선거에 참여하는 것을 저지하고, 공산당중심으로 좌익세력들이 합치기를 촉구하는 전략이었다고 평가되기도 한다(남광규 2007, 134).

1947년 이후 미군정의 입장도 매우 강경해졌다. 1947년 들어서면서 미국의 트루만 정부는 소련과의 협의를 통한 통일정부 수립이 어렵다는 판단하에서 한국문제를 국제연합으로 이전하는 한편 남한으로부터 철수를 도모하기 시작하였다. 미국은 1947년 9월 한국문제를 유엔에 이관하였으며, 10월 18일에 미소공위는 공식적으로 결렬되었다. 제2차 미소공위의 결렬은 한반도 통일을 위한 임시정부 수립이 불가능해졌음을 의미하였다. 미소공위의 결렬 이후 소군정의 친소정부, 미군정의 친미정부 수립으로 이어지는 과정이 남북 동시에 전개되었다.

미소공위는 한반도 내 통일된 임시정부를 수립할 수 있는 마지막 논의의 장이었다. 미소공위를 통해 임시정부가 수립되기 위해서는 무엇보다도 미국과 소련의 합의가 중요했다. 소련은 북한의 임시인위 수립을 통해서 확고한 친소정부 수립의 길을 걸었다. 미국도 극심한 좌우갈등 상황에서도 민주의원 등 우호적인 정치세력의 육성을 통해 임시정부 수립에 대비하여 왔다. 미소공위는 남한의 대표적인 정치세력과 북한의 대표적인 정치세력이 참여하는 '남북연합형' 임시정부 수립을 위한 논의의 장이었다. 그런데 미소공위에서 미국과 소련은 임시정부 수립에 참여하는 정치세력을 두고 대립하였고 결국 미소공위의 실패로 이어졌다. 이는 미소공위의 임시정부 논의과정에 미소에게 우호적인 정치세력을 참여시켜 이후 만들어질 한반도의 통일국가를 자국에 적대적이지 않은 나아가서 우호적인 국가로 만들려는 전후 한반도 전략에 따른 것이었다. 이러한 과정에서 미소 냉전의 심화는 미소간 합의의 폭을 대폭 축소시켰고, 결국 점령된 지역만이라도 우호적인 정부를 수립하고자 하는 방향으로 변화하여, 분단정부 수립으로 이어지게 되었다.

5. 남북분단으로의 길

해방 직후 미소의 분할점령, 38선 봉쇄, 그리고 남북교류의 단절은 한반도 문제의 남북 공동 논의 및 협의를 어렵게 만들었다. 38선을 경계로 미군과 소군의 남북 진주는 남북에 각각 우호적인 정치세력을 중심으로 임시정부 수립을 대비한 모색들이 진행되게 만들었다. 또한 서울의 중심성과 상징성은 소군정과 북한의 김일성 등 일부세력에게는 받아들이기 어려운 것이었고, 서울로부터의 탈피, 혹은 남한과의 분리가 중요한 과제가 되었다. 만약 남북이 38선을 경계로 분할되었다고 하더라도 서울지역의 미소 공동점령이 가능했고 미군정과 소군정의 대표부가 서울에 상주하였더라면, 그리고 남북의 모든 정치세력이 서울에서 같이 활동할 수 있었다면, 임시정부 수립과 관련된 논의는 다른 모습으로 전개될 수도 있었다. 신탁통치논쟁으로 미군정과 극좌세력의 대립과 소군정과 민족주의세력의 대립은 38선을 경계로 좌우갈등이 남북으로 이전되는 결과를 낳았다. 즉 미군정의 탄압을 피해 극좌세력은 북한으로, 소군정의 탄압을 피해 민족주의세력은 남한으로 도피한 결과 남북 각각에서 정치세력은 점점 한 쪽으로 힘이 기울기 시작하였다. 제1차 미소공위에서는 미소간 이견이 극명하게 대립되었고, 이는 남북한내 정치세력의 재편, 경쟁과 관련되었다. 북한에서는 조만식 등 민족주의세력의 축출을 통해 좌파연합의 조직이 구성되면서 임시정부 수립에 대비하였다. 남한에서는 극좌파의 탄압, 중간파 좌우합작운동 등을 중심으로 임시정부 수립에 대응하고자 하였다. 2차 미소공위의 결렬은 미소간 합의를 통한 남북 임시정부 수립의 가능성을 희박하게 만들었고, 이후 미군정과 소군정은 각각 단독정부 수립을 진행하게 되었다. 2차 미소공위는 미소의 명예로운 발빼기의 장이었다(남광규 2010, 317). 2차 미소공위가 결렬되면서 소련의 전략은 북한에 사실상 독립국가를 만들어 놓고 철수하면서 한반도 문제를 조선인에게 맡긴다는 방안이었다. 1948년 2월 4일에는 <조선인민군>을 설립되었고, 2월10일에는 북한의 헌법안을 발표하고, 7월 10일 북조선인민회의에서 헌법의 실시와 총선거 실시가 결정되었다. 8월 25일 북한 내 선거와 남한의 지하선거를 실시하여 9월9일 북한의 단독정부가 수립되었다. 남한도 1948년 5월 10일 단독선거를 실시하고 8월 15일에 단독정부를 수립하였다.

제9장 오스트리아의 분리주의 움직임과 통합의 정치*

1. 해방정국의 통합의 정치와 분리주의

제1차 세계대전에서 오스트리아-헝가리 왕국의 패배는 체코, 슬로바키아, 폴란드, 이탈리아, 루마니아, 세르비아, 크로아티아, 슬로베니아의 일부에까지 영향력을 미쳤던 거대한 제국의 붕괴를 가져왔다. 1918년 10월 31일 헝가리가 오스트리아-헝가리 왕국에서 탈퇴함으로써 국가형태로서 이중군주국은 공식적으로 폐지되었다. 오스트리아에 대한 평화조약인 상 제르망(Saint-Germain) 조약은 독일의 베르사유 조약과 달리 전쟁 배상 책임을 묻지 않았다. 그 대신 오스트리아는 기존 제국 영토의 상당 부분을 새로 생긴 체코슬로바키아, 폴란드, 이탈리아, 루마니아, 세르비아-크로아티아-슬로베니아 왕국에 할애해야만 했다. 패전과 함께 오스트리아의 운명은 다종족적·다언어적 제국으로부터 이제 독일어를 사용하는 사람들이 주로 거주하는 공화국으로 확정되었다. 상 제르망 조약은 오스트리아 공화국(Republik Österreich)을 국가형태로 못 박았고, 오스트리아가 독일로 합병되는 것은 물론 독일오스트리아(Deutschösterreich)라는 국명의 사용도 금지했다.

오스트리아 제1공화국은 승전국에 의해 강제된 측면도 있지만 동시에 뒤늦은 근대 국민국가의 수립이라는 국내의 정치적 열망의 표출이기도 했

---
* 구춘권

다. 다종족적 군주제 국가를 폐지하고 새로운 근대 국민국가를 건설하는 것은 정치적 좌파와 우파를 넘어 공동의 과제로 인식되었기 때문이다. 오스트리아-헝가리 군대의 패전이 확실해지는 무렵인 1918년 10월 21일, 구 제국의회에서 주로 독일어 사용 지역을 대표했던 의원들은 독일오스트리아 공화국을 설립하기 위한 임시 국민회의를 소집하기 위해 비엔나에 다시 모였다. 이 임시 국민회의는 새로운 국가권력을 준비하고 집행하는 기관으로 국가위원회(Staatsrat)를 설립했고, 그 의장으로 사회민주노동자당(Sozialdemokratische Arbeiterpartei: SDAP, 이하 사민당)의 자이츠(Karl Seitz), 기독교사회당(Christlichsoziale Partei: CSP, 이하 기사당)의 하우저(Johann Nepomuk Hauser), 대독일국민당(Grossdeutsche Volkspartei: GDVP, 이하 대독일당)의 딩호퍼(Franz Dinghofer)를 임명했다. 이 세 명의 공동의장은 일주일에 한 번씩 돌아가면서 국가위원회 의장직을 수행했다. 11월 초 오스트리아의 마지막 황제 칼 1세는 항복의 결정과정에 국가위원회가 참여할 것을 요청했지만, 국가위원회는 군주세력과 어떠한 논의와 협력도 없을 것임을 선언함으로써 합스부르크 왕국은 사실상 폐지되었다. 국가위원회는 10월 31일 사민당의 레너(Karl Renner)를 수반으로 하고 사민당, 기사당, 대독일당이 참여했던 최초의 거국정부를 승인한다. 오스트리아 제1공화국이 출범하는 역사적 순간이었다.

제2차 세계대전 이후 오스트리아라는 작은 나라를 재건하는 것은 제1공화국을 건설했던 것만큼이나 중요한 역사적 과제였다. 1938년 3월 나치 독일에 의해 강제 합병되어 제2차 세계대전에 함께 참여했기에 전쟁이 끝났을 때 오스트리아의 운명은 그 누구도 예측하기 어려운 상태였다. 미국과 영국은 오스트리아가 재건될 경우 강제 합병 이전의 상황, 즉 1937년의 국경으로 복귀하는 것을 고려했다. 그러나 이는 독일이라는 중요한 문제가 해결되었을 때 가능한 부차적인 문제였다. 소련은 모스크바에 망명했던 오스트리아 공산당의 지도부와 함께 전쟁 중에 독일의 패전에 대비해 오스트리아 점령계획을 세운 바 있다. 반파시스트 인민전선 정부의 구축이 이 계획의 핵심적 목표이기는 했지만, 그렇다고 명운을 걸고 이를 추구할 정도로 소련이 오스트리아를 중요하게 생각하지 않았음은 분명하다. 스탈린에게도 독일이 훨씬 중요했기 때문이다. 제1차 세계대전의 승전국들이 오스트리아는 독일과 분리되어 독립적인 공화국으로 건설되어야 한다는 명확한 목표를 가졌던 것에 비해, 제2차 세계대전 이후 오스트리아를 점령한 네 연합국들은 오스트리아의 미래에 대한 명백한 합의가 없었다. 1943년 11월 모스크바 선언이 오스트리아가 히틀러의 전형적인 침략정책에 희생된 최초의 자유국가이기에 독일의 지배로부터 해방되어야 함을 강조했고, 동시에 오스트리아가 히틀러 독일의 편에 서서 전쟁에 참여했기 때문에 회피할 수 없는 책임을 진다고 지적했을 뿐이다.

그러나 제2차 세계대전이 끝났을 때 오스트리아 내부의 정치적 상황은 제1공화국의 건설 무렵과는 사뭇 달라져 있었다. 주지하듯이 1918년 제1공화국이 출범하고 나서도 오스트리아라는 작은 나라의 미래에 회의적인 입장이 좌우를 망라해서 존재했다. 사민당의 상당수는 오스트리아라는 작은 나라가 사회주의의 미래를 담보하기에 너무나 협소하다고 판단했고 궁극적으로 독일과 함께 하는 사회주의를 꿈꾸었다. 보수 진영에서도 오스트리아라는 작은 나라가 정치적·경제적으로 생존할 가능성에 대해 회의적인 목소리가 컸다. 가톨릭 보수주의의 기사당과 경쟁했던 대독일당은 독일로의 합병만이 해결책이라는 생각을 줄곧 고수했다. 기사당은 제1차 세계대전의 승전국들에 의해 독일오스트리아가 국명으로 금지된 것을 수용했기에 독일로부터 독립해 오스트리아라는 작은 국가가 존재할 수밖에 없는 현실을 받아들인 것처럼 보였다. 그럼에도 불구하고 기사당 내부에서도 오스트리아 미래는 독일과 분리해 상상하기 어려웠다. 오스트로파시즘의 독재체제가 구축되면서야 독일과 다른 오스트리아의 국가적 정체성, 즉 가톨릭에 기반한 유기적 국가주의를 도입하려는 시도가 있었다. 그러나 이러한 이데올로기가 뿌리내리기에 오스트로파시즘이 권력을 잡은 5년은 너무 짧은 시간이었음은 물론이다. 제1공화국의 출범에도 불구하고 대다수의 사람들에게 오스트리아는 독일오스트리아를 의미했고, 독일과 분리된 통합국가로서 오스트리아의 문제는 전간기의 정치적 적대와 갈등 속에 묻혀 있었다고 할 것이다.

제2차 세계대전에서 나치 독일의 패배는 언어적·종족적·문화적 공동체로서 독일에 대한 환상을 여지없이 깨뜨렸다. 독일은 더 이상 선망의 대상이 아니라, 청산의 대상이 된 것이다. 독일오스트리아에서 독일은 이제 돌이킬 수 없이 떼어내져야만 했다. 독일과 비가역적으로 분리되어 오스트리아의 완전한 독립을 이루어야 한다는 것은 제2차 세계대전이 끝났을 때 구 나치들을 제외한 모든 정치세력들의 최우선의 목표가 되었다. 국민당, 사회당, 공산당이 합의한 오스트리아 독립선언은 이 열망을 잘 표현하고 있다. 오스트리아는 이제 영토적으로 물론 국가적·국민적 정체성의 차원에서도 완전히 통합된 새로운 국민국가로 출발해야만 했던 것이다. 이 새로운 국민국가의 창출이야말로 해방정국의 통합의 정치의 절대적 목표였다고 해도 과언이 아니다.

다행히도 오스트리아는 제1공화국을 건립했던 경험이 있었고, 2년의 짧은 기간이기는 했지만 이 시기 좌우협력의 경험이 있었다. 더욱이 제1공화국의 초대 수상이었던 레너가 나이가 들면서 더욱 노련해진 상태에서 임시정부의 수반이 되었다. 새롭게 만들어질 국민국가인 제2공화국은 명백한 지향점이 있었고, 그 좌표는 바로 제1공화국으로의 복귀였다. 그러나 이 복귀는 두 가지를 전제했다. 첫째, 나치와 오스트로파시즘이라는 극우 세력이 저지른 역사적 범죄의 청산이다. 둘째, 좌우적대와 갈등이 아닌 좌우협력과 타협을 구축하는 것이다. 제1공화국과 제2공화국은 국가형태로서는 동일할지라도 이 두 가지 지점에서 정치적으로는 상당히 다른 국가였음을 주목해야 한다.

요약하자면 독일과 완전히 분리된 오스트리아의 건립, 즉 독립과 주권 회복은 좌우가 합의한 해방정국의 통합의 정치의 최고 목표였다. 임시정부의 역할은 빠른 선거를 통해 정식정부를 구성해 이 목표를 실현할 수 있도록 돕는 것이었다. 이 과정은 오스트리아가 1920년 헌법정신의 연방제 의회주의 국가로 복귀하는 것을 의미했다. 그러나 이를 위해서는 전간기 오스트리아 민주주의를 파멸로 이끌었던 보수주의 급진화의 결과물,

즉 나치즘과 오스트로파시즘의 역사적 청산을 전제했다. 이 역사적 청산은 동시에 좌우협력의 물꼬를 틀 것이었다.

그렇다면 해방정국에 분리의 정치의 시도는 없었는가? 독립과 주권회복이라는 대의에 거리를 두고 다른 길을 찾는 정치세력은 존재하지 않았던가? 외부세력, 즉 점령권력을 활용해 다른 오스트리아를 꿈 꾼 정치세력은 없었는가? 좌우의 양 극단에 위치한 세력, 즉 공산당과 구 나치세력이 분리의 정치를 추구했다고 할 수 있다. 그렇다면 그들은 분리의 정치를 통해 어떤 오스트리아를 만들기를 원했는가?

2. 공산당의 분리주의

독립선언이 명시한 대로 오스트리아가 1920년의 헌법정신으로 재건된다는 것은 자본주의적 사회경제체제와 대의제 민주주의의 정치체제로 복귀하는 것을 의미했기에 결국 서방의 일부가 되는 것을 의미했다. 미국, 영국, 프랑스에게는 환영할 만한 일이었다. 점령의 목표 역시 독립과 자유선거와 주권회복으로 명확히 설정되었기에 순조롭게만 진행된다면 오스트리아의 서구권으로의 통합은 전혀 무리가 없어 보였다. 그렇다면 오스트리아가 다른 길로 들어설 기회, 즉 분단의 가능성은 없었는가?

1947년 냉전이 시작되면서 소련 점령지역과 나머지 점령지역으로의 분단을 상상해 볼 수 있을 것이다. 1947년 3월 트루먼 독트린이 발표되기 이전만 해도 독일과 달리 오스트리아에서 점령권력은 서로 협조적이었다. 이는 점령권력이 오스트리아 정부에게 전권을 대부분 위임했던 이유이기도 하다.[1) 미국, 영국, 프랑스는 사실상 소련이 위촉해서 급조된 레너 임

---

1) 독일에 주둔했던 소련 점령권력은 오스트리아 정부에게 그토록 많은 전권을 위임하는 것을 부정적으로 생각해 1946년 12월 모스크바에 항의하기도 했다(Foitzik 2006, 395-396).

시정부를 인정하기까지 시간이 좀 걸리기는 했지만, 그 이후 오스트리아 정부에 매우 협조적이었다. 이 협조가 심화되면서 국민당과 사회당 대연정의 서방 지향은 더욱 뚜렷해졌으며, 대다수의 오스트리아인들에게 서구권으로의 통합은 당연한 것으로 여겨졌다. 그러나 공산당은 이 통합에 반대했다.

1945년 11월 선거로 구성된 첫 번째 정부는 공산당까지 포함한 거국정부[2]로 출범했다. 공산당은 5.42%의 지지를 받았기 때문에 비례성의 원칙에 따라 이 지지율만큼 내각에 참여할 수 있었다. 공산당에게는 전체 17명의 각료들 중 딱 한 자리, 즉 전기·에너지부 장관이 배정되었다. 레너 임시정부의 각료회의에서 공산당이 내무부와 교육부를 포함해 총 7석을 확보한 것을 고려한다면 충격적인 할당이다. 그러나 자유선거의 지지율에 따라 각료를 배정하는 비례성의 원칙이 공산당 때문에 지켜지지 않을 수는 없었다. 당연히 한 명의 장관으로는 총 17명[3]이 참여하는 각료회의에서 큰 목소리를 낼 수는 없었다. 피글의 거국정부에서 공산당은 주변적인 역할만을 하다가 1947년 11월 장관직을 사퇴하고 연정을 떠났다.

공산당이 거국정부를 떠난 것은 냉전이 시작되고 마셜 플랜의 지원이 본격화되었기 때문이었다. 소련은 마셜 플랜을 거부했는데, 소련의 지원을 받는 오스트리아 공산당이 마셜 플랜에 참여하는 정부에 있을 수는 없는 노릇이었다. 경제적으로 극도로 피폐했던 시절에 마셜 플랜을 거부했던 사실은 공산당의 지지율에 부정적으로 작용했다. 공산당은 "러시아인당(Russenpartei)"으로 불리며 인구의 다수로부터 조롱거리가 되었다(Müller 2005b, 155). 1949년 연방의회 선거에서 공산당은 사회당을 탈퇴한 "혁명적 사회주의자들"과 연대해 좌파블록이라는 선거리스트로 출마했지만 지지율은 1945년 11월 선거보다 더 줄어 5.08%에 그쳤다.

국민당과 사회당의 좌우협력이 압도적인 지지를 확보하고 있는 상황[4]

---

2) 독일어로는 집중정부(Konzentrationsregierung)라고 한다.
3) 참고로 이 17명 중 12명이 나치의 강제 합병 시기에 강제수용소에 수감되어 있었다(Lendvai 2007, 39).

에서 결국 공산당이 생각해낸 것은 오스트리아의 분단이었다. 즉 소련 점령지역과 나머지 점령지역을 나누어 전자에 인민전선 정부를 구축함으로써 궁극적으로 동구권 사회주의의 일부가 되는 것이다(Müller 2005b, 157). 독립과 주권회복을 통해 1938년 독일에 의한 강제 합병 이전의 국경을 온전히 회복하는 것이 통합의 정치의 목표였다면, 오스트리아의 분단은 공산당의 수뇌부가 상상한 분리의 정치의 목표였다. 즉 소련 점령지역에서 공산당이 주도하는 인민민주주의 정부를 만드는 것이다.

이러한 아이디어는 당연히 공개적으로 논의할 수 있는 성격의 것이 아니었기에 오스트리아 공산당의 최고 수뇌부만 알고 있었다. 그런데 오스트리아의 분단은 네 연합국의 합의된 점령목표가 아니었다. 소련 점령지역의 인민민주주의 정부 건설은 더더욱 점령목표와 거리가 멀었다. 이 아이디어가 실현되기 위해서는 소련이 사활을 걸고 서방측 점령권력과 충돌을 감수할 생각이 있어야만 했다. 그러나 이는 다음과 같은 세 가지 이유로 불가능했다.

첫째, 공산당 수뇌부의 아이디어를 실현하는 것은 사실상 쿠데타를 통한 권력 탈취를 의미했다. 그런데 이조차도 공산당에 대한 어느 정도의 지지가 있을 때만 가능한 시나리오다. 오스트리아는 동독이나 다른 동구권 국가들과 달리 공산당이 거의 뿌리를 내리지 못했다. 전간기 공산당의 지지율은 1% 대에 불과했다. 물론 오스트리아 공산주의자들은 나치에 대항해 가장 열심히 투쟁하기는 했다(Neugebauer 2017). 그러나 사회주의자들이나 보수주의자들의 상당수도 나치에 대한 무장투쟁에 동참했다. 오스트리아 공산당은 소련의 지원 말고는 해방기에 의미 있는 정치세력으로 성장할 만큼 독자적인 지지를 확보하지 못했다. 즉 쿠데타를 시도하기에 공산당의 지지기반이 너무도 취약했다.

---

4) 국민당은 1945년 선거에서 49.8%, 1949년 44.03%, 1953년 41.26%, 사회당은 44.6%, 38.71%, 42.11%의 지지율을 기록했다. 1949년 연방의회 선거에서 국민당과 사회당의 지지율이 함께 줄어든 것은 구 나치 세력이 무소속연합(Verband der Unabhängigen: VdU)으로 출마하여 11.6%의 지지를 얻었기 때문이다.

둘째, 점령권력들에게 오스트리아 문제는 사실 독일 문제에 종속된 것이었다. 독일 문제가 훨씬 중요했고, 오스트리아 문제는 부차적인 것이었다. 이는 소련에게도 마찬가지였다. 오스트리아 문제가 덜 중요했던 것은 오스트리아로서는 행운이었다. 점령권력들은 희생자테제를 인정했고, 독일에 비해 훨씬 협조적으로 행동했다. 이미 1946년에 국가조약의 체결이 얘기되었고, 소련이 반대하지 않았더라면 체결의 가능성도 없지 않았다. 소련군의 주둔 비용은 오스트리아 정부가 부담해야 했고, "독일 재산"으로 몰수한 기업들이 아직 수익을 내고 있는데, 소련의 입장에서 상황을 변경할 하등의 이유가 없었다. 즉 독일 문제가 해결되지 않고 있는데, 오스트리아에서 소련이 서방측 점령권력과 먼저 충돌해 독일 문제 해결을 더 어렵게 할 이유가 없었던 것이다. 오스트리아 공산당에게는 이데올로기적 대의가 중요했겠지만, 소련은 매우 현실적이었다. 즉 독일 문제가 해결될 때까지 오스트리아에서 주둔하며 경제적 이익을 누리는 것이 소련에게는 더 중요했다.

셋째, 오스트리아의 분단은 소련의 입장에서 지정학적인 이유 때문에서라도 수용할 수 있는 아이디어가 아니었다. 오스트리아가 나누어진다면 소련 점령지역을 제외한 나머지 점령지역이 경제적·사회적으로뿐만 아니라, 정치적·군사적 차원에서 서방으로 통합될 것이 명백했기 때문이다. 오스트리아의 동쪽 일부를 제외하고 나머지 지역이 서방으로 넘어간다면 소련으로서는 완충지역 없이 서방과 직접 대치하는, 즉 서독과 이탈리아가 서오스트리아를 통해 연결됨으로써 동유럽이 포위되는 상황에 직면하게 된다. 이를 소련이 원할 리 없었다. 지정학적 완충지대 또는 중립지대로서 오스트리아는 스탈린이 이미 전쟁 중에 가졌던 생각이었다(Bischof/Ruggenthaler 2022, 35). 공산주의 혁명에 대한 대의 때문에 이를 바꿀 것이라 생각한 것은 오스트리아 공산당이 스탈린을 단단히 오판한 것이다.

오스트리아 공산당 수뇌부는 자신의 아이디어를 1947년 10월 부다페스트에서 소련 공산당 중앙위와 비밀리에 논의했고, 1948년 초 직접 모스크바를 방문해서 제안했다(Foitzik 2006, 395). 당연하게도 소련 측은 여기에 전혀 관심을 보이지 않았다. 소련은 또한 오스트리아 공산당이 제안한 소련 점령지역에서 사회주의 경제구역을 건설하자는 아이디어도 거절했다. 당시 동독에서도 흔히 얘기되던 자석이론(Magnettheorie)을 차용한 이 아이디어는 사회주의 정치경제 질서의 매력에 자석처럼 사람들이 모여들 것이라는 희망이었다. 그러나 소련은 여기에도 관심이 없었다. 소련이 관심을 가졌던 것은 사회주의 경제의 건설이 아니라, 소련 점령지역에 남겨진 "독일 재산"이었고, 이를 오스트리아 정부에 양도할 경우 얻게 될 보상액의 크기였다.

결국 오스트리아 공산당은 분단이라는 아이디어를 포기한다. 이후 소련의 조언에 따라 선전을 통해 대중들의 불만을 고양하고, 시위를 조직해 이를 표출함으로써 대연정의 불안정을 유도하려고 시도한다. 일단 계급투쟁을 고양한 뒤 그 와중에서 변화를 찾아보자는 소련 점령군 최고 책임자 쿠라조프(Vladimir V. Kurasov)의 제안을 수용한 것이다(Müller 2005b, 155). 공산당이 주도한 계급투쟁의 정점에는 흔히 공산당의 "쿠데타"로 알려지고 해석된 1950년 10월 파업이 있었다. 그러나 당시 오스트리아 공산당은 쿠데타를 시도할 생각도 없었고, 그러한 역량도 보유하지 못했다. 이 사건은 몇 십 년 동안 그 진실이 왜곡되었고, 냉전적 사고의 틀 속에서 해석되었던지라 간략히 들여다 볼 필요가 있다.

10월 파업(Oktoberstreik)은 네 번째 임금·가격협정에 대한 불만으로부터 시작되었다. 해방기 오스트리아의 노동과 자본은 대연정을 따라 타협·협력·통합의 길을 걷고 있었고, 1947년 이후 경제의 재건을 목표로 이미 세 차례의 임금·가격협정을 성사시켰다. 이 협정의 핵심은 임금인상의 자제를 통해 투자의 재원을 마련함으로써 자본에 협력하고, 그 손실은 정부의 지원을 통해 어느 정도 보상하는 것이었다. 1950년 9월 비밀리에 네 번째 임금·가격협정에 대한 협상이 진행되었고, 9월 22일 라디오를 통해 그 핵심이 발표되었다. 10월 1일 부로 빵, 밀가루, 설탕, 석탄, 전기 등과 같은 생필품의 가격이 60%까지 오르는 반면, 임금은 10%에서 14%까지만 오른다는 것이었다(Mugrauer 2020, 649). 대신 아이들을 위한 국가의 급식 지원이 증가한다는 내용도 담겼다. 9월 26일 오스트리아 노동조합총연맹(ÖGB)은 이 협정에 동의했다.

그런데 이 협정의 내용이 발표되자마자 오스트리아 곳곳에서 노동자들의 반발과 시위가 일어났다(Mugrauer 2020, 650-675). 비엔나를 포함한 동쪽 지역, 여기서도 특히 소련이 소유한 "독일 재산" 기업들(USIA)과 큰 공장들에서는 공산당이 주도적으로 반발을 조직했지만, 다른 곳에서는 꼭 그렇지도 않았다. 예컨대 린츠에서는 공산당도 참여했지만 무소속연합, 즉 복권된 구 나치 세력이 파업위원회를 조직해 파업과 시위를 주도했다. 요컨대 공산당이 전국적으로 사주하거나 주도한 총파업과 거리가 멀었다는 얘기다. 파업의 전국적인 확산은 자발적이었고, 공산당 지도부조차 그 규모와 강도에 놀랄 정도였다. 공산당 지도부가 이 파업의 물결을 어떻게 전국적으로 조직하여 더 발전시킬지 하등의 구상이 없었음은 물론이다(Mugrauer 2020, 654).

9월 30일부터는 비엔나가 파업의 중심지가 되었다. 파업이 정점으로 치닫던 10월 4일에 파업 지도부는 비엔나의 거리들과 광장들을 점거하고 시내의 전철 운행을 중단시켰다. 그런데 10월 5일 나중에 내무부장관이 되는 사회당의 올라(Franz Olah, 당시 건설노조 위원장)가 각목으로 무장한 채 트럭을 타고 움직였던 대규모 구사대를 조직해 투입함으로써 비엔나 곳곳에서 격렬한 싸움이 벌어졌다. 소련 점령권력은 비엔나 경찰에게 파업에 중립을 지킬 것을 요구해 경찰이 개입하지 않은 대신, 민간 구사대가 조직되어 파업을 진압한 것이다. 10월 6일 오스트리아 직장평의회총회의는 파업을 끝난 것으로 선언했다.

파업은 완전한 실패로 끝났고 곧바로 노동조합 내에서 파업을 주도한 공산주의자들에 대한 숙청작업이 시작되었다. 노동조합총연맹의 부의장을 비롯해 78명의 공산주의자들이 노동조합에서 제명되거나 일자리를 잃었다. 이로부터 65년이 지난 2015년 가을, 오스트리아 노동조합총연맹은 연방이사회의 결의를 통해 이 제명된 공산주의자들에게 사과하고 조합원으로 다시 복권시켰다(Mayr 2016). 물론 거의 모두가 죽고 난 뒤였다.

10월 파업의 중심지가 마지막에 소련 점령지역으로 옮겨왔음에도 불구하고 소련은 이에 매우 조심스럽게 대응했다. 파업을 지원할 생각은 전혀 없었고, 경찰에 중립을 요청했을 뿐이다. 파업이 구사대에 의해 제압되는 순간에도 소련은 침묵했다. 한반도에서 냉전이 열전으로 발전했던 상황은 소련 점령권력으로 하여금 미국과의 충돌을 더욱 꺼리게 만들었다. 소련은 오스트리아 공산당에 쿠데타를 지시할 생각이 전혀 없었다. 그럼에도 불구하고 미국이나 오스트리아 정부가 가졌던 공산당 쿠데타에 대한 과도한 두려움은 비밀요원들이 제공한 과장된 정보 때문이었던 것으로 알려져 있다.5)

3. 구 나치세력의 분리의 정치

임시정부는 독립선언에서 희생자테제를 주장하였고, 점령권력은 이를 인정하였다. 이는 대외정치적으로는 매우 현명한 선택이었다. 이로써 오스트리아는 히틀러 독일의 강제 합병의 희생자가 되었고, 점령권력은 해방군이 되었다. 피해자로 인정받았기에 오스트리아 정부는 전쟁에 대한 배상 책임이나 나치 테러의 희생자들의 보상 요구로부터도 면제되었다. 그러나 사실 오스트리아 지역의 주민들은 나치의 범죄에 적지 않게 가담했다. 전체 인구의 10%가 나치당의 당원이었고, 친위대 및 비밀경찰에 복무한 열성나치들도 인구를 고려할 때 독일보다 오스트리아가 더 많았다.

희생자테제는 임시정부와 이후의 정부들에 이르기까지 일관되게 주장

---

5) 미 점령권력 정보부의 비밀요원들의 상당수는 구 나치들이었다. 냉전이 시작되자 공산당의 활동을 감시하기 위해 구 나치의 열성당원들 중 상당수가 미국의 정보원으로 충원되었고, 이들은 상당한 물질적 혜택을 누림과 동시에 오스트리아 경찰의 감시로부터도 보호되었다. 이들이 제공했던 많은 정보가 정보원이 그냥 써내려간 조작된 것이었는데, 그 대표적인 것이 1949년 공산당 쿠데타설이다(Sälter 2020).

되었는데, 이는 히틀러에 대한 부역이라는 오스트리아의 역사적 책임의 문제를 회피하게 만들었다. 해방정국의 오스트리아에서는 분명 과거 청산이 있었고, 역사적 반성이 있었다. 그러나 이는 국민당의 오스트로파시즘에 대한 청산과 사민당의 오스트로마르크시즘의 비타협적 태도에 대한 반성과 관련된 것이었다. 나치들은 정치의 주 무대로부터는 일단 퇴출되었다. 그러나 오스트리아인들이 히틀러의 테러 통치 및 나치의 만행에 어떻게 부역했는지를 공개적으로 얘기하는 것은 금기시되었다. 왜냐면 오스트리아는 가해자가 아니라 희생자였고, 희생자처럼 행동해야 했기 때문이다. 나치와 관련된 과거 청산은 오스트리아 역사 청산의 공백으로 남았다.[6]

전쟁이 끝 무렵에 이르렀을 때 많은 열성나치들이 오스트리아로 모여들었다. 히틀러 독일, 즉 제3제국의 운명이 "알프스 요새(Alpenfestung)"의 방어에 달려 있다고 생각했기 때문이다. 그렇지 않아도 열성나치들을 많이 배출했던 오스트리아가 추가적으로 군, 비밀경찰, 친위대 등의 열렬한 나치 간부들을 끌어 모으는 저수지 역할을 한 셈이다. 전쟁이 끝났을 때 이들의 상당수가 오스트리아에 남았다. 실제로 그렇기도 했지만 열성나치들에 대한 핍박이 독일보다 오스트리아에서 훨씬 덜 할 것이라 기대했기 때문이다. 특히 미국 점령지역이 더 유리할 것이라는 정보를 얻은 많은 열성나치들이 이곳으로 옮겨 갔다. 어느 점령 지역에서나 열성나치

---

[6] 오스트리아가 자신의 역사적 책임을 시인하기 시작한 것은 1986년 발트하임(Kurt Waldheim) 사건을 계기로 해서이다. 1970년대 유엔 사무총장을 역임했던 발트하임은 1986년 오스트리아 대통령 선거에 출마하는데 이전에 출간된 자서전에서 자신의 군복무 시절을 공백으로 남김으로써 의혹을 샀다. 이 공백을 조사하기 위해 여러 나라의 역사학자들로 구성된 위원회가 만들어져 발트하임의 행적을 추적했다. 이 위원회는 발트하임이 직접 전쟁범죄를 저질렀다는 증거를 찾을 수는 없었지만, 군 내부에서 그의 역할로 미루어 전쟁범죄에 대해 충분히 인지할 만한 위치에 있었다고 결론지었다. 발트하임은 나중에 대통령으로 당선되지만, 많은 나라들이 이에 항의했고 그를 입국 금지자 명단에 올렸다. 1991년 7월 연방수상 프라니츠키(Franz Vranitzky)는 처음으로 희생자들에 대한 공식적인 사과와 더불어 오스트리아의 역사적 책임을 인정했다.

들의 신분 세척은 다반사로 일어났다.

점령권력들은 오스트리아를 점령하고 열성나치들을 체포하여 여러 포로수용소에 격리시켰다. 이들의 위험을 익히 알았기 때문이다. 그런데 이 포로수용소에 한데 모인 열성나치들은 향후 형사소추에 대비함과 동시에 자신들의 조직을 재건하기 위해 노력했다. 나치들의 범죄에 대한 책임을 체계적으로 부인하면서 이를 몇몇 기관 또는 인물의 문제로 돌리는 서술 방식도 여기서 합의되었다. 그 중 일부는 수용소를 탈출해 이미 지하 활동을 하고 있는 다른 열성나치들과 함께 정치세력화를 준비하는 네트워크를 만들었다(Sälter 2020). 열성나치들은 정치활동의 금지에도 불구하고 수용소와 지하에서 활발한 활동을 계속했던 것이다.

1948/49년 나치들의 복권 이전에 이미 열성나치들의 여러 지하조직이 만들어졌다. 독일의 제4제국을 건설하자는 것이 이들의 궁극적인 정치적 목표였다. 처음에 이 열성나치들은 주로 암시장의 거래를 통해 자금을 조달했고, 포로수용소에 수감된 고위 나치들의 탈주를 도왔다. 이들은 공개적으로 나치들의 사면과 통합을 요구하기도 했다. 과거에 대한 반성은커녕 열성나치들은 새로운 망령을 준비하고 있었던 것이다.

그런데 냉전이 시작되면서 구 나치세력들에게 또 다른 기회의 창이 열렸다. 열성나치들의 상당수가 과거 군과 친위대의 정보부에서 활동한 경험이 있었다(Rass 2016). 나치의 정보부는 가장 열성적인 나치들만 충원했기 때문이다. 미 점령군의 정보부 격인 방첩대(CIC)는 이 나치들을 적극적으로 채용했다.[7] 미 본국의 중앙정보부(CIA)는 오스트리아 방첩대 책임자인 밀라노(James Milano) 대령이 공산당에 대응하는 방첩대의 거의 전부를 구 친위대 정보원들로 채운 것에 불만이 많았다. 서독의 미 정보부 고위직에서 일했던 스튜어트(Gordon Stewart)는 1949년 여름 오스트리아에서 구 친위대 정보조직이 재건되고 있다고 얘기할 정도였다

---

[7] 나중에 서독에서도 유사한 일이 벌어졌다. 연방정보국의 모태로 꼽히는 겔렌 조직(Organisation Gehlen)을 지휘했던 겔렌은 유명한 나치이자 독일군의 고위 정보 책임자였다. 겔렌 조직은 미국의 재정으로 만들어졌고 운용되었다(Rass 2016).

(Sälter 2020). 미국 방첩대와의 협력은 구 나치세력들에게 두 가지 측면에서 큰 이익이 되었다.

첫째, 방첩대와의 협력은 재정적으로 큰 도움이 되었다. 구 나치세력들은 복권될 경우를 대비해 전국적인 정당을 창당할 준비를 하고 있었는데, 이는 상당한 재원이 필요한 작업이었다. 그런데 이 재원이 바로 미국으로부터 흘러나왔다. 미국은 공식·비공식 정보원들을 고용했지만, 이들이 받은 보수는 한 곳으로 흘러 열성나치들의 정치자금으로 활용되었다. 1949년 무소속연합(VdU)의 창당은 바로 이 자금 덕택이었다. 나치 정당의 재건을 미국이 간접적이기는 하지만 재정적으로 지원했다는 것은 놀라운 역설이다.[8]

둘째, 방첩대와의 협력은 구 나치세력들의 보호막으로도 작용했다. 오스트리아 경찰은 열성나치들을 감시했고 문제가 있을 경우 이들을 체포하기도 했다. 그러나 방첩대가 개입하는 순간 이들은 바로 풀려나왔다. 방첩대는 경찰의 감시나 수색과 관련된 정보들을 자신의 정보원들에게 흘리기도 했다. 즉 구 나치세력은 상당히 자유로운 환경에서 정치세력화를 준비할 수 있었던 것이다.

무소속연합은 1949년 11월 연방의회 선거에서 일약 11.6%의 지지를 얻음으로써 이른바 제3지대의 구축에 성공한다. 무소속연합은 두 명의 보수주의적 명망가를 앞에 내세웠지만, 실제로는 열성나치들이 주도했던 정당이었다. 이들은 선거에서 탈나치화의 종식과 구 나치 간부, 즉 열성나치들의 완전한 복권을 요구했다. 1947/48년 나치들의 정치적 권리가 복원된 이후 사회당과 국민당은 이들의 표를 얻기 위해 열성나치들의 대표를 만나 그들의 요구사항을 청취하고 협조의 의사를 밝혔다. 특히 내무부장관 헬머(Oskar Helmer)는 보수진영의 분열이 사회당의 득표를 확대할 것으로 기대하고 무소속연합의 창당을 지원하기도 했다. 그러나 그의 기대는

---

[8] 미국은 공산당의 쿠데타가 일어나거나 소련과 전쟁을 치를 경우를 대비해 오스트리아 서쪽 지역에 비밀리에 중화기 무기고를 만들었다. 또한 방첩대에 협력하는 열성나치들을 중심으로 게릴라 부대를 조직한다는 계획도 가지고 있었다.

반대로 나타났다. 사회당의 지지는 5.89%가 줄었고, 국민당은 5.77%가 줄었다. 함께 열린 주의회 선거에서 무소속연합은 주에 따라 20%가 넘는 지지율을 기록하기도 했다. 구 나치세력이 정치적으로 부활한 것이다.

희생자테제의 주장과 인정은 오스트리아에서 나치의 만행과 자신의 역사적 책임에 대한 과거 청산을 어렵게 만들었다. 오스트리아는 희생자처럼 행동해야 했기에 나치 독일에 적극적으로 부역한 것에 대해 침묵하고 있었다. 외부를 향해서는 오스트리아의 저항이 해방에 기여했다고 외쳤지만, 내부적으로 진정한 반파시스트 저항은 인정받기 위해서 오랜 기간 싸워야 했다. 전쟁의 와중에서 오스트리아 민간인들이 감수해야 했던 고통과 희생을 유대인들이 당한 홀로코스트와 같은 차원에서 취급하는 역사적 왜곡조차 빈번히 등장했다. 이처럼 과거를 직시하지 못하는 것은 구 나치세력에게 우호적인 정치적 환경을 조성했음은 물론이다.

1949년 11월 선거에서 무소속연합이 제3지대를 구축하는 데 성공한 이후 오스트리아는 유럽에서 구 나치세력이 가장 활개를 치는 나라가 되었다. 무소속연합이 빠르게 전국적인 조직을 구축하는 데는 서방 점령권력의 정보부, 특히 미국 방첩대의 도움이 적지 않았다. 반공주의를 추구했지만 결과적으로 구 나치세력을 부활시킨 것이 이 과정의 역설이라면 역설일 것이다. 구 나치세력은 해방정국의 통합의 정치의 시기에 지하에서는 제4제국의 건설을 꿈꾸었고, 정치세력화하면서 열성나치들의 완전한 복권을 외쳤다. 해방정국의 통합의 정치, 즉 과거 청산에 기반한 인정·타협·협력의 정치에 대비되는 분리의 정치의 모습이다.

무소속연합은 1955년 오스트리아 국가조약, 즉 중립화에 반대한 유일한 정당이었다. 중립화가 선포되자 무소속연합은 오스트리아 자유당(FPÖ)으로 이름으로 바꿨다. 서방 자유세계와의 연계를 강조한 개명이었겠지만, 열성나치들이 당을 주도한다는 사실에는 변화가 없었다. 자유당은 21세기 들어 연정에도 참여하는 등 여러 차례 변화가 있었다. 그러나 그 근본에서는 여전히 변화가 없다. 요컨대 나치의 과거에 대해 반성하지 않는다는 것이다. 반성은커녕 자유당의 역대 대표들의 인종주의적, 반유대인적, 외국인 적대적 발언들은 열거하기가 힘들 정도다. 2024년 9월 국민의회 선거에서 자유당은 28.85%의 지지를 얻어 결국 오스트리아 제1당으로 등극하였다. 자유당이 주도하는 연정이 일단 무산된 것은 다행스러워 보이지만, 해방 80년의 오스트리아는 여전히 나치의 역사적 망령으로부터 자유롭지 않다.

제10장 분리 vs. 통합:
한국과 오스트리아 해방정국의 정치균열 비교*

1. 해방정국의 좌우 균열에 대한 재인식

우리는 1945년 한국 해방정국의 정치적 동학과 특성을 오스트리아 해방정국과의 비교의 시각에서 분석함으로써, 한국 해방정국의 고유한 맥락에 대한 우리의 이해를 심화시킬 수 있다. 해방정국은 '전쟁, 내전, 군사점령, 식민상태의 종료 등과 같은 한 사회의 불연속적인 정치 사회적 변화의 발생 이후 국가와 국민 형성 혹은 재구성을 위한 다양한 정치 사회적 행위자들의 갈등과 선택의 열린 공간이자, 한 사회의 정치 사회발전의 새로운 경로가 선택되는 결정적 국면'으로 정의할 수 있다. 해방정국에 대한 이와 같은 광의의 정의는 한국의 해방정국을 전후 탈식민지 사회의 많은 사례와 비교연구의 대상이 될 수 있도록 할 뿐 아니라, 전후 오스트리아와 같은 탈점령지 사회와의 비교해 분석도 가능하게 한다.

한국의 해방정국을 비교연구의 시각에서 분석할 것을 강조하는 것은 기존의 해방정국 연구의 지배적인 접근법이라 할 수 있는 내재적 접근법에 대한 비판적 인식에서 출발하여, 해방정국의 한국 사례로부터 20세기 이후 탈식민지 혹은 탈점령지 사회의 국가와 국민 형성에 대한 정치 사회학적 통찰을 얻고자 하는 문제의식에 근원하는 것이다. 한국 해방정국에

---

* 김미경

대한 내재적 접근에 대한 비판적 인식에서 해방정국의 한국 사례를 해방정국의 또 다른 사례로서 오스트리아 해방정국과 비교하는 분석적 전략을 취하게 되었고, 탈식민지 혹은 탈점령지 사회의 국가와 국민 형성에 대한 정치 사회학적 분석의 관심으로부터 한국과 오스트리아 해방정국에서 국가 형성을 둘러싼 정치균열의 상이한 구조, 동학, 그리고 경로를 이 연구의 중요한 분석적 쟁점으로 선택하게 되었다.

탈식민지 한국의 해방정국을 탈점령지 오스트리아 해방정국과 비교하고자 하는 주된 이유는 탈점령지 사회에서 단일 독립 국가를 성취했던 오스트리아 사례와의 비교가 한국의 해방정국에서 국가 형성의 경로, 즉 두 국가로의 분리라는 한국적 경로가 갖는 고유성을 드러낼 수 있는 분석적 대비 효과가 있을 뿐 아니라, 오스트리아 해방정국에서는 존재했지만, 한국의 해방정국에서는 부재했던, 그러나 한국의 해방정국에서 국가형성의 경로를 결정하는 데 중요한 인과적 효과를 가졌던 중요한 정치적 맥락과 변수를 확인할 수 있도록 도울 수 있기 때문이다. 달리 말해, 오스트리아와의 비교연구가 한국의 해방정국에 대한 우리의 분석적 상상력을 확장하는 것을 도울 수 있기 때문이다. 우리가 오스트리아 사례와의 비교를 통해 한국의 해방정국에 관한 새로운 무엇인가를 발견하고, 새로운 해석의 가능성을 찾을 수 있다면, 그 자체만으로도 비교연구의 분석적 가치는 충분하다고 말할 수 있다.

이 장은 두 개의 국가 형성으로 귀결된 한국 해방정국의 특정한 정치발전 경로의 형성 과정 자체를 분석하는 데 관심이 있고, 해방정국에서 한국적 경로 형성에 영향을 미친 결정적인 변수를 해방정국에서 지배적인 정치균열의 변형으로 보는 문제의식을 담고 있다. 여기서 말하는 지배적인 정치균열의 변형은 탈식민지 사회 한국의 해방정국에서 지배적인 정치균열은 독립 국가 건설의 방도를 둘러싼 정치적 갈등을 반영하는 민족적 통합주의 대 이념적 분리주의의 균열임에도 불구하고, 1945년 12월 모스크바 3상회의 결정 이후 신탁통치 논쟁 속에서 이 균열이 민족적 통합주의 세력의 헤게모니 약화와 함께, 좌파 분리주의 대 우파 분리주의 균열이라는 좌우 균열로 변형됨을 의미하는 것이다. 이 변형의 과정에서 한국의 해방정국은 그람시의 "파국적 평형상태"로 귀결되어 남북한 모두에서 "퇴행적 카이사르즘"의 출현을 낳게 된다.

이와 같은 한국 해방정국의 특성과 동학은 오스트리아 해방정국과의 분석적 대조를 통해 더욱 명료하게 인식될 수 있다. 오스트리아 해방정국에서 독립 국가 건설을 둘러싼 민족적 통합주의 대 이념적 분리주의 균열은 한국과 달리, 1945년 11월의 총선거를 통해 분리주의 세력인 오스트리아 공산당이 결정적으로 약화함으로써, 민족적 통합주의 헤게모니가 관철되는 구조로 안정화된다. 총선거 이후 수립된 오스트리아 신생 정부는 독립국가 성취를 위해 공산당을 포괄하는 좌우연합과 계급타협을 제도화하고, 미소 국제적 행위자로부터 상대적 자율성 획득에 전력한다. 1946년 오스트리아 점령에 관한 제2 통제협정체결로 국내적 주권과 외교권을 획득한 후, 10년간의 점령기를 지나 점령국들과의 국가 조약 체결을 통해 1955년 완전한 독립국이 된다.

한국과 오스트리아 해방정국의 비교를 통해 이 연구가 분석하고자 하는 것은 일반적으로 널리 공유된 인식, 한국의 좌우 갈등과 오스트리아의 좌우 연합의 대비가 아니라, 전후 탈식민지 혹은 탈점령지 사회의 국가 형성을 둘러싼 지배적인 정치균열인 민족적 통합주의 대 이념적 분리주의 균열의 동학이 한국과 오스트리아 각각의 고유한 맥락에서 두 개의 국가로의 분리 혹은 단일국가로의 통합으로 귀결되는 해방정국 정치의 메커니즘을 규명하는 것이다. 이 같은 분석적 관심은 한국의 해방정국에서 좌우 갈등과 오스트리아 해방정국에서 좌우 협력은[1] 해방정국의 상이한 정치

---

[1] 1945년 이후 오스트리아 해방정국에서 좌우협력에 대해 널리 알려진 긍정적 평가에 관한 인식은 오스트리아 공산당이 1947년 5월 초 첫 번째 시도, 그 이후 두 번째 시도, 그리고 1950년 9월 26일 세 번째 시도 등 총 3차례에 걸쳐 오스트리아 국민당과 사회당의 민족적 통합주의 연합을 붕괴시키려 시도했다는 사실을 고려하면, 사실상 민족적 통합주의 세력 내부의 좌우 연합이지, 이념적 분리주의 세력까지 포괄하는 좌우협력으로 볼 수 없다는 점에서 비판적으로 재고될 필요가 있다. 관련 논의는 4절에서 다시 논의할 것이다.

발전 경로를 형성시킨 '원인'이 아니라, 해방정국의 지배적 정치균열의 상이한 구조와 동학의 '결과'로 볼 수 있다는 문제의식에서 비롯된 것이다. 한국의 해방정국에서 민족적 통합주의 대 이념적 분리주의의 균열은 정치적으로 대표되지 못하고 변형되었던 반면, 오스트리아의 맥락에서 그 균열은 정치적으로 대표되었다. 왜 한국의 해방정국에서 이 균열은 정치적으로 대표되지 못하고, 이념적 분리주의 내 좌우 균열이 과대 대표되었는가? 이 연구가 탐구하고자 하는 질문은 이것이다.

2. 해방정국의 정치균열: 통합 vs. 분리 균열

이 질문을 분석하기에 앞서 근대로의 이행기 유럽정치의 4가지 정치균열(국가 대 교회/중심 대 주변/도시 대 농촌/자본 대 노동 균열)로 환원될 수 없는 탈식민지 혹은 탈점령지 사회의 고유한 지배적인 균열로서 통합 대 분리 균열에 대한 이론적 논의를 발전시키는 것이 필요하다. 해방정국의 정치균열에 관한 우리 논의의 모든 출발점은 타국에 의한 식민화와 군사적 병합 상태에서 해방된 탈식민지 혹은 탈점령지 사회 해방정국의 고유성에 대한 인식이다.

해방정국의 고유성은 식민지와 점령지 사회의 폭력적 타자에 의한 통치와 억압의 기억을 극복하고 "내적인 해방"을 성취하기 위해 "민족을 다시 사유하는 것" 그리고 "근대 국민국가 담론으로 일원화될 수 없는 탈식민사회의 정체성" 형성을 위한 결정적 국면이라는 특성에서 찾을 수 있을 것이다(이민영 2015, 15-19). 특히, 근대 국민국가의 두 가지 비전, 즉 자본주의 근대 국가와 사회주의 근대 국가라는 두 개의 경쟁적 비전이 격돌하는 전후의 냉전적 해방정국에서 탈식민지 혹은 탈점령지 사회의 새로운 정체성 형성은 식민과 점령 상태의 종결이라는 물리적인 조건의 변화에도 불구하고, 여전히 새로운 제국의 출현 가능성 그리고 새로운 제국에 의한 재식민화 혹은 재점령 가능성에 대한 민족주의적 위기 인식이라는 심리적 조건에 크게 영향을 받는다.

　탈식민지 혹은 탈점령지 사회의 지배적 균열로서 통합 대 분리 균열은 바로 이 같은 민족주의적 위기 인식에 대한 상이한 대응과 전략 사이의 정치적 갈등에 뿌리를 두고 있다. 탈식민지 혹은 탈점령지 사회에서 민족을 다시 사유함에 있어, 통합주의는 항상 새로운 폭력적 타자의 출현과 재식민화의 가능성에 대한 강한 위기 인식을 특징으로 하며, 국가와 민족의 이념적 경계가 아닌, 영토적 경계와 민족의 문화적 경계를 새로운 정체성의 원천으로 하는 통합 독립국가 건설을 지향한다. 한편, 분리주의는 탈식민지 혹은 탈점령지 사회의 특수성을 세계 보편사적 맥락에서 인식하는 경향이 강하며, 식민과 점령 역사의 완전한 청산이 곧 전근대성의 극복, 즉 탈식민 사회의 근대성 성취 여부에 달려있다고 인식하며, 자본주의적 근대성과 사회주의 근대성 사이에서 불가피한 선택에 직면한 탈식민사회의 현실을 직시할 것을 주장한다.

　탈식민지 혹은 탈점령지 사회에서 가장 중요한 정치적 의제는 독립국가의 건설이다. 해방정국의 지배적인 정치균열 또한 독립 국가 건설이라는 의제를 둘러싼 정치 갈등을 통해 형성된다. 독립국가 건설을 둘러싼 정치 갈등은 국가의 경계와 국민의 경계 설정에 관한 상이한 인식 간의 갈등을 원천으로 하며, 국가와 국민의 경계에 관한 인식은 근원적으로 탈식민지 혹은 탈점령지 사회에서 누가 우리인가라는 우리의 경계 형성에 관한 인식에 뿌리를 두는 것이다. 탈식민지 혹은 탈점령지 사회에서 민족적 통합주의는 공동 주체, 우리의 외부 존재로서 민족적 타자와의 항상적 긴장 관계 속에서 민족적 정체성을 사유하고, 탈식민지 사회의 주체성을 인식한다. 그러므로 민족 공동체의 내부, 즉 "우리"는 근대적 국가의 국민으로 환원될 수는 없으며, 국가의 국민을 초월하는 민족의 실체가 존재한다고 믿는다는 점에서 통합주의는 민족주의가 국가주의를 넘어설 수 있다고 인식한다(이민영, 2015, 12). 이에 반해, 이념적 분리주의는 탈식민지 주체로서 즉자적인 민족에 대해 비판적이며, 그 대안으로서 근대적 국가를 생각하고 국가에 의한 "상상된 공동체"로서 새로운 민족과 국민의 탄생을 추구한다. '근대적' 민족으로서 국가 형성을 통해 세계 보편적 문명에 통합됨으로써, 비로소 제국과 민족의 대립적 관계는 완전히 해소될 수 있다고 믿는다. 그런데 문제는 탈식민화 과정을 근대적 민족으로서의 재탄생 그리고 근대 국가의 형성과 동일시하게 되면, 불가피하게 이념적 경계의 선택, 즉 근대성의 두 유형 사이의 분리와 선택에 직면하게 된다는 것이다.

통합 vs. 분리의 정치균열

	민족적 통합주의	이념적 분리주의
탈식민(점령)사회 우리형성의 주체	민족	국가
국가의 경계	영토와 민족의 경계와 일치	이념적 경계와 일치
국민의 경계	민족의 내부와 외부	국가의 내부와 외부
타자인식	민족적 타자 미소, 또 하나의 제국	이념적 타자 미소, 근대성의 두 유형

탈식민지 혹은 탈점령지 사회 해방정국의 지배적인 균열로서 통합주의 대 분리주의 균열의 핵심에는 탈식민지 사회의 우리 형성에서 새로운 정체성의 원천을 민족적 타자에 대한 인식으로 볼 것인가 아니면 국가적 타자에 대한 인식을 볼 것인가라는 문제가 놓여 있다. 통합주의가 민족적 타자로부터의 탈식민 사회의 주체성을 중시한다면, 분리주의는 새롭게 상상된 근대적 공동체로서 국민국가의 탄생을 추구하며, 국가적 타자로부터의 주체성을 중시한다. 누가 국가적 타자인가? 분리주의는 탈식민지 혹은 탈점령지 국가의 경계는 곧 국가의 근대성에 대한 상이한 인식의 체계, 즉 이념적 경계와 일치해야한다고 믿는다. 이처럼 탈식민(점령)사회 우리형성의 주체, 국가와 국민의 경계, 그리고 타자 인식에서의 중요한 차이가 해방정국에서 민족적 통합주의 세력과 이념적 분리주의 세력의 국제적 행

위자에 대한 상이한 전략에 영향을 미친다.

　민족적 통합주의 세력에게 탈식민지 혹은 탈점령지 해방정국의 국제적 행위자는 민족적 타자로 인식되며, 그들이 새로운 제국이 될 열린 가능성에 대해 민감하다. 반면, 분리주의 세력의 시각에서 국제적 행위자는 이념적 타자가 될 수 있는 동시에 이념적 우리가 될 수 있다는 점에서 양가적 존재이며, 국제적 행위자들이 근대성의 상이한 유형을 대표한다는 점에서 그들의 권위를 부정할 수도 없다. 따라서 해방정국에서 통합주의 대 분리주의 균열을 해방정국의 정치과정에서 국제 행위자의 영향력에 대한 국내 행위자의 상이한 인식과 대응 방식을 둘러싼 갈등으로 이해해도 무방할 것이다.

　통합주의 세력은 민족적 중심형성을 통해, 국제 행위자에 대한 국내 행위자의 상대적 자율성 강화를 우선 고려한다. 통합주의 세력은 민족적 타자의 영향력 우세라는 구조적 제약은 오직 민족적 주체의 자율성을 강화하는 것을 통해서만 극복될 수 있는 것이며, 민족적 주체의 자율성을 강화하는 최선의 전략은 민족적 주체와 민족적 타자 사이의 외적 경계를 명료히 하고, 민족적 주체의 내적 다양성을 통합하는 전략을 추구한다. 반면, 분리주의 세력은 국제 행위자의 영향력을 이미 주어진 것으로 전제하고, 일종의 기지확보론, 혹은 거점확보론이라는 점진주의 논리에 기반한 대세론을 주장하는데, 이때 대세론이란 국제적 행위자의 영향력 우세라는 구조적 제약 속에서 탈식민지 사회의 국내적 행위자가 자신의 자율성을 획득하는 효과적인 방법은 국제적 행위자의 영향력 범위 안에 자신의 거점 혹은 기지를 우선 확보하여, 점차 국내적 행위자의 영향력을 확장시켜 국제적 행위자의 영향력을 잠식하는 전략적 선택의 추구를 말한다.

　　사실 통합주의 대 분리주의의 정치균열은 오스트리아와 독일, 그리고 폴란드 등 2차세계대전 종전 후 연합국에 의한 모든 점령지역의 국내 정치에서 보편적으로 관찰되는 현상이다.[2] 통합주의 세력은 신생독립국

---

[2] 5.4운동 후 1920년대 중국에서도 민족적 통합주의 대 이념적 분리주의(세계주의) 세력의 논쟁이 있었다. 손문으로 대표되는 민족적 통합주의 세력은 중국의 당면 현

가의 성취는 국내 행위자가 국제 행위자로부터 얼마나 상대적 자율성을 확보할 수 있는가에 의존한다고 인식하는 반면, 분리주의 세력은 신생독립국가의 성취가 국제 행위자들의 상호 합의와 협상, 그들의 결정, 즉 국제적 합의와 결정에 크게 의존한다고 인식한다. 물론, 각 세력 내부에는 다양한 이념적 지향을 가진 하위 세력들이 공존한다는 점에서 각 진영을 동질적이고 밀도가 높은 세력으로 볼 수는 없다.

3. 한국: 1945년 신탁통치 논쟁과 좌우 분리주의의 부상

민족적 통합주의 대 이념적 분리주의 균열이 전후 연합군의 모든 점령지역 해방정국의 정치에서 보편적으로 관찰되는 현상이지만, 그 균열의 구조적 특성과 동학은 개별 국가의 고유한 맥락에 크게 영향을 받는다. 한국적 맥락에서 그 균열은 정치적으로 대표되지 않고, 변형되었다. 통합주의 지향과 세력은 억압되고, 분리주의 지향의 정치화만이 허용됨으로써, 통합주의 대 분리주의 균열의 정치화가 아닌, 분리주의 내의 이념적 균열만이 정치화되었다. 이 같은 해방정국의 변형된 정치균열 구조의 형성에 결정적인 영향을 미친 계기가 바로 1945년 12월 모스크바 3상회의 결정이 불러일으킨 신탁통치 찬반을 둘러싼 갈등이었다. 모스크바 3상회의 결정을 어떻게 인식할 것인가라는 문제를 둘러싼 갈등 자체가 당시 탈식민지 한국 사회의 지배적 균열로서 통합주의 대 분리주의 균열의 존재를 확인시켜 줄 뿐 아니라, 적어도 모스크바 3상회의 이전 시점까지 한국

실에서 민족 해방의 가치와 지향이 우선시되고, 단계적으로 근대 적응과 근대 극복의 지향으로 나아가야 할 것을 주장했지만, 진독수로 대표되는 이념적 분리주의 세력은 민족주의(애국주의)가 지닌 "편협함"을 비판하고, 단계론적 접근이 아닌 근대적 지향의 즉각적인 표출을 강조했다고 한다. 이 점에 대해서는 김하림(2019, 92-93).

의 탈식민지 사회에서 통합주의와 분리주의 세력 중 누가 헤게모니를 가지고 있었는가를 분명히 인식하게 한다.

모스크바 3상회의 결정에 대한 한국 사회의 최초 반응은 민족주의적 반응으로 통합되어 있었다. 즉, 모스크바 3상회의 결정은 한국의 독립을 위한 첫 단계로서 임시정부 수립을 위한 불가피한 결정으로 인식되기보다, 신탁통치(재식민화)에 관한 결정으로 인식되었고, 이 같은 인식에서 적어도 1946년 1월 3일 박헌영의 조선공산당의 모스크바 3상회의 결정을 지지한다는 입장 전환 시점까지는 좌우 이념적 차이를 넘어 민족주의적 반응으로 통합되어 있었다. 모스크바 3상회의가 한국 문제만을 논의하기 위한 회의도 아니었으며, 한국 관련 결정 내용에는 임시정부 수립, 미소공동위원회 설치, 신탁통치협정 체결이라는 세 가지 결정이 복합적으로 담겨 있지만, 탈식민지 한국 사회에서 유독 그 결정을 신탁통치 결정으로 인식한 것을 당시 언론과 지식인들의 의도적 행위의 결과로 볼 수 있다는 비판적 논의도 가능하다. 그러나 한반도 신탁통치 실시에 관한 최초 언론 보도가 있었던 1945년 10월 23일에도 국내 좌우 세력들은 이념적 차이를 넘어 통합된 반대 입장을 견지했다는 점에서 12월 모스크바 3상회의 결정에 대한 국내 사회의 통합된 민족주의적 초기 반응을 갑작스럽거나, 과도했다고 볼 수는 없다(이완범 1995, 334).

모스크바 3상회의 결정에 대한 당시 주요 정치세력들의 민족주의적 반응은 탈식민지 사회 조선인의 대중적 반탁 감정에 조응하는 것이었다. 1945년 해방정국 초기 국면에서 대중적 반탁 감정을 고려한다면, 선 탁치/후 정부수립이라는 미국 구상과 선 정부수립/후 탁치의 소련 구상 사이에는 별다른 차이가 없다. 달리 말해, 달식민 사회의 민족주의의 시각에서 본다면, 소련에 대한 미국의 양보로 확정된 모스크바 3상회의 한국 관련 결정은 민족적 타자들의 합의에 불과하며, 재식민화 가능성에 대한 위기의식만을 고조시켰을 뿐이다. 따라서, 소련이 강조하는 신탁과 후견의 차이를 적극적으로 수용하거나, 임시정부 수립을 독립 국가 건설의 불가피한 혹은 전략적으로 유용한 단계로서 인식해야 했다는 모든 사후적 주장은 미소를 민족적 타자로 보는 당시 통합주의 세력으로서는 수용할 수 없는 것이었다.

1945년 12월 모스크바 3상회의 결정에 대한 초기의 통합된 민족주의적 반응은 당시 국내 정치에서 좌우를 교차하는 통합주의 지향의 우세를 확인할 수 있는 계기가 되었지만, 동시에 민족주의 세력 내부에서 전후 탈식민지 해방정국에서 독립 국가 건설은 오직 국제적 행위자 미소의 협상과 합의로서만 가능하다는 분리주의 세력의 현실적 인식을 형성시켰다는 점에서 해방정국의 정치균열 구조의 변화 측면에서 중요한 전환점이 된다. 1945년 모스크바 3상회의 결정이 공표되기 이전 시기 한국의 해방정국에서 정치균열 구조는 탈식민지 한국 사회에서 신생 독립 국가의 영토적 경계는 곧 민족적 경계와 일치함을 믿는 민족적 통합주의 지향의 우세를 특징으로 한다. 1945년 12월 이전 시기 해방정국에서 통합주의 지향의 우세가 의미하는 바는 널리 인식되고 있는 것과는 달리, 해방정국 초기 국면에서 좌우 균열은 심각하지 않았고, 민족주의 지향 안에서 좌우 세력이 공존했다는 것이다. 식민 시기 3.1운동과 신간회로 대표되는 좌우 협력의 역사적 경험과 1945년 11월 19일 이후 비록 개인의 자격으로 임정 인사들이 귀국했지만, 임정 자체가 좌우 협력에 기반한 해외 망명정부임을 상기할 때, 해방정국의 시작부터 한국의 정치 지형이 좌우 균열의 지배적인 특성을 가졌다고 인식하는 것은 실제 사실과 맞지 않다(이완범 2023, 61).

다만, 탈식민 한국 사회의 해방정국에서 민족주의 세력이 강한 내적 동질성을 가진 세력이라고 말할 수는 없다. 민족주의 세력 내부에 좌우 세력이 공존했고, 좌우 세력 각각의 내부에 다시 강경파와 온건파가 분기했다. 그러나 적어도 모스크바 3상회의 결정 이전 시점까지는 소군정의 직접적인 통제하에 있던 북한 지역의 조선공산당 북조선분국의 김일성을 제외하고, 남북한 좌우 세력 사이에 그리고 좌우의 강경과 온건파 사이에 한반도를 영토적 경계로 하는 신생독립국가의 건설이라는 민족적 통합주의 비전은 공유된 것이었다. 이 점은 모스크바 3상회의 결정 이전 1945년

10월 20일 미 국무부 극동 국장 존 빈센트의 한반도 신탁통치 발언에 대해 좌우의 강경과 온건파 구분 없이, 일제히 강한 반대 의사를 다투어 표명했으며, "각 정당 행동통일위원회"에서 반탁 성명서를 공동 채택했다는 사실로도 확인할 수 있다(이완범 2023, 70; 매일신보 1945년 10월 29일자).3)

탈식민지 한국의 해방정국 초기 좌우의 강경과 온건을 넘어 공유되었던 신탁통치 구상에 대한 민족주의적 반응은 탈식민지 사회의 주체 인식과 타자 인식의 관점에서 설명할 수 있다. 즉, 신탁통치는 탈식민지 한국 사회에서 민족의 주체성에 대한 부정으로 인식되었고, 민족의 주체성을 부정하는 모든 세력은 민족적 타자이며, 또 다른 제국이다. 이 같은 인식은 민족주의 진영 내 강경 좌파 세력이 아직 분리주의 지향으로 전환하여 이탈하지 않았던 1945년 11월 4일, 이승만, 여운형, 안재홍, 박헌영에 의해 공동으로 채택되었던 "미국, 소련, 영국, 중국 4개 연합국에 보내는 결의문"에도 잘 표현되어 있다. 이 결의문에는 "우리는 자주할진데 1년 이내에 국내를 안동할 수 있을 뿐 아니라, 외국의 물질적 기술적 후원으로써 비교적 단시일 간에 평화로운 보통 생활을 회복할 수 있다. 이 사실을 부인하는 자는 아직도 일본인의 선전술에 마취하는 자들이다"라는 내용이 포함되어 있다(매일신보 1945년 11월 7일자).4)

---

3) 이승만의 경우 빈센트의 발언에 대해 1945년 10월 22일까지는 다른 인사들과는 달리, "지금 나로서는 창졸간에 말하기는 어려우나 내가 상황에 있을 때부터 신탁통치 문제에 대해서는 여러 가지로 생각하여왔다'라며 분명한 의사 표명을 하지 않고 있다가, 10월 29일 신탁통치 절대 반대를 선언했다(이완범 2023, 71). 이승만은 1919년 미국 윌슨 대통령에게 국제연맹의 한국 위임통치를 청원한 사실이 있다는 점을 상기하면 신탁통치 문제에 대한 이승만의 모호한 초기 태도의 맥락을 이해할 수 있다.

4) 결의문은 1945년 11월 4일 작성되었고, 매일신보 1945년 11월 7일 자 "독촉, 4개 연합국에 결의문 발송"이라는 제목으로 기사화되었다. 이 기사는 "우리는 단연코 공동신탁제를 거부하며 기타 여하한 종류를 물론하고 완전 독립 이외의 모든 정책을 반대하는 것이다. 우리는 우리의 자유를 위하여 슛생명을 받치기로 결의하였다."로 끝을 맺고 있다

이 결의문에서 특별히 우리가 주목해야 할 또 하나의 논점은 "우리 임시정부가 연합국의 승인을 받은 후 1년 이내에 국민 선거를 단행할 것이요. 1919년에 선포된 독립선언서에 의하여 천명된 민주주의의 정치 원칙을 어디까지 존중할 것이다"라는 대목으로 당시 한국의 해방정국에서 민족주의 세력들의 독립 국가 수립구상은 '임시정부에 대한 국제적 승인 후 임시정부가 주도하는 국민 선거(총선거)의 시행, 그리고 민주적 정식 정부의 출범'이었음을 알 수 있다. 다음 절에서 논의하겠지만, 이 같은 한국 민족주의 세력의 독립 국가 수립구상은 정확히 오스트리아 해방정국에서 실제 진행된 정치과정과 일치하는 것이다.

달리 말하자면, 1945년 12월의 모스크바 3상회의 결정이 야기한 신탁통치 논쟁과 민족주의 세력으로부터 조선공산당의 이탈이 없었다면, 탈식민지 한국 해방정국의 정치과정이 전후 오스트리아 해방정국의 정치과정과 매우 유사할 수도 있었다는 것이다. 물론, 이 같은 논리적 추론은 임시정부에 대한 국제적 승인이라는 필요조건의 충족을 전제하는 것이다. 그런데 임시정부에 대한 미국의 불승인이 확정된 상황에서 1945년 9월에 개별적으로 귀국한 해외 임정 인사들과 국내 주요 정치세력들이 협력하여 새롭게 임시정부를 재구성하여 한국의 임시정부로서 국제적 승인을 받는 방식도 생각할 수도 있다. 이렇듯, 적어도 1945년 12월 모스크바 3상회의 결정 이전까지는 한국의 해방정국에서 다양한 정치적 가능성은 열려 있었다.

해방정국의 열린 가능성이 급격히 닫히고, 민족적 통합주의 지향의 헤게모니 구조가 본격적으로 통합주의 대 분리주의의 양극적 구조로 전환하게 된 결정적 계기는 모스크바 3상회의 결정이지만, 우리가 앞에서 보았듯이, 12월 이전부터 한국에 대한 신탁통치 구상에 일관된 반대 의사를 분명히 밝혀왔던 좌우의 강경과 온건파를 망라한 민족주의 세력의 우세를 고려할 때, 모스크바 3상회의 결정 자체가 해방정국의 정치균열 구조의

(인용 출처: https://db.history.go.kr/contemp/level.do?levelId=dh_001_1945_11_04_0020).

양극적 구조로의 전환을 초래한 결정적 계기라고 보기는 어렵다. 전환의 결정적 계기는 국제적 행위자에 의해서가 아니라, 국내적 행위자에 의해 형성된 것이다. 즉, 민족주의 세력 내부에서 이탈이 발생한 것이다.

민족주의 세력 내부에 포괄되어 있던 조선공산당의 박헌영이 북한의 조선공산당 북조선 분국의 김일성과 함께 모스크바 결정지지 선언을 공식화한 것이다. 흥미로운 사실은 조선공산당이 민족주의 세력에서 이탈하면서 해방정국의 정치 의제를 반탁 투쟁에서 반파쇼 투쟁으로 전환하려고 시도했다는 것이다(이완범 2023, 90).[5] 반탁 대 찬탁 논쟁에서 반파쇼 논쟁으로 프레임 전환을 시도하는 것은 반탁운동에서 우파 주도권에 대한 반발로 해석될 수도 있지만, 탈식민지 사회에서 타자 인식을 민족적 타자에서 이념적 타자로 전환하려는 시도로 해석할 수 있다. 이것은 한국의 해방정국에서 이념적 분리주의 세력의 출현을 알리는 중요한 장면이었다.

1945년 12월 29일 남한에서 반파쇼 투쟁위원회의 출현은 1946년 1월 1일 북한 김일성의 신년사에서 나타난 당시 정세에 관한 판단과 연결 지어 생각할 수 있다. 신년사에서 "문제는 우리가 민주주의 민족 통일전선을 공고히 결정하며 일제의 잔재를 철저히 숙청하고…. 세계 민주 진영의 일원이 되기 위한 우리들의 노력 여하에 달려" 있다는 내용을 통해 당시 반파쇼 통일전선 전략의 추구가 남한의 조선공산당과 북한의 조선공산당 북조선분국이 공유한 정세 판단이었음을 알 수 있다. 1945년 12월 이후 모스크바 3상 결정이 불러일으킨 탁치논쟁에서 남한의 조선공산당이 민족주의 세력을 이탈할 때, 그 정당화의 논리는 신탁통치 문제에 대한 민족주의적 과잉 반응이 아니라, 세계 보편사적 시각에 입각한 민주주의 민족 통일전선의 공고화가 더 중요하다는 것이었다. 1946년 1월 2일 남한의 조선공산당 중앙위원회 성명서, 그리고 같은 날 조선인민공화국 중앙인민위원회 명의 미영중소 4국에 보내는 성명서에는 국제적 행위자는 민족적

---

5) 1945년 12월 29일 조선공산당, 인민당, 서울시 인민위원회를 비롯한 좌익단체들이 임정이 주도한 "신탁통치반대국민총동원위원회"와 별도로 "반파쇼 공동투쟁위원회"를 결성하여 반탁 태도를 밝혔다.

타자가 아니며, 조선은 "자주독립국으로서 발전할 수 있는 길을 열어준" "세계민주주의 연합국의 용감한 군대의 힘"에 의해 해방되었으며, 모스크바 3상회의 결정은 "민주주의 정권 수립과 조선의 민주주의적 발달을 원조하여 조선의 완전한 독립을 발전적으로 완성하여 세계 문명국가의 지위에 나아가게 하는 것"이라는 민족적 타자 인식에서 이념적 타자 인식으로의 전환을 잘 보여준다.6)

 1945년 1월 3일 박헌영의 조선공산당이 모스크바 3상회의 결정에 대한 지지 선언을 하며, 남한 민족주의 내 강경 좌파 세력이 이탈함으로써, 1946년 이후 해방정국의 정치균열 구조는 통합 대 분리의 균열이라는 양극적 구조로 전환하게 된다. 남한의 분리주의 세력은 목적으로서 독립과 수단으로서 "탁치의 불가피성"을 구분할 것과 당시의 반탁운동이 "국제정세에 몽매에서 기인하는 민족 자멸책"임을 강조함으로써 자신들의 분리주의 노선으로의 입장 전환을 정당화했다.7) 이 같은 정당화 논리는 당시 조선공산당으로 대표되는 좌파 진영 내 강경 세력의 국제적 행위자에 대한 특정한 인식에 근거한 것이었다. 즉, 미소로 대표되는 국제적 행위자들 사이에 존재하는 근원적인 이념적 균열이 탈식민지 해방정국에서 국내 행위자 사이의 이념적 균열로 정치화될 가능성은 과소평가하는 반면, 전후 미소 간 협력의 지속 가능성을 과대평가하는 인식에 근거한 것이다.8)

---

6) 1945년 1월 2일의 조선인민공화국(인공)의 성명서는 남한지역에서 모스크바 3상회의 결정을 지지하는 노선을 밝힌 최초 사례로 볼 수 있다(이완범 2023, 171). 인공을 여운형이 주도한 건국준비위원회의 연장선상에서 보는 시각도 있지만, 인공 중앙인민위원 53.6%가 박헌영계 재건파 공산당원으로 구성되어 있었다는 점에서 박헌영계의 조선공산당세력에 의한 건준 장악으로 볼 수 있다. 이점은 우리역사넷, "조선인민공화국의 탄생과 좌절"
(https://contents.history.go.kr/mobile/nh/view.do?levelId=nh_052_ 0030_0010_0010 _0030).

7) 해방일보, 1946년 1월 8일자.

8) 당시 조선공산당의 이와 같은 인식은 공산당의 기관지로 볼 수 있는 해방일보의 논조에서 확인할 수 있는데, 해방일보는 국제적 행위자로서 미소 모두에 대해 긍정적 인식을 하고 있었으며, 미소 간의 이념적 대립에 기반한 세계 체제적 모순을 구

그리고 남한의 분리주의 세력은 미소 간 협력의 산물로서 모스크바 3상회의 결정은 국내 행위자에 의해 변경 혹은 철회할 수 없는 외생적 구조로서, 그 구조 안에서 탈식민 사회의 독립 국가 건설의 방도를 모색하는 것이 현실적이라고 인식했기 때문에, 모스크바 3상회의 결정이 제시한 독립의 경로를 수용하고, 우선 임시정부 수립을 선취할 것을 주장했다.

1946년 1월 민족주의 내 강경 좌파의 분리주의로의 노선 전환 이후, 한국 해방정국의 정치균열 구조 특성 측면에서 발생한 두 가지 변화에 주목할 필요가 있다. 첫 번째 변화는 분리주의 지향은 강경 좌파 세력에 의해 독점되었으며, 분리주의 세력 내부에는 강경과 온건의 균열이 아닌, 새로운 균열로서 남북의 균열이 새롭게 출현했다는 것이다. 분리주의 세력 내 남북 균열은 남한의 조선공산당과 북한의 조선공산당 북조선분국 사이의 균열을 말하는 것으로 분리주의 세력 내 주도권이 소군정의 직접적인 지원 아래에 있던 북조선 분국에 의해 행사되었고, 분리주의 세력의 거점은 38선 이북이 되었다.

이 점은 조선공산당 북조선 분국이 1946년 3월 북조선 공산당으로 개명하면서 사실상 남한의 조선공산당 중앙으로부터 분리했으며, 북한 내 민족적 통합주의 세력을 대표하는 조만식이 1946년 1월 5일 평남 인민정치위원회 전체 회의에서 소군정의 모스크바 3상회의 결정지지 요구를 거부하여 고려호텔에 연금당한 이후, 남한과는 달리 대중적 반탁운동이 가시화된 바가 없다는 사실을 고려할 때, 1946년 1월 이후 북한에서 민족적 통합주의 세력의 조직화와 영향력은 현저히 약화하였음을 추론할 수 있다. 조만식으로 대표되는 북한의 민족적 통합주의 세력의 약화 혹은 무력화는 1945년 9월 20일 하달된 스탈린의 부르주아 민주주의 강령에 따른 민족주의 세력과의 협력 노선이 사실상 폐기되었음을 의미한다. 1946

조적이고 장기적인 것으로 인식하기보다는 일시적인 것으로 평가하고 있었기 때문에 미소의 이념적 대립이 한국의 해방정국에서 국내 정치적 갈등을 격화시킬 가능성을 고려하지 않았다고 한다. 이 점에 대해서는 한국사총설 DB, "신탁통치 문제와 언론"(https://db.history.go.kr/diachronic/level.do?levelId=kn_070_0040_0030_0020)

년 2월 향후 북한의 단독정부 모태가 되는 북조선임시인민위원회의 출범은 이와 같은 맥락을 반영하는 것이다.

두 번째 변화는 남한의 민족적 통합주의 세력 내 좌우를 넘어 강경과 온건의 균열이 새롭게 부각되었다는 것이다. 강경 좌파의 이념적 분리주의로의 전환과정에서 민족적 통합주의 세력 내부에는 좌우 이념적 균열보다 모스크바 3상회의 결정으로 야기된 해방정국의 혼란을 어떻게 타개할 것인가를 둘러싼 온건 좌·우파의 협력 노선과 강경우파의 비타협적 투쟁 노선 사이의 갈등이 심화하였다. 이와 같은 상황을 상징하는 결정적인 사건이 곧 1945년 12월 30일의 송진우 암살이다. 민족주의 내 온건 우파로 분류될 수 있는 송진우는 신탁통치를 지지한다고 공식적으로 천명한 적은 없지만, 한국민주당의 대표로서 미군정과의 협조 노선을 공식화한 바 있다(박태균·정창현 2016, 66). 송진우의 미군정과의 협조 노선이 그와 임정의 관계를 악화시키는 요인이 되기도 했지만, 김구의 임정과 송진우의 한민당 사이의 갈등은 반탁 대 찬탁이 아니라 반탁의 방법론을 둘러싼 강경 대 온건파의 갈등으로 볼 수 있다.

김구의 임정 세력이 미군정에 대항하는 파업과 같은 물리적 힘의 과시를 통한 반탁운동의 전개를 주장했다면, 송진우의 한민당은 미군정에 대한 저항은 정국의 대혼란을 야기하고, 이는 곧 공산당에게만 유리한 정국으로 귀결될 것을 경고하였다(박태균·정창현 2016, 79). 민족주의 우파 내의 강경파와 온건파의 이와 같은 갈등을 고려할 때, 송진우의 암살은 민족적 통합주의 우파 내부 온건파의 약화와 한국민주당의 보수화를 낳았으며, 결과적으로 그의 암살 이후 추진된 남한 내 좌우합작 시도의 좌절에 영향을 미쳤다고 볼 수 있다. 1946년 1월 7일 이승만과 김구, 북한의 정치세력을 제외하고 해방정국의 모든 주요 정당, 인민당, 한국민주당, 국민당, 공산당의 4당 대표가 모여 공동성명서, "4당 코뮤니케"를 채택했지만, 탁치 반대에 대한 명료한 입장이 표명되지 않았다는 이유로 한민당 주류가 4당 간 합의를 번복함으로써, 한국의 해방정국에서 온건 좌우파에 의해 주도된 좌우 협력 시도는 결국 좌절된다.

4당 코뮤니케의 좌절 이후 민족주의 진영은 강경 우파에 의해 주도되고, 모스크바 3상회의 결정은 지지하되, 탁치는 반대한다든지, 일단 모스크바 3상회의 결정을 받아들인 후 신탁 문제는 차후에 자주적으로 결정하자, 혹은 과격한 반탁운동이 독립에 방해가 되니 중지해야 한다는 중도적인 제3의 통합주의 노선은 해방정국의 정치 지형이 반탁 대 찬탁으로 양극화되고, 협소화된 상황에서 정치적 영향력을 확장할 수는 없었다. 여운형의 인민당으로 대표되는 중도적 제3의 통합주의 노선은 미소를 민족적 타자가 아닌, 민족의 후원자로 인식하기 때문에 모스크바 3상회의 결정을 존중하고, 그 결정을 신탁통치 결정으로 축소 왜곡하여 반탁 대 찬탁으로 민족 내부의 분열이 발생하는 것에 막기 위해서는 거국적인 통일전선의 형성이 필요하다는 견해였다. 한마디로 말해, 사태의 본질은 찬탁 대 반탁이 아니며, 민족적 후원자로서 미소가 신탁 문제에 집착하지 않고 있는데 우리끼리 친탁이냐 반탁이냐를 둘러싸고 갈등할 필요가 없었다는 것이다. 그러나 중도적 제3의 노선의 이 같은 인식에 반하는 사태의 전개가 1946년 1월 22일 이후 발생한다. 본격적으로 반탁 대 찬탁 문제를 둘러싼 미소 갈등이 전면화되고, 미소에 대한 인식이 민족의 후원자에서 민족적 타자로 그리고 다시 이념적 타자로 전환하게 된 것이다.

한국의 해방정국에서 풀리지 않은 퍼즐 중 하나가 한반도 신탁통치에 대한 소련의 정확한 입장이 무엇이었는가에 관한 것이다. 한반도의 신탁통치 구상이 미국에 의해 먼저 제기된 것은 주지의 사실이지만, 1945년 12월 28일의 동아일보 오보 사건과 박헌영·존스턴사건 등 미군정의 여론공작으로 반-소련 감정과 반-공산당 대중정서가 확산되고 있다고 판단한 소련은 1946년 1월 22일 관영 타스통신 기사와 모스크바 현지 시각 1월 24일 밤 라디오 방송을 통하여 모스크바 3상회의 협상에서 신탁통치의 최초 제안자가 미국이었으며, 신탁통치가 시작될 때까지는 민주적 임시정부 수립이 아닌, 미소 양군 사령부가 설치하는 통합행정 기구를 설치하고, 4 강대국에 의한 신탁통치 기간을 10년까지 연장할 수 있다는 점을 미국이 강조했다고 폭로했다. 1월 25일 자 한국 문제에 관한 타스통신 성명의 전문의 일부를 직접 인용하면 다음과 같다.

> "한국 문제에 관한 모스크바 삼상 회의의 결정은 1945년 12월 28일 발표되었는데, 기본적인 몇 가지 점에서 미국 측 원안과 차이를 보인다.
> 첫째, 미국 측 제안은 신탁 통치가 수립될 때까지 한국의 행정권을 행사하게 될 양군 사령부에 의한 통일 행정 기구를 한국 내에 설치하는 것을 첫 번째 단계로 구상하고 있다. 이와 함께 양군 사령부의 행정 기구들에 대한 한국민의 참여를 오직 관리자나 자문 혹은 고문 자격으로 한정하고 있다. 미국 측 제안에는 이 기간 내에 한국의 국민 정부 구성은 전혀 나타나지 않는다. 삼상 회의 결정서에 채택된 소련의 제안에는 남북한에 공히 영향을 미치는, 시급한 행정 및 경제 문제를 해결하기 위한 수단들이 명기되어 있으며, 알려진 바와 같이 현재 한국에서 진행 중인 미소 양군 사령부 대표들 간의 회담을 통하여 이미 이 논의가 시작된 셈이다. 이와 함께 동 결정은, 한국민들의 국민적 요구를 집약하고 일본에 의한 기나긴 한국 통치의 잔재를 청산할 민주주의적 한국 임시 정부 구성의 긴급성을 인정하였다...
> (출처: 우리역사넷, "소련 타스통신의 모스크바 삼상 회의 협상 전말 공개"
> http://contents.history.go.kr/mobile/ht/view.do?levelId=ht_004_0040_0040_0020

    미군정의 여론공작에 대한 소련의 정면 대응은 남한에서 반소 반공 논리에 입각한 반탁 선동의 근거를 제거하고자 하는 목적에 따른 것이었으며9), 당시 미국과 소련의 여론전과 외교전에서 소련이 미국에 결정타를 가한 사건으로 평가될 수도 있지만, 한국의 국내 정치에서 그 사건은 민족적 후원자라는 미소 양국에 대한 기존의 이미지는 약화하고, 미소 양국 모두 탁치의 책임을 서로에게 전가하며 "각각 발뺌하려는" 민족적 타자 인식을 촉발했던 중요한 계기로 해석할 수 있다.10) 더 나아가, 한국의 신

---

9) 당시 하지는 자국의 국무부에 보낸 전문에서 "타스성명이 모두 사실이라는 것은 본인에게 정말 새로운 소식"이라고 주장했다고 한다(이완범 2023, 249).
10) 동아일보 1946년 1월 29일자 보도에 따르면, 한민당의 원세훈은 기자회견을 통해

탁을 먼저 제안했던 미국의 남한 점령 당국은 반탁운동을 지원하고 있고, 처음에는 신탁 문제에 소극적이었던 소련은 점차 탁치에 집착하게 됨으로써, 신탁통치 논쟁은 반탁=남한 민족적 통합주의 우파=미국 대 찬탁=북한 이념적 분리주의 좌파=소련이라는 균열 구조를 형성하게 된다. 이제 국내 정치 행위자에게 미국과 소련은 각자 자신의 정치적 입장(좌파=친탁 vs. 우파=반탁)에 따라 민족적 타자를 넘어 이념적 타자화되었다.

국제적 행위자에 대한 이념적 타자화가 진행되는 과정에서 1946년 3월 5일 북조선인민위원회가 토지개혁을 발표한다. 1945년 12월 25일 소련군 총정치국장 쉬낀의 보고서("북한의 정치 상황에 관해")에 따르면, 북한의 부르조아 민주주의적 개조가 지연되고 있으며, 북한 내 권력 집중과 신속한 토지개혁이 필요하다고 소군정은 판단했다(와다 하루키 1999, 153). 그 직후 1946년 1월 2일 치스차꼬프에 의한 토지개혁을 위한 토지조사 명령, 1월 31일 농민연맹결성, 2월 8일 최고행정기관으로서 북조선임시인민위원회 설치 등 일련의 권력 집중과 개혁 준비 과정을 거쳐 3월 5일 토지개혁 단행을 발표한 것이다. 바로 이 시기 남한에서는 4당 코뮤니케가 좌절되고, 미소 사이에는 1월 16일에서 2월 5일까지 미소 공동위 개최를 위한 예비 회담이 진행되고 있었다. 예비 회담에서 미국이 38선 장벽 철폐와 교통수단 및 공공시설을 남북 단일행정 체계로 통합할 것을 다시 한 번 제안했지만, 소련은 이미 북한에서 독자적인 행정 권력의 중심 형성과 개혁 조치를 진행하고 있었다.

미소 공동위원회가 3월 20일부터 5월 6일까지 진행되었지만, 미소는 공위의 첫 회의가 진행되었던 3월 20일부터 공위의 목적에 관한 상이한 인식을 보여주었다. 특히, 이날 회의 시작 전 개회사에서 소련 측 대표 시티코프는 "미래의 민주주의 조선 임시정부는 모스크바 결정을 지지하는 각 민주주의 정당과 사회단체를 망라는 대중단체의 토대 위에서 창건될

"탁치제안은 누가 먼저 했든지 자주독립과는 배치"된다라고 주장했고, 소련의 폭로 이후 시행된 4월의 미군정 공보부의 서울지역 여론조사에 따르면, 응답자의 60%가 여전히 탁치를 원하는 나라는 소련이라고 답했다고 한다(이완범 2023, 252).

것이다..."라고 언명함으로써, 특정한 국내 정치세력, 즉 반탁운동을 주도했던 민족적 통합주의 강경우파 세력을 향후 임시정부 수립 과정에서 배제할 의도를 표명했다(이완범 2023, 326).11) 한국의 해방정국에서 이 장면은 한국의 신탁통치 문제에 소극적이었던 소련이 오히려 탁치문제에 집착하게 되었음을 보여주는 중요한 장면이며, 동시에 반탁운동을 주도하는 민족주의 우파 강경 세력의 친탁=좌파=친소라는 국제적 행위자에 대한 이념적 타자화가 심화하여 결국에는 이념적 분리주의로 전환하는 중요한 계기로 해석할 수 있다. 결국 1차 미소 공동위원회는 임시정부 수립을 위한 한국 내 협의 대상자 선정 문제를 해결하지 못하고 결렬된다.12)

　　1차 미소 공동위원회의 결렬은 미국에 모스크바 3상회의 결정에 따라 소련과의 협의를 통해 한국 문제를 해결하는 것이 가능하지 않을 수도 있다는 인식을 갖게 했다. 더구나 북한에서는 1946년 2월에 이미 북한 지역에 독자적인 정부의 모태가 될 수 있는 북조선임시인민위원회가 출범한 상황에서, 미국 또한 북한의 상황 전개에 상응하는 조치의 시급함을 느꼈다. 이에 따라, 남한에서도 독자적 정부 수립 가능성에 대비하기 위해 1946년 6월 29일부터 준비하여 8월 24일에 미군정법령 118호로 남조선과도입법의원 창설령을 공포함으로써 북한의 임시인민위원회에 상응하는

---

11) 1946년 3월 20일 회담 개시와 함께 소련 측은 임시정부수립을 위한 한국 내 협의대상자 자격으로 세 가지 조건을 제시했다. 1. 3상회의 결정을 지지할 것. 2. 진실로 민주주의적이어야 할 것. 3. 장차 한국을 대 소련침략의 요새지로 만들려는 반소련 집단이나 인물이 아닐 것 등이 그 세 가지 조건이었다. 이에 대해 미국 측은 한국인 다수가 모스크바 결정에 반대하는 상황에서 반탁을 이유로 협의 대상에서 배제하는 것의 부당함을 지적하여, 미소가 타협하여 발표한 것이 1946년 4월 18일의 미소공위 5호성명이었다. 그러나 다시 5호성명의 수용 여부를 두고 좌우가 갈등했다(한국학중앙연구원, 한국민족문화대백과사전 https://encykorea.aks.ac.kr/Article/E0019961).

12) 한국의 해방정국에서 1차 미소공위의 결렬 이후 국제적 행위자에 대한 이념적 타자화가 심화되는 또 다른 중요한 계기는 1차 미소공위 결렬 이후 남한 내 온건 좌우세력에 의한 좌우합작의 재시도 그리고 또 한 번의 실패. 이 과정에서 온건 좌우 세력의 합작은 지원했지만, 동시에 1946년 5월 정판사위조지폐사건 후 대대적으로 조선공산당을 탄압했던 미군정의 온건 좌파와 강경 좌파세력의 분리정책이었다.

남조선과도입법의원 창설 구상을 공식화했다.

1946년 4월 6일 샌프란시스코 AP합동통신 기사로 촉발되었던 미국의 남한 단독정부 수립설, 5월 22일 미 국무부 극동국의 남한 즉각 선거 시행 제안, 6월 3일 이승만의 정읍발언 등 일련의 사건들을 상기하면, 과도입법의원 창설이 미소 협상에 통해서는 한국 문제 해결이 어렵다는 미국의 비관적 전망과 한국 문제 해결의 새로운 대안으로서 남한의 단독정부 수립구상과 무관하지 않음을 추론할 수 있다. 1차 미소 공동위원회 결렬 이후 한국 문제 해결의 새로운 대안으로서 단독정부 수립 문제가 해방정국의 중요한 정치 의제가 되는 상황에서 미국과 불화했던, 김구로 대표되는 민족적 통합주의 세력은 그 일부가 남한 단독정부 반대 대 단독정부 지지를 둘러싼 갈등 속에서 이념적 분리주의 우파 세력으로 전환하여 이탈함으로써 결정적으로 약화한다. 이로써 한국 해방정국에서 민족적 통합주의 대 이념적 분리주의의 정치균열은 남한 단독정부 수립을 지지하고, 북한과 소련을 이념적 타자로 인식하는 우파 분리주의 세력 대 북한 단독정부 수립을 지지하고, 남한과 미국을 이념적 타자로 인식하는 좌파 분리주의 세력 사이의 좌우 균열로 최종 변형된다.

4. 오스트리아: 1945년 총선거와 이념적 분리주의의 몰락

민족적 통합주의 대 이념적 분리주의 균열 구조의 극적인 전환과 파국적 평형상태를 특징으로 하는 한국의 해빙정국과 비교할 때, 오스트리아 해방정국에서 민족적 통합주의 대 이념적 분리주의 균열 구조는 민족적 통합주의 세력의 헤게모니가 장기 지속되는 안정성을 특징으로 한다. 혹자는 민족적 통합주의 헤게모니에 기반한 오스트리아 해방정국의 상대적 안정성을 좌우 연정의 제도화 차원에서 설명하지만, 좌우 연합은 오스트리아 해방정국의 안정성의 원인이라기보다는 결과로 볼 수 있다. 오스트리아 해방정국에서 좌우 연정은 민족적 통합주의 헤게모니의 확립이라는 조건에서 민족적 통합주의 세력 내 좌우간의 연합이었지, 통합주의 대 분리주의 진영을 가로지르는 좌우 연합은 아니었다. 즉, 오스트리아 해방정국에서 민족적 통합주의 진영 내 좌우 세력인 국민당과 사회당의 좌우 연정이 해방정국을 주도했으며, 통합주의 대 분리주의 균열은 1947년 오스트리아 공산당이 민족적 통합주의 주도의 좌우 대연정인 "집중 정부"(Konzentrationsregierug)에서 이탈한 이후에 가시화되었다. 좌우 연합 자체가 민족적 통합주의 헤게모니에 기반한 오스트리아 해방정국의 상대적 안정성의 원인이 아니라면, 무엇이 오스트리아 해방정국에서 민족적 통합주의 헤게모니가 관철되는 정치균열 구조의 안정성을 설명할 수 있는 가? 우리는 다음 세 가지 요인에 주목할 필요가 있다.

첫째, 해방정국 이전 시기에 이미 결정된 오스트리아 문제에 대한 국제적 행위자들의 합의로서 독일과의 영토적 합병을 원천적으로 봉쇄했던 1943년 모스크바 선언의 영향이다. 모스크바선언(Moskauer Deklaration)은 19세기 오스트리아-헝가리제국의 붕괴 이후 독일과의 병합(Anschluss)을 지지하며, 오스트리아의 독자적 민족적 정체성의 확립과 영토적 경계의 공고화를 가로막았던 대독일주의를 결정적으로 약화시켰다(김홍섭 2016, 50). 대독일주의가 오스트리아 해방정국의 국내 정치에서 금기시됨으로써, 대독일주의와 구별되는 오스트리아 민족정체성의 형성에 주요 정치세력들은 정치적 우선순위를 부여하게 된다. 언어와 인종, 역사 등 문화적 정체성의 차원에서 독일과 동질적이지만, 독일과 구별되는 새로운 민족적 정체성을 형성하여 신생독립국가를 건설해야만 하는 결정적인 역사적 국면에서 새로운 대안적 정체성은 너무 "두꺼운"(thick) 것이어서는 안된다. 즉, 오스트리아 제1공화국의 역사적 경험처럼 이념적 균열에 의해 분열되는 상황을 다시 반복해서는 안 된다는 전후 오스트리아 주요 정치세력들 사이에 정치적 합의가 존재했다.

그렇다면, 새로운 정체성의 원천은 무엇이 되어야만 하는가? 전후 오스트리아 해방정국에서 주요 정치세력들은 인종적, 문화적, 이념적 정체성을 가로질러 오스트리아의 영토적 경계를 민족적 정체성의 준거로 하여 국민을 정의함으로써, 대독일주의와는 결별하되, 인종적, 문화적, 이념적 정체성을 넘어 오스트리아인들을 통합하는 "얇은"(thin) 정체성에 기반한 통합적 국민 형성 전략을 추구했다. 이 같은 통합전략이 전후 오스트리아 해방정국에서 오스트리아 민족주의 세력의 우세와 민족주의 세력 내의 좌우 협력을 가능하게 하는 중요한 조건이었다.

둘째, 오스트리아 해방정국에서 민족적 통합주의 헤게모니가 관철되는 정치균열 구조의 안정성에 영향을 미친 또 다른 요인은 오스트리아 해방정국 초기 국면에서 총선거를 시행함으로써 국내 정치적 불확실성이 이른 시기에 해소되었다는 사실이다. 첫 번째 요인이 국제적 행위자들의 전후 오스트리아에 대한 합의에 관련된 것이었다면, 두 번째 요인은 전후 오스트리아 해방정국에서 국내적 행위자들의 전략적 선택에 관련된 것이다. 해방정국은 기본적으로 다양한 이념적 정체성을 가진 정치행위자들이 갈등하고, 경쟁하는 정치적 공간이다. 상대방의 정치적 영향력의 정도를 정확히 평가할 수 있는 정보가 부족하고 부정확할수록, 상이한 이념적 정체성을 가진 행위자들 사이에서 상호인정과 공존의 추구가 그들의 중요한 행위 동기가 되기는 어려울 것이다. 한국과 오스트리아의 결정적 차이는 오스트리아가 이 같은 정치적 불확실성 상태를 해방정국 초기 국면에서 해소할 수 있었던 반면, 한국은 그 불확실성의 상태를 해소할 수 있는 국내 정치과정이 지연됨으로써, 민족적 통합주의와 이념적 분리주의 세력 중 누구도 헤게모니를 행사할 수 없는 파국적 평형상태를 지속하다, 결국 두 개의 국가로 분리되는 결과를 낳았다. 이 점에서 레너 임시정부가 신속하게 추진하여 국민당과 사회당으로 대표되는 민족적 통합주의 지향의 정치세력의 헤게모니를 국내외적으로 인정받게 했던 1945년 11월 총선거는 오스트리아 민족적 통합주의 헤게모니의 안정성에 큰 영향을 미쳤다.

1945년 4월 24일에 소련의 주도하에 수립된 레너 임시정부가 해방정국의 초기 국면에서 어떤 행보를 취하는가는 오스트리아의 공동 분할점령국들의 중요한 관심사였다. 흥미로운 사실은 임시정부의 수반이었던 칼 레너는 임시정부의 출범 과정에서 스탈린의 직접적 지시와 지원을 받았음에도 불구하고, 한국 해방정국의 민족주의 좌우 세력의 정치지도자들이 공통으로 국제적 행위자를 민족적 후원자로 인식했던 경향이 강했던 것과는 달리, 분할점령국 중 특정한 국가에 친화적이거나, 그들 국가 모두를 민족적 후원자로 인식하기보다는 민족적 타자로 인식하는 경향이 강했다는 것이다. 특히, 레너와 그루버와 같은 오스트리아의 영향력 있는 정치지도자들은 오스트리아의 소비에트화에는 반대했으며, 오스트리아 문화적 전통 자체가 공산주의에 강한 면역력을 가졌다는 신념을 공유했다(Anzelmo 1968, 6-7).

국내적 행위자와 국제적 행위자 간 힘의 비대칭성을 특징으로 하는 해방정국에서 국내적 행위자가 국제적 행위자를 민족적 타자로 인식할 때, 국내적 행위자의 전략적 목표는 국제적 행위자로부터 어떻게 상대적 자율성을 최대화하여 조속한 시기에 독립 국가를 성취할 것인가가 될 것이다. 국제적 행위자로부터 상대적 자율성을 강화하기 위해서는 특정한 국가에게 헌신을 약속하지 않아야 하고, 동시에 특정한 국가와 불화도 일으켜서도 안 된다. 국제적 행위자를 민족적 타자로 인식했지만, 이념적 타자라는 인식을 표출하는 것에도 매우 신중했다.

1945년 4월 22일 오스트리아 임시정부 내각 구성에서 레너가 오스트리아 공산당을 포함했던 이유는 만약, 소련이 후원하는 공산당을 포함한 좌우 연정을 구성하지 않을 경우, 오스트리아에 두 개의 임시정부가 생길 가능성을 우려했기 때문이었다(이호재 1999, 27). 이 같은 전략적 신중함과 함께 레너 임시정부는 임시정부의 전국적 권위의 정당성을 확보하기 위해 각 주 정치지도자들을 설득하여 오스트리아 연방 주의회를 개최하고, 1945년 9월 18일 잘츠부르크에서 각 주 정치 대표들이 모여 임시정부의 전국적 권위를 인정함과 동시에 정식 정부 수립을 위한 사전 단계로서 11월 25일 총선거 실시를 결의한다(김홍섭 2020, 213). 이처럼 국내적 행위자들의 통합적 행보에 의한 신속한 전국적 중심 형성이 성취되자, 마침내 1945년 10월 20일 연합국은 레너 임시정부를 오스트리아의 임시정부

로 공식 승인하였다.13)

　레너 임시정부의 가장 중요한 임무는 조속한 시일 내 총선거 실시함으로써 오스트리아 국내 정치의 불확실성을 해방정국의 초기 국면에서 해소하는 것이었다. 사민당 출신의 레너에 의해 주도되는 임시정부가 친소적인 행보를 할지도 모른다는 미국을 비롯한 서방측 국가들의 의구심과 불안은 오스트리아 공산당의 결정적 패배로 끝난 11월 총선거 이후 해소되었다. 전후 소군정의 적극적 지원에 의존하며, 소련 점령지역에서 독자적 중심 형성을 추구했던 오스트리아 공산당의 취약한 대중적 지지 기반이 입증되어 오스트리아 국내 정치에 대한 서방측 점령 당국의 정치적 불확실성에 대한 인식이 제거되었다. 미국은 오스트리아 신생 정부의 자율성을 강화하는 것이 소련의 영향력 확장을 저지하려는 자국의 유럽 정책에 걸림돌이 되지 않으리라는 확신이 생겼고, 총선거 결과에서 증명된 공산주의(소비에트 러시아)에 대해 비우호적인 오스트리아 대중의 정서를 고려했을 때, 소련은 오스트리아 공산당을 내세워 오스트리아 신생 정부를 자국의 직접적인 영향력 아래에 둘 수 있을 것이라는 기대를 포기하고, 현실적인 접근을 모색하게 되었다. 또한 오스트리아 국민당과 사회당 또한 공산당을 신생 정부 권력구조로 포괄함으로써 불필요하게 소련을 자극하지 않고, 오스트리아 민족적 통합주의 세력의 리더십을 통해 좌우 이념적 지형의 양극단, 즉 대독일주의를 지지하는 극우 분리주의 세력과 소비에트화를 추구하는 극좌 분리주의 세력의 영향력이 모두 최소화된 광범위한 민족주의 연합을 형성하게 되었다.

　앞에서 언급한 국제적 요인과 국내 정치적 요인 외에 오스트리아 민족적 통합주의의 우위를 설명할 수 있는 세 번째 요인은 오스트리아 민족주

---

13) 칼 레너는 1945년 9월 29일 미국 오스트리아 점령군 사령관, 마크 클라크(Mark Clark)와의 면담을 통해 오스트리아 임시정부 내에서 공산주의의 영향력 위험은 더 이상 크지 않고, 11월의 총선거에서 오스트리아인 10명 중의 9명은 공산당이 아닌, 사회당 혹은 국민당에 투표할 것임을 강조하며, 임시정부의 승인을 설득했다 (Anzelmo 1968, 74).

의 담론 형성의 측면에서 찾을 수 있다. 오스트리아 민족적 통합주의 세력은 국제 행위자들에 의해 먼저 제안된 "나치의 최초 희생국"이라는 프레임을 그들 내부의 좌우 이념적 정체성의 차이를 통합하기 위한 일종의 통합 담론으로 적극 활용했다. 이 담론은 이중의 효과를 낳았다. 하나는 오스트리아를 연합국들이 더 이상 적국으로 인식하지 못하게 하는 것이었으며, 다른 하나는 오스트리아인 스스로 자신들을 나치 점령에 따른 피해자로 인식하게 함으로써, 국내 정치 세력들 사이에 존재하는 좌우의 이념적 정체성보다 상위의 정체성으로서 오스트리아 민족주의를 정치적으로 동원하는 것이었다.

전자의 효과는 1945년 11월의 총선거 이후 수립된 오스트리아 정식 정부가 1946년 2월2일 오스트리아와의 강화조약(Friedensvertrag) 체결을 주장한 영국의 제안 대신, 오스트리아 외상 그루버(Karl Gruber)가 국가조약(Staatsvertrag)이라는 전후 오스트리아 주권에 대한 국제협약이라는 대안적 구상의 제안을 가능하게 만들었다. 나치독일과 협력하여 전쟁을 수행했던 전범국가가 아닌, 나치에 의한 최초 희생국으로서 오스트리아의 특수한 국제적 지위를 인정해야 한다는 인식을 담고 있는 국가 조약 개념을 제시함으로써, 오스트리아는 조속한 점령 종식과 주권 회복을 주장하는 민족주의적 요구를 국제적 행위자에게 적극 주장할 수 있었다. 후자의 효과, 나치의 최초 희생국 담론을 활용한 오스트리아 민족주의의 정치적 동원 효과는 전후 오스트리아 정치지도자들이 역사적 고난과 현재의 고통을 공유한 운명공동체로서 오스트리아 민족의식을 고취하는 것을 통해 통합의 정치를 수행할 수 있었다는 것을 말한다. 통합의 정치적 호소가 강한 설득력을 가질 때, 즉 신생 독립 국가 오스트리아의 생존 그 자체가 최고의 가치로 인식될 때, 오스트리아 해방정국에서 좌우를 포괄하는 민족적 통합주의 세력을 중심으로 구심력이 작동하는 국내 정치의 형성이 가능해진다.

"나는 성탄절에 여러분들에게 아무것도 드릴 수 없습니다. 나는 여러분들에게 크리스마스트리도 드릴 수 없습니다. 여러분들이 크리스마스트리를 가졌다고 하더라도 양초도 드릴 수 없으며, 빵도 드릴 수 없고, 석탄도 드릴 수 없으며, 조각할 얼음도 드릴 수 없습니다. 우리는 아무것도 가진 것이 없습니다. 나는 여러분들에게 이 오스트리아를 신뢰해 줄 것을 빌 뿐입니다."(1945년 12월 25일 Figl의 대국민 연설).14)

1945년 11월 선거 이후 오스트리아 민족적 통합주의 세력의 헤게모니가 관철되는 국내 정치의 안정성 속에서 1946년 2월 12일 미국은 오스트리아 국가 조약을 논의할 의사가 있음을 표명했고, 중부유럽, 특히 헝가리와 루마니아에서 소련군 주둔의 종결을 원했다. 한편, 소련은 오스트리아 국가 조약을 위한 협상에 미온적인 태도를 보였지만, 6월 27일 오스트리아 소련군 점령지역의 소련자산관리국(USIA) 산하로 오스트리아 기업을 합병함으로써, 오스트리아 점령 정책에서 당시 소련의 주요한 관심이 전후 전쟁배상금 징수 문제에 집중되어 있음을 보여주었다. 6월 28일에 연합군 국가들은 오스트리아 제2 통제협정을 인준했다. 제2 통제협정 3조에 따르면, 오스트리아 연합국 위원회의 우선적인 임무는 오스트리아와 독일의 분리를 완료하고(Article 3.b), 신생 오스트리아 정부의 민주주의, 행정, 경제적 사회질서의 안정을 도와서(Article 3.c), 오스트리아 정부가 오스트리아 전역에서 완전한 통제력을 행사할 수 있도록 지원하는 것이다. 이러한 내용은 연합군 국가들의 오스트리아에 대한 일종의 "후견"을 의미하는 것으로 해석해도 무방할 것이다. 제2 통제협정 4조에는 점령지역의 경계에 상관없이 오스트리아 전역에 걸친 경제적 통합을 촉진하는 오스트리아 정부의 권위를 인정했고, 7조에 따르면, 오스트리아 신생 정부는 유엔 회원국들과의 외교관계 수립에서도 완전한 자율권을 행사할 수 있다. 다만, 오스트리아 정부는 5조에 명기된 탈군사화, 점령군의 안전 보장, 오스트리아 내 독일 자산 처분, 국경통제에서는 연합국 이사회의 통제를 수용

---

14) 김철수(2014, 178-179)에서 재인용.

해야 했다.

이처럼 제2 통제협정을 통해 오스트리아 정부의 자율성은 크게 강화되었지만, 1946년 2월부터 이미 미국과 영국에게 국가 조약 초안을 제안했던 오스트리아 정부는 12월에 연합국 4국에 공식 외교문서를 전달하여 연합국 점령 정책 종결과 완전한 주권 회복을 원하는 오스트리아 정부의 의지를 표명했다. 그러나 문제는 오스트리아에서 연합국 점령 정책의 종결이 의미하는 것, 즉 4국 점령군의 완전한 철수는 소련의 동의 없이는 불가능한데, 오스트리아에서 소련군의 철수는 곧 소련군의 동유럽(특히 루마니아와 헝가리) 주둔의 정당성을 약화한다는 점에서 소련이 수용하기 어려운 요구라는 점이다. 미국은 국가 조약 체결을 원하는 오스트리아를 내세워 동유럽의 소련군 철수를 동시에 해결하고자 하는 전략을 고려했고, 소련은 즉각적으로 미국의 의도에 반발했다. 소련은 오스트리아의 탈나치화가 완료되지 않았다는 명분을 들어 국가 조약 체결 요구를 거부했다(Mueller 2006, 74). 1947년 2월 소련군의 주둔 필요성을 명기한 루마니아와 헝가리의 평화조약이 체결됨으로써, 오스트리아의 국가 조약 체결의 가능성은 더욱 불투명해졌다.

동유럽에서 소련의 영향력 확장을 둘러싼 미소 갈등이 고조되는 국면의 한복판에서 오스트리아 해방정국의 정치 지형 또한 새로운 국면으로 진입한다. 민족적 통합주의 헤게모니에 대한 이념적 분리주의 도전이 시작된 것이다. 1945년 11월 총선거에서 패배 이후 오스트리아 공산당은 최소한 소련 점령지역에서라도 권력을 장악하기 위한 분리주의 전략을 추구했고, 그 전략의 구체적 방도로서 오스트리아의 동서 분리를 구상하고 있었다. 이 구상을 논의하기 위해 1947년 10월 19일 헝가리 부다페스트에서 오스트리아 공산당 지도자 퓌른베르크(Freidle Furnberg)와 호너(Franz Honner)는 소련공산당(CPSU)의 중부 유럽 담당관인 코르트케비치(Georgii Kortkevich)와 비밀 회동을 했다(Mueller 2006, 73).[15] 오스트리

---

15) 당시 유고슬라비아의 티토는 오스트리아 공산당의 동서 분리 구상에 우호적이었다고 한다. 그 이유는 티토가 오스트리아를 포함하는 전후 다뉴브 국가들(the

아 공산당의 동서 분리 구상은 스탈린의 강한 반대에 직면하여 무산되었다. 반대의 주된 논지는 동서로 분리된 오스트리아는 자생력을 가진 경제체제가 되기에 너무 작고, 소련이 오스트리아 주요 산업지역을 차지하고 있는 분할점령의 현 상태 유지가 동서 분리보다 소련의 이익에는 더 부합된다는 것이었다. 또한, 만약 오스트리아가 동서 두 개의 국가로 분리되는 경우, 오스트리아 서부 지역이 결국에는 독일의 일부가 될 가능성이 높고, 그 경우 1943년 모스크바 선언에서 합의되었던 오스트리아의 독일로의 통합 금지라는 전후 합의와 독일 약화를 원하는 전후 소련의 유럽 정책에도 큰 혼란이 야기될 수 있다는 우려도 제기되었다.

오스트리아 공산당의 동서 분리 구상의 좌절은 오스트리아 해방정국에서 소련의 후원했던 공산당이 단순히 소련의 지시에 따라 행동하는 소극적 행위자가 아니며, 국내 정치에서 유리한 국면전환을 위해 오히려 소련의 지지를 적극적으로 동원하고자 시도하는 능동적 행위자임을 보여주는 예시가 된다. 두 개의 국가로의 분리를 모색했던 오스트리아 공산당은 1947년 결국 좌우 연립정부를 떠났다. 다음 해인 1948년 오스트리아 정

Danubian countries) 사이에서 유고슬라비아의 영향력 확장을 원했기 때문이다. 이 점에 대해서는 Mueller(2006, 80, note 71)를 참조할 것. 당시 소련의 오스트리아 동서 분리 구상에 대한 거부는 한국과 비교의 시각에서 볼 때 흥미롭고 중요한 논점을 제기한다. 만약, 1947년 당시 소련이 오스트리아를 동서 두 개의 국가로 분리하자는 오스트리아 공산당의 구상에 반대한 주된 이유가 한반도 영토의 약 83%에 상당하는 크기인 오스트리아 영토가 두 개의 국가로 분리하기에는 너무 작고 경제적 완결성이 취약했기 때문이라면, 동일한 시기 한반도의 분리에는 반대하지 않았던 이유를 단순히 한반도가 오스트리아보다는 조금 더 영토가 크고, 경제적 완결성이 더 강할 것으로 낙관했기 때문은 아닐 것이다. 한국과 오스트리아에서 두 개의 국가로의 분리에 대한 소련의 상이한 대응은 분명, 일본과 독일에 대한 상이한 전후 정책과 깊은 관련이 있으리라는 합리적 추론이 가능하다. 소련은 오스트리아가 독일의 일부가 될 가능성에는 민감했지만, 한국의 남북 분리로 한국이 일본의 일부가 될 가능성은 없는 상황에서 오히려 일본 점령에 미국과 공동으로 참여하지 못한 불이익을 남북 분리에 따른 북한에 대한 독점적 영향력 확보로 만회할 수 있는 것에 대해 긍정적으로 평가했을 수 있다. 물론, 당시 소련이 오스트리아와 한국을 연계지어 생각했다는 것을 보여주는 문서자료는 없다.

부는 마셜 플랜에 가입했고, 마셜 플랜 참여를 곧 오스트리아가 서방 자본주의 경제로의 통합으로 인식했던, 오스트리아 공산당은 마셜 플랜 참여에 강력히 반대하며, 전후 유럽에서 가장 광범위하고, 격렬했던 1950년 10월 총파업(putsch)을 주도했다. 총파업으로 야기된 국내 정치적 혼란 속에서 당시 오스트리아 정부는 소련이 군사개입을 통해 공산정권을 수립하려 시도할지도 모른다는 위기감을 느꼈고, 미국, 영국, 프랑스의 오스트리아 연합국 점령군도 오스트리아 국내 정치에 대한 소련 개입에 대한 공식 항의를 전달하기도 했다(Lewis 2000, 535). 그러나 예상과 달리, 소련의 군사적 개입의 명료한 의도는 확인된 바가 없었으며, 무엇보다도 오스트리아 노동운동 내부에서 공산당 세력은 강력한 저항에 직면했다(Mueller 2006, 73). 노동조합 조직 내 공산당 세력의 숙청(purge)이 진행되는 과정에서 9월 26일 정부 내각과 노동조합총연맹 사이의 임금과 물가 협상이 타결됨으로써 1950년 오스트리아 정부의 전후 최대 정치적 위기는 해소되고, 오스트리아 공산당의 정치적 영향력은 주변화되었다.

5. 한국 해방정국의 고유성

탈식민지 혹은 탈점령지 해방정국에서 국가 형성은 로칸의 유럽 근대 국가 형성 과정의 4가지 정치균열로 환원될 수 없는 고유한 정치균열 구조를 가질 것이라는 문제의식을 전제로 전후 탈식민지 한국과 탈점령지 오스트리아 해방정국의 정치적 동학과 구조를 민족적 통합주의 대 이념적 분리주의 정치균열의 시각에서 분석할 수 있다. 민족적 통합주의 대 이념적 분리주의 정치균열은 국제적 정치 행위자와 국내적 정치 행위자의 비대칭적 힘의 관계를 특징으로 하는 탈식민지 혹은 탈점령지 해방정국에서 국가 형성 문제가 국제적 정치 행위자에 대한 국내적 정치 행위자의 집합적 인식과 국제적 정치 행위자에 대한 상대적 자율성의 정도에 크게 영향을 받는 해방정국의 고유한 특성을 반영하는 것이다. 달리 표현하자면, 탈식민지 혹은 탈점령지 해방정국은 국제적 정치 행위자를 민족적 타자로 인식하며, 해방정국에서 국가와 국민의 경계를 민족의 경계와 일치시키는 민족적 통합주의 세력과 국제적 정치 행위자를 근대성의 보편적 모델의 관점에서 이념적 타자로 인식하며, 국민의 경계를 국가의 경계와 일치시키는 이념적 분리주의 세력 사이의 정치균열이 지배적인 국가 형성의 결정적 국면으로 정의될 수 있다는 것이다.

　민족적 통합주의 대 이념적 분리주의 정치균열의 시각에서 한국의 해방정국을 분석하면, 우리는 다음과 같은 한국 해방정국의 고유성을 발견할 수 있다. 첫째, 한국의 해방정국 초기 국면, 즉 1945년 12월 모스크바 3상회의 결정이 공표되기 전 시기, 한국의 해방정국은 좌우의 강경과 온건 세력을 모두 포괄하는 민족적 통합주의 지향의 헤게모니를 특징으로 했다. 이 시기 민족적 통합주의 지향의 우세 속에서 국제적 정치 행위자에 대한 국내 정치 행위자의 인식은 민족적 후원자의 인식이 강했으며, 아직 민족적 타자로서 국제 정치 행위자에 대한 인식과 국내 정치 행위자의 상대적 자율성의 중요성에 대한 인식은 명료하지 않았다. 둘째, 한국의 해방정국에서 민족적 통합주의 지향의 헤게모니에 대한 도전은 국제 정치 행위자들로부터 먼저 제기되었고, 이 도전에 직면해서 국내 정치 행위자들의 국제 행위자에 대한 인식은 민족적 후원자에서 민족적 타자로 전환되었다. 1945년 12월 모스크바 3상회의 결정에 대한 민족주의적 최초 반응으로서 좌우 민족주의 세력이 모두 참여하는 반탁운동이 전개되었다. 셋째, 국제 정치 행위자로부터 시작된 민족적 통합주의 헤게모니에 대한 도전이 1946년 1월 이후 민족주의 내 급진 좌파 세력의 이념적 분리주의로의 전환(조선공산당의 입장 전환)을 촉발함으로써, 한국의 해방정국에서 민족적 통합주의 대 이념적 분리주의 균열 구조가 형성되었고, 민족적 타자로서 국제 행위자에 대한 인식은 강화되었다. 넷째, 민족적 통합주의 내 온건 좌우 세력의 협력을 통해 민족적 통합주의 지향의 헤게모니를 유지하려는 시도(4당 코뮤니케)가 있었지만, 국제 정치 행위자들 사이의 갈등(1946년 5월 1차 미소 공동위원회의 결렬), 남북한 단독정부 수립을 지지하는 남북한 좌우 이념적 분리주의 세력 간 균열의 부상과 국제 행위자에 대한 이념적 타자화가 가속화됨으로써, 민족적 통합주의 세력의 헤게모니는 급속히 약화하고, 한국 해방정국의 지배적 정치균열은 이념적 분리주의 세력의 좌우 균열로 변형된다.

이상과 같은 한국 해방정국의 정치균열 구조의 변화 과정은 국제 행위자에 대한 인식의 변화 과정과 대체로 일치한다. 즉 민족적 후원자에서 민족적 타자로, 다시 이념적 타자로 국제 정치 행위자에 대한 인식의 변화와 함께 민족적 통합주의 지향의 헤게모니 구조에서 민족적 통합주의 대 이념적 분리주의 균열로 전환, 다시 또 남한의 우파 분리주의 대 북한의 좌파 분리주의 사이의 균열로의 변화가 발생했다. 이 모든 변화의 과정은 곧 헤게모니적 정치균열 구조에서 비헤게모니적 정치균열 구조로의 전환으로 볼 수 있다.

비헤게모니적 정치균열 구조는 그람시가 "카이사리즘"(Caesarism)이라 불렀던 상황과 유사하다. 그람시는 카이사리즘을 "갈등하는 세력들이 파국적인 방식으로 서로 균형 짓는 상황"으로 정의하는데, 갈등하는 A 세력과 B 세력 누구도 상대에게 헤게모니를 행사하지 못하는 파국적 평형상태에서 제3의 C 세력이 외부로부터 개입하여 A와 B 세력을 모두 패퇴시키는 상황으로 이해할 수 있다(Gramsci 2005, 219). 우리는 한국의 해방정국을 미소의 모스크바 3상회의 결정 이후 민족적 통합주의 내 좌우 세력 누구도 서로에게 헤게모니를 행사하지 못하는 파국적 평형상태에서 제3의 세력, 즉 남북한 단독정부 수립을 지지하는 좌우 이념적 분리주의 세력이 통일 정부를 지향했던 민족적 통합주의 좌우 세력 모두를 패퇴시키는 상황, 즉 그람시의 카이사리즘 상황으로 해석할 수 있다.

한국과 비교의 시각에서 오스트리아 해방정국의 고유한 특성은 다음과 같다. 첫째, 오스트리아 해방정국에서 민족적 통합주의 지향의 헤게모니는 지속적으로 유지되었다. 이것이 가능했던 이유는 오스트리아 해방정국에서 국내 정치 행위자들은 국제 정치 행위자들을 일관되게 오스트리아 민족의 타자로 인식했으며, 해방정국에서 역사적, 인종적, 이념적 정체성이 아닌, 전후 국제 정치 행위자에 의해 확정된 오스트리아 영토적 경계와 "나치의 최초 희생국"이라는 민족주의 담론을 적극 활용하여 오스트리아 민족의 새로운 정체성을 형성하려는 통합 지향적 노력을 했기 때문이다. 다시 말해, 국제 정치 행위자를 이념적 타자화하지 않음으로써, 국내 행위자 사이에 존재하는 이념적 균열이 민족적 통합주의 헤게모니가 약화하는 것을 저지했기 때문이다. 둘째, 오스트리아 해방정국에서 민족적 통합주의 지향의 헤게모니가 해방정국의 초기 국면에서 실시된 총선거(1945년 11월 총선거)에 의해 국내 그리고 국제 정치 행위자 모두에게 입증됨으로써, 해방정국 초기 국면에서 정치적 불확실성을 조기에 통제할 수 있었고, 국제 정치 행위자로부터 국내 정치세력의 상대적 자율성을 강화할 수 있었다. 셋째, 오스트리아 해방정국에서 오스트리아 문제를 독일 문제의 일부로서 인식하는 미소의 갈등이 격화되기 이전 시기에 이미 민족적 통합주의 세력 내 좌우 연합이 제도화되었기 때문에 1947년 이후 민족적 통합주의 헤게모니에 도전했던 이념적 분리주의 세력의 오스트리아 동서 분리 시도는 좌절되었고, 이념적 분리주의 세력의 정치적 영향력은 최소화되었다.

4

분리-통합의 국내정치 (2)

제11장 홀로주체 vs. 서로주체: 정치적 호명과 동원*

오스트리아와 비교할 때 한반도가 남과 북으로 나뉜 가장 중요한 이유는 해방정국 초기에 한반도 전체를 관장하는 단일 임시정부를 수립하지 못한 데 있다. 연합국들에 의해 분할점령된 상태에서도 오스트리아는 해방정국 초기에 단일 임시정부를 수립하고 그 권한을 전국으로 확대하는 데 성공했다. 이를 바탕으로 1945년 11월에 전국 총선거를 실시하고 12월에 정식으로 제2공화국을 수립했다. 국가조약을 체결할 때까지 연합국들의 점령 통치가 10년 간 지속되었지만, 오스트리아는 줄곧 통일된 정부를 유지했다. 국가조약의 전제가 된 중립화는 오스트리아 통일의 이유라기보다는 그 결과라고 봐야 한다. 반면에 한반도에서는 해방정국 초기의 결정적 국면에서 단일한 임시정부를 수립하는 데 성공하지 못했다. 여기에는 국내 정치 행위자들의 책임도 있겠지만, 그에 앞서 국제 차원에서 점령국들의 정책이 우선적으로 중요하게 작용했다. 오스트리아와 비교할 때, 한반도에서는 ① 해방정국 초기에 단일 임시정부의 수립에 실패했고, ② 그 주된 이유는 국내 정치세력들의 분열에서도 찾을 수 있지만 그보다 앞서 국제 차원의 외적 규정력에서 우선적으로 찾아야 한다(김학노 2024).

외적 규정력의 우선성을 분명히 하고, 그럼에도 7장에서 언급했듯이, 외부의 힘은 아무리 '결정적'인 경우에도 국내정치를 '결정'하지는 않는다. 아무리 결정적인 영향력을 행사하는 외력도 국내 정치세력들 사이의

---

* 김학노

상호행위 과정을 통과하여야 한다. 이 책은 국내 정치 행위자들에게 통일된 임시정부를 수립할 수 있는 전략적 공간이 존재했는지, 그것이 존재했다면 왜 그리고 어떻게 우리의 선조들은 그 "실낱 같은 기회"를 잡지 못했는지 '분리-통합'과 '홀로주체-서로주체'의 두 축을 나눠서 구명한다. 이 중 첫 번째 즉 '분리-통합' 축을 중심으로 한 분석은 앞서 3부(7장)에서 살펴봤다. 이 장에서는 두 번째 즉 '홀로주체-서로주체' 축을 중심으로 비교분석한다.

홀로주체-서로주체의 축을 중심으로 보면, 오스트리아에서는 서로주체적 정치가, 한반도에서는 홀로주체적 정치가 주를 이루었다. 오스트리아에서 서로주체적 정치가 지배적인 유형이 된 데에는 두 가지 요인이 특히 중요해 보인다. ① 연합국 군정 당국들의 탈나치화 정책과 공산당의 낮은 지지율 덕분에 중도 정당들이 지배적이었고, 그 정당들 내에서도 온건세력이 헤게모니를 장악했다. ② 적대적 사회세력의 존재에 대한 상호 인정과 이를 바탕으로 한 공존 및 권력공유 제도를 구축했다. 이에 반해 해방정국 한반도에서는 홀로주체적 정치가 우세했다. ① 남과 북 각각에서 우익과 좌익의 단극적 정치지형이 구축되었고, ② 좌우 양 진영이 서로를 동반자 주체로 인정하기보다는 적대적 호명을 통해 제거와 투쟁의 대상으로 상대했다. 이북에서는 좌우합작에서 좌익동맹으로 전환하여 정치의 단극화 현상이 비교적 빨리 진행되었다. 이남에서는 좌우합작의 추진 과정에서 오히려 좌우의 거리가 더 멀어지는 양극화 현상이 심해졌다. 이남에서 단정세력이 최종적으로 승리하면서 남과 북 모두에서 각각 우익과 좌익으로 정치지형이 단극화되었다. 적대적 관계의 심화 현상은 좌우 사이에만 국한되지 않았고, 좌익과 우익 각각의 내부에서 그리고 남과 북 사이에서도 심화되었다.

1. 오스트리아: 서로주체적 정치

해방정국 오스트리아에서는 주요 정치 집단들이 경쟁하면서도 서로 인정하고 협력하는 서로주체적 정치를 펼친 반면, 한반도에서는 서로 자기가 우위를 차지하려는 홀로주체적 정치가 주를 이루었다. 오스트리아에서 국민당과 공산당이 사회당의 리더십 아래 함께 임시정부를 구성한 것이나, 1945년 가을 연방주정부대표자회의에서 다른 지역과 정치집단 사이에 합의를 이루는 모습 들은 모두 서로주체적 만남을 바탕으로 했다. 임시정부를 구성하는 데 있어서 구성비 원칙에 합의하고 권력을 나누어 공유하는 방식도 서로주체적 만남 위에 이루어질 수 있었다. 반면 한반도에서는 이 같은 서로주체적 만남이 드물었고 홀로주체적 적대의 정치가 주를 이루었다.

오스트리아와 한반도의 해방정국에서 모두 국내의 자생적인 정부에 대한 사전 합의가 없었고, 좌우 사이 이념적 간극도 비슷했다. 역사적으로 보면 이념적 양극화는 오스트리아가 한반도에 비해서 더 심한 편이었다 (Stueck 1995, 6). 그런데 어떻게 오스트리아에서는 서로주체적 정치가 주를 이루었는가? 이에 대한 답으로, 오스트리아가 한국에 비해 타국에 의한 점령 기간이 짧았고(7년), 현대적 정당체계와 헌법이 있었으며, 정당정치와 의회민주주의의 역사적 경험이 있었고, 민주적 정부 수립을 주도할 노련한 정치가들과 제도적 장치들이 준비되어 있었다는 점 등이 거론된다(Stueck 1995, 10).

이에 더하여 여기서는 오스트리아에서 서로주체적 정치가 이뤄질 수 있었던 주요 요인으로 ① 온건 중도 세력이 헤게모니를 잡고 있었으며, ② 적대적 사회세력 간 공존과 권력공유를 위한 제도적 장치를 마련한 점을 강조한다.

1) 온건 중도 세력의 헤게모니

해방정국 오스트리아에서는 온건 중도 세력이 정치적 헤게모니를 장악했다. ① 좌우 양 극단의 정치세력이 약했고, ② 주요 정당 내에서도 온건 세력이 당내 헤게모니를 장악했다. 첫째, 오스트리아에서는 좌우 양극단의 정치세력이 상대적으로 약한 편이었다. 우선, 공산당의 세력이 미약했다. 1공화국 시절 오스트로마르크스주의(Austro-Marxism)가 활발했는데, 이들은 사회당에 결집해 있었다. '레드 비엔나'의 사회개혁 성공으로 사회당은 좌파 진영 내에서 압도적 헤게모니를 장악했고, 공산당은 열세를 면치 못했다. 1공화국 시절 공산당은 1927년 선거에서 0.5%, 1932년 선거에서 1.9%를 획득하는 데 그쳤다. 1945년 11월 총선에서도 사회당이 44.60%를 획득한 반면 공산당은 5.42%를 획득했다(이호재 1978, 134-137).

동시에, 점령 당국들의 탈나치화 정책으로 인해 친나치 극우세력들이 정치무대에서 제거되었다. 점령군 당국마다 실제 집행에서 차이가 있었지만, 오스트리아에 진주한 4개 연합국 점령군들은 나치 정당 금지, 나치 지도자 투옥, 나치 법 폐지, 인종주의적 사고 및 차별 금지, 관료기구 내 나치 전력자 제거 등을 추진했다(Eisterer 2002, 196). 물론, 기술관료의 필요성과 같은 현실적인 이유로 탈나치화의 진행은 상당히 제한되었다(Hudson 2015, 210; Eisterer 2002, 209-211). 그렇지만, 해방정국에서 (친)나치 세력은 최소한 정치무대에서는 확실히 제거되었다. 극우정치세력이 소멸된 것이다. 이는 남한에서 미군정과 한민당을 중심으로 친일파가 보수로 둔갑하여 정치적 목소리를 냈던 상황과 대조된다.

레너의 임시정부도 반나치 입법 조치를 발빠르게 시행했다. 레너 정부는 1945년 5월과 8월에 일련의 입법조치를 통해 나치당을 불법화하고 주요 나치 관련자들을 반역죄로 다스렸다. 이 법들에 의거해서 1955년까지 비엔나(Vienna), 그라츠(Graz), 린츠(Linz), 인스브루크(Innsbruck) 등 주요 도시에서 136,000 명 이상이 재판에 회부되었다. 이는 친일파 청산에 실패한 한국뿐만 아니라 독일과도 대조된다. 독일에서 탈나치화가 승자에 의해 강요된 점령국 정책이라고 비난받을 수 있었던 반면, 레너 정부의 적극적인 조치로 오스트리아에서는 이런 비난이 불가능했다(Eisterer 2002, 206-209). 탈나치화 정책의 결과로, 좌익뿐 아니라 우익 정당의 최고위급 지도자들에 반(反)나치주의자들이 대거 포진하게 되었다(Benson 1948, 180).

둘째, 주요 정당 내에서 온건 세력이 당내 헤게모니를 장악하였다. 레너 임시정부에 참여한 세 당이 온건한 지도자들을 중심으로 서로를 인정하고 받아들이는 자세를 견지했다. 먼저, 오스트리아 공산당은 일당지배를 추구하지 않고 다른 정당들과 협력했다. 레너 임시정부가 소련 점령지역에서 수립됐고 소련을 배후에 두고 있는 점에서 공산당은 그 지지세력보다 훨씬 중요한 위치를 차지했다. 나중에 공산당이 동부 소련군 점령지역에 별도의 분리 정부 수립을 모색하기도 했지만, 해방정국 초기 공산당은 계급보다 국가의 통일성을 우선시했다. 덕분에 레너 임시정부가 거국연정으로 성립될 수 있었다(이호재 1978, 128-134).

국민당도 당의 사회적 기반을 다원화하여 대중정당으로 발전시키는 데 주력하고, 1공화국의 돌푸스와 같은 파시스트적 권력독점을 추구하지 않았다. 1공화국 시절 돌푸스의 파시즘을 경험한 덕분에 국민당은 극우의 길을 의도적으로 경계했다. 1945년 4월 국민당의 당수가 된 쿤샤크(Leopold Kunschak)는 과거 돌푸스 정부를 비판했고, 니더외스터라이히(Niederösterreich; Lower Austria) 주에서 당을 재건하면서 사회당의 헬머(Oskar Helmer)와 경쟁하면서도 친밀한 협조 관계를 유지했다(Anzelmo 1968, 22-25).

사회당의 지도자들도 이전의 좌경적인 당의 노선을 우경화하는 데 힘썼다. 이들은 사회주의 이데올로기에 입각한 '혁명의 사도'가 되는 대신 보다 실용적인 정책을 추진했다. 바우어(Bauer), 아들러(Adler), 도이취

(Deutsch) 등 1920년 이래 당을 장악해온 사회당 내 급진 좌파 지도자들이 돌푸스 정권과 히틀러에 의해 추방되거나 제거되었다. 레너, 헬머(Helmer), 쉐르프(Schärf) 등 당내 온건 우파 인물들이 전쟁 기간 동안 살아남아서 2공화국 수립을 주도했다. 해방정국에서 만난 국민당과 사회당의 주요 지도자들은 1공화국 시절 극심한 적대적 대립과 돌푸스 및 히틀러 체제를 같이 경험했고, 강제수용소에서 수감생활을 함께 하는 등 박해의 경험을 공유한 경우가 많았다. 이로 인한 유대의식이 이들을 보다 온건한 중도 지향으로 만들었다.

2) 적대적 세력의 공존과 권력공유

다음으로, 적대세력 간 공존과 권력공유를 위한 제도적 장치가 오스트리아의 서로주체적 정치에 기여했다. 여러 정당들이 함께 정부를 구성하기 위해서는 서로 권력을 나눠서 공유하는 방식이 필요하다. 내각의 각료 구성 비율이 연정 구성에서 핵심적인 문제인데, 임시정부 수립 시 3개 정당을 대표하는 지도자들이 (차관까지 포함하여) 사회당 10명, 국민당 9명, 공산당 7명, 무소속 3명의 구성비율에 어렵지 않게 합의했다. 이것은 총선 전까지 잠정적인 조치였다. 총선 후에는 득표 비율에 따라 다시 내각을 재배정하기로 합의했다. 이 같은 '구성비(Proporz)' 원칙은 제2공화국의 근간을 이루는 '연정협약(Koalitionspakt)'의 정신이 되었다. 또한, 각 부처에 장관과 다른 정당 출신의 차관들을 두어서 한 정당이 마음대로 전횡하지 못하도록 하는 한편, 부처의 권한을 정당들이 사실상 공유하도록 했다(Carafano 2002, 54). 이 같은 권력공유 제도는 임시정부와 이후 대연정 수립에 핵심 기제로 작동했다. 이는 정당들 간의 경쟁이 극심해지는 것을 막고 서로 간에 서로주체적 공존을 더 원활하게 했다. 다수당이 되지 못하더라도 당이 얻은 득표율만큼 정부에 참여하기 때문에, 정당 간 선거 경쟁이 보다 온건하게 진행될 수 있다. 내각 결정도 완전 합의제에 입각하도록 해서, 작은 정당의 목소리도 중시하고 존중했다. 이같은 '비례체제(Proporzsystem)'는 서로주체적 정치가 전개될 수 있는 중요한 제도적 기반이었다(이호재 1978, 126-127; 1999, 28; 안병영 2013, 187).

정치세력 사이의 협력과 연합은 한편으로 오스트리아의 전통적인 타협문화에도 바탕을 두고 있었지만(안병영 2013, 38-39), 그보다는 적대적 진영으로 나뉜 '분절사회'에 입각해 있었다. 타협과 이익조정의 문화도 갈등을 바탕으로 한 것이었다. 분절사회는 1공화국 시절로 거슬러 올라간다. 1공화국 시절 좌우의 치열한 정치적 대립이 사회 깊숙이 침투해서 사회 전반을 '붉은 진영'과 '검은 진영'으로 나누었다(안병영 2013, 57-78). 특히, '레드 비엔나'와 보수적 시골 지역의 대립이 극심했다. '레드 비엔나'(1914-1934)는 당시 소련 이외의 유럽 지역에서 사회당이 지배한 최초의 도시였는데, 이는 보수층과 가톨릭 및 농민의 공포와 반발을 불러일으켰다. 좌우 대립은 사회 깊숙이 침투했다. 두 진영이 별도의 학교, 복지기구, 도서관 등을 운영할 정도였다. 사실상 두 국민으로 분리되어 서로 대립했다. 그들은 각자 의용군을 육성하고 충돌했다. 사회주의 세력의 공화국수호연합(Republikanischer Schutzbund)과 보수 세력의 향토방위대(Heimwehr)가 그것이다(Steininger 2012, 5). 1934년 2월 일어난 무력충돌은 '내전'의 양상을 보이기까지 했다. 이를 빌미로 돌푸스 정권은 1933년 5월 공산당 해체에 이어 1934년 2월 사회민주노동당을 제거하고 파시스트 독재를 실시했다. 오스트리아가 나치 독일에 합병되기 이전에 이처럼 극심한 좌우 적대와 충돌이 있었다(임종대 2014, 238-272; 이호재 1978, 121-124).

2공화국은 1공화국으로부터 이 같은 분절사회를 물려받았다. 1공화국 시절의 적대적 충돌을 피하기 위해서 오스트리아는 비례체제를 정치권뿐 아니라 사회 전반에도 적용했다. 주요 정당들이 각각의 정치력에 비례하여 정치권력을 공유하고 정책결정 과정에 참여하는 방식을 사회 전반으로 확대한 것이다. 정부 공직 이외에도 국영기업, 방송사, 은행, 산업체, 학교 및 헌법재판소 등의 요직에도 비례체제를 적용했다. 비례체제의 확대는 후견주의(clientelism)와 정실인사 문제를 낳기도 하지만, 좌우 양 진영 사이의 적대적 대립의 격화를 줄이는 긍정적인 효과가 있다. 정치권과 사회, 정당과 이익집단 간 상호 침투가 깊숙이 진행되었다. 국민당은 농민회의소 및 경제회의소와 '검은 진영'을, 사회당은 노동회의소 및 노총과 '붉은 진영'을 사실상 나눠 갖고 있다. 이처럼 좌우 정당들이 공공부문을 나누어 분점하고 관리함으로써 적대적 갈등의 비화를 막는다. 이는 좌우 두 진영의 상호 불신과 적대에 기초하고 있는 점에서 특기할 만하다. 서로 상대방이 전부 차지하지 못하도록 하기 위해서, 사회의 현실적 세력관계를 반영하여 나눠 갖는 것이다(안병영 2013, 65-71, 132, 187-188, 200-203). 오스트리아의 권력공유 제도는 정치세력들 사이의 서로주체적 공존이 반드시 서로에 대한 우애심에 입각할 필요가 없으며, 서로에 대한 적대감이 높은 경우에도 얼마든지 가능함을 보여준다.

2. 한반도: 홀로주체적 정치

오스트리아와 비교할 때 해방 직후 한국의 정치사회는 좌우협력을 위한 토대가 훨씬 취약했다. 오스트리아에서는 해방정국에서 공산당의 지지 기반이 미약했고, 사회당과 국민당 내 강경세력들이 전쟁 기간 동안 약화되어서 좌우 온건 세력들의 주도 아래 협력이 잘 이루어질 수 있었다. 대조적으로, 해방 초기 한반도에서 미군이 점령한 38선 이남 지역에서는 공산주의 세력이 상당히 강했고 지방의 조직력도 앞서 있었다. 또 이북에서는 친일파들이 상당수 청산되거나 추방되었지만, 이남에서는 친일·부일 세력이 제대로 청산되지 못하고 우익의 일부로 정치세력화 되었다. 오스트리아에서 친나치 세력이 해방정국의 정치무대에서 배제된 것과 달리, 한반도의 38선 이남에서는 친일파가 정치무대에서 배제되지 않았을 뿐 아니라 상당히 막강한 세력을 구축하였다. 오스트리아에서처럼 좌우 양

진영에게 서로주체적 만남을 기대하기에는 애초부터 어려운 점이 많았다.

해방정국 오스트리아가 서로주체적 정치의 모습을 보인 반면, 한반도의 해방정국 정치는 서로 상대방을 무시하고 모든 세력이 자기가 우위에 서는 홀로주체적 정치의 모습을 많이 보였다. 오스트리아에 비해 한국은 일제 강점 기간이 훨씬 길었고, 현대적 정당체계와 헌법을 갖추지 못했고, 정당정치와 의회민주주의의 역사적 경험이 있었으며, 민주적 정부 수립을 주도할 노련한 정치가들과 제도적 장치들도 준비되어 있지 못했다(Stueck 1995, 10 참조). 이에 더해 이 글에서는 오스트리아의 서로주체적 정치가 ① 온건 중도세력의 헤게모니와 ② 적대적 사회세력 간 공존과 권력공유의 제도에 바탕을 두고 있었다고 강조했다. 이와 대조적으로 한반도의 홀로주체적 정치는 ① 남과 북 각 지역에서 정치지형의 단극화와 ② 좌우 적대적 관계의 심화 현상을 보였다. 이북에서는 좌우연합에서 좌익동맹으로 전환하여 정치의 단극화 현상이 비교적 빨리 진행되었다. 이남에서는 좌우합작의 추진 과정에서 오히려 좌우의 거리가 더 멀어지는 양극화 현상이 심해졌다. 이남에서 좌익에 대한 탄압이 본격화되면서 우익 우세의 단극화가 일어났다. 적대적 관계의 심화 현상은 좌우 사이에만 국한되지 않았고, 좌익과 우익 각각의 내부에서 그리고 남과 북 사이에서도 심화되었다.

1) 좌우 극단의 헤게모니

이북에서는 처음에 좌우협력에 기반한 민족통일전선을 구축했다가 탁치 파동을 분기점으로 조만식의 우익세력을 제거하고 좌익동맹 노선으로 변경했다. 소련군이 평양에 들어오기 전인 8월 17일 해방 직후 자생적으로 형성된 평남 건준은 조만식 추종세력이 주를 이뤘다. 이는 평안도 지역이 중국과의 접경지역으로서 상업이 발달했고 기독교 세가 유난히 강한 반면 공산주의 세력은 상대적으로 미약했던 지역 상황을 반영했다. 이남에 비해 이북은 기독교(및 천도교)계와 연결된 우익(민족주의) 세력이 상대적으로 막강했고 서북지역(특히 평양)이 그 중심이었다(기광서 2018, 151). 서울에서 파견된 현준혁이 조선공산당 평남지부의 조직을 재정비했으나, 기독교와 상업이 발달했던 평양에서 조만식의 리더십은 압도적이었다. 소련군이 진주한 8월 24일 이후 소련군정의 주도 아래 평남 건준과 조공 평남지부가 좌우합작으로 8월 26일 밤 평남인민정치위원회를 수립했다. 이로써 조만식을 중심으로 한 건준이 수립된 지 열흘 동안의 "해방 황금시대"가 끝났다. 9월 3일 현준혁이 암살되었고, 김일성이 9월 20일경 평양에 들어온 뒤에도 좌우합작을 기반으로 하는 민족통일전선은 유지되었다. 당시 조만식과 그 추종세력이 누리던 지역에서의 지지를 감안하면 소련군정과 좌익으로서는 불가피한 선택이었다. 그런데 평남 건준에서 우익 세력이 압도적인 우위를 차지하고 있었지만 애초에 공산계 2명도 포함되어 있었다. 좌익까지 포함하여 "민족 대동 단결체"를 구성했기 때문이다. 이로 인해 평남인민정치위원회는 건준 위원 15명(+ 추후 여성 1명)에 조공 측 위원 15명(+ 추후 여성 1명)으로 구성되어서 건준과 조공 사이에 1:1 통합의 모양새를 갖추었지만, 막상 공산주의 측이 늘 17대 13으로 우위에 있었다(한근조 1970, 368-384).

탁치파동을 계기로 민족통일전선이 와해되고 정치적 단극화가 진행되었다. 1946년 2월 조선민주당에서 조만식 그룹의 출당을 공식화하는 한편, 최용건과 강양욱을 각각 당수와 부당수로 하는 새 지도부를 선출하여 당을 친공으로 재편했다. 김일성과 공산당은 뒤늦게 귀국한 연안파의 거두인 김두봉을 조만식을 대신해서 전면에 내세우고, 연안파의 정당조직인 조선신민당(2월 16일 창당)과 사실상 좌익동맹을 결성했다. 천도교 신자 농민들을 주축으로 하는 천도교청우당도 2월 8일 공산당의 우당으로 창당하였다(기광서 2018, 246-252). 이제 이북 지역에 보수 우익을 대변하는 정치세력은 사실상 남아 있지 않았다. 좌익으로의 정치적 단극화가 뚜렷했다. 김일성의 헤게모니가 안정되면서 범좌익 내부에, 특히 국내계, 연안계, 소련계 등 여러 세력이 얽혀 있던 공산당 내부에서도 그의 정치적 입지가 확고해졌다. 오스트리아의 레너 임시정부가 좌우합작에 의한 거국연정이었던 것과 대조적으로, 북한의 임시인민위원회는 "외견상 통일전선의 기조를 유지"했지만(기광서 2018, 256) 실제에 있어서는 처음부터 좌익이 헤게모니를 장악한 정부였다.

이북이 처음에 민족통일전선을 유지했다가 좌익동맹으로 선회한 것에 비해, 이남에서는 처음부터 좌우합작이 제대로 이루어지지 못했다. 오스트리아에 비해 한반도는 정당정치와 의회정치의 역사가 없었고, 돌아갈 체제 또는 헌법도 없었다. 모든 것을 새로 만들어야 했다. 정당도 새로 만들어야 했고, 미군정 치하에 친일 세력이 우익의 일부로 재기해서 좌우 대연합은 그만큼 어려움이 많았다. 하지만 이 같은 불리한 조건 속에서도 좌우연합의 시도가 있었다.

강만길이 강조하듯, 민족해방운동에서 좌우가 분립된 이후에도 좌우통합 운동이 국내와 해외에서 이어졌다. 일제하 해방구가 없는 상황에서 민족해방운동의 목적은 어디까지나 계급전선이 아니라 민족전선의 구축에 있을 수밖에 없었다. 좌우통합은 식민지시대 민족해방운동에만 한정되지 않고 일제 패망 이후 민족국가건설 과정에도 적용되어야 한다는 생각이 지배적이었다(강만길 2018, 34-35). 해방 후 이남에서도 서너 차례 좌우합작의 중요한 시도가 있었다. 그러나 좌우합작 시도들이 실패하면서 좌익과 우익 간 거리가 더 멀어지고 적대적 대립이 심화되었다.

첫째, 건준 내부에서의 좌우합작 시도다. 건준의 좌우합작 시도는 크게 두 차례 있었다. 하나는 해방 이전 8월 12일-13일 여운형 측(정백)과 송진우 측(김준연)의 교섭이다. 여운형의 합작 제의에 송진우는 ① 패전국인 일제가 아니라 승전국인 연합국으로부터 정권을 인수받아야 하며, ② 중경 임시정부를 중심으로 뭉쳐야 한다는 이유로 거절했다. 다른 하나는 8월 18일-25일 건준의 안재홍과 송진우 측(김병로・백관수) 사이의 교섭이다. 2차 개편의 결과 우익 인사들이 건준 간부에 대거 포함되었다. 그러나 건준 내 좌익측의 반대와 여운형과 안재홍의 의견 대립으로 좌우합작은 끝내 결실을 맺지 못했다. 이어 3차 개편이 이뤄진 9월 4일 확대위원회에 우익 인사들이 대거 불참(보이콧)했고, 건준 내 박헌영의 재건파 공산당의 입지가 강화되는 결과로 이어졌다(정병준 2023, 98-151; 길윤형 2020, 267-287; 송남헌 1985, 7-11, 43-48). 안재홍이 증언하듯이, 그가 건준 내에 우익의 "대량참가의 길을 열어놓았음에도 … 민족주의자의 최후의 보이코트로써 협동은 결렬되었다"(안재홍 1983, 260). 이 점에서 9월 4일 확대위원회 불참으로 "최후의 순간 민공협동[좌우합작]의 밥상을 걷어찬 쪽이 우익이었다"(길윤형 2020, 283)고 할 수 있다. 그러나 이는 한편으로 건준 내부 헤게모니를 장악한 조공 재건파의 집요한 반대 공작 때문이기도 했다(송남헌 1985, 46; 박명수 2015, 112-118).

이후 건준은 재건파 공산당의 주도 아래 인공으로 전환했다. 좌익의 인공 수립에 대하여 우익은 '임정봉대론'으로 맞섰다. '인공 vs. 임정봉대론'의 대립은 두 가지 점에서 좌우 양극화를 불러왔다. 우선, 좌우의 대립이 건준 내부 갈등에서 '정부' 수준의 대립으로 상향·확대됐다. 인공의 수립으로 인해 이전까지 "건준 내부에서 갈등하며 길항하던 좌우익의 정권 수립 방략이 대외적으로 폭발하며 중경임시정부 지지 진영과 인공 진영이라는 진영 대결, 정부 대결의 양상을 띠게 된 것이다"(정병준 2023, 163). 다음으로, 좌우 양 진영에 걸쳐 있던 수많은 중도세력에게 양자택일을 강요함으로써 정치세력의 양극화를 심화했다. 남광규에 따르면, 해방 직후 국내에는 극좌나 극우세력에 비해 중도 세력의 비중이 적지 않았다. 원래 건준과 임정에도 중간파가 많았으며, 이 점에서 이들은 동질적인 요소가 많았다(남광규 2007, 126; 김용달 2013 참조). 중경 임정은 1943년 좌우 연합 정부를 구성했다. 이는 1930년대 민족해방운동에서 좌우 통일전선을 구축한 조선민족혁명당의 명맥을 이어받은 것이었다. 1942년 민족혁명당을 중심으로 하는 조선민족전선연맹계가 임시의정원에 참가하여 통일전선 의정원을 구성하고, 나아가 좌우 연립정부로 임시정부를 구성했다(강만길 2018, 29-30; 오코노기 마사오 2019, 371-378). 건준은 여운형의 건국동맹과 안재홍의 민족대회소집(신간회 재건) 그리고 장안파 공산주의 세력이 힘을 합쳐 모인 것이다. 비록 한민당 세력이 빠졌지만 안재홍으로 대표되는 우익 세력도 일부 동참했던 것이다. 건준이 인공으로 전환한 뒤 좌익이 인공을 주도하고 우익이 임정봉대론으로 맞서면서 건준과 임정 내 중간파가 서로 대립하는 구도가 형성됐다. 해방정국 초기에 등장한 '인공 vs. 임정봉대론'의 대립은 동질적인 중도파에게 양자택일을 강요하는 결과를 가져온 것이다(남광규 2005, 150-165). 좌우가 중도에서 통합하는 구도가 아니라, 정반대로 중간파가 좌우 양 진영을 선택해야 하는 구도가 형성되었다.

둘째, 1945년 10월 진행된 정당통일운동과 이승만의 귀국 후 독촉중협을 중심으로 한 통합운동이다. 이승만의 귀국 이전에 좌우 '정당통일운동'이 전개되었다. 10월 5일과 12일 주요 정당 간부들의 회동에 이어, 10월 14일 천도교 대강당에서 정당통일위원회가 발족했다. 10월 19일 한민당(원세훈, 김약수), 국민당(안재홍), 건국동맹(여운형), 공산당(이현상) 및 이갑성(주최측) 등 정당통일위원회 회합에서 '민족적 중대 문제'에 한하여 공동 행동할 것을 합의하기도 했다. 이승만이 귀국하면서 자연스럽게 새로운 구심점으로 떠올랐고 독립촉성중앙협의회로 정당통일 문제가 넘어갔다. 그러나 이승만에게 일임한 중앙집행위원 전형위원 선정과 관련해서 파열음이 일어나고 말았다. 이승만이 11월 28일 선정한 전형위원 7명 중 5명이 한민당 총무진이기 때문이었다. 이승만의 독촉중협은 결국 공산당을 비롯한 좌익 세력과 결별했다(송남헌 1985, 227-238; 정병준 2005, 474-508; 2023, 385-405).

이승만에게 전형위원 선정을 일임할 것이 아니라, 오스트리아에서처럼 주요 정당의 지도자들이 모두 모여 함께 논의하였다면 하는 아쉬움이 남는 대목이다. 이승만은 레너와 같은 서로주체적 통합의 리더십을 발휘할 인물이 되지 못했다. 이승만은 공산주의를 혐오하고 오래전부터 소련의 야욕을 경계해왔다(올리버 2002, 210-225 참조). 그는 자유민주주의의 선봉에 섰으나, 그의 개인적인 인성과 리더십은 대단히 자기중심적이고 홀로주체적이었다. 그가 중심이 된 독촉중협은 좌우합작은 고사하고 우익의 단합마저도 이뤄내지 못했다. 독촉중협이 임정세력을 포용하지 못한 데서 비롯한 우익 내부의 갈등이 문제였다. 독촉중협은 이후 이승만과 한민당 등 우익의 집결체가 되었고, 좌우 간 거리는 더욱 멀어졌다. 이승만이 레너와 비슷한 역할을 할 수 있는 가능성은 거의 사라졌다.

셋째, 11월과 12월에 2차에 걸쳐 임시정부 인사들이 귀국하면서 김구가 통합의 구심점으로 떠올랐다. 건준을 바탕으로 급조된 인공은 좌우 양 진영으로부터는 물론이고 미군정과 이북 공산주의자들에 의해서도 비판을 받았다. 우여곡절 끝에 인공은 '발전적 해소' 전략을 채택하여 11월에 귀국한 중경 임시정부와 '정부 대 정부'로서 합작을 시도했다(정병준 2023, 175-179). 12월 23일 조선공산당은 친일파, 민족반역자, 국수주의자 등을 제외하고 좌우익이 대등하게 참여하는 통합 원칙을 제의했다. 임정측은 이를 거부하고 ① 임정의 법통 인정과 ② 임정 승인 및 2-3개 부서 확대를 제시했다. 임정의 기존 조직을 근간으로 확대·통합한다는 이 같은 자세는 좌우합작을 이루기에는 너무나 자기중심적이었다.

12월 31일 인공 대표(홍남표, 홍중식, 이강국)가 임정 대표(최동오, 성주식, 장건상)에게 통일위원회 구성을 제안했다. 임정과 인공을 동시해체하고 통일위원회를 구성해서 통일정부 수립에 관한 구체안을 토의하고 결정하자는 제안이었다. 이 제안은 1946년 1월 1일 임정에 공문으로 전달되었다. 이후 1월 3일 인공은 중앙인민위원회 담화를 통해 임정과의 통합을 재차 요구했다. 임정측은 이들 제안을 모두 거절했다. 기본적으로 임정은 좌익 측에서 제안한 '즉시 대등 합작'을 받아들이지 않았다. 대신에 김구는 「임시정부의 당면 정책」 6항 및 9항에 기초하여 각계 영수를 망라하여 임시정부를 확대강화하는 방식의 과도정부 수립 방안을 고수했다(오코노기 마사오 2019, 565-566). 결국 인공과 임정의 합작은 무산된다. 이 과정에서 임정은 인공 측의 1월 1일자 합작 제의의 접수 자체를 거부했는데, 인공 측 제의가 '인민공화국 중앙위원회' 명의로 되어 있다는 것이 그 이유였다. 임정의 '법통' 인정을 선제조건으로 고집한 것이다. 임정의 법통에 대한 "아집에 가까운 집착"은 인공과 임정의 좌우합작이 실패하게 된 중요한 요인의 하나였다(서울대학교 인문대학 한국현대사 연구회 1987,

104-108).

넷째, 김규식과 여운형을 중심으로 한 좌우합작운동이다. 좌우합작운동은 근원적인 한계가 있었다. 우선, ① 미군정의 주도 아래 진행된 좌우합작운동은 진정한 의미에서 '좌우' 합작 시도가 아니었다. 여운형과 김규식의 좌우합작은 엄밀히 말하자면 중도파 안에서의 좌우합작이었다. 박헌영의 공산당과 이승만 및 한민당 등 좌익과 우익의 핵심세력이 불참했고, 이들 좌우 양 극단으로부터 공격을 받았다(김광식 1985, 138). 또한, ② 좌우합작운동과 함께 미군정은 5월부터 공산당을 탄압하기 시작하여, 중도좌파와 극좌의 분리를 통해 좌익의 전반적 약화를 꾀했다. 동시에 ③ 미군정은 여운형의 동생인 여운홍을 통해 여운형의 좌익 내 입지를 분열·약화시키는 공작을 하기도 했다(정병준 2023, 413). 미군정의 좌우합작운동 추진의 저의를 의심케 하는 대목이다. 결국, 하지가 좌우합작운동을 통해 추구한 것은 "중간파의 견인을 통한 우익블록의 강화"였다고 할 수 있다(정용욱 2003a, 129). 좌우합작운동의 결과 좌우 진영의 중심 세력인 공산당과 한민당의 거리가 더 멀어졌고, 정치적 양극화 현상이 더 심화되었다.

이상 살펴본 서너 차례의 시도는 좌우대연합을 구축하는 데 모두 실패했다. 좌우합작을 위한 시도들이 실패하면서 좌우의 거리가 더 멀어졌다. 동시에, 미군정의 좌익 탄압이 본격화되면서 이남의 좌익 세력이 월북하거나 지하로 잠적했다. 결국 좌우합작 시도의 실패로 심화된 정치지형의 양극화는 좌익에 대한 억압과 함께 우익 단극화로 귀결되었다. 남과 북에서 진행된 이같은 정치지형의 단극화는 서로를 적대시하는 홀로주체적 소아주의 국가의 수립으로 이어졌다. 남의 우익 정부와 북의 좌익 정부는 서로 상대를 부정하고 통합의 대상으로만 취급했다. 이들이 표방하고 추구한 통일은 상대방을 인정하지 않는 자기 중심의 홀로주체적 통합이었다.

2) 적대 관계의 심화

해방정국의 한반도에서 정치세력들의 상호행위는 한마디로 홀로주체적이었다. 좌우 사이는 물론 좌익 및 우익 내부에, 그리고 남북 사이에도 서로주체적 만남은 매우 드물었다. 모두 자기를 중심으로 뭉칠 것을 요구하였고, 모두가 "독선적"이었으며 겸손하지 않았다(이정식 2006, 140). 당시 비교적 중립적이었던 한 지식인의 한탄처럼, "자파(自派)의 주장은 모두가 옳고 상대편 주장은 모두 틀렸으며, 불통일(不統一)의 책임은 상대편에 있고, 애족 애국은 자파만이 가진 것이며, 자기 동지는 모두가 애국자요 혁명가지마는 상대편은 모두 극렬분자요 반동분자라고 민중 앞에 무고(誣告)"하는 행태를 보였다(오기영 2019, 57). 이 같은 자기중심적 태도는 "모두가 제 편이 아니면, 자기주장의 공명자(共鳴者)가 아니면 적으로 몰아치는" 적대적 대립을 낳았다(오기영 2019, 22). 좌우 각 진영 내부의 갈등도 극심하고 잔혹했다. 중도 온건 노선을 허용하지 않는 극단적 태도 때문이다(신복룡 2024, 80-81, 121, 147-148).

이북에서는 좌우합작에서 좌익동맹으로 급선회한 이후 공산당이 홀로주체적 헤게모니를 행사했다. 토지개혁을 비롯한 체제개혁을 통해 '민주'와 '반동' 세력을 나누고, 반동 세력에 대한 탄압과 숙청을 단행했다. 탁치정국을 맞아 반탁 우익세력을 '반민주주의자'로 낙인 찍고 전면적 공격을 가했다(기광서 2018, 243). 이승만과 김구를 각각 나라의 이권을 팔아먹은 파렴치범, '살인방화매국'의 화신으로 비판했고, 민주의원과 개신교 목사들을 '왜놈들의 앞잡이'라고 비난했다(전현수 1997, 574; 김성보 2015, 54). 이같은 '민주 vs. 반동' 호명은 공산당이 주도하는 체제변혁에 대한 반대세력을 억압하고 배제하는 동시에, 민족 전체에 앞서 자신의 당파성을 강조하는 홀로주체적 헤게모니 행사였다. 반동 세력은 적대적 공존의 동반자가 아니라, 청산과 타도 즉 제거의 대상이었다. 오스트리아에서처럼 적대적 세력이 상호 공존하고 협력하는 제도적 장치를 마련하는 데 관심이 없었다. 이 점에서 북한에서 전민족의 주요 정치세력이 모두 참여하는 임시정부 수립은 이미 불가능한 지경이 되었다.

나아가 이북을 '민주기지'로 호명함으로써 '민주 vs. 반동'을 좌우뿐만 아니라 남북의 대결로도 확대했다. 민주기지론은 이북 지역을 민주로, 이남 지역을 반동으로 간주하고, 민주기지인 북한이 이남에 민주개혁을 확대하고 해방시켜야 한다고 주장한다. 남한의 우익이 38선의 무조건적 철폐를 주장한 반면, 좌익은 북한의 민주개혁을 남한에서도 실시해야 38선 철폐의 여건이 마련될 수 있다고 주장했다. 김일성은 남한의 우익세력이 38선을 (북한의 민주개혁이 불러일으킨) "북풍"을 막는 방패막으로 삼고 있으며, 북풍의 이남 지역으로의 확산을 통해 분단을 극복할 수 있다고 보았다(김재웅 2015, 24). 곧, 민주기지론은 "김일성의 단독정부론(선 단독정부, 후 통일정부)이자 무력통일론이었다"(오코노기 마사오 2019, 498). 민주기지론은 한반도 전체의 통합을 추구하는 대아주의를 주장했지만, 자신의 기준에 상대방을 맞추는 홀로주체적 소아주의에 바탕하고 있었다. 민주기지론에서 남한은 민주혁명의 대상이자 통합의 대상일 뿐 적대적 공존의 동반자 즉, 또 다른 주체가 될 수 없었다.

이북에서 소위 반동분자들의 탈출 옵션은 홀로주체적 헤게모니 기제의 일환이었다. 이남에 온 월남인들은 자신의 박탈감과 적대감을 이북 정권과 연결되어 있(다고 생각되)는 좌파세력에 투사했다. 이로 인해 남한 내 적대적 대결이 극심해지고 이북 정권의 대쌍 상대로서 또 다른 홀로주체적 소아주의 정부가 건설됐다. 이남에서 이승만이 주도한 '단독정부론'과 '북진통일론'은 "북한의 민주기지론에 상응하는 반공기지·자유기지론이었다"(정병준 2005, 567). 이남의 분리주의 세력도 북한을 무력으로 통일한다는 대아주의를 표방했지만, 상대방을 통합의 동등한 주체가 아니라 제거와 동화의 대상으로만 취급했다. 이 역시 이북의 민주기지론처럼 자신의 기준에 상대방을 맞추는 홀로주체적 소아주의를 바탕으로 했다. 이처럼 남북 간에 홀로주체적 헤게모니 방식의 반작용과 확산이 일어났다.

남한의 좌우 대립의 심화는 각 진영에서 주도권을 잡기 위한 정치적 호명의 헤게모니 실천을 통해 전개되었다. 좌우 분열의 심화라는 맥락에서 중요한 호명으로 여기서는 ① '인민 vs. 국민' 호명과 ② '모스크바 협정 지지 vs. 반탁' 호명을 살핀다.

먼저, '인민 vs. 국민' 호명의 대립이다. 해방 직후 건준을 둘러싼 좌우의 주도권 다툼, 그리고 이후 인공과 임정봉대론의 대립은 '인민 vs. 국민'의 호명 대결로 전개됐다. 김성보에 따르면, 해방 직후 '인민'은 정치적 편향성이 담긴 용어가 아니었으나, 점차 범좌익은 '인민'을, 범우익은 '국민'을 사용하기 시작했다. 인민이 국가에 선행하는 인간 주체를 강조하는 반면, 국민은 국가를 전제로 그 아래 형성되는 존재를 함의한다. 좌우 대립이 심화되면서 인민과 국민은 점차 양립하기 어려운 배타적인 개념으로 자리잡았다(김성보 2009, 72-76). 여운형의 건준은 '인민'을 호명함으로써 건국사업의 주체에 계급적 성격을 부여했다. 인민은 한반도에 있는 모든 사람을 지칭하는 것이 아니었다. 인민은 친일파와 민족반역자를 배제할 뿐 아니라 계급적 차별을 내포하고 있었다. 인민은 주로 피지배세력인 농민과 노동자를 중심으로 하였고, 소자본가와 지식인 등이 포함될 수 있었다. 여기에는 친일파·민족반역자는 물론 기존 사회의 지배세력인 지주 및 자본가 등은 포함되지 않는다(박명수 2015, 19-20).

건준의 인민 호명은 8월 25일 발표한 건준의 '선언'과 '강령'에 잘 나타나 있다(원문은 민주주의 민족전선 1988, 90-91; 송남헌 1985, 43-45). 이 선언은 건준이 진보적이고 민주주의적인 여러 세력의 '통일전선'이지만 "결코 혼잡한 협동기관이 아니"라고 강조했다. 또한 인민대표회의에서 선출된 인민위원으로 정권을 구성한다고 밝힘으로써 '인민'공화국의 수립을 목표로 하고 있음을 밝히고 있다(정병준 2023, 124-126). 아울러 반민주주의적 반동세력을 건국사업에서 배제하고, 그들에 대한 대중적 투쟁을 전개할 것을 천명했다. 좌우에 걸친 통일전선을 구축한다고 했지만, 그것은 어디까지나 노동자와 농민을 중심으로 하는 인민을 기반으로 하는 것이다. 이정식(1992, 60-61)은 이 선언문이 "건준 내 좌파의 선전포고와 흡사"한 것으로서, 모든 정치세력의 '대동단결'을 외쳐온 여운형의 입장과 다르다고 해석한다. 하지만 이후 건준이 인민공화국으로 변신하면서 건국주체로서 '인민'은 공식화되었다. 요컨대, 건준은 민족통일전선을 구축함으로써 건국사업 주도세력의 헤게모니의 보편성을 확보하려 했지만, '인민'을 그 토대로 호명함으로써 피지배세력을 중심으로 하는 계급적 당파성을 분명히 했다.

여운형의 '인민' 호명은 레너의 '희생자' 호명과 비교할 때 아쉬움을 남긴다. 레너는 희생자 교의를 강조함으로써 오스트리아 국민 전체를 독일과 구분짓는 결과를 가져왔다. 반면에 여운형의 인민 호명은, 그의 의도가 무엇이었든 간에, 친일파와의 전선을 구축하기 이전에 계급적 구분을 앞세우는 결과를 초래했다고 생각된다. 레너의 희생자 호명이 독일과의 구분짓기에 기여한 반면, 여운형의 인민 호명은 민족을 앞세워서 일본과 구분짓기를 하거나 친일파를 청산하는 데 결과적으로 기여하지 못했다.

건준의 인민 호명에 대해 우익은 '국민' 호명으로 대응했다. 박명수(2015, 19-20)는 우익의 '국민' 호명이 건준의 '인민' 호명의 계급성과 당파성을 비판하고 계급을 초월하는 협동 전선을 구축하기 위한 것이라고 주장한다. 그러나 그것은 엄밀히 말해서 좌우를 망라하는 초계급적 민족통일전선을 형성하기 위한 호명이 아니었다. 인민 호명이 계급적 주체를 앞세워서 해방정국에서 어떤 국가를 건설할 것인가의 문제와 관련하여 진보적 입장을 표방한 반면에, 국민 호명은 계급을 초월한 민족 대통합을 추구하기보다 계급 대립 전선을 뭉개기 위한 호명이었다. 국민 호명은 새 국가 건설을 위한 민족통일전선의 구축을 지향하지 않았다. 해방 이후 우리의 자주적인 독립국가를 수립하는 작업은 친일파·민족반역자 등 반민족 세력을 배제하고 그들에 대항해서 민족통일'전선'을 구축하는 것이 당연했다. 그런데 우익의 '국민' 호명은 좌익의 '인민' 전선을 뭉개는 한편, 반민족적 적대세력을 명시하지 않음으로써 친일파·민족반역자 등 반민족세력을 국민의 이름 아래 포함했다. 해방 후 자주독립국가 수립의 토대인 민족-반민족의 전선마저 흐려버린 것이다.

이는 건준 2차 개편 당시 우익측이 주장한 '전국유지자대회' 소집 요구와 이승만의 '무조건 망라론'에서 잘 드러난다. 좌익의 시각에서 볼 때 유지자(有志者)는 "적에게서 욕 한번 듣지 않고 적의 뺨 한번 때리지 못한 왜정치하의 유지자와 신사들"이었다(민주주의 민족전선 1988, 88). 이승만이 외친 '무조건 망라론(대동단결론)'도 마찬가지였다. 이승만의 '덮어놓고 뭉쳐라'라는 외침은 국민의 이름 아래 반민족 세력을 포함함으로써 "무엇보다도 친일파, 민족반역자에게는 위대한 천래(天來)의 복음"이 되었다(민주주의 민족전선 1988, 122). 우익의 '국민' 호명은 사실 새로운 적대관계를 생산하는 것이었다. 대상은 다름 아닌 '인민'을 새 국가 건설의 주체로 호명하는 계급적 관점을 가진 사람들, 즉 좌익이었다. '국민'은 국가의 정체에 어긋나는 사람들을 '비국민'으로 차별하고 심지어 '반국민'으로 적대시한다. 소련을 사대하는 용공주의자들이 반민족적인 반국민이 되는 것이다(김성보 2009, 81). '인민 vs. 국민' 호명은 좌우익 사이에 서로를 적대하고 동반자적 주체로 인정하지 않는 홀로주체적 대립 구도를 만들었다.

다음으로, '찬탁 vs. 반탁' 호명이다. 엄밀히 말하면 좌익의 입장은 찬탁보다는 모스크바 삼상회의 협정에 대한 지지였다. 모스크바 협정은 임시정부 수립, 5년 이내 신탁통치, 미소공위 창설 등의 내용을 담고 있다. 이는 미국의 신탁통치안과 소련의 임시정부 수립안의 타협으로 볼 수 있다. 임시정부 수립을 1항으로 제시함으로써 모스크바 협정은 한반도에 단일 임시정부 수립의 길을 제공했다. 그럼에도 국내 정치세력은 이를 활용하기에 앞서 신탁통치 찬반으로 나뉘어 극렬 대립했다. 처음에 우익과 마찬가지로 반탁 성명을 냈던 좌익 단체들은 곧 모스크바 협정 1항에 따른 임시정부 수립 기회를 포착하고 협정 지지로 입장을 선회했다(기광서 2018, 219-239). 우익은 갑자기 반탁 입장을 철회한 좌익을 매국세력으로 공격했다. 김구는 조선공산당의 표변을 들어 조공을 "반민족적"인 "신(新)사대주의자"라고 공격했다(이정식 2006, 141-143).

7장에서 언급한 것처럼, '찬탁 vs. 반탁' 호명은 ① '반탁=반소=반공'의 전선을 만들고 새로운 적을 정립함으로써 남한의 단독정부 노선 즉 분리주의 세력을 강화하는 데 기여했다. 이에 더해 반탁 호명은 ② 좌우의 대립을 민족적 감정의 차원으로 승화시킴으로써 좌우의 대립과 양극화를 더욱 가열한 한편, ③ 이전까지 정치지도자 층 위주로 진행됐던 좌우 대립을 전국민적 대결로 격화시켰다.

먼저, 반탁 호명은 인민의 원초적인 민족감정을 직접 자극하고 동원했으며, 그만큼 우익의 세력 결집에 도움이 되었다. 그것은 민족의 독립 열망과 자존심에 직접 호소함으로써, 냉철하게 분석 대응해야 할 국제정치 문제를 감정적 대응의 문제로 만들었다. 탁치 문제에 대한 좌우의 감정적 대립이 격해지면서 타협의 여지가 좁아졌다. 이정식이 말하듯이, 탁치 문제를 둘러싼 대립은 민족적 감정의 대립 문제로 비화했다.

> "지금까지의 좌우의 대립을 민족적 감정의 차원으로 승화시킴으로써 좌우의 대립을 더욱 가열했다. 이제 좌우의 대립은 임정 대 인공의 문제가 아니라 애국자愛國者와 망국노亡國奴의 대립으로 승격해버린 것이다. 여기에는 타협이 있을 수 없었다"(이정식 2006, 143).

다음으로, '찬탁 vs. 반탁' 호명은 이전까지 정치지도자 층 위주로 진행됐던 좌우 대립을 전국민적 대결로 격화했다. 여러 갈등 전선이 '좌익 대 우익'의 단일 전선 아래 결집했다(심지연 1986, 55-61). 우익과 좌익이 각각 '비상국민회의'와 '민주주의 민족전선'이라는 통일전선체 아래 뭉치고 대립함으로써, 헤게모니 투쟁이 이전까지의 '애국 대 매국(친일)' 구도보다 '좌익 대 우익'의 구도 위에서 전개되었다(김용철 외 2018, 29-32). 아와 비아의 전선에 중요한 변화가 일어난 것이다. 전열의 정비도 다시금 이뤄졌다. 임정 인사 중에서 임정의 "우익 편향화"에 반대하면서 김원봉, 성주식, 김성숙 등이 민전 진영에 가담했다(1월 23일)(송건호 1985, 272-276). 이 같은 대립은 사회 전반에 깊숙이 침투했다. 한 증언에 따르면, 1946년 봄 탁치 문제를 둘러싸고 학생들도 좌익과 우익으로 나뉘어

"서로 구별되게 좌석을 갈라 앉았다"(김정기 1967, 16; 김재웅 2019 참조).

특기할 만한 것은 이처럼 좌우가 각각 단일 전선체로 갈라진 가운데에서도 모스크바 결정에 따른 임시정부 수립의 기회를 포착하려는 노력이 좌우합의의 형태로 추진되었다는 사실이다. 한민당(원세훈, 김병로), 국민당(안재홍, 백홍균, 이승복), 인민당(이여성, 김세용, 김오성), 공산당(이주하, 홍남표) 등 4당 대표들이 1월 6일부터 회담하여, 7일 공동 코뮤니케에 합의했다(송남헌 1985, 251-252). 2개 항목으로 이루어진 '4당 코뮤니케'는 모스크바 결정에 따른 미소의 임시정부 수립 방침 기회를 포착하는 데 주요 좌우 정당들이 합의한 것으로서, 그 의미가 결코 작지 않다(조선일보 1946년 1월 9일. 국사편찬위원회 1968, 783; 송남헌 1985, 257).

첫 번째 항은 모스크바 삼상회의 협정에 찬성하되 신탁통치 문제는 장래 수립될 우리 정부에게 맡긴다는 것이었다. 이는 한반도에서 단일 임시정부를 수립할 수 있는 천금의 기회의 창을 다시 열어놓은 것이었다. 그러나 4당 코뮤니케에 합의한 1월 7일 당일 이승만이 강경한 반탁 입장을 천명했고, 이어서 다음날 한민당이 반탁 입장을 강조하면서 4당 코뮤니케에 대한 비준 거부를 표명했다(동아일보 1946년 1월 9일. 국사편찬위원회 1968, 798). 동시에 공산당은 찬탁 입장을 고수하고 탁치 문제에 대해 어떠한 타협도 거부했다. 한편 임정 외교부장 조소앙이 1월 8일 4당 코뮤니케 지지를 표명하면서 임정 측의 신한민족당을 포함한 5당 회합으로 확대됐다. 그러나 임정 측이 5당 회합을 비상정치회의의 예비회담으로 이끌어가려 하자, 좌익 측이 이에 반발하면서 정당회합은 최종 결렬되었다(송남헌 1985, 265-266). 한반도에 좌우세력이 협력하여 단일 임시정부 수립의 길로 갈 수 있는 아슬아슬한 기회의 창이 다시 닫혀버렸다.

두 번째 항목은 테러행동에 대한 '절대 반대' 입장을 공동으로 표명한 것이다. 첫 번째 항목에 비해 상대적으로 주목을 덜 받았지만, 두 번째 항목은 서로주체적 정치와 관련하여 매우 중요한 의미가 있다. 주체의 존재 차원을 몸―마음―행동의 세 차원으로 나눈다면(김학노 2023, 108-126),

이 중 몸은 가장 근본적인 차원이다. 테러는 상대방의 존재 차원의 가장 근본적인 몸을 공격함으로써 주체성을 파괴하는 점에서 극단적으로 홀로주체적인 행위다. 해방정국에 현준혁, 송진우, 여운형, 장덕수, 김구 등 테러로 숨진 인물들이 적지 않았고, 각종 정치적 테러가 자행됐다. 모두 상대방을 경쟁과 공존이 아니라 배제와 타도의 대상으로 간주하는 홀로주체적 자세에서 비롯한 것이다(해방정국 전국 각지의 테러 현황에 대해서는 민주주의 민족전선 1988, 274-287 참조).

4당 코뮤니케 2항은 이 같은 테러행위를 콕 집어서 그에 대한 절대 반대를 표명한 점에서 중요한 의미가 있다. 이는 좌우 양 끝에 있는 공산당과 한민당을 포함하여 주요 정당들이 홀로주체적 대결을 지양하고 서로주체적 만남을 지향하는 데 합의한 것으로 볼 수 있다. 물론, 테러단체들이 스스로 "반성"할 것을 기대하고 "자발적으로 해산"할 것을 바란다고 표명하는 데 그치고 있어서 그 실효성에 의문이 드는 것이 사실이다. 해방정국에서 오스트리아의 지도자들이 적대적 사회세력의 존재를 서로 인정하고 이들의 공존을 위한 제도적 장치를 마련하는 노력을 기울인 것에 비하면, 2항에 담긴 테러 근절 희망의 표명은 실질적 실행 수단이 없다는 점에서 대단히 아쉽다. 그럼에도 이는 당시 주요 지도자들이 해방정국에 만연한 홀로주체적 자세를 지양하고 서로주체적 만남으로 나아가기 위해 노력하고 합의한 소중한 시도였다. 그만큼 4당 코뮤니케의 결렬은 서로주체적 정치의 길로 들어서는 입구에서 좌절한 중요한 고비였다.

제12장 한반도의 좌우갈등*1)

해방 후 통일 국가수립에 있어서, 국내정치세력의 연합은 매우 중요한 문제였다. 일제 식민지하 민족해방운동과정에서 좌우갈등은 해방 이후에도 노출되었다. 그러나 해방 후 모든 정치세력은 자신이 주도권을 잡아야 한다는 의지를 보이면서도 정치세력간 연합을 도모하였다. 이 글은 해방 직후 통일국가 수립을 위해서는 임시정부 수립이 중요하였으며, 통일된 임시정부 수립을 위해서는 남북한 정치세력의 협력 특히 좌우 정치세력의 협력이 중요하였다는 인식에 기초하고 있다. 물론 미소의 분할점령 상황과 미소 냉전의 심화로 인한 대외적 요인의 압도적 규정력을 부인하는 것은 아니다. 미국과 소련의 점령정책과 미소간 합의는 해방공간에서 가장 중요한 영향력이었다. 그러나 해방초기 미소대립이 격화되기 이전에, 국내 정치세력의 노력에 따라 통일국가 수립의 가능성은 커질 수 있었고, 이에는 국내 정치세력의 통합이 중요했다. 특히 1945년과 1946년은 미소의 분할점령에도 불구하고 여러 면에서 통일국가 수립의 현실적 가능성이 존재하던 시기였다(최장집 1996; 황의서 1997). 이 시기는 외적 요인이 강했음에도 불구하고, 내부적 동학도 크게 영향을 미친 시기였다. 제1차 미소공위가 결렬되고 좌우합작운동이 진행된 1946년말까지는 통일국가 수립의 가능성이 열려 있었다. 이 글은 외적인 요인의 중요성을 전제하면서도, 국내 정치세력의 노력 또한 중요한 변수였고 특히 미소간 대립이 심화되기 이전에는 좌우협력을 통한 통일된 임시정부 수립의 노력이 필요

---

* 김용복
1) 이 장의 내용은 김용복(2025)에 기초하여 축소, 수정한 것이다.

했다고 주장한다.

1. 통일된 임시정부 수립과 좌우협력

해방 이후 통일된 임시정부 수립을 위해서는 다양한 정치세력의 연합에 의한 주체세력의 형성이 불가결하였다. 특히 미소 분할점령된 해방정국에서 통일국가가 수립될 가능성은 미소합의 또는 협의에 의한 임시정부 수립을 통한 통일국가 건설의 길이 유일한 방안이었을 것이다. 당시 한반도는 남북이 38선을 경계로 지리적으로 분단되어 자유로운 왕래와 소통이 어려운 상황에서 남북의 정치세력 연합은 매우 어려운 환경이었다.

당시 남북한 좌우협력은 어떠한 조건에서 가능할 수 있었을까? 첫째, 해방초기 남북 모두 건국준비위원회를 근간으로 좌우세력이 협력하는 방안이 있었다. 이는 해방 직후 미군정도 소군정도 초기에는 고려될 수 있었지만, 남한에서 인민공화국이 불인정되고, 소군정이 주도적으로 정치세력 재편을 이끌면서 불가능한 방안이 되었다. 둘째, 소군정하의 좌우협력과 미군정하의 좌우협력이 성공하여 미소공위에서 주도적 역할을 통해 남북한 정치세력의 연합을 도모하는 방안이다. 이는 소군정하에서는 조만식-김일성 연합세력의 형성이, 미군정하에서는 좌우연합이 시도될 때 가능한 시나리오였다. 그러나 신탁통치논쟁등 좌우대립이 격화되면서 가능성이 사라진 방안이 되었다. 셋째, 소군정하에서 친소세력이 주축이되고 미군정하에서 친미세력이 중심이 되어 각각 남북한에 주도세력을 형성한 이후에 미소공위 성공을 통해 기계적으로 남북한이 통합하는 임시정부 수립방안이다. 이는 국내 정치세력간 대립에도 불구하고 강력한 미소합의에 의해 임시정부 수립할 수 있다는 시나리오로 소군정의 친소세력과 미군정의 친미세력이 미소합의에 의해 상당기간 신탁통치를 행할 가능성이 있는 방안이었을 것이다. 그러나 미소냉전의 심화로 점차 실현불가능한 방안이

되어 갔으며, 한국문제의 유엔이관으로 그 가능성은 사라졌다. 넷째, 가능성은 희박하지만, 미소공위가 결렬되고 남북이 각각 단독정부 수립으로 나아갈 때, 남한내 좌우합작을 통한 통일세력이 정권을 장악하고 북한과의 협상을 통해 통일국가 형성을 도모하는 방안이다. 이는 남한의 좌우합작운동과 남북협상등을 통해 시도되었지만, 남한과 북한의 단독정부수립세력에 활용되거나 배척되는 등 상징적인 노력으로 그치고 말았다.

어느 시나리오에서도 통일된 임시정부 수립을 위해서는 좌익과 우익 정치세력들간 협력이 필요하였다. 해방공간에서 좌우협력을 시도하고 어느 정도 성과로 나타난 것이 조선건국준비위원회(이하 건준) 결성, 4당 코뮤니케 발표, 좌우합작 7원칙 발표 등이었다. 북한에서는 신탁통치논쟁이 벌어지기 전에는 공산주의세력과 민족주의세력간에 연합이 유지되었다. 이 4개의 사례는 초기의 좌우협력을 통해 일정한 성과를 거두었지만, 결실로 이어지지는 못했다. 해방 직후 결성된 건국준비위원회는 중도좌우세력의 협력으로 조직되었다. 평남건준, 평남인민정치위원회 그리고 5도행정국은 북한 초기 좌우연합에 의한 행정체계였다. 신탁통치논란으로부터 벗어나기 위해 1946년초 남한의 주요한 좌우정당들이 합의하여 발표한 것이 4당 코뮤니케였다. 제1차 미소공위 결렬 이후 남한에서는 좌익과 우익간 합의하에 1947년 10월에 좌우합작 7원칙이 발표되었다. 그러나 이러한 좌우협력의 노력들은 여러 요인에 의해 실패로 끝났다. 건국준비위원회가 인민공화국으로 전환되는 과정에서 좌우협력은 결렬되었다. 신탁통치문제로 북한의 공산주의세력과 민족주의세력의 연합은 파기되었다. 4당 코뮤니케 합의에도 불구하고 합의문을 둘러싸고 정당간 이견으로 4당회담과 5당회담은 결렬되었다. 이렇게 합의한 좌우합작 7원칙도 한민당과 공산당의 반대로 좌초되었다. 왜 좌우협력은 성과로 이어지지 못하고 결국은 갈등을 심화시킨 결과를 낳았을까?

2. 건국준비위원회의 결성과 좌우협력

해방 직후 가장 먼저 건국준비를 시작한 것은 여운형 등의 조선건국준비위원회(이하 건준)였다. 여운형은 일제말 건국운동을 전개하여 건국동맹(1944.8)을 결성하는데, 이 건국동맹이 건준의 모체가 되었다. 건준은 최초의 국가건설을 위한 민족내부의 자주적인 운동인 동시에 좌우세력이 연합한 조직이었다. 해방공간의 객관·주관의 정세와 맞물려 건준이 활동한 20여 일은 해방정국에서 좌우연합의 가능성과 한계를 보여준 단초였다.

1945년 8월 15일 일제가 무조건 항복을 선언하는 긴박한 순간에, 여운형·안재홍은 신속하게 건준을 출발시켰다. 건준은 8월 16일 건준 부위원장 안재홍 명의의 방송연설을 통해서 단순한 치안유지를 넘어서 새로운 국가건설의 과도정권임을 표명하였다.[1] 8월 17일 최초의 건준 중앙조직이 발표되었는데, 위원장 여운형, 부위원장 안재홍, 조직부장 정백, 총무부장 최근우, 재정부장 이규갑, 선전부장 조동호, 경무부장 권태석 등이었다(이정식 1992, 38). 건준 1차 중앙조직은 민족주의자 2명(안재홍, 이규갑)과 중도좌 성향의 4명(여운형, 조동호, 최근우, 권태석), 공산주의자 1명(정백)으로 구성되었다(윤덕영 2010, 835-838). 이는 민족주의자와 사회주의자들의 일부만 참여하였지만, 좌우협력의 조직이었다.

1945년 8월 22일 건준의 제2차 중앙조직이 개편되는 시기를 전후하여, 건준의 안팎에서 민족주의세력이 중심이 되어 건준을 개조하려는 움직임이 일어났다. 그런데 건준을 확대강화하기 위해 민족주의세력인 송진우계열을 끌어들이려는 협상이 진행되고 있는 상황에서 여운형이 테러를 당했

---

1) 연설에서 정규병의 무장대 편성하여 국가질서를 도모하고, 경제상 통화와 물가에 대한 신정책도 수립 단행할 것이며, 근본적인 정치운영에 대한 대책도 차차 발표하겠다고 밝혔다(윤덕영 2010, 834).

다. 여운형이 휴양을 하고 있는 사이 8월22일에 건준의 중앙조직이 새롭게 개편되었다. 제2차 개편된 중앙조직 총 33명의 구성을 보면, 민족주의 계열은 9명, 공산주의자들은 13명, 중도좌익은 10명, 미상 1명이었다(이정식 1992, 59-60). 2차 조직의 부장급 간부구성을 보면, 여운형계가 3명(문화, 총무, 서기), 안재홍계가 2명(식량, 교통), 장안파 공산당이 2명(조직, 조사), 재건파 공산당이 2명(건설, 치안)으로 공산당계열이 4명 대 중간파가 5명이었다(이정식 1992, 60). 2차 개편으로 공산주의자들이 최대 세력을 형성하였으며, 상대적으로 민족주의세력은 취약해졌다. 그리고 건준내에 재건파 공산당 계열의 응집력과 주도력이 확대되었다. 취약한 좌우연합의 조직이어서 이후 건준 확대를 위한 좌우협상이 진행되었다. 건준이 민족통일전선체로서 외형상의 완결성을 갖추지 못한 채 출발한 데에는, 무엇보다도 송진우 계열의 불참이 가장 큰 요인으로 작용하였다. 여운형·안재홍은 이러한 한계를 극복하기 위하여 송진우 측에 여러 차례 협상을 하였지만, 중경의 임시정부 지지를 주장하며 거부하였다고 한다.

건준과 민족주의세력간 좌우협상이 결렬된 가운데, 여운형은 8월31일 사직을 선언하고, 안재홍도 사표를 제출하였다. 이 문제를 해결하기 위해 9월4일 건준 확대위원회가 개최되었는데, 여운형과 안재홍이 유임되고 허헌이 부위원장으로 추가되었다. 그리고 단행된 9월 4일 제3차 개편에서는 우파계열이 많이 탈락되고, 재건파 공산당이 중요 보직을 차지하였다(이정식 1992, 69-71). 제3차 건준의 중앙조직은 이전보다 더 공산주의세력이 강화되었다(윤덕영 2010, 853). 전체적으로 여운형계, 장안파 공산당, 재건파 공산당이 균형을 이루었고, 안재홍계가 감소하였다. 특히 부장급 간부구성도 여운형계가 3명(총무, 재정, 선전), 장안파 공산당이 4명(서기, 조사, 건설, 양정), 재건파 공산당이 4명(계획, 조직, 치안, 교통), 무소속이 2명(후생, 문화)으로, 안재홍계는 탈락하고, 공산당의 비중이 크게 높아졌고, 특히 재건파는 중요한 부서를 장악하였다(이정식 1992, 71). 3차 조직 개편에서 안재홍중심의 신간회 계열인사와 우익진영의 세력이 약해지고, 건준은 공산당중심의 좌파조직으로 바뀌었다.

새로운 건준 집행부가 조직되자마자 9월6일 '전국인민대표자대회'라는 이름으로 <조선인민공화국>(이하 인공) 수립을 선포하였다. 이러한 건준의 인공으로 전환은 박헌영과 재건파 공산당이 주도했다. 9월 14일 인공의 조각이 발표되었지만, 좌우협력과는 거리가 먼 것이었고 재건파 공산당으로 중심이 옮겨졌다.2) 이승만과 우익세력들은 인공 참가를 거부하였다.3) 건준의 1차 조직은 중도우세의 좌우협력체였고, 2차조직은 좌익우세의 좌우협력체였다. 3차조직은 좌익중심의 좌우협력체였다가, 인공으로 전환되면서 좌익독점적인 조직으로 전락하였다. 이러한 변화에는 재건파 공산당의 권력경쟁이 크게 영향을 미쳤다.

이러한 건준의 인공으로의 전환은 박헌영과 재건파 공산당의 조급성을 보여준 것이었고 좌우협력의 토대를 허문 것이었다. 9월4일 미국상륙설이 돌면서 건준에서 우익이 빠져나갔고, 우익들이 중경임시정부를 지지하는 것에 대응하기 위해 재건파 공산당의 주도로 인공을 급조하여 선포하였던 것이다(정병준 2023, 155-156: 오코노기 2019, 303). 결국 재건파 공산당의 권력경쟁이 건준의 좌우협력 토대를 무너뜨린 것이었다. 미군정이 인공을 통치기구로 인정하지 않고 유일한 정부로 미군정만이라고 선포하자, 인공은 좌익의 한 정파세력으로 약화되었다.

해방 초기에 건준이란 좌우협력조직이 유지될 수 있었는 것은 여운형과 안재홍의 리더십에 의한 바가 컸다. 여기에는 통일국가 수립의 준비라는 공동의 목표가 있었고, 해방 직후여서 정치세력들간 협상과 참여의 대상이 적었으며, 이념적 거리도 크지 않았다. 좌우연합에 의한 건준의 조직구성도 권력공유의 원칙에 따라 진행되었다. 그러나 송진우계열의 우익정치세력을 끌어들이려는 협상에 성공하지 못하고, 재건파 공산당의 비중이 높아지면서 권력균형과 분산이 약해지고 공산당으로의 권력집중이 강

---

2) 1945년 11월 23일 재건파 공산당에 장안파 공산당이 통합되는 형식으로 <조선공산당>으로 통일되었다.
3) 이후 송진우의 한민당과 안재홍의 국민당, 장안파 공산당이 모여 10월 24일 중경임시정부를 지지한다는 3당공동성명을 발표하였다(남광규 2006, 152)

해졌다. 건준이 인공으로 급하게 전환할 수 있었던 것은 공산당이 권력 독점하였기 때문이었다. 이렇게 건준이란 초기의 좌우협력은 재건파 공산당의 권력경쟁과 성급한 인공으로의 전환으로 실패로 끝나고 말았다

3. 신탁통치논쟁과 4당 코뮤니케: 광의의 좌우협력 가능성과 실패

　모스크바 3상회의 결정 이후 반탁운동이 거세지면서 김구의 임정 등 우익세력이 부상하고, 좌익은 모스크바 3상회의 지지로 결정하면서 좌우대립은 치열해졌다. 그런 상황에서 1946년 1월 7일 한민당, 국민당, 인민당, 공산당간에 합의되어 발표된 4당 코뮤니케는 '광의의 좌우협력' 가능성과 틀을 보여주었다. 그러나 4당합의가 실패로 끝나고, 우익은 민주의원, 좌익은 민족전선으로 결집되면서 좌우가 첨예하게 대립되는 결과로 이어졌다. 당시 광의의 좌우협력 가능하였다면, 미국과 소련의 점령정책에 영향을 주어 국내세력이 주도하는 임시정부 수립의 가능성을 높였을 것이다.
　1945년말 신탁통치라는 모스크바 3상회의 결정과 이를 소련이 주도하였다는 동아일보의 오보는4) 즉시 독립을 원하던 대다수의 국민과 정치세력에게 분노와 반소감정을 불러일으켰다. 김구의 임정세력은 반탁운동으로 정국의 주도권을 잡고자 하였다. 12월 28일 반탁결의문 채택하고 중경의 임시정부를 중심으로 신탁통치반대 국민총동원위원회가 설치되었다.5) 반탁운동을 거치면서 임정은 비상정치회의 제안을 하게 되었고, 이것이 비상국민회의 설립으로 이어져 남한내 우익세력이 결집할 수 있었다. 좌익세

---

4) 동아일보가 1945년 12월 27일자로 "소련은 신탁통치를 주장하고 미국은 즉시독립을 주장한다"는 기사를 내었다(『東亞日報』. 1945.12.27.).
5) 12월말경 임정은 민족통일 최고기관으로 '특별정치위원회'를 발족하고 중앙위원으로 김원봉, 김성숙, 조소앙, 장건상, 김붕준, 유림, 최동오 등을 임명하였다.

력은 모스크바 3상회의 결정을 지지하였다. 1946년 1월 2일 조선공산당이 모스크바 3상회담의 결정을 지지하기로 하였고, 1월 5일 박헌영이 기자회견에서 3상회의 결정이 조선을 독립국가로 발전시키기 위한 결의라고 주장하였다. 당시 좌우세력은 반탁과 지지로 첨예하게 대립되고 있었다.

이러한 상황에서 1946년 1월 6일 공산당, 인민당, 국민당, 한민당 및 인공 각 대표 2인이 예비회담을 개최하여 통일원칙에 논의하였다. 그리고 1월 7일 정식대표들이 모인 4당회담에서 좌익과 우익세력이 합의한 '4당 코뮤니케'가 발표되었다. 주요 내용은 3상회담의 결정을 전면적으로 지지하되 신탁은 장래 수립될 우리 정부로 하여금 자주독립의 정신에 기하여 해결한다는 것과 테러행위를 절대 반대한다는 것이었다. 또한 4당과 임정, 인공이 중심이 되어 각 정당과 대중단체를 모아 비상수단으로 '통일위원회'를 구성하여 여기서 임시과도정권 수립의 원안을 작성하고 미소회담에 제출하여 자율적인 정권수립을 도모하기로 합의했다. 4당 코뮤니케는 해방 후 유일무이한 정당간 합의문이었으며, 임정내 진보세력인 김원봉, 김성숙 등과 인민당의 주선으로 진행된 것이었다. 4당 코뮤니케의 가장 중요한 합의인 '선 정부수립, 후 신탁해결'이란 전략도 인민당의 전략에서 나왔다. 인민당은 미소회담이 열리기전의 짧은 기간을 이용해 재빨리 좌우연립정권을 수립하고 신탁문제는 그 이후 자력으로 무효화할 수 있다고 보았다(남광규 2005, 163). 4당 공동성명서는 김병로가 기초하여 성문화하였고, 각 당의 대표들이 확인서명까지 하였다(윤덕영 2016, 325). 1946년초 합의한 '4당 코뮤니케'는 정당간 합의할 수 있는 최소한의 '공동목표'였으며, 공산당부터 한민당까지 참여한 '광의의 좌우협력'이었으며, 통일임시정부 수립에 가장 적절한 합의였다(서중석 2004, 18).

그러나 4당 코뮤니케가 발표되자, 국민당의 안재홍은 신탁을 배제하는 것이 중점이라고 하였다. 한민당은 1월 8일 오전 당간부회의를 열고 김병로의 경과보고를 듣고 내용을 검토하였다. 검토 결과, 반탁을 주장하는 명문이 결여되어 해석 여하에 따라 과도정부가 탁치를 수락할 수도, 반대할 수도 있기 때문에 그 부당히다고 주장되었다(남광규 2005, 164). 한민당은 반탁을 주장하는 명시적인 문구가 없다는 이유로 4당 코뮤니케를 부인하는 성명을 1월 8일 발표하였는데, 4당 코뮤니케의 내용이 신탁통치반대의 정신을 망각했다는 이유였다(윤덕영 2016, 324). 한민당의 반대는 공산당 견제와 당내갈등의 결과였다. 한민당은 공산당을 중심으로 한 좌익세력이 4당 코뮤니케를 3상회의 결정에 대한 전면적인 지지로 선전하는 것에 불만이었고, 또한 한민당내 당권을 둘러싼 갈등이 합의세력에 대한 비판으로 표출된 것이었다. 이 문제로 송진우 사후 총무로 추대된 원세훈이 사임하고 김성수가 당수로 취임하면서 원세훈, 김약수 등은 한민당내 비주류를 형성하게 되어 당분열의 가능성을 만들었다.

　한민당의 부인 성명후에도 정당간 협상은 인민당 중재로 지속되었다. 4당 대표회의가 신한민족당 참여로 5당 대표회의로 확대되었다. 1월 9일에 5당회담을 개최하고자 하였지만, 5당회담의 성격을 둘러싼 갈등으로 회담이 연기되었다. 한민당, 국민당, 신한민족당은 5당회담이 임정주관의 회담임을, 인민당과 공산당은 임정과는 무관한 4당회담의 연장임을 주장하였다. 이어 속개된 1월 11일 제1차 5당회담은 신탁통치에 대한 한민당과 공산당간 의견이 달라 성과없이 끝났다. 여운형은 12일 기자회견을 통해 임정과 인공의 개입을 배제할 것을 강조하고, 정당간 좌우협력의 수습안을 제시하였다. 여운형은 좌우협력이란 민족통일전선을 최우선의 과제로 하여야 하고, 찬탁/반탁의 의견이 어떠하든지 좌우세력의 통일된 의견이 우선되어야 한다고 주장하였다. 1월 14일 속개된 제2차 5당회담에서 인민당은 4당 코뮤니케의 정당성을 주장했고, 한민당은 탁치문제에 대한 수정을 강하게 요구하였다. 이 과정에서 인민당이 수정안을 제의하였는데, 당초 합의안인 '임시정부가 자주독립정신에 기하여 이를 해결한다'라는 것에서 '해결한다' 문구대신에 '배격한다'로 바꾸자는 제안이었다. 이 수정안을 공산당이 반대하여 성사되지 못하였다(윤덕영 2016, 327). 1월 16일 3차 5당회의를 재개하였지만, 한민당이 불참하고 참여한 4당 역시, 탁치문제로 결실없이 산회되었다. 1월16일 정당의 행동통일간담회 즉 5당 대표회의는 완전히 결렬되었다. 인민당 주도로 시작되어 1월 7일 4당 코뮤니케 합의 발표, 8일 한민당의 파기선언, 12일 여운형의 중재안, 16일까지 세차례 5당회담, 16일 최종결렬 등 약 10일간 지속된 좌우협력의 시도는 현실적인 합의안에도 불구하고, 탁치문제에 대한 이견, 주도권을 둘러싼 권력경쟁, 이념적 차이 등으로 실패로 끝나고 말았다. 4당 코뮤니케의 실패에는 한민당의 반대 그리고 공산당의 반대가 결정적이었으며, 양극화된 정당간 경쟁이 협력의 최대 장애물이었다.

좌우협력의 장이었던 4당회담과 5당회담이 결렬되면서, 좌우대결은 격화되었고, 국내정치의 양극화를 낳았다. 비상국민회의에 참여한 남한의 우익 정치세력은 이후 민주의원으로 결집되었다. 좌익은 우익의 민주의원 결성에 대해 민족전선을 결성하였다. 이후 좌우협력의 희망과는 달리 국내정치세력은 우파의 민주의원과 좌파의 민족전선간 대립으로 치달았다.

4. 좌우합작운동과 좌우합작 7원칙: 협의의 좌우협력 가능성과 실패

미군정의 조선공산당 탄압, 이승만의 단정수립 정읍발언, 미소공위 결렬 등으로 좌우대립이 격해진 상황에서 미군정이 주도한 좌우합작운동은 또다른 좌우협력의 기회였다. 극좌와 극우세력이 배제된 중간파 중심의 좌우합작세력은 독자적인 운동으로서 임시정부의 중추세력이 될 가능성은 약했지만 미군정의 지원이 뒷받침된다면 임시정부 수립의 근간이 될 수도 있었다. 그러나 극좌와 극우세력의 방해, 2차 미소공위의 결렬, 여운형의 암살 등으로 좌우합작운동이 실패하자, 남한에서 좌우협력의 가능성은 사라지게 되었다.

1946년 5월 제1차 미소공위가 결렬되자, 미군정은 남한에서 온건한 좌우파 세력을 형성하여 모스크바 3상회의 결정 지지와 임시정부 수립에 대비하고자 하였다. 1945년 5월에 시작된 좌우합작운동은 민족연합전선운동이었다. 국내의 좌우협력을 지원한 버취 대위는 민족전선의 여운형과 민주의원의 김규식을 끌어들이려 애를 썼다. 이를 기초로 남한의 중도파로서 좌우연합정부를 만들고 개혁정책을 수행하여 인민의 지지를 확보하고자 하였다. 1946년 7월 23일 김규식, 원세훈, 최동오, 안재홍, 김봉준 등 민주의원과 여운형, 허헌, 김원봉, 정노식, 이강국 등 민족전선 등이 좌우합작위원회를 결성하였다. 공산당원인 허헌, 이강국 등 좌익진영의 핵심인사가 민족전선 소속으로 참여했으며, 우익인 한민당의 원세훈 등과 중경 임정의 김봉준, 최동오 등도 민주의원 소속으로 참여하였다(이완범 2007, 109). 그리고 민족전선은 7월 25일에 좌익합작 5원칙을, 민주의원과 비상국민회의는 7월29일에 우익합작 8원칙을 발표하였다. 좌익 5원칙은 박헌영의 주도하에서 만들어진 것으로, 3상회의 결정지지, 무상몰수 무상분배의 토지개혁, 정권을 인민위원회에 이양, 군정자문의 입법기관 창설 반대 등 미군정은 물론 우익 정치세력들이 수용하기 어려운 제안이었다. 우익 8원칙은 좌우합작으로 임시정부 수립노력, 신탁문제는 임시정부 수립후 해결, 임시정부 수립후에 개혁, 친일파 청산 등 다소 온건하고 신탁과 개혁의 문제를 차후로 넘기려는 제안이었다.

그러나 1946년 8월 이후 미군정이 조선공산당 계열을 탄압하는 움직임을 가시화하자 공산당은 좌우합작운동에서 이탈하였다. 미군정은 1946년 9월 6일 좌익신문을 정간시키고, 9월7일 박헌영, 이강국, 이주하 등 공산당 간부에 대한 체포령을 내렸다. 박헌영등이 월북하자 미군정은 좌우합작운동의 재개를 종용하였다. 미군정의 복안은 박헌영세력을 탄압해 여운형의 기반을 강화시켜 좌우합작을 가능케 하려는 것이었다(이완범 2007, 122). 여운형은 9월말 이후 좌우합작에 능동적으로 참여하였다. 좌우합작운동을 지지하는 정치세력들은 10월 4일에 김규식의 집에 모여 좌우합작 7원칙을 합의하였다. 좌우합작 7원칙에 서명한 인물들은 여운형 등 중간좌파, 김규식, 안재홍 등 중간우파, 원세훈, 김봉준, 최동오 등 우익중 상대적으로 진보적인 인사들이었다(이완범 2007, 113). 좌익 7원칙은 3상회의 결정에 의하여 좌우합작으로 민주주의 임시정부 수립, 유상몰수와 무상분배의 토지개혁, 정치범 석방, 입법기구 설치 등 좌익과 우익의 제안을 절충한 내용이었다. 좌우합작운동은 한계가 많은 좌우협력의 시도였지만, 좌우합작 7원칙이란 소기의 성과를 내놓았다. 7원칙은 당시 상황에서 좌익과 우익이 합의할 수 있는 최소한의 목표였다. 좌익 5원칙과 우익 8원칙을 절충하여 중도좌와 중도우의 정치세력이 합의를 성사시킨 것은 매우 소중한 좌우협력의 성과였다.

좌우합작 7원칙의 합의는 좌우협력의 중요한 기회였다. 중도세력들은 좌우합작 7원칙을 적극 지지하였다. 한독당은 좌우합작운동을 출발부터 전적으로 지지하였으며, 합작7원칙에 대해서도 해방 이후 최대의 수확으로 전면적으로 지지한다는 입장을 밝혔다. 김구도 좌우합작공작의 성공을 위하여 시종 지지하고 협조할 것이란 입장을 밝혔다. 신탁통치 반대가 명확히 들어있지 않다는 점에 대해서는 임시정부 수립후에 신탁을 반대할 수 있다고 해석할 수 있어 모호한 점이 없다고 주장하였다. 특히 7원칙에 미비한 점이 있으며 임시정부가 수립된 후에 상세히 규정하여 시행할 여유가 있으니 우려할 필요가 없다고까지 하였다(황의서 1997, 56-58). 여운형의 인민당과 백남운의 신민당은 모두 좌우합작운동에 적극적으로 참여하였다. 그리고 남조선노동당[6])으로의 3당합당 과정에서 조선공산당, 인민당, 신민당은 분열되었는데, 이 과정에서 남로당에 참여하지 않은 조선공산당의 강진 등 비간부파, 인민당의 여운형, 이만규, 장건상 등 합당반대 31인파, 신민당내 합당반대 백남운계 등이 모여 10월 15일 사회노동당을 결성하고 좌우합작을 지지하는 성명을 발표하였다(이완범 2007, 114).

그러나 극우와 극좌 세력은 좌우합작 7원칙을 부정하였고 좌우합작운동을 좌초시키고자 하였다. 이승만에게 있어서 좌우합작운동은 좌익측을 이승만의 정치노선으로 선회시킬 기회에 불과하였다. 이승만은 합작 7원칙에 불만족을 표시하며 신탁통치문제와 토지문제에 관한 것은 임시정부 수립후에 토의될 것을 주장하기도 하였다(황의서 1997, 52-53). 한민당은

---

6) 1946년 11월 23일 조선공산당, 남조선신민당, 조선인민당이 합당하여 남조선노동당이 결성되었다.

합작 7원칙이 발표되자, 신탁통치문제에 대해서 명확히 언급하지 않은 점, 토지개혁에 유가매수한 토지를 무상분여할 경우 국가의 재정파탄을 초래할 것이라면서 반대의 입장을 표명하였다(황의서 1997, 54). 특히 한민당은 10월 4일 토지개혁을 문제시하며 좌우합작 7원칙에 반대하였다. 이러한 한민당에 반발하여 좌우합작파였던 원세훈, 박명환, 송남헌 등과 김용국 등과 중앙위원 과반수가 좌우합작을 지지하며 한민당을 탈당했다. 좌우합작파인 비주류들이 탈당하자 한민당은 김성수 및 기독교계열만이 남았고, 지주당의 성격이 강화되는 등 우경화가 심화되었다(박태균 1994; 윤덕영 2016, 317; 김기협 2015, 86). 이후 한민당은 좌우합작위원회와 거리를 두면서 입법의원 선거에 적극 참여하였다. 좌우합작 논의과정에서 공산당의 반대도 강하였다. 박헌영은 7원칙에 대하여 첫째, 삼상회의 결정, 토지개혁, 친일파 민족반역자 문제 등에 있어서 철저하지 못하며, 특히 유상매상을 제안한 토지개혁은 지주의 이익을 위한 것이며, 둘째, 정권을 인민위원회에 넘긴다는 조항이 없고, 셋째, 우익, 반동세력을 조장하려는 의도가 있고 넷째, 입법기관의 창설을 주장하였다는 점에서 반대하였다. 1946년 7월에 발표된 박헌영의 신전술[7])과 박헌영 주도로 작성된 좌익의 5원칙에서 보듯이 박헌영은 좌우합작운동의 큰 방해세력이었다. 당시 공산당과 소련은 좌우합작을 통해 좌익이 분열될 것을 우려했으며, 남로당으로의 3당합당을 통해 이를 견제하고자 했다. 북한의 좌익들은 좌우합작에 비판적이었고, 소련은 미국이 지지기반 강화라는 목적에서 좌우합작위원회를 만들었다고 보고 이를 견제하였다. 민족전선은 10월 11일 의장단회의를 거친후 합작 7원칙을 정식으로 반대하였다. 좌익진영내 대립이 표면화되자 여운형은 11월 12일 민족전선 의장직을 사임하였다.

  1946년 7월 23일 좌우합작위원회가 출범하여, 7월25일 좌익5원칙, 7월 29일 우익8원칙이 발표되고, 이를 조정하여 10월4일 좌우합작 7원칙의

---

7) 박헌영의 신전술은 1946년 7월말 이후 미군정의 좌익탄압이 거세지면서 그동안 대미협조노선을 포기하고 비합법투쟁으로 전환하여 미군정에 대응하고자 한 전술이다.

합의가 발표되었다. 좌우합작 7원칙 발표는 좌우협력이란 공동의 목표가 있어 중도 좌우 정치세력들은 합의할 수 있었다. 또한 서로 정책적, 이념적 거리가 먼 좌익 5원칙과 우익 8원칙을 합의로 이끈 여운형의 리더십이 있었기에 가능했다. 좌우합작 7원칙은 미소공위 개최, 임시정부 수립, 사회경제적 개혁, 친일파 청산 등에 있어서 좌익과 우익이 합의할 수 있는 최소한의 내용였다. 그러나 이러한 비전과 정책을 공유하는 정치세력은 중도파 소수였으며, 이를 좌익과 우익간의 공동의 목표로 합의를 이끌어 내는 데에는 성공하지 못하였다. 더욱이 양극단의 정치세력인 공산당과 한민당의 권력경쟁은 합의의 성과를 훼손시켰다. 한민당은 10월4일 7원칙에 반대하였고, 민족전선은 10월11일에 반대의견을 공식적으로 표명하였다. 당시 미군정의 좌익 탄압에 비합법 투쟁으로 저항한 박헌영등 공산당은 좌우합작운동을 좌익의 분열공작이란 이유로 거부하였고, 한민당은 지주계급의 이익과 충돌되는 토지개혁 조항을 들어 반대하였다. 이후 한민당에서 탈당한 좌우합작지지파들과 남로당 합당에 참여하지 않은 좌익들 그리고 중간파 세력들이 결집하여 좌우합작운동을 지속했지만 실패로 끝났다. 이러한 중간파는 미소대립과 좌우대립이 격해진 상황에서 설 자리를 잃어갔다. 그러한 가운데 여운형은 12월 4일 정계은퇴를 선언하고,[8] 1947년 7월 19일 테러에 의해 암살되자, 좌우합작위원회는 더욱 무기력해져 1947년 12월 6일 공식 해체되었다. 우익진영은 남조선과도입법의원에 대거 참여하여 좌우연합보다는 우익세력의 강화를 도모하였다.[9] 이후 좌우합작에서 이탈한 남로당과 한민당은 극좌와 극우의 거점이 되었고, 좌우분열의 원심력으로 작용하였다고 평가된다.

---

[8] 여운형은 1946.12.4. "좌우합작 합당공작을 단념하면서"라는 자기비판 성명을 발표하고 정계은퇴를 선언하였다(황의서 1997, 64).

[9] 한민당과 이승만의 독립촉성국민회의도 1946년 10월 17일-22일까지 진행된 입법위원 구성을 위한 선거에 참여하였고, 선거결과 선출된 45명의 의원은 대부분 우익이었다. 12월 7일 관선의원 45명이 발표되었고, 12월 12일 과도입법의원 의장에 김규식이 당선되었다(이완범 2007, 113).

5. 북한에서의 좌우협력 가능성과 실패

해방초기 소련군이 진주하기 이전 북한에서도 서울 건준의 지부가 결성되었다. 그러나 일본 측으로부터 행정권같은 사무권한의 이양은 없었으며, 존속기간도 소련군이 진주하기 이전인 10여 일에 불과하여 각 활동들은 준비단계에 지나지 않았다. 북한에 진주한 소련군은 우호적인 정권수립을 원하였다. 그래서 소군정은 먼저 북한에서라도 조만식의 민주당과의 통일전선을 통해 광범위한 정치세력을 결집하고 그 기초위에 부르주아 민주정권을 수립하고자 하였다. 이는 38선 봉쇄, 좌우 균형의 인민위원회 재편, 5대행정국의 설립, 북조선임시인민위원회 수립 등으로 구체화되었다.

소련군의 진주로 평남 건준은 조만식을 위원장으로 하는 평남인민정치위원회(이하 평남인위)로 개편되었다. 소군정은 평남인위에 정권을 인수시켰으며, 각 도에 행정조직을 설립한 후에 통일정부를 수립한다는 계획을 밝혔다. 개편된 평남인위는 민족주의세력과 공산당을 동수로 하는 좌우연합형 행정관리조직이었다. 평남인위는 사실상 북한의 중앙행정조직 기능을 담당하였다. 이러한 지방의 행정조직인 지방인민위원회는 1945년 11월말쯤에는 도, 시, 군, 면 전역까지 조직되었다(서동만 2005, 62).

이후 간접통치 방식을 취한 소군정은 북한의 임시적인 행정체계를 독자적으로 체계회하기 시작하였다. 10월 8-10일에는 북조선 5도인민위원회 연합회의를 개최하여 북한지방의 행점을 담당할 한국인 중앙행정기구 창설을 논의하였다. 1945년 11월 19일에는 각도 인민위원회연합회의를 개최하여 '북조선 5도행정의 통일적 관리'를 위해 북조선 5도행정국을 설립하고 산하에 10개 국을 설치하였다. 10명의 국장은 공산당 4명, 민주당 2명, 무소속 4명이었는데 최용건이 공산당원임을 감안한다면 공산당원이

5명인 분포였다. 조만식에게 5도행정국의 위원장직을 요청하였지만, 사양하여 공백으로 두었다고 한다. 공산당의 우위였지만 여전히 좌우연합체의 성격을 유지하였다(서동만 2005, 77). 실제로 행정10국은 소련군 사령부의 지시를 받으면서 각 국별로 독자적인 활동을 전개하는 한편 필요에 따라 새로운 기관들을 설치하기도 하였다.

초기 북한에서의 행정과 치안을 담당했던 평남건준은 우익우세의 좌우협력체, 평남인민정치위원회은 좌우균형의 좌우협력체, 5도행정국은 좌익우세의 좌우협력체였다. 좌익의 비중이 강해지고 있었지만, 신탁통치문제가 등장하기전인 1945년말까지는 좌우협력의 조직을 유지하고 있었다.

12월 전해진 모스크바 3상회의 결정으로 북한도 찬반탁 논쟁에 휩싸였다. 소군정은 반탁과 3상회의 결정지지를 둘러싼 대립에서 우익 민족주의 세력을 지지로 끌어들여 좌우연합의 틀을 유지하고자 하였다. 그러나 조만식 등 우익들은 반탁입장을 견고하게 유지하였다. 1946년 1월 2일 북한내 정당, 사회단체들은 모스크바 결정을 지지하는 공동성명을 발표하였는데, 조선민주당만 서명을 하지 않았다(기광서 2021). 1946년 1월 3일에는 10개의 행정국장회의에서 모스크바 3상회의 결정을 지지한다는 성명서를 채택하였다. 소련군 및 김일성, 최용건은 조만식을 설득하고자 하였으나 1946년 1월5일 조만식은 이를 거절하고 평남인위 위원장을 사임하였다. 소련군은 조만식을 반소적인 인물로 보고 호텔에 연금하였다. 이로써 공산당분국과 민주당과의 통일전선은 실질적으로 파탄났으며, 이후 조만식 이외의 민주당 지도부는 거의 남한으로 도피하는 길을 택했다(서동만 2005, 142).[10]

이후 소군정은 조만식 등 우익세력을 배제하고[11] 좌익중심의 정치세력을 기반으로 통치기구를 만들었다. 소군정은 1946년 2월 10일 5도행정국

---

10) 월남한 조선민주당 인사들은 1946년 4월 서울에서 조만식을 당수로 추대하여 <조선민주당> 재건을 선포하였다(기광서 2021).
11) 1946년 2월 24일 조선민주당은 조만식그룹의 출당을 공식화하고, 당수 최용건 부당수 강양욱 등 새지도부를 구성하였다.

을 체계화하고 강화하여 북조선임시인민위원회를 수립하였다. 북조선 임시인위는 좌익들의 연합조직이었고, 이후 북한에서의 좌우협력은 그 가능성이 사라지게 되었다.

해방 후 북한에서는 좌우협력을 통한 행정조직이 정비되기 시작하였지만, 이들간에는 공동의 목표에 대한 합의는 존재하지 않았다. 통일국가 수립이란 대의에 동의하지만, 소군정과 공산당은 북한을 중심으로 우호적인 조직을 건설하고자 하였고, 조만식 등 민족주의세력들은 서울을 중심으로 통일국가 수립에 우선적인 목표를 두었다. 8월17일 평남건준이 만들어지고 소련군의 진주로 8월 26일 평남인민정치위원회로 개편되었다. 초기 평남 건준은 자발적 좌우협력의 조직이었다. 이후 소군정의 정책으로 권력분점을 통한 좌우협력은 지속되었다. 소련은 북한을 분할점령한 이후 간접통치의 방식을 유지하였고, 좌우연합형 행정관리를 지속하였다. 당시 좌우협력의 대상은 김일성의 공산당분국과 조만식의 민주당이었다. 좌우협력형 행정조직의 유지를 통해서 소군정은 우호적인 정부수립의 기초를 만들고자 하였다. 초기 북한에서의 좌우협력은 소련군의 점령정책, 치안과 행정관리라는 낮은 수준의 공동 목표에 대한 합의, 공산당과 민주당이란 협상범위의 최소화, 그리고 이념과 정책적 차이가 노출되지 않은 상황에서 진전되었다. 해방 후 다양한 자생적인 건국준비 조직들이 인민정치위원회로 개편되면서 좌우연합의 조직이 결성되었고, 이것은 11월 19일 5도행정국 수립과정에서도 유지되었다. 그리고 북조선임시인민위원회 수립에서도 조만식을 위원장으로 고려하는 등 좌우협력은 지속될 계획이었다. 소군정의 외적인 압력은 좌우협력을 지탱하는 중요한 요인이었다. 북한에서 좌우협력의 실패는 모스크바 3상회의 결정을 둘러싼 비젼과 정책의 차이에서 비롯된 것이었다. 임시정부 수립과 반탁문제에 대한 우선순위가 상호 합의되지 못한 상황에서 반탁을 고집한 민주당 세력은 좌우협력형 조직에서 배제되었고, 이후 북한은 좌익연합에 의해 권력이 독점하는 체제정비가 급속도로 진행되었다. 1946년 2월 10일 임시인위의 수립은 북한에서 좌우협력이 사라지고, 좌익이 독점하는 정치로 전환되었음을 공식적으로 보여준 것이었다.

6. 좌우협력은 왜 실패하였는가?

해방초기 남한에서의 건준 결성은 좌우협력의 출발점이었다. 북한에서도 좌우협력 조직이 출범하였고, 소군정의 지원아래 좌우협력형 행정조직이 만들어졌다. 그러나 모스크바 3상회의 결정은 남북 모두에게 좌우협력을 어렵게 만들었고 정치세력들간 대립과 경쟁을 심화시켰다. 신탁통치문제는 북한에서 민주당-공산당의 협력을 좌초시켰다. 그러한 상황에서 미군정하에서 4당간 합의한 4당 코뮤니케는 좌우협력을 통해 통일국가 수립으로 나아가려는 소중한 시도였다. 제1차 미소공위 결렬 이후 시도된 좌우합작운동은 좌우합작 7원칙이란 합의를 만들었지만, 양 극단의 정치세력의 반대로 인하여 실패로 돌아갔다.

이러한 좌우협력의 실패에는 다양한 원인들이 작용하였다. 해방공간에서 정치세력들은 통일국가 수립이라는 대의는 동의하였지만, 이를 위한 임시정부 수립과 신탁문제에 대해서는 의견이 엇갈렸다. 그리고 무엇이 우선적인 목표인지, 혹은 상위의 목표인지에 대해서는 이견이 강하였다. 반탁이 없는 임시정부 수립을 받아들이지 못하는 세력과 임시정부 수립 이후 찬반탁을 논의하거나 반탁하자는 세력들의 갈등이 공동의 목표에 대한 합의를 못하게 만들었다. 특히 신탁통치 문제와 관련해서, 반탁 대 지지라는 좌우진영의 첨예한 대립에 대한 해법이 모색되었지만, 반탁을 임시정부 수립보다 우선시하는 강고한 우익의 입장과 임시정부 수립을 최우선시하는 좌익의 입장이 충돌하는 바람에 좌우협력의 기초가 허물어졌다. 북한에서의 좌우협력 좌초는 반탁의 입장을 견지한 민족주의세력이 배제되었기 때문이었다. 4당 코뮤니케란 좌우협력은 반탁을 우선시하여 합의를 부인한 한민당과 임시정부 수립 후 배제라는 수정안을 거부한 공산당 때문에 결실로 이어지지 못하였다.

좌우협력의 성과에는 중도세력의 역할이 중요하였다. 초기 건준의 결성도 중도파를 중심으로 한 것이었고, 4당 코뮤니케나 좌우합작 7원칙도 인민당과 국민당의 협력위에 중도파 세력들이 중심이 되어 가능하였다. 이 과정에서 여운형의 초당적 리더십이 발휘되었지만, 양 극단의 공격으로 역할은 점차 축소되었다. 양극적인 극좌와 극우의 갈등이 심화되면서 중도세력의 구심력은 약화되었고, 중도파세력들이 약해지면서 좌우협력의 기반이 붕괴되었다. 특히 극우세력과 극좌세력의 주도권 경쟁은 좌우협력을 무너뜨리고, 극단적인 정치를 결과하였다. 극좌와 극우간에는 이념적 거리도 멀었으며, 협상의 상대로 서로 인정하지 않았다. 초기 건준의 좌우협력 조직을 무너뜨린 것은 재건파 공산당이었고, 4당 코뮤니케는 한민당이 부인하면서 흔들렸고, 수정안에 대해 공산당이 거부하면서 결렬되었다. 좌우합작 7원칙은 한민당이 토지개혁 문제로, 공산당이 입법기관 설치문제로 부정되면서 의미를 상실하였다. 정책적 이념적 차이와 더불어 상대방에 대한 적대감은 한민당과 공산당의 양극적인 원심력 경쟁을 낳았고, 좌우협력의 토대를 약화시켰다.

제13장 오스트리아의 좌우협력*

1. 전간기의 정치적 유산: 좌우적대와 보수주의의 급진화

　제1차 세계대전의 패전과 함께 수립된 제1공화국 출범기[1]의 짧은 2년을 제외하고는 1933년 오스트로파시즘의 독재체제가 들어서기 전까지 오스트리아는 치열한 계급갈등과 적대를 경험한 나라였다. 이 갈등과 적대는 1934년 2월 급기야 내전으로까지 치닫는 좌우간의 무장충돌을 낳기도 했다. 그런데 놀랍게도 해방정국의 오스트리아는 좌우협력의 매우 모범적인 사례로 반전하였다. 해방 직후 임시정부는 구 나치들을 제외한 모든 정당이 참여하는 거국정부로 만들어졌다. 해방 후 첫 선거에서 우파 국민당은 절대 다수의 의석을 확보했음에도 불구하고, 좌파 사회당은 물론 공산당도 함께 참여하는 거국정부를 구성한다. 오스트리아의 전간기와 해방기는 유럽에서도 가장 첨예한 좌우적대와 갈등이 모범적인 좌우협력으로 반전했던 매우 흥미로운 역사적 사례이다. 해방정국의 좌우협력에 대해 논의하기에 앞서 전간기의 정치적 유산, 즉 좌우적대와 보수주의의 급진화를 살펴보는 것으로부터 얘기를 시작하자.

---

* 구춘권
　이 장의 상당 부분은 구춘권(2025)에 출간된 바 있다. 구춘권이 집필한 다른 장들 역시 작은 일부들이 구춘권(2025)에 먼저 소개되었다.
1) 임시정부의 수반이었던 레너는 제1공화국의 출범기에 첫 연방수상을 역임하면서 짧은 기간이기는 했지만 당시 사민당(Sozialdemokratische Arbeiterpartei: SDAP)과 기사당(Christlichsoziale Partei: CSP)의 좌우협력을 성사시킨 바 있다.

1) 좌우 정치진영의 특징과 보수주의의 급진화

전간기 오스트리아의 좌우 정치진영의 중심에는 사민당과 기사당이라는 거대정당이 있었다. 사민당은 제1공화국의 선거 내내, 즉 1919년, 1920년, 1923년, 1927년, 그리고 마지막 자유선거였던 1930년 11월 선거에 이르기까지 평균 40% 안팎의 지지를 얻었고 종종 제1당이 되기도 했다. 그럼에도 불구하고 사민당은 야당의 지위를 벗어나지 못했는데, 이는 함께 절대다수를 만들 정치적 파트너가 없었기 때문이다.

오스트리아는 공산당이 1918년 세계에서 세 번째로 창당된 나라이기는 했지만 줄곧 1% 대의 지지율을 얻는 데 그침으로써 의미 있는 정치세력으로 성장하지 못했다. 따라서 공산당과의 협력은 기대할 수 없었다. 사민당이 당 조직과 더불어 교육·문화·스포츠·부조·직업단체를 망라한 수십 개의 하부 조직들을 통해 노동자 계급에 굳건히 뿌리를 내렸던 반면, 공산당은 주로 지식인 계층에서 공감을 얻었을 뿐이다. 오스트로마르크시즘2)이라고 불리는 마르크스주의 세력이 사민당 내부에서 강력한 영향력을

---

2) 오토 바우어(Otto Bauer), 막스 아들러(Max Adler), 프리드리히 아들러(Friedrich Adler), 루돌프 힐퍼딩(Rudolf Holferding), 칼 레너(Karl Renner), 구슈타프 엑슈타인(Gustav Eckstein) 등이 오스트로마르크시즘의 대표적 인물이다. 오스트로마르크시즘은 다음과 같은 세 가지 측면에서 기존의 다른 마르크스주의적 흐름과 구분된다. 첫째, 정치적 활동에서 교육과 교양에 대한 각별한 강조이다. 예컨대 막스 아들러는 교육을 통해 사회주의 사회를 건설할 수 있는 "새로운 인간"이 탄생할 수 있을 것이라 보았다. 계몽주의적 전통에 선 자유주의 세력이 취약했던 오스트리아 상황에서 오스트로마르크시즘은 계몽주의의 선봉대 역할을 수행했던 셈이다. 둘째, 오스트로마르크시즘은 동시대 레닌주의와 사회민주주의적 수정주의 사이에서 등장한 일종의 "제3의 길"이었다. 흔히 "통합적 사회주의(integraler Sozialismus)"로 지칭되는 이 노선은 노동운동 내부의 이념적 차이를 강조하며 노동운동을 분열시키는 것이 아니라, 교육과 설득을 통해 연대의 지점을 확대함으로써 노동운동을 통합하려 노력했다. 셋째, 오스트로마르크시즘은 권력 획득 과정에서 평화적 수단을

행사했던 점도 공산당이 주변화되는 데 기여했다.

사민당은 수도인 비엔나에서 절대다수를 넘어 때때로 거의 70%에 이르는 압도적인 지지를 받았다. 그 결과 전간기 오스트리아의 정치지도는 사민당의 상징색을 따라 지칭된 "붉은 비엔나(Red Vienna)"가 비엔나를 제외한 다른 지역을 장악한 보수세력의 검은 색에 포위된 모습으로 그려졌고, 비엔나 내부에서도 "붉은" 시정부와 "검은" 연방정부가 날카롭게 대립하고 있었다.

우파 진영의 거대정당인 기사당은 또 다른 보수세력인 대독일당(Grossdeutsche Volkspartei: GDVP) 또는 농민연합(Landbund)과 연정을 꾸리면서 줄곧 정치권력을 유지했다. 사민당이 절대적인 영향력을 행사하던 좌파 진영과 달리 우파 진영은 기사당과 경쟁하는 또 다른 보수세력이 출현하고 있었는데, 대독일당이 급진화한 히틀러운동이 그것이다. 1920년대 자유주의의 깊은 위기와 함께 등장한 보수주의의 급진화는 전간기 유럽의 여러 나라에서 발견할 수 있는 현상이지만, 오스트리아는 이 급진화의 두 경로와 형태를 동시에 보여준다는 점에서 보다 흥미롭다.

기사당과 대독일당의 균열은 오스트리아라는 새로운 국가의 국민형성 및 국경획정과 관련된 문제 때문에 일어났다. 기사당은 제1차 세계대전의 승전국들에 의해 독일오스트리아가 국명으로 금지된 것을 수용했고, 독일로부터 독립해 오스트리아라는 작은 국가가 존재할 수밖에 없는 현실을 받아들였다. 그러나 대독일당은 오스트리아의 독자적 생존 가능성에 회의적이었으며 독일로의 합병만이 해결책이라는 생각을 고수했다.

기사당과 대독일당은 국가에 대한 절대적 사고 및 엘리트 주도의 위계적 질서의 찬양과 같은 보수주의의 이념적 뿌리를 공유했음에도 불구하고 양자의 차이 또한 명백했다. 기사당은 이미 제국 시기인 1890년대에 만들어진 정당으로 가톨릭 보수주의를 이념적 기반으로 수많은 가톨릭 단체들을 당의 지지 기반으로 가졌던 반면, 대독일당은 제국이 해체되고 탄생한

강조했고 의회주의를 신봉했다. 즉 레닌주의와 달리 노동자 계급이 의회의 다수 세력이 됨으로써 사회주의가 평화적으로 실현될 수 있다고 본 것이다.

새로운 정당이었다. 대독일당의 지지 기반은 주로 도시 인구 밀집 지역의 반성직자적(antiklerikal) 중간계급이었으며, 이들은 주로 독일민족주의, 반마르크스주의, 반유대주의에 고무되었다(Sandgruber 2003, 49-51).

제1공화국을 수립하기 위한 짧은 2년 동안의 좌우협력이 끝나자마자 사민당과 기사당은 거의 모든 정치적 쟁점들에서 충돌하였다. 이 충돌이 거듭되면서 양자의 관계는 소통이 불가능한 이데올로기적 적대의 상태로 발전하고 있었다. 1926년 사민당의 린츠 강령을 두고 일어난 대치는 이 상황을 잘 보여준다. 사민당은 린츠 강령에서 상당히 고무적으로 보이는 여러 정책들과 함께 자신의 민주주의적 신념을 강조한 바 있다.3) 그러나 기사당은 린츠 강령에서 오로지 한 문구, 즉 부르주아지가 민주주의 체제를 공격할 경우 "독재의 수단"에 의존해서라도 대응할 것이라는 방어적 차원의 경고만을 문제 삼았다(Sander 2018, 27). 1922년 10월 이탈리아의 "로마 진군"과 같은 파시스트의 공격에 단호히 대응함으로써 민주주의를 수호하겠다는 사민당의 결의는 무장혁명을 향한 볼셰비즘적 선동으로 곡해되면서 "오스트로볼셰비즘"에 대한 맹비난이 일어났다. 정치적 소통이 불가능할 때 등장하는 말꼬리 잡기식 왜곡·비난·공격의 전형적인 모습임은 물론이다.

그러나 보다 본질적인 문제는 이 무렵 오스트리아에서도 보수주의의 급진화가 진행되고 있었다는 사실이다. 많은 보수주의자들은 사민당의 린츠 강령에 반발하면서 민주주의와 의회주의를 포기하고 폭력과 권위주의적 독재를 옹호하는 방향으로 급진화했다. 무력을 통해서라도 조직된 노동운동을 제압하고 기존 질서를 지킨다는 생각이 우파 진영에 확산되고 있었던 것이다.4) 린츠 강령은 기사당과 밀접한 관계를 유지했던 우파 진

---

3) 의무교육의 확대, 국민스포츠와 국민교육의 강화, 교육에서 종교적 영향의 배제와 전면적인 종교의 자유, 남녀평등의 실현, 공공주택의 건설, 공동결권의 강화, 지방 자치권의 확대 등이 그것이다. 사민당의 의회주의에 대한 확신과 사회주의의 평화적 실현에 대한 강조는 유명한 구호, 즉 "민주주의는 수단, 사회주의는 목표 (Demokratie ist der Weg, Sozialismus ist das Ziel)"로 표현되었다.

영의 가장 중요한 무장조직인 향토방위대(Heimwehr)로의 충원이 급증하는 계기가 된다. 그런데 흥미롭게도 오스트리아에서 이 보수주의의 급진화는 두 방향으로 전개되었다. 좌파 진영에서 사민당의 압도적 위상과 달리 우파 진영에서는 두 개의 다른 보수주의 세력, 즉 기사당과 대독일당이 경쟁하고 있었기 때문이다.

1926년 히틀러운동이라는 이름을 내세운 오스트리아 나치당(National Sozialistische Deutsche Arbeiterpartei Österreichs- Hitlerbewegung)이 독일 나치의 자매당으로 설립됨으로써 대독일당의 일부 역시 폭력적 급진화의 흐름에 합류했다. 그럼에도 불구하고 히틀러운동은 세계경제대공황 이전에는 단 한 개의 의석도 확보하지 못한 주변부의 정치세력에 불과했다. 그러나 대공황은 이들에게 기회의 창을 열었고, 히틀러운동은 1932년 주의회 선거에서 16.3%의 지지율을 기록하면서 비약적으로 성장한다.

보수주의의 급진화의 두 형태로서 히틀러운동과 오스트로파시즘은 결코 친화적인 관계는 아니었다. 1933년 1월 히틀러는 독일에서 권력을 장악했지만, 1933년 6월 히틀러운동은 오스트리아에서 금지 당했다. 나치나 오스트로파시즘이나 의회제 민주주의와 법치국가, 사회민주주의와 공산주의를 거부했다는 점에서는 한 편이었지만, 인종주의나 테러 통치와 같은 나치의 핵심적 특징을 오스트로파시즘은 공유하지 않았다. 파시즘이 무엇보다 대중의 동원에 의존했던, 대중정치 시대의 산물이었다는 점을 고려한다면 오스트로파시즘은 상당히 논쟁적인 개념일 수도 있다. 오스트로파시즘은 대중의 정치적 열정에 추동된 파시즘이라기보다는 위로부터 등장한 권위주의적 독재의 성격이 강하기 때문이다.

---

4) 이러한 폭력적 급진화의 배경에는 제1차 세계대전에서의 어두운 경험도 일정한 역할을 하였음을 주목해야 한다. 총력전임과 동시에 피 튀기는 살육전이었던 제1차 세계대전은 한편 전쟁에 대한 혐오도 불러일으켰지만, 다른 한편 목숨을 건 용기 때문에 살아남았다는 체험으로 인해 퇴역군인들의 상당수에게 "말로 표현할 수 없는 야수적 우월감"을 팽배하게 만들었다. 히틀러는 이들 중 하나에 불과했다. 이 퇴역군인들이 나중에 파시스트 무장단의 압도적인 부분을 구성했다(홉스봄 1997, 44).

오스트로파시즘이 지향한 것은 일종의 조합주의 국가(Ständestaat)였다 (Simon 2021). 이 국가는 민주주의를 거부하고 가톨릭 보수주의에 기반한 질서, 즉 신심으로 가득한 엘리트의 지휘 아래 직능집단, 단체, 조직들이 일사불란하고 조화롭게 움직이는 유기적 세계를 꿈꿨다. 가톨릭의 강한 영향력이 각인되었다는 점에서 교권파시즘(Klerikalfaschismus)이 얘기되기도 한다(Staudinger 2014, 30-33). 어쨌든 오스트로파시즘은 단순한 권위주의적 독재였기보다는 자유주의적 개인주의나 마르크스주의의 계급투쟁에 맞서 사회를 적극적으로 개조하려는 이데올로기적 의제를 갖고 있던 독재였다. 오스트로파시즘의 대표 인물인 돌푸스(Engelbert Dollfuss)와 슈쉬닉(Kurt Schuschnigg)은 무솔리니를 모델로 삼았지만, 히틀러를 좋아하지 않았고 오히려 경쟁상대로 보았다. 그러나 결국 돌푸스는 오스트리아 나치의 쿠데타 와중에서 살해되었고, 슈쉬닉은 독일 나치에 의해 강제로 퇴출당함으로써 오스트로파시즘은 나치즘, 즉 파시즘의 가장 극단적 형태에 무릎을 꿇고 역사 속으로 사라진다.

2) 좌우적대와 무장충돌

전간기 오스트리아에는 무기가 흘러넘쳤다. 상 제르망 조약은 전쟁에 사용된 엄청난 양의 무기를 폐기 처분하도록 했으나, 이는 제대로 지켜지지 않았음이 분명하다. 1919년부터 오스트리아 곳곳에서 유사시 사회주의 혁명을 무력으로 제압하는 것을 목표로 한 향토방위대가 만들어졌고, 이들의 중무장은 묵인되었디. 예컨대 포어알베르크(Vorarlberg) 주의 경우 주정부가 묵인했던 향토방위대의 숫자가 1920년 여름 3,000여 명에 달했던 반면, 이 주에 주둔했던 연방군대의 숫자는 고작 800명에 불과했다(Dreier 1986, 44). 우파의 무장조직으로서 향토방위대는 기사당과 밀접한 관계를 유지했다. 사민당도 향토방위대에 대항해 1923년 자체 무장조직인 공화국수호연합(Republikanischer Schutzbund)을 조직했다. 공산당은 지지율은 낮았지만 경찰보다 더 많은 무기를 보유했던 것으로 알려졌고, 무장 쿠데타에 의한 소비에트화의 위험은 상존했던 것으로 평가된다(Seidl 2018). 우파 진영에 속하는 기독교 노동조합도 1927년 자유연합(Freiheitsbund)이라는 무장조직을 만든다. 이와 같이 좌우 양쪽에서 일련의 무장조직들이 결성되면서 정치적 적대는 언제든지 무력충돌로 상승할 수 있는 상황이 만들어졌다.

우려했던 무장충돌은 결국 1927년 1월 30일 샤텐도르프(Schattendorf)에서 일어났다. 이 날 공화국수호연합의 비무장 행진에 한 우파 무장조직5)이 총격을 가함으로써 여섯 살 아이를 포함해 무고한 두 명이 살해되었다. 가해자들은 기소되었고 심리가 진행되었으나, 배심원 법정의 판결은 피고인들을 무죄로 선고했다. 바로 그 다음 날인 1927년 7월 15일 이 판결에 항의하는 시위가 비엔나에서 일어났고, 분노한 군중은 법원궁(Jusitzpalast)에 불을 질렀다. 당혹한 경찰은 군중을 향해 무차별 사격을 가했으며, 시위대 84명과 경찰 5명이 살해되는 끔찍한 사건이 벌어졌다. 당시 연방수상이었던 기사당의 자이펠(Ignaz Seipel)은 시위 군중에 대한 경찰의 대응을 옹호하면서 성난 군중을 통제하지 못한 사민당의 지도부에 비난의 화살을 돌렸다. 7월 폭동(Julirevolte)으로 알려진 이 사건은 1934년 2월 내전을 향한 첫 걸음으로 지목된다.

7월 폭동은 우파에게는 국가의 사법적 정의가 불에 탄 사건으로, 좌파에게는 무고한 시민에 대한 총격을 무죄로 판결한 사법적 부정의에 항의하는 시위대를 학살한 사건으로 받아들여졌다. 이러한 인식의 차이는 좌우의 정치적 정체성의 핵심과 맞닿아 있는 문제로 여기서 타협의 여지는 거의 존재하지 않았다. 좌우간의 정치적 갈등과 적대가 보다 격렬해질 것임은 명백했다. 오스트리아 정치는 깊은 위기 속으로 빠져들어 가고 있었던 것이다. 그런데 거기에 더해 1929년 10월 세계경제대공황이 덮친다.

---

5) 구 제국군대의 장교들이 결성한 독일오스트리아전투원연맹(Frontkämpfervereinigung Deutsch-Österreichs)이다. 유대인 학살을 설계한 것으로 악명 높은 아이히만(Adolf Eichamann)도 이 연맹에 속했다.

오스트리아 경제는 1920년대 초반 극단적인 인플레이션으로 황폐화되었지만, 1925년 새로운 통화 실링이 도입되면서 안정화의 길로 들어선 바 있다(Sandgruber 2003, 54-55). 그런데 보수연정은 세계경제대공황이 발발하고 나서도 여전히 통화를 안정시키기 위한 긴축정책을 고수했고, 이는 대공황의 충격을 증폭시키고 있었다.

　노동인구의 3분의 1이 넘게 실업자가 되는 사상 초유의 경제적 혼란은 보수 진영에서 민주주의가 오스트리아의 문제를 해결할 수 없다는 생각을 확산시켰다. 독일도 그렇지만 오스트리아에서도 보수주의의 결정적인 급진화는 세계경제대공황과 밀접하게 연관되어 있음을 주목해야 한다. 대공황과 같은 경제적·금융적 위기는 보수주의의 지지기반인 중간계급의 자산을 직접적으로 타격하기 때문이다. 1920년대 초반 엄청난 인플레이션으로 인해 자신의 자산이 거의 휴지조각으로 변했던 기억이 생생한 중간계급에게 세계경제대공황은 공포와 충격으로 다가왔고, 사회혁명에 대한 두려움으로부터 추동된 보수주의의 급진화를 더욱 가속화시켰다. 1930년 5월 코르노이부르거 선서(Korneuburger Eid)에서 향토방위대는 사민당을 겨냥하면서 서구식 민주주의적 의회주의와 정당국가를 폐기할 것임을 선언했다(Binder 2024). 이 선서의 명단에는 나중에 연방수상을 역임하는 피글(Leopold Figl)이나 랍(Julius Raab)과 같은 기사당의 젊은 당원들도 포함되어 있었다. 오스트로파시즘의 선봉에 서게 되는 돌푸스나 슈쉬닉과 같은 기사당의 주요 인물 역시 세계경제대공황을 계기로 민주주의에 대해 강한 거부감을 보이면서 이탈리아의 무솔리니 모델로 돌아선다.

　세계경제대공황은 우파에게 새로운 정치적 무대를 제공했다. 히틀러운동이 약진했고, 기사당의 권위주의화 또는 파시즘화 역시 명백했다. 그런데 이 새로운 정치적 무대를 선점한 인물은 돌푸스였다. 대공황은 사민당의 지지율에 큰 영향을 미치지 않았지만 기사당의 지지율을 큰 폭으로 감소시켰다. 1930년 11월 국민의회 선거에서 사민당은 1927년에 비해 거의 변화가 없는 지지를 받았던 반면, 기사당의 지지율은 12.5%가 감소하였다(BMI 2024). 기사당 지지의 상당 부분이 보다 극단적인 우파 세력, 즉 향토방위대의 정치조직인 향토블록 및 민족주의경제블록/농민연합으로 이동한 것이다. 1930년 선거에서 히틀러운동은 아직 3%의 지지율로 의석을 확보하지 못했지만, 1932년 주의회 선거에서는 16.3%의 지지를 받는 대중정당으로 발전한다. 오스트리아 나치의 약진은 그렇지 않아도 단 한 석 차이로 아슬아슬하게 우위를 지키는 기사당, 농민연합, 향토블록 사이의 연정을 다음 선거에서 깨뜨릴 것이 명백해 보였다.

1932년 5월 수상으로 선출된 이후 의회 통제를 우회하는 행정명령을 남발하면서 통치하던 돌푸스는 1933년 3월 4일 국민의회의 업무일정과 관련된 혼란을 절호의 기회로 포착해 "의회의 자발적 폐쇄(Selbstausschaltung des Parlaments)"를 선언하고 의회를 강제로 해산시켰다. 이 조치는 1917년 전시경제위임법(Kriegswirtschaftliche Ermächtigungsgesetz)에 명시된 정부의 전권 사용이라는 법률적 사각지대를 활용했던 것이다. 전시가 아닌 평시라면 이 법의 적용은 불가능하지만, 독재체제를 구축하려는 야심 찬 인물이 이러한 원칙을 존중할 리 만무했다. 돌푸스는 3월 7일 집회와 행진을 금지하고, 언론의 자유를 폐지하는 새로운 언론지침을 발효했다. 반대당의 의회 의사일정 재개 요구는 경찰을 동원하여 차단했다. 사민당의 무장조직인 공화국수호연합은 금지되었고, 그러나 향토방위대는 유지되었다. 1933년 5월에 들어서면 연방·주·지자체의 모든 선거가 폐지되고, 공산당과 히틀러운동이 차례로 불법화되었다.

1934년 2월 12일 린츠의 사민당 본거지인 호텔 쉽(Hotel Schiff)을 수색하면서 돌푸스 독재와 공화국수호연합 사이의 무장충돌이 발생했다. 오스트리아 내전(Österreichischer Bürgerkrieg)[6], 2월 봉기(Februaraufstand) 또는 2월 투쟁(Februarkämpfe)으로 알려진 이 사건은 돌푸스 독재의 무장해제에 저항했던 사민당의 공화국수호연합이 국가폭력기구(경찰, 헌병,

---

[6] 내전이라고 지칭되기도 하지만 이는 오해를 불러일으킬 수 있다. 국가권력이 붕괴된 상황에서 일어난 좌우의 무장충돌이 아니기 때문이다. 압도적인 군사적 우위를 지닌 국가폭력기구가 향토방위대와 함께 사민당의 무장조직을 나흘이라는 짧은 기간 동안 완전히 파괴했던 것이 충돌의 핵심이다.

연방군) 및 향토방위대와 충돌한 것을 의미한다. 대포와 장갑차까지 동원한 경찰과 군대에 비해 공화국수호연합의 무기가 압도적으로 열세였다는 사실은 이 무장충돌의 승패를 이미 결정했다. 거기에 사민당의 지도부는 분열되어 있었다. 지도부의 상당수는 무장봉기에 거리를 두었고, 몇몇은 사민당을 탈퇴하기조차 했다. 각 지역에 있는 공화국수호연합이 제대로 연결되지 않았기에 봉기가 전국적으로 조직되지도 않았다. 린츠와 비엔나 등 일부 지역에 투쟁이 집중되었을 뿐이다. 그러나 2월 투쟁이 단 기간에 패배했던 가장 중요한 이유는 총파업을 외쳤지만 거의 호응이 없었고, 군대, 경찰, 헌병의 일부가 봉기에 가담할 것을 기대했으나 독재정권에 끝까지 충성했다는 사실에서 찾아진다.

돌푸스 정부에 따르면 민간인 희생자로 170명의 남성, 21명의 여성, 두 명의 아이가 전투 중에 죽었고, 493명이 부상당했다고 한다. 정부 측에서는 104명이 죽고 309명이 다쳤다고 했다.[7] 돌푸스 정부는 이 봉기의 진압 직후 곧 바로 계엄령을 내리고 참가자들을 체포하는 한편 즉결재판을 통해 총 24명에게 사형을 선고했고, 이 중 9명을 처형했다. 사민당은 물론 사민당과 관련된 모든 하부조직들이 금지되었다.[8] 사민당의 지도부는 체코슬로바키아로 피신했다. 1934년 4월 30일 새로운 조국전선이 결성되고, 여기에 속한 의원들은 기존의 국민의회와 연방상원이 갖는 모든 권한을 돌푸스 정권에 양도하는 법안을 결의했다. 오스트로파시즘이 역사의 무대의 전면에 등장한 것이다. 그러나 이 상대적으로 유순한 파시즘은 1938년 3월 오스트리아가 나치 독일에 의해 강제 합병됨으로써 다시 퇴출당하고 만다.

---

[7] 영국의 한 저널리스트는 수천 명에 이르는 희생자들을 보도하기도 했으나, 역사가들은 이 숫자가 과장된 것으로 지적한다. 2월 희생자들의 데이터뱅크에 기반을 두고 비교적 최근에 진행된 조사결과는 2월 봉기에 사망한 사람들의 숫자를 357명으로 적시한다(Bauer 2018, 139-185).
[8] 한 가지 흥미로운 사실은 사민당 이전에 이미 나치당도 금지되었기에 오스트리아 감옥은 오스트로파시즘을 공동의 적으로 삼는 두 개의 극단적으로 다른 정치세력으로 채워졌다.

2. 해방정국의 과거 청산과 좌우협력

전간기 오스트리아가 세 개의 정치세력, 즉 오스트로마르크시즘의 사민당, 가톨릭 보수주의의 기사당, 독일로의 합병을 원하는 대독일당이 각자의 목표를 추구하면서 적대적으로 경쟁했던 갈등의 시기였다면, 해방기 오스트리아는 좌우협력의 시기였다. 좌우협력은 나치 독일의 패전과 함께 독일로의 합병을 원하는 세력이 퇴출되었기 때문에 가능했다. 또한 소련의 지원을 받는 공산당이 해방 직후 새로운 정치세력으로 부상하기는 했지만, 1945년 11월 선거에서 5.42%라는 충격적으로 낮은 지지율을 얻으면서 그 위상이 크게 약화되었기 때문에 가능해진 것이기도 했다. 해방기 오스트리아는 사회당과 국민당으로 이름을 바꾼 좌우의 두 정치세력이 오스트리아라는 작은 나라의 재건을 위해 타협하고 협력하는 좌우협력의 시기였다. 즉 독립과 주권회복이라는 공동의 목표를 달성하기 위해 좌우는 서로 인정하고 타협하며 협력했던 것이다. 전간기의 홀로주체적 정치로부터 해방기의 서로주체적 정치로의 거대한 전환이 일어났다고 할 것이다(김학노 2011).

주지하듯이 오스트리아라는 작은 나라의 탄생은 패전의 결과물이었다. 면적으로는 유럽 제2위, 인구로는 유럽 제3위에 달했던 거대한 오스트리아-헝가리 왕국이 제1차 세계대전에서 패배함으로써 붕괴하고 독일오스트리아(Deutschösterreich)라는 주로 독일어를 사용하는 사람들이 거주하는 지역에서 새로운 국가가 탄생했다. 그런데 오스트리아에 대한 평화조약인 상 제르망(Saint-Germain)조약은 독일오스트리아라는 국명의 사용을 금지했고, 오스트리아의 국가형태를 공화국으로 못 박았다. 제1공화국이라는 국가형태는 뒤늦은 근대 국민국가의 수립이라는 국내의 정치적 열망의 표출이기도 했지만 승전국에 의해 강제된 것이기도 했다. 오스트리아에 탄생한 두 번의 공화국이 패전의 결과물이었기에 외세, 즉 승전국과 연합국은 이 나라의 미래에 결정적인 영향력을 행사하지 않을 수 없었다.

좌우는 제1공화국의 수립을 공동의 과제로 인식했고, 2년 동안의 협력 끝에 공화국을 성공적으로 출범시켰다. 그러나 좌우의 지속적인 협력이 유지되기에 1920년대 오스트리아는 물론 주변의 여러 나라들의 상황이 너무도 갈등적이었다. 1917년 러시아혁명의 성공은 좌파의 일부에게는 사회주의 혁명에 대한 희망을 북돋았지만, 우파에게는 사회혁명에 대한 두려움을 확산시켰다. 독일에서는 러시아혁명 이후 좌파가 분열되었다. 러시아혁명을 주변국에서 일어난 에피소드 정도로 판단한 사민당은 개혁 노선으로 선회했고, 이 혁명에서 미래를 본 좌파의 일부는 레닌을 따라 공산당으로 개명하고 코민테른에 합류했다. 독일의 사민당과 공산당은 서로를 불신했으며 적대적이었다. 반면 오스트리아에서는 사민당의 압도적인 위상 때문에 공산당이 의미 있는 정치세력으로 성장하지 못 했다. 그런데 여기서는 독일과의 합병 문제를 놓고 우파가 갈라졌다. 기사당은 오스트리아라는 작은 나라를 어쩔 수 없이 받아들였지만, 대독일당은 독일과 합쳐지는 것을 원했다. 보수주의가 급진화하면서 양자의 관계는 적대적으로 변했다.

해방과 함께 우파의 급진적인 세력은 퇴출되었다. 탈나치화가 시작되었기 때문이다. 좌파의 급진적인 세력은 소련의 지원을 받았음에도 불구하고 국내의 지지기반이 취약했다. 공산당은 전간기에 비해서는 나아졌지만 여전히 5% 대의 지지에 머물렀다. 그러나 좌우협력, 즉 사회당과 국민당의 협력은 좌우의 극단적인 세력이 퇴출되거나 약화되는 것만으로 가능하지는 않았다. 협력은 상대방을 인정하는 것을 전제로 한다. 협력의 정치를 위해서는 왜 과거에 상대방을 인정할 수 없었는가에 대한 역사적 반성이 먼저 이루어져야 했다. 즉 과거 청산은 좌우협력의 출발점이었다.

역사적 반성의 물꼬를 튼 것은 국민당이었다. 그럴 수밖에 없는 것이 국민당의 전신인 기사당은 오스트로파시즘이라는 독재체제의 구축의 주역이었기 때문이다. 국민당은 더 이상 기사당의 후예가 아님을 강조하기 위해 당의 이름을 바꿨고, 강령에도 반파시즘과 민주주의적 정체성을 명확히 했다. 당의 지도부는 나치즘과 파시즘에 저항했던 인물들로 채워졌다(Lendvai 2007, 39; Schausberger 2022, 24). 피글이나 후르데스 등 국민당 지도부의 상당수는 나치의 강제 합병 기간 내내 강제수용소에 감금되어 있었다. 제2공화국 초대 수상이 된 피글은 사형수용 독방에 격리되었다가 처형 직전에 구출되었다. 그들은 나치의 야만을 몸소 체험하였다. 이러한 경험이 나치의 유순한 쌍생아 격인 오스트로파시즘에 대한 역사적 반성과 청산의 계기가 되었음은 두말할 나위가 없다. 국민당은 확실히 더 이상 과거의 기사당이 아니었다. 1947년 국민당의 최초 강령은 당의 정체성을 "연대의 당"으로 정의했다. 연대라는 전통적인 좌파의 구호의 채택은, 국민당이 과거를 진지하게 반성하고 있으며 좌파와 협력하겠다는 자세를 보여준 것이다.

　사민당은 사실 전간기 민주주의의 보루 역할을 했고, 오스트로파시즘의 희생자였기에 과거 청산의 압력은 약했다. 그럼에도 불구하고 오스트로마르크시즘의 비타협적인 노선에 대한 비판적 성찰이 이루어졌다. 전간기 사민당 내부에서는 바우어(Otto Bauer)와 아들러(Max Adler)를 중심으로 한 오스트로마르크시즘 세력이 레너나 엘렌보겐(Wilhelm Ellenbogen)과 같은 온건하고 타협적인 실용주의적 노선을 압도하고 있었다. 물론 오스트로마르크시즘은 의회제 민주주의를 통한 사회주의 건설을 늘 강조했지만, 사회혁명의 두려움에 떨고 있었던 우파가 이를 신뢰할 리는 만무했다. 더욱이 1920년과 1932년 기사당의 대연정 제안을 사민당의 주류인 오스트로마르크시즘 세력은 거절한 적이 있었다.9) 만약이라는 역사적 가정은 평상시에는 무의미해 보여도 큰 파국을 겪고 난 이후에는 등장하기 마련이

---

9) 1920년 10월 선거에서 기사당이 제1당으로 부상하지만 연정파트너를 구하지 못해 사민당에게 대연정을 제안한다. 레너를 비롯한 당 주요 간부들은 기사당의 연정 제안을 수용하려고 했으나, 바우어의 노선이 관철되면서 사민당은 반대당의 길을 선택한 적이 있다. 1932년 사민당은 기사당의 대연정 제안을 다시 거부했다. 혹시라도 오스트로파시즘을 막을 수 있었을지 모를 역사적 기회가 사라진 것이다. 전후 사회당은 카리스마는 넘쳤지만 유연하지 않았던 바우어의 비타협적 노선을 비판적으로 평가한다(Sander 2018).

다. 대연정을 거부하지 않았더라면 오스트리아는 다른 길로 갔었을 것인가? 답을 찾을 수 없는 질문이기는 하지만, 비타협적 노선이 갈등을 악화시켰다는 성찰의 계기가 되었을 것이다. 즉 사민당이 오스트리아를 나락으로 빠뜨리지는 않았지만, 이를 적극적으로 막지 않았다는 비판으로부터 자유로울 수는 없었다.

해방 직후 사회당은 "오스트리아 사회당과 혁명적 사회주의자들(Sozialistische Partei Österreichs und Revolutionäre Sozialisten)"이라는 이름으로 재건되었는데, 당 지도부는 채 몇 달이 지나지 않아 "혁명적 사회주의자들"을 당명에서 뺐다. 좌우협력이라는 시대적 과제 앞에서 당명 때문에 일어날 수도 있는 이데올로기적 갈등을 회피하고자 했기 때문이다. 사회당이 정치적으로 상당히 유연해졌고, 비타협적 과거에 대해 비판적 성찰을 했기 때문에 가능한 일이었다. 이념적 선명성보다는 정치적 실용주의가 훨씬 중요해졌다. 결국 샤프(Erwin Scharf)와 같은 공산당과의 연정을 주장했던 혁명적 사회주의자들은 1949년 사회당을 떠났다. 당 내부의 좌파 격이었던 혁명적 사회주의자들의 영향력이 줄어들었고, 공산당에 대해서는 명확한 경계가 설정되었다. 오스트리아 사회당은 스스로를 서구적 가치공동체, 즉 자유주의와 민주주의를 지향하는 반소비에트 정당으로 자리매김한 것이다. 노동운동도 사회주의를 내세우기보다는 사회국가의 건설을 위해 임금 자제를 통해 협력하는 실용주의적 노선이 지배적으로 되었다.

과거 청산과 자신의 역사에 대한 비판적 성찰은 해방정국 오스트리아 좌우협력의 출발점이었다. 국민당과 사회당은 서로를 더 이상 적이 아니라, 인정과 협력과 타협의 대상으로 보기 시작했다. 거기에다 비례민주주의의 원칙을 시행한 덕택에 권력의 배분을 둘러싼 갈등도 최소화되었다. 더욱이 국민당과 사회당은 오스트리아의 재건, 즉 독립과 주권회복이라는 매우 명확한 공동목표를 가지고 있었다. 전간기의 갈등의 정치가 해방기의 좌우협력으로 전환을 이룰 수 있는 조건들이 충족되고 새로운 협력의 구조가 등장한 것이다.

3. 해방정국의 좌우협력의 특징

1) 11월 선거와 공산당의 약화

1930년 11월에 마지막 연방의회 선거가 있었으니 1945년 11월 25일 선거는 오스트리아에서 15년 만에 다시 치러지는 특별한 의미의 선거였다. 이 선거는 새로운 공화국의 연방의회는 물론 주의회도 함께 결정하는 중요한 선거였다. 이렇게 빨리 자유선거가 허용된 것은, 임시정부의 노력도 있었지만 오스트리아에 우호적인 점령정책 때문이었다는 점도 강조한 바 있다. 독일의 연방의회 선거가 1949년 8월에 개최된 것을 고려하면 오스트리아는 거의 4년을 앞서 자유선거를 획득한 셈이었다.

연방의회 선거에는 세 개의 정당, 즉 국민당, 사회당, 공산당이 후보를 냈다. 약 54만 명의 구 나치들은 이 선거에서 정치적 권리를 박탈당했다. 여전히 전쟁포로로 잡혀 있는 수십만 명의 군인들 역시 이 선거에 참여할 수 없었다. 따라서 이 선거는 남성보다 여성이 더 많이 참여했던 선거이기도 했다. 전체 약 345만 명의 유권자 중 94.3%가 투표에 참여했다. 오스트리아는 민주주의에 목말라 있었음이 분명했다.

총 165석의 연방의회 의석 중 국민당이 49.8%의 지지율로 85개의 의석을 얻어 절대다수를 확보하는 데 성공한다. 사회당은 44.6%의 지지율로 76개의 의석을 획득했다. 누구도 예측하지 못한 가장 충격적인 결과는 공산당의 낮은 지지율이었다. 1945년 5월만 해도 오스트리아의 미군 정보부는 공산당의 지지율을 약 20%정도로 추산했다(Mugrauer 2020, 58). 그런데 실제 공산당은 5.42%의 지지를 받아 단 4개의 의석을 얻었을 뿐이다. 나치에 맞서 가장 용감하게 저항했던 사실[10]을 고려한다면 이 결과는 상당히 충격적이었다. 이 낮은 지지율에는 소련군 일부의 일탈적 만행이 적지 않게 영향을 끼쳤다. 특히 소련군의 강간이 빈번하게 발생해 악명 높았는데(Stelzl-Marx 2012, 466-473), 그 희생자인 여성이 유권자의 다수였던 점과 무관하지 않을 것이다.

전간기 오스트리아에서 공산당의 위상이 매우 취약했음에도 불구하고 임시정부에서 공산당이 비중 있는 역할을 부여받은 것은 소련의 의도를 거스르지 않기 위한 고려 때문이었다. 그러나 임시정부 안에서 공산당의 영향력이 확대될 것이라는 소련의 기대는 정확히 그 반대로 드러났다. 1945년 여름을 지나면서 공산당은 임시정부에서 점차 주변으로 밀려났다. 공산당의 요구가 사회당과 국민당의 협력의 벽에 부딪힌 것이다. 각료회의에서는 물론, 법안 및 행정명령의 작성과정에서도 공산당은 제대로 역할을 하지 못 했다(Mugrauer 2020, 58). 요컨대 소수의 큰 목소리를 제한하기 위해 각료회의를 확대한 것, 그리고 세 당의 합의를 통한 정책결정과 같은 공산당의 이데올로기적 선명성을 제한하려는 임시정부의 조치들은 상당한 효과가 있었던 것이다.

공산당은 11월 선거를 공산주의자가 장관인 내무부의 관리 아래 치르기를 원했다. 그러나 이조차 부정선거의 가능성을 우려했던 서쪽 지역 보수 정치인들의 반발로 관철되지 못했다. 공산당이 약진할 것이라는 기대와 달리 충격적인 5.42% 지지를 얻는데 그침으로써 소련이 전쟁 중에 작성했던 오스트리아 점령계획, 즉 인민전선 정부 구상은 실패한 것으로 판명 난다. 자유선거를 통해 정통성을 부여받은 정식정부가 출범했기 때문이다. 권력의 최정점에 올라 있던 스탈린도 5% 지지를 받는 정당에 의존해 세상을 바꿀 묘안은 떠오르지 않았다. 공산당의 지지가 두 배로 된다면 동독의 사회주의동일당(SED)처럼 사회낭과의 합당을 시도해 보자는 얘기가 나오기는 했다(Müller 2005, 118). 그러나 공산당의 지지율에는 거의 변화가 없었다. 공산당은 1949년 선거에서 5.08%, 1953년 선거에서

---

10) 강제 합병 기간 동안 독일 비밀경찰에 의해 체포된 오스트리아 공산주의자들은 약 6,300명이었다. 그들의 대다수가 처형되었거나 강제수용소로 보내져 희생된 것으로 알려져 있다(Neugebauer 2017, 168-177).

5.28%의 지지를 얻어 1945년에 비해 지지율이 약간 줄어들었을 뿐이다 (BMI 2024).

공산당의 약화는 두 가지 의미에서 중요했다. 첫째, 소련은 오스트리아에서 공세적인 점령정책을 시도할 수단을 잃었다. 동구권에서 성공적이었던 인민전선 정부는 오스트리아에서는 의회제 민주주의의 정식정부가 출범함으로써 좌절되었다. 그 결과 소련의 점령정책은 수세적 성격의 것이 되었다. "독일 재산"에 대한 집착처럼 경제적으로 최대한의 이익을 확보하는 것이 중요해졌다. 물론 소련은 지정학적 이유 때문에 오스트리아가 서방 진영으로 편입되는 것을 허용할 생각도 없었다. 동쪽 지역을 군사적으로 점령하고 있는 한 시간은 소련의 편이었고, 결국 오스트리아는 완전한 독립과 주권회복을 위해 중립화를 선택하지 않을 수 없었던 것이다.

둘째, 공산당의 약화는 좌파 진영에서 사회당의 위상을 굳건히 함으로써 좌우협력의 기반을 확대했다. 구 나치가 퇴출당하고 오스트로파시즘에 대한 역사적 반성과 함께 극우세력이 결정적으로 약화됨으로써 국민당은 훨씬 더 정치적 중간 쪽으로 이동할 수 있었다. 좌파 진영에서도 공산당의 위상이 생각보다 취약하다는 사실이 확인되자 사회당의 운신의 폭이 넓어졌다. 극단적인 정치세력과 경쟁할 이유가 줄어들었기 때문이다. 반파시즘과 반공에 합의하는 정치적 중간지대가 훨씬 커졌다. 양 극단이 약화되고 중간이 확대되면서 모범적인 좌우협력이 등장할 정치적 구조가 만들어졌다고 할 것이다.

2) 비례성의 원칙

나치 독일의 패전과 해방은 오스트리아에 새로운 시대를 열었다. 그럼에도 불구하고 전간기의 치열했던 계급적대와 갈등의 앙금이 하루아침에 사라졌을 리는 만무했다. 국민당과 사민당의 연정을 선호했던 서방측 점령권력의 지원, 극우 세력의 퇴출 및 공산당의 약화와 함께 넓어진 정치적 중간지대라는 변화가 좌우협력과 타협에 유리하게 작용했음은 이미 강조한 바 있다. 그럼에도 불구하고 좌우협력이 지속적이고 안정적으로 작동하리라는 보장은 어디에도 없었다. 독립과 주권회복이라는 대의에 합의했다고 치더라도 정치적 갈등을 불러올 쟁점들은 곳곳에 도사리고 있었기 때문이다. 특히 정치권력을 어떻게 나눌 것인가의 문제는 핵심적인 쟁투 사안이 될 것임이 분명했다.

전간기의 격렬한 계급적대와 갈등에도 불구하고 다행히 오스트리아는 2년이라는 짧은 기간이기는 했지만 제1공화국 출범 시 좌우협력의 역사적 경험이 있었다. 제1공화국은 오스트리아 사민당의 숙원이었던 비례제 선거제도가 실시되면서 출범하였다. 제국의회 시기의 다수제 선거제도가 보다 민주주의적인 형태로 개혁되었기에, 다수제와 결부된 승자독식 및 과잉·과소대표의 문제는 제도적으로 해결되어 있었다.[11] 이미 1919년에 정당명부식 비례대표제에 기반해 권력을 선출하고 좌우협력을 했던 경험은 1930년대 오스트로파시즘과 나치즘의 독재에도 불구하고 오스트리아 민주주의가 복귀해야 하는 이정표와 같은 역할을 했다.

더욱이 제1공화국을 준비하는 과정에서 탄생한 임시 국민회의의 국가위원회(Staatsrat)는 호선으로 의장직을 수행했던 경험이 있었다. 1918년 말 사민당의 자이츠(Karl Seitz), 기사당의 하우저(Johann Nepomuk Hauser), 대독일당의 딩호퍼(Franz Dinghofer)는 국가위원회의 공동의장으로 임명되었는데, 이들은 일주일에 한 번씩 돌아가면서 국가위원회 의장직을 수행했다. 요컨대 정치권력을 나누고 공유하는 경험은 오스트리아에서 새로운 것이 아니었다. 이 국가위원회가 승인해 출범한 임시정부는 사민당의 레너를 수반으로 했고 시민당, 기사당, 대독일딩이 함께 참여했

---

11) 제국의회의 선거제도는 오늘날 민주주의적 선거제도와는 상당한 거리가 있었다. 간접 선거, 자의적인 선거구 획정, 재산권(세금 납부)과 연계된 투표권 부여 등 비민주적 요소가 있었다. 1888/89년 오스트리아 사민당이 출범하면서 선거제도의 개혁에 대한 요구가 거세졌다. 비례제 선거제도의 도입은 유럽의 다른 여러 나라들의 노동자정당에서도 그렇지만 오스트리아 사민당의 중요한 요구사항이었다.

던 거국정부였다. 1919년 2월 제헌 국민의회 선거가 실시되고 구성된 두 번째 레너 정부 역시 사민당과 기사당의 대연정이었다. 전간기의 심각한 좌우적대로 말미암아 잊혀진 것처럼 보였지만, 오스트리아는 정치적 협력과 권력 공유의 역사적 경험이 있는 나라였던 것이다.

제2차 세계대전 이후 오스트리아라는 작은 나라를 재건하는 것은 제1차 세계대전 이후 제1공화국을 건설했던 것만큼이나 중요한 과제였다. 오스트리아를 독일로 합병하고자 하는 정치세력이 퇴출되었고, 또한 사회주의권으로 통합하고자 하는 공산당 역시 결정적으로 약화되었기에 오스트리아의 재건, 즉 독립과 주권회복은 좌우 공동의 목표가 되었다. 이 공동의 목표를 실현하기 위해서는 좌우협력이 불가피하며 또 논리적이기도 했다. 그러기에 레너 임시정부는 사회당, 국민당, 공산당을 망라한 거국정부로 구성되었다. 11월 선거 이후 만들어진 랍 정부 역시 국민당이 절대다수의 의석을 확보했음에도 불구하고 사회당과 공산당까지 포함한 거국정부로 만들어졌다. 1947년 공산당이 거국정부를 떠난 이후에는 국민당과 사민당의 대연정이 오랜 기간 유지되었다.

좌우협력은 철저히 비례성의 원칙을 따른 권력 구성에 기반해 전개되었다. 여기서 비례성(Proporz)은 권력을 지지율에 따라 철저히 비례적으로 배분하는 것을 의미한다. 예컨대 정부를 구성할 때 선거에서 50%의 지지를 받았다면 그에 상응한 비율로 각료를 차지하고, 40%의 지지를 받을 경우 여기에 비례해 내각에 참여한다. 해방정국에서 오스트리아는 비례대표제로부터 한 걸음 더 나아가 권력의 비례적 배분이라는 승자독식과는 완전히 다른 권력 구성방식을 발전시켰다. 1934년 2월 이른바 내전으로까지 치달은 좌우적대의 경험을 고려할 때 비례성만큼 합리적인 방식도 없었다. 권력의 배분과 관련된 논쟁이 전혀 필요 없고 오로지 지지율만이 준거점이 되기 때문이다. 이렇게 발전한 것이 오스트리아의 비례민주주의(Proporzdemokratie)이다(Mommsen 1976). 비례민주주의는 다음과 같은 측면에서 오스트리아 민주주의 발전에 기여했다고 할 것이다.

첫째, 비례민주주의는 극단적인 세력을 제외하고 좌우를 망라해 거의 모든 사회세력들이 정치적 의사형성 과정에 참여할 수 있게 했다. 민주주의가 결과보다는 참여, 즉 아웃풋보다는 인풋의 문제임을 고려할 때[12] 비례민주주의는 정치적 만족을 높이며 그와 함께 정치적 안정을 가져오는 데도 기여한다. 특히 독립과 주권회복처럼 공동의 목표가 문제될 때 압도적인 사회적 지지를 배경으로 하는 강력한 정치적 추동력이 만들어질 수 있었다.

둘째, 비례민주주의는 정치적 합의와 타협을 강화했다. 특히 오스트리아처럼 치열한 계급갈등을 경험한 나라에서 지지율에 따라 정치권력을 구성하는 방식은 권력의 독점 때문에 일어났던 적대와 쟁투를 완화하는 데 결정적으로 기여했다. 대연정의 상황에서는 타협과 합의 없이 어떤 정책도 추진할 수 없다. 국민당과 사회당은 함께 국가권력을 책임져야 했기에 정치적·이데올로기적 차이를 내세우기보다는 타협점을 찾기 위한 실용주의적 자세를 견지했음은 물론이다. 연방정부는 물론 주정부나 지방자치체의 권력도 비례민주주의의 원칙에 따라 배분되었고, 합의와 타협은 전후 오스트리아 정치문화의 가장 중요한 특징으로 자리 잡았다. 전간기의 치열했던 계급적대와 갈등을 고려한다면 놀라운 변화라고 하지 않을 수 없다.

셋째, 비례민주주의는 사회적 계급타협의 공고화에도 기여했다. 비례성의 원칙은 정부에서는 물론, 공영 방송과 같은 정부기관들과 국영기업들에서도 적용되었기 때문이다. 민간 부문에서도 사회동반자관계(Sozialpartnerschaft)가 발전하였다. 노동회의소와 노동조합총연맹은 연방정부와 더불어 상업회의소(나중에 경제회의소)와 농업회의소 같은 기업조직들과 밀접히 소통하고 협력했다. 1947년에서 1951년 사이 노동과 자본은 다섯 차례의 임금·가격협정을 성사시켰다. 1951년 경제관리위원회가 만들어졌고, 1957년에는 경제성장, 완전고용, 통화안정을 목표로 한

---

[12] 정책의 결과만을 놓고 본다면 권위주의적 체제가 더 효과적으로 작동하는 숱한 사례를 발견할 수 있다. 그러나 참여의 측면에서 민주주의는 권위주의보다 훨씬 매력적이기에 다수의 정치적 만족을 동반하면서 통치가 가능하다고 할 것이다.

상시적인 임금·가격문제위원회가 설립되어 오랜 기간 활동했다. 이 위원회들에서도 노동과 자본이 동등하게 참여하는 비례민주주의의 원칙이 지켜졌다.

물론 시간이 지나면서 비례민주주의 문제점에 대한 비판도 등장했다. 합의와 타협이 중시되기에 변화에 대한 대응이 더딜 수밖에 없다는 단점이 지적되기도 한다. 그러나 이는 비례민주주의의 문제라기보다는 민주주의적 의사형성 과정 일반의 딜레마일 것이다. 정부기관들과 국영기업들의 요직의 임명에 업무 전문성과 능력보다 당적이 더 중요하다는 비판은 일리가 있다. 일종의 "나눠먹기"식의 인사는 부패의 가능성을 높일 것이다. 그러나 이러한 비판은 수십 년 동안 비례민주주의가 작동하면서 드러난 문제점이다. 최소한 해방정국의 오스트리아에서 비례민주주의는 압도적으로 장점이 많았다. 비례민주주의는 계급적대와 갈등을 계급타협과 협력으로 전환시킨 지렛대였다고 해도 과언이 아니다. 만약 오스트리아가 승자 독식의 다수제 민주주의를 채택하고 있었더라면 훨씬 더 갈등적인 길을 걸었을 것이라 충분히 상상해 볼 수 있다.

제14장 1948 vs. 1945: 해방정국에서 총선거 문제*

1. 가지 못한 길, 총선거를 통한 정부 수립

비교의 시각에서 볼 때, 오스트리아 해방정국에서 민족적 통합주의 대 이념적 분리주의 균열은 해방정국 초기부터 민족적 통합주의 세력의 우위, 즉 헤게모니 상황을 특징으로 했다. 오스트리아 민족적 통합주의 세력의 헤게모니는 다음 세 가지 요인에 영향을 받았다.

첫째, 1943년 독일과의 영토적 합병을 원천적으로 금지했던 모스크바 선언으로 19세기 오스트리아-헝가리제국의 붕괴 이후 독일과의 병합을 지지하며, 신생 공화국 오스트리아의 영토적 경계의 공고화를 가로막았던 대독일주의(Anschluss)가 결정적으로 약화 되었다는 사실이다. 둘째, 레너 임시정부하에 실시된 1945년 11월 총선거 결과로 전후 소군정의 적극적 지원에 의존하며, 소련 점령지역에서 독자적 중심 형성을 추구했던 오스트리아 공산당의 취약한 대중적 지지 기반이 입증되고, 오스트리아 국내 정치의 불확실성에 대한 서방측 점령 당국의 우려가 제거되었다는 사실이다.1) 이 두 요인은 국민당과 사회당을 중심으로 하는 오스트리아 민

---

* 김미경
1) 1945년 11월 25일 오스트리아 총선거의 구체적 결과는 다음과 같다. 전국 투표율은 94.3%, 국민당의 득표율 49.8%, 사회당 득표율은 44.6%, 공산당 5.4%였다. 한편, 총선거인단 3,449,605명 중 925,891명이 수도 비엔나에서 총선에 참여했는데, 94.8% 총투표율을 보였던 비엔나 선거 결과는 전국적 결과와 달리, 사회당이 57.4%를 득표했고, 국민당이 그 뒤를 이어 34.5%, 그리고 공산당이 전국적 득표율

족적 통합주의 세력의 헤게모니를 통해 좌우 이념적 지형의 양극단, 즉 대독일주의를 지지하는 극우세력과 소비에트화를 추구하는 극좌세력을 제외한 중도적 좌우 세력이 광범위한 민족주의 연합 형성을 가능하게 했다. 셋째, 앞에서 언급한 국제적 요인과 국내 정치적 요인 외에 오스트리아 민족주의의 우위를 가능하게 했던 요인은 오스트리아 국내 행위자의 전략적 행위 측면에서 찾을 수 있다. 오스트리아 민족주의 세력은 국제 행위자들에 의해 먼저 제안된 "나치의 최초 희생국"이라는 인식을 그들 내부의 좌우 이념적 정체성의 차이를 통합하기 위한 일종의 민족주의 담론으로 적극 활용했다.2) 이 담론은 이중의 효과를 낳았다. 하나는 오스트리아를 연합국들이 더 이상 적국으로 인식하지 못하게 하는 것이었으며, 다른 하나는 오스트리아인 스스로 자신들을 나치 점령에 따른 피해자로 인식하게 함으로써, 국내 정치세력들 사이에 존재하는 좌우의 이념적 정체성보다 상위의 정체성으로서 오스트리아 민족주의를 정치적으로 동원하는 것이었다. 이 모든 요인이 복합적으로 작용하여 결과적으로 오스트리아 해방정국에서 민족적 통합주의 세력을 중심으로 구심력이 작동하는 국내 정치 형성에 기여했다고 볼 수 있다.

오스트리아의 경험과 비교했을 때, 그렇다면, 한국은 민족적 통합주의 세력이 헤게모니를 행사할 수 있는 우호적인 조건들이 완전히 부재했거나 취약했던 것인가? 우선, 전후 일본으로부터 한국의 분리, 즉 주권 국가로

5.4%를 약간 웃돈 8%를 득표했다. 이 사실을 통해 우리는 당시 오스트리아 연합정부가 대도시 중심의 영향력을 가진 사회당과 농촌과 소도시에서 영향력을 가진 국민당의 도농연합의 성격을 가졌음을 짐작할 수 있고, 오스트리아 공산당의 영향력이 전국적 확장성을 갖지 못했음을 확인할 수 있다. 1945년 11월 오스트리아 총선 결과에 관한 구체적인 사실 확인은 다음 출처를 참고할 것.
(https://www.hdgoe.at/wahlen/wahlergebnis_wien_en.html?year=1945)

2) 나치에 의한 최초 희생국 담론은 1945년 11월 총선거 후 수립된 오스트리아 정식 정부의 수상, 피글이 오스트리아를 "해방된 국가"로 정의하며, 오스트리아를 전쟁에 참여한 국가로 인정하는 "평화조약"이 아닌, 나치에 의한 최초 희생국으로서 자유 독립 오스트리아를 재확립하는 "국가 조약" 체결을 오스트리아 정부의 가장 중요한 국가적 의제로 설정했던 것의 정치적 명분을 제공했다.

서 한국의 독립에 대한 국제적 보장은 1943년 카이로 선언, 1945년 2월 얄타 회담과 7월 포츠담 회담을 통해 여러 번 확인된 바 있다는 점에서 독일과의 영토적 합병을 금지하여 오스트리아 국내 정치에서 대독일주의 세력의 부활을 원천적으로 봉쇄했던 1943년 모스크바 선언과 유사한 국제적 요인이 한국적 맥락에서는 부재했다고 주장하기는 어렵다. 물론, 즉각적인 독립이 아니라, 일정 기간 신탁통치의 기간을 설정했다는 점에서 한국과 오스트리아는 전적으로 다르다는 반론이 제기될 수도 있지만, 오스트리아 경우도 완전한 독립을 성취한 시점은 1955년이며, 1945년 이후 무려 10여 년 동안 연합국 통제협정으로 주권 행사가 부분적으로 제약되었다는 사실을 간과하지 않는다면, 한국의 해방정국에서 민족적 통합주의 세력의 우위를 위한 첫 번째 요인으로서 한국의 영토적 경계의 국제적 승인과 독립에 대한 국제적 지지라는 요인이 부재했다고 말할 수는 없다.

오스트리아와 한국의 중요한 맥락적 차이를 찾고자 한다면, 두 번째와 세 번째의 요인, 즉 국내 정치적 통합의 문제와 국내 행위자의 전략적 선택의 측면에서 찾아야 할 것이다. 미소에 의한 한반도 분할점령이 군사적 목적에 국한되지 않고, 분할통치와 남북한 두 개의 중심 형성이라는 두 개의 국가로의 분리 경로로 귀결된 결정적 이유는 기본적으로 한국의 해방정국에서 오스트리아와는 달리, 높은 수준의 정치적 불확실성 상태가 장기화하였고, 그로 인해 국제 및 국내 행위자들 사이의 정치적 관계 형성에서 그 누구도 헤게모니를 행사할 수 없는, 파국적 평형상태에서 경쟁하는 정치세력들 사이에 선점과 배제의 논리가 지배적인 홀로 주체적 동기가 협력과 공존, 상호인정의 서로 주체적 동기를 압도했기 때문이다.

해방정국은 기본적으로 다양한 이익과 이념적 정체성을 가진 정치 행위자들이 갈등하고, 경쟁하는 역동적인 정치적 공간이다. 그 역동적인 공간에서 국내 정치 행위자 중 누가 헤게모니를 행사할 수 있고, 행사해야만 하는가에 대한 국내 정치적 승인과 국제적 승인이 지연되는 정치적 불확실성의 상황에서 상대방의 정치적 영향력의 정도를 정확히 평가할 수 있는 정보가 부족하고 부정확할수록, 상이한 이익과 이념적 정체성을 가진 행위자들 사이에서 상호인정과 공존의 추구가 그들의 중요한 행위 동기가 되기는 어려울 것이다. 한국과 오스트리아의 중요한 차이는 오스트리아가 이 같은 정치적 불확실성 상태를 해방정국 초기 국면에서 완전히 해소할 수 있었던 반면, 한국은 그 불확실성의 상태를 남북한 두 개의 중심 형성이 완료되는 시점까지도 지속했다는 데 있다. 이 점에서 오스트리아의 1945년 11월 총선거는 중요한 의미가 있으며, 왜 한국은 오스트리아와는 달리, 해방 직후 총선거를 통해 국내 정치적 불확실성을 이른 시기에 해소하고 하나의 중심 형성을 성취하는 정치발전의 경로로 진입할 수는 없었는가라는 질문은 중요한 의미가 있다.

2. 오스트리아 경로: 임시정부의 지역적 수립 후 전국화

전후 한국의 해방정국에서 총선거 문제가 중요한 정치적 쟁점이 되었던 시점은 미국이 미소 협상을 통한 한국 문제 해결을 포기하고, 한국 문제를 제2차 유엔 총회 운영위원회에 상정했던 1947년 9월 이후였다. 1947년 11월 14일 유엔 총회 결의안 제112호는 "한국 독립에 관한 결의안"으로 그 구체적 내용은 1948년 3월 31일 이전에 인구 비례에 따른 비밀투표로 남북한 총선거를 시행 후, 제헌의회를 구성하여 헌법을 제정하고, 중앙정부를 수립, 그 후 남북한 지역의 모든 유사 군사단체 해체를 통한 중앙 군대(보안대)를 확립, 군사령관과 민정 당국으로부터 모든 정부 기능을 이양, 90일 이내에 미소 양군의 철수하도록 철군 절차를 개시할 것 등이었다.[3] 또한 결의안에는 이 모든 정부 수립 과정과 절차를 관리

---

3) A/583, 「advice of the Interim Committee on the application of general assembly resolution 112(II)」, 『Reports of the Interim Committee of the General Assembly (5 January - 5 August 1948)』, 1948. 10. 26; 국사편찬위원회, "국제 연합 소총회에서 채택된 남한만의 총선거 결의안"(1948. 2. 26)(https://contents.history.go.kr/

감독할 유엔한국임시위원단 설치가 언급되어 있다.

한국 문제에 관한 유엔 결의안 112호는 전후 해방정국에서 한국 문제 해결 방식으로서 "총선거에 의한 정식 정부 수립"이라는 새로운 방식을 제안하는 것으로 해석할 수 있다. 동시에 그것은 총선거에 의한 정식 정부 수립이라는 해방정국에서 정부 수립의 가능한 또 다른 경로가 존재했음에도 불구하고, 1945년 해방 직후 미소가 이 경로를 선택하지 않았고, 혹은 선택할 수 없었고 미소의 국제협상에 의한 한국 임시정부의 수립 후 신탁통치라는 경로를 고수했던 근원적 이유를 분석하는 것이 해방정국의 국가 형성에서 한국의 고유한 맥락을 이해하는 중요한 단서가 될 수 있음을 함축한다. 총선거에 의한 정식 정부 수립은 정확히 전후 오스트리아 해방정국의 국가 형성 과정의 중요한 특성이라고 말할 수 있다. 한국과 비교의 시각에서 본다면, 오스트리아와 한국의 해방정국에서 중요한 차이를 총선거에 의한 정부 수립이라는 경로 형성의 구체적 타이밍 문제로 인식함으로써 한국과 오스트리아 해방정국에서 국가 형성의 상이한 경로를 이해하는 데 새로운 해석이 가능하다. 비교의 시각에서 한국의 해방정국에서 가지 못했던 길로서 총선거에 의한 통합 정부 수립 경로에 대한 숙고가 이 장의 핵심 논지이다.

해방정국에서 총선거에 의한 정부 수립 경로라는 관점에서 한국과 오스트리아를 비교하기 위해 우선, 오스트리아의 총선거에 의한 정부 수립 과정을 개괄하면, 소련의 후원하에 레너 임시정부의 지역적 수립 ⇒ 임시정부의 전국적 권위 확립 ⇒ 미국과 다른 연합국의 임시정부 국제적 승인 ⇒ 총선거 시행 ⇒ 오스트리아 정식 정부수립 ⇒ 연합국과 오스트리아 정부 사이의 통제협정 개정 ⇒ 독립 오스트리아 국가 조약 체결 과정으로 요약될 수 있다. 여기서 우리가 주목해야 할 지점은 전후 오스트리아 임시정부가 그 출범부터 전국적 권위를 확립했던 것은 아니며, 미국과 영국, 프랑스가 오스트리아 점령을 개시하기 이전 시기에 소련 점령지역을 중심

---

front/hm/view.do? levelId=hm_145_0030).

으로 수립되었다는 사실이다.

즉, 해방정국 직후 소련의 후원하에 지역적으로 수립된 레너 임시정부가 전국적 권위를 확립하는 데 만약 실패했다면, 미국과 영국, 프랑스가 레너 임시정부의 정당성을 인정하지 않았을 것이며, 임시정부 불인정의 당연한 결과로써 1945년 11월의 총선거에 의한 정식 정부의 수립 또한 가능하지 않았을 것이다. 이 점을 고려한다면, 총선거에 의한 정부 수립 경로의 중요한 전제조건은 총선거를 시행할 수 있는 전국적 권위의 존재와 확립이다. 그런데 오스트리아 사례가 보여주듯이, 임시정부 출범이 반드시 연합국 4국의 국제적 합의에 따른 것이었거나, 출범부터 그것의 전국적 권위의 확립을 전제하는 것은 아니었다는 사실도 주목할 필요가 있다. 지역적으로 수립된 임시정부가 전국적 권위를 확립하고, 미소를 비롯한 연합국의 인정하에 총선거 시행을 통해 정식 정부를 수립했던 것이 오스트리아 경로의 중요한 특성이다. 따라서 지역적으로 수립된 임시정부가 어떻게 전국적 권위를 확립했는지와 어떻게 소련의 후원하에 출범한 레너 임시정부가 나머지 서방측 연합국 3국의 인정을 획득할 수 있었는가라는 질문이 오스트리아 해방정국의 국가 형성 경로의 특성을 분석하는 데 중요한 쟁점이다.

먼저, 레너 임시정부의 권위가 전국화될 수 있었던 것에 영향을 미쳤던 결정적인 조건은 다음 두 가지였다. 첫 번째 조건은 해방정국 초기 전국적 중앙정부의 신속한 수립을 위해서는 필수적인 단일한 영토적 중심의 형성이다. 소련군이 비엔나 외곽 레오폴드슈타트를 점령했던 1945년 4월 13일 이후 발생했던 다른 도시의 무정부 상태의 혼란과 달리, 비엔나에는 1944년 11월 나치 독일 치하에서 레지스탕스 그룹에 의해 이미 조직되어 있던 "국가 임시위원회(the national provisional committee)"의 일명 "7인 위원회"라고 불리는 핵심 지도자 그룹에 의해 1945년 4월 12일 비엔나 지역 임시정부가 구성되었고, 주요 정당들이 재건되었다. 이로써, 비엔나 지역 임시정부는 해방정국 초기 국면에서 신속한 질서 회복만이 아니라, 향후 수립될 전국적 중앙정부의 "헌정적 토대"에 관한 다양한 인식을 통합시키는 구심적 역할을 할 수 있었다(Anzelmo 1968, 17).4) 즉, 오스트리아 해방정국에서 전통적 수도 비엔나는 단일한 영토적 중심으로서 그 정치적 기능을 정상적으로 수행할 수 있었기 때문에 소련의 후원으로 오스트리아 임시정부 수장으로 지목되었던 레너가 소련 점령지에 속해있던 비엔나 지역 임시정부와의 유기적 협력을 통해 전국적 임시정부 수립이 가능했다는 것이다.

두 번째 조건은 해방정국의 국내 정치 행위자들 사이에 공유된 현실주의적 신중함이다. 오스트리아 해방정국에서 국민당과 사회당은 그들의 반소주의적 경향에도 불구하고, 소련의 강한 영향력을 인정할 만큼 충분히 현실적이었지만, 동시에 오스트리아의 폴란드화를 저지하기 위한 대안모색을 포기하지 않을 만큼 또한 신중했다. 바로 이 같은 현실주의적 신중함 속에서 국민당과 사회당은 레너가 소련에 의해 임시정부의 수장으로 강력히 추천된 인물이지만, 그가 오스트리아의 볼세비키화에 대한 반대인식을 공유했다는 점에서 레너의 임시정부가 폴란드의 루블린 정부보다는 더 나은 대안일 수 있다고 판단했던 것이다(Anzelmo 1968, 27).5) 레너에 대한 소련의 지지는 1945년 4월 20일 비엔나에서 레너가 내각 구성에 관한 그의 계획을 발표했을 때, 공산당의 암묵적인 지지를 얻게 했고, 4월 22일 소련의 주선과 감독하에 진행되었던 주요 정당 지도자와의 최초 공식 회의에서 사실상 국내 정치 세력들에 의한 레너 임시정부의 국내적 승인이 완료되도록 이끌었다. 여기서 특별히 강조해야 할 점은 레너 임시정부의 이 같은 신속한 국내적 승인 과정과 전국적 권위의 확립은 오스트리아 해방정국 직후 비엔나를 중심으로 재건된 주요 정당들이 정당 내부의

---

4) 소련은 전후 오스트리아 헌정질서의 회복을 1938년 나치 독일에 의한 병합 이전 상황으로의 복귀로 인식했다. 그러나 비엔나 지역 임시정부는 소련의 인식과는 달리, 1933년 좌우 내전과 오스트로 파시즘의 출현 이전 1919년의 헌정질서로의 복귀를 지향했다. 물론, 칼 레너도 동일한 인식을 공유했다.

5) 이 논점의 원출처는 Renner, Denkschrift über die Geschichte der proviso-'rische Regierung, p. 12.

파벌경쟁으로 인한 원심력의 정치가 작동하지 않는, 높은 수준의 당내 규율과 정당에 대한 충성심을 확립했기 때문에 가능했다는 점이다.

국내적 승인이 신속하게 완료된 후 레너 임시정부에 대한 국제적 승인 문제가 연합국, 특히 미국에 의해 먼저 인지되었다. 1945년 4월 24일 레너 임시정부 수립을 통보받은 미국은 4월 28일 비엔나에 확립된 오스트리아 임시정부가 소련에 의해 주도된 일방적 행보의 산물이며, 민주적으로 선출된 정부도 아니라는 점에서 소련 점령지역 내 일종의 지역 정부 정도로 인식했다(Stourzh and Mueller 2018, 19). 그러나 흥미로운 점은 당시 미국은 레너 임시정부의 구성 자체에 대해서는 긍정적 평가를 내리고 있었다는 것이다. 오스트리아 세 주요 정당이 임시정부 구성에서 균형적으로 대표되어 있었고, 국내외 오스트리아인들에게 레너 임시정부가 널리 인정받고 있다는 점에 주목하고 있었다는 점에서 미국은 레너 임시정부 자체에 대한 거부라기보다는 소련의 일방적 행동에 대한 반감을 표출했다고 볼 수 있다.[6]

레너 임시정부의 구성이 지나치게 좌편향적이라는 이유로 영국이 가장 비판적이었지만, 오히려 미국은 임시정부를 민주적 선거로 선출된 정식 정부로 "완전히 교체"(ultimate replacement)하는 것이 모든 의구심을 해소할 방안으로 보았기 때문에 1945년 6월 23일 레너 임시정부의 인정 문제를 다루는 워싱턴발 논평에서 "점령국의 감독하에 레너 임시정부가 가능한 한 신속하게 총선거 시행을 준비할 것"을 제안했다. 이 같은 미국의 인식은 당시 미국이 오스트리아 해방정국 초기 국면의 총선거 시행 문제를 레너 임시정부에 대한 국제적 승인이 완전히 이루어졌기에 가능한 결과의 관점에서 본 것이 아니라, 임시정부의 활동 기간을 단축하고, 민주적으로 선출된 정식 정부로 전환을 통해 오스트리아 임시정부에 대한 의구

---

[6] "Recognition of an Austrian Government Satisfactory to All Allied Governments" Foreign Relations of The United States: Diplomatic Papers, The Conference of Berilin(The Potsdam Conference), 1945, Vol.1 740.00119 (Potsdam)/5-2446, p.335. (https://history.state.gov/historicaldocuments/frus1945Berlinv01/d268).

심과 국제적 승인 문제를 온전히 해결하는 수단의 관점에서 보았음을 반영한다(Mueller 2010, 103).[7]

이 같은 해석이 적절하다면, 사실, 1945년 4월 24일에 수립된 레너 임시정부의 가장 중요한 역할은 조속한 시일 내 총선거를 시행하는 것으로 국한된다. 출범 직후 4월 27일 레너 임시정부는 자유선거 실시를 공표했고, 9월과 10월에 걸친 두 번의 주정부 회의(provincial conference)를 통해 과거 나치 부역자들의 선거권 박탈, 연합국 통제위원회의 언론 및 결사 자유의 제한 해제 요청 등 선거 관련 주요 사안들을 결정했고, 마침내 1945년 10월 19일 선거법이 통과되었다.

1945년 9월 11일 오스트리아 연합국 통제위원회 첫 회의에서 오스트리아 3개 정당(국민당, 사회당, 공산당)만이 공식적으로 인정되었지만, 이 세 정당은 이미 자유선거 실시가 공표되었던 4월부터 사실상 선거 운동을 시작했다고 볼 수 있다. 그러나 연합국 통제위원회의 언론, 집회, 결사에 관한 규제 조치들이 선거 운동의 과열을 저지했을 뿐 아니라, 세 주요 정당 스스로 자신들의 이념적 정체성을 명료하게 드러내지 않았다. 오스트리아 사회당은 1933년 실패의 경험으로부터, 국민당은 오스트로 파시즘 정당이라는 자신의 퇴행적 과거로부터 완전히 벗어날 수 있는 새로운 이념적 정체성을 아직 확립하지 못한 상태였다. 오스트리아 공산당은 해방정국 초기 국면부터 형성된 반소적 대중정서로 인해 자신의 강한 이념적 색채를 온전히 드러내지 못하고, 단지 대중의 반파시스트 정서에 호소할 수밖에 없었다(Anzelmo 1968, 91).[8] 이처럼 오스트리아 해방정국의 첫

---

[7] 1945년 당시에, 즉 독일문제를 둘러싼 소련과의 갈등이 본격화되고, 오스트리아 문제가 곧 독일문제와 직결됨을 분명히 인식하기 이전 시점에서 미국은 오스트리아 문제를 둘러싼 영국과 소련의 갈등에서 자신을 일종의 중재자로서 인식했다고 한다. 당시 영국과 소련은 각자 오스트리아가 자국의 영향력이 행사되는 세력권 범위에 있어야 함을 주장했다(Stourzh and Mueller 2018, 21).

[8] 오스트리아 해방정국에서 대중들의 강한 반소 정서는 오스트리아 점령 직후 소련군에 의한 강간과 약탈과 같은 대규모의 범죄행위에 직접 영향을 받은 것으로 알려져 있다.

총선거 풍경은 정당들의 치열한 이념적 경쟁과는 거리가 먼 것이었다.

총선거 시행의 가장 중요한 정치적 효과는 민주적 정당성을 획득한 중앙정부의 확립과 함께 주요 정당들의 영향력 배분 상태를 확정함으로써, 오스트리아 국내 정치의 불확실성을 해소하는 것이었다. 사민당 출신의 레너에 의해 주도되는 임시정부가 친소적 행보를 할지 모른다는 미국을 비롯한 서방측 국가들의 의구심은 11월 총선거 이후 완전히 해소되었다. 미국은 오스트리아 신생 정부의 자율성 강화가 소련의 영향력 확장을 저지하려는 자국의 유럽 정책에 걸림돌이 되지 않으리라는 확신이 생겼고, 한편, 소련은 오스트리아 공산당의 "예측하지 못한 패배"로 인해 공산당을 내세워 오스트리아 신생 정부를 자국의 영향력 아래에 둘 수 있을 것이라는 낙관적 기대에서 더욱 신중한 태도로 전환하게 되었다.9) 또한 오스트리아 국민당과 사회당 또한 큰 두려움 없이 공산당을 신생 정부 권력 구조로 포괄함으로써 불필요하게 소련을 자극하지 않고도, 나치의 최초 희생자라는 민족주의 담론의 동원을 통해 완전한 주권 회복을 위한 국제 협상에서 소련의 반대를 최소화하는 전략적 선택이 가능해졌다.

3. 한국의 경로: 미소의 시간벌기 전략과 임시정부 수립의 좌절

이와 같은 오스트리아의 역사적 경험을 반추하면, 지금까지 한국의 해방정국에 관한 기존 연구에서 한 번도 제기되지 않았던 질문을 제기할 수

---

9) 1945년 오스트리아 총선 결과는 소련으로서는 매우 실망스러운 것이었을 뿐만 아니라, 경각심을 불러일으켰다. 특히, 스탈린은 독일의 공산당에게 오스트리아와 같은 사태의 발생 가능성을 경고하며, 사민당과의 합당을 독려했다. 오스트리아 공산당에 대한 소련의 지원은 11월 선거 패배 후에도 지속되었고, 오스트리아 공산당은 차기 선거에서 승리를 통해 오스트리아 사민당과의 합당을 기대했지만 공산당은 오스트리아 해방정국에서 소수정당의 지위를 결코 벗어나지 못했다(Mueller 2010, 104).

있다. 1948년이 아니라 한국의 해방정국 초기 국면에서 총선거를 통한 정부 수립의 경로는 가능하지 않았는가? 이 질문에 대해 1945년 8월 당시 한국인의 정치의식과 경험의 미숙함 때문에 해방 직후 오스트리아와 같은 총선거 시행이 불가능했다고 답변하는 것은 설득력이 없다.10) 1945년 8월에는 가능하지 않았던 총선거 시행이 1948년 10월에 유엔 결의안으로 결정되었을 때, 그 이유가 불과 그 몇 년 사이에 한국인의 정치의식과 경험이 민주적 선거를 치를 정도로 충분히 성숙해졌기 때문이라고 말할 수는 없을 것이다.

더구나 1946년 10월 17일에서 22일까지 실시된 남한의 입법 위원 선거와 같은 해 11월 3일부터 실시된 북한의 인민위원회 선거와 같은, 1948년 이전 시기 한국의 해방정국에서 비록 제한적이었지만 이미 실시된 바 있었던 근대적 선거 시행의 경험을 상기한다면, 한국인들의 근대적 정치 경험의 부재와 미성숙을 이유로 오스트리아와 같은 근대적 선거의 시행이 가능하지 않았기 때문에 한국의 해방정국 초기 국면에서 총선거를 통한 정부 수립 경로는 원천적으로 불가능했다는 주장의 설득력은 더욱 약화된다. 한국 대중의 근대적 정치 경험의 부재와 미성숙을 근거로 해방정국에서 총선거에 의한 정부 수립이라는 경로의 비현실성을 주장할 수 없다면, 왜 한국에서는 총선거를 통한 정부 수립 경로가 타진되지 않았던 것인가라는 질문에 대한 또 다른 설명의 제시는 미소가 모두 총선거의 조기 실시를 통한 정부 수립을 지지했던 오스트리아 해방정국과는 차별적인 한국 해방정국의 고유한 맥락에 대한 분석을 통해 가능할 것이다.

한국의 해방정국에서 총선거에 의한 정부 수립 문제는 한국에 대한 미소의 신탁통치 합의 문제와 직결되어 있었다. 이 짐은 신탁통치를 반대했던 4개 주요 정당 대표들로 구성된 독립촉성중앙협의회가 1945년 11월 4일 채택한 결의문과 함께 미국의 한국위원회 의장서리인 임병직을 통해

---

10) 사실 근대적 정치 경험의 부재와 미성숙의 논리는 미군정이 1946년 10월 17일에서 22일에 걸쳐 실시한 남한 최초의 근대적 선거로 볼 수 있는 입법 위원 선거에서 간접선거 방식을 채택한 근거이기도 하다.

11월 7일 국무성에 전달했고, 11월 20일 미국 국무부 극동국 국장 빈센트(John Carter Vincent)에 의해 접수된 서한에서 "자치정부를 할 능력은 오직 실제 자치정부를 운영하는 것으로서만 증명될 수 있는 것"이며 한국의 정부 수립을 위한 즉각적인 전국적 선거의 필요성을 주장했다는 사실로 확인할 수 있다(레너드 호그 저/신복룡·김원덕 역 2023, 316).[11] 즉, 한국의 해방정국에서 전국적인 총선거 문제는 신탁통치 vs. 즉각적 독립(정부 수립)이라는 논쟁에서 후자의 노선과 동일시되었다고 볼 수 있으며, 이것은 미소가 신탁통치 노선에서 후퇴하지 않는 한, 총선거를 통한 정부 수립 경로는 채택될 수 없었음을 의미한다. 실제 사태의 전개 과정은 이점을 잘 보여 준다. 미국이 소련과의 협상을 통한 한국 문제 해결이 더 이상 가능하지 않다고 판단하고, 한국 문제를 유엔으로 이관하고자 했을 때, 한국 문제의 유엔 상정은 미국이 한국에 대한 신탁통치 노선을 포기했음을 의미하는 것이었고, 미국이 신탁통치를 포기했을 때, 비로소 한국 정부 수립의 방식으로서 총선거 문제가 전면적으로 제기될 수 있었던 것이다.

이 점에서 1945년 12월 모스크바 3상회의 결정을 신탁통치 결정이 아니라, 임시정부 수립에 관한 결정으로 보아야 한다는 일부 논자들의 주장은 처음에는 미국이, 그러나 제2차 미소 공동위에서는 소련이 신탁통치 반대 세력을 왜 더욱 적대시했는지를 명쾌하게 설명할 수 없다.[12] 미소

---

11) 임병직의 서한에는 미소 양국에 의한 군사적 점령상태의 즉각적인 종식도 언급되어 있는데, 미소 양군의 철수는 "현재 임의적인 영토의 분단하에서는 명백히 불가능한, 국가를 경제적이고 정치적으로 통일시키는 것"을 위해 필수적이라는 것이 강조되었다. 임병직의 서한 원문과 번역문은 한국 현대 사료 DB, FURS 자료 중 "한국에 즉각적인 선거를 통해 정부가 한국인에게 이양되어야 한다는 등을 주장하는 임병직의 서한"을 참조할 것. (https://db.history.go.kr/id/frus_001r_0010_0580)

12) 널리 알려진 바처럼 한국의 신탁통치 문제는 미국 루즈벨트에 의해 먼저 제안되었고, 소련 스탈린은 소극적 동의를 했음에도, 1945년 12월의 모스크바 3상회의 결정 이후 국면에서는 소련이 미국보다 더 적극적으로 반탁 입장에 대한 강한 거부감을 표출했다. 미국 국무부가 1947년 작성한 한국의 신탁통치에 관한 보고서에 의하면, 신탁통치에 대한 소련의 견해와 관련하여 흥미로운 논의가 제시되어 있는데, 그 보고서에 따르면, 소련의 관리에게 왜 한국의 신탁통치를 고집하느냐는 질문을

모두에게 한국의 신탁통치 문제는 전후 동아시아 세력균형 체제를 유지하는 중요한 균형추의 문제로 인식되었다. 한국의 신탁통치는 한반도가 어느 국가에 의해 선점되거나 독점되지 않도록 하기 위한, 즉 한국이 "세력각축의 장이 되지 않도록" 하려는 일종의 "국제적 공동관리"를 위한 제도적 해결책이었다(정용욱 1993, 378과 2001, 23; 박태균 2019, 118).

미소 세력균형의 균형추 혹은 "안전밸브"로서 한국에 대한 인식은 물론, 다양한 내용으로 변주되어 해석될 여지가 많다. 예를 들어, 미국의 시각에서 보면, 미소 세력균형을 위한 균형추로서 한국이 의미하는 것은 적어도 "통일된 공산주의 정부 수립"이라는 최악의 상황이 회피된 상태의 한국을 의미하는 것으로 이해될 수 있다(이완범 2023, 59). 그래서 최악의 상황이 발생하는 것을 저지하기 위한 정책적 방편으로서 즉각적인 독립이 아니라 신탁통치를 선호했다고 추론할 수 있다. 그런데 이 같은 추론은 즉각적인 독립이 한반도의 공산화로 귀결될 가능성이 높다는 미국의 당시 한반도 상황에 대한 비관적 전망을 전제할 때만 논리적일 수 있다.13) 이 비관적 전망을 전제했을 때만 한국의 신탁통치와 즉각 독립이라는 전후 한반도 정책의 두 방안은 근원적으로 충돌하는 것이 된다.

이 같은 미국의 인식 논리를 소련의 관점에서 동일하게 적용하면, 한국의 즉각적인 독립=한국의 미국화(서방화)라는 결론에 도달하게 될 것이

제기했을 때 "소련은 상호 철수를 두려워했기" 때문이라고 답했다고 한다. 이 점은 미국연방 문서보관소/신복룡·김원덕 역(2023), 『한국분단보고서 2』, p.249를 참조할 것. 반면, 미국에 신탁통치는 미국이 전면적 개입 없이 한국에 영향력을 행사할 수 있고 동시에 신속하게 미군을 철수시키는 방안이기도 했다. 이 점에 대해서는 박태균(2019, 118)을 참조할 것.

13) 그러나 미국의 이 비관적 전망의 타당성과 관련해 엇갈린 증언들이 존재한다. 1945년 12월 31일 상황에서 "만약 지금 당장 한국을 독립시킨다면 2년 이내에 소련에 병합될 것"이라는 미 사령관 하지의 증언이 있었던 반면, 소련과 공산주의 이념이 한국 대중에게 충분히 지지받고 있지 않다는 인식을 보여 주는 미국 정부의 내부 문건도 있다. 이 엇갈린 주장들에 대해 이완범(2023, 59, 각주 47)은 미국이 한국의 해방정국에서 혁명적 열기를 과소평가했거나 소련 동유럽의 공산화 전략의 효과를 과대평가했을 가능성 모두를 고려했다.

며, 소련은 미국과 마찬가지로 한국의 즉각적인 독립=한국의 미국화라는 논리적 전제에서 한국의 미국화를 저지 혹은 지연시키려는 전략으로서 신탁통치에 대한 지지를 미국과 공유했다는 결론에 이르게 된다. 문제는 동일한 인식 논리에 기반한 신탁통치에 대한 미국과 소련의 공유된 지지가 해방정국에서 즉각적인 독립 정부 수립에 대한 한국인들의 열망과 근원적으로 충돌할 수밖에 없었다는 것이다. 그래서 모스크바 3상회의 결정을 신탁통치와 분리된 임시정부 수립에 관한 결정으로 보아야 했었다는 주장은 한국의 해방정국에서 신탁통치와 독립 정부 수립 사이에 내재적인 근원적 충돌을 간과하거나, 과소평가한 것이며, 임시정부의 수립이 한국의 해방정국에서는 왜 그토록 어려웠던 것인가에 대해 적절히 설명할 수도 없다.

미소가 비록 전후 동아시아 세력균형 체제에 대한 지향을 공유했다 하더라도, 실제 그 체제는 미국과 소련 모두 자국의 우월한 영향력이 보장되고 관철될 수 있는 체제여야만 했다. 따라서 자국의 우월한 영향력이 보장되고 관철될 수 있는 객관적인 조건이 확보되지 않은 불확실성의 상태에서 한국의 독립 정부가 수립되는 것은 미국과 소련 모두 원하지 않았던 것이었다.14) 이것은 한국의 독립 정부 수립 자체를 거부했다기보다는

---

14) 1945년 11월 12일 자 소련 주재 미국대사 해리만(Averell Harriman)이 한국 신탁통치에 대한 소련의 인식에 대해 본국(국무성)에 보고했던 보고서에 따르면, 소련은 "어떠한 국제적인 위임통치를 통해서라기보다는 소련에 대한 우호적으로 독립된 한국을 수립함으로써 실현될 수 있을 것"으로 인식했고, "논쟁을 벌이기보다는 실제 행위에 치중하는" 것을 통해 "북한에서는 정치적 입지를 공고히 하고, 남한에서는 정치적으로 침투함으로써 민간 정부의 문제가 제기될 때까지는 소련의 정치적 토대가 마련될 것"으로 전망했다고 한다. 해리만 보고의 원문은 "The Ambassador in the Soviet Union (Harriman) to the Secretary of State"(895.01/11-1245:Telegram) Foreign Relations of the United States: Diplomatic Papers, 1945, The British Commonwealth, The Far East, Volume VI, Document 820(Historical Documents - Office of the Historian)을 참고함. 또한 보고서 원문의 번역은 레너드 호그 저/ 신복룡·김원덕 역, 『한국분단보고서 1』, 2023, pp. 318-319를 참조함.

한국 정부 수립의 속도와 타이밍을 통제하여 자국의 우월적 영향력을 확보할 수 있는 방식을 선호했다고 보는 것이 더 적절할 것이다. 이와 같은 이유로 미소의 한국 점령 후 즉각적인 정부 수립이 아닌, 임시정부 수립 후 신탁통치 기간을 거친 후 정식 정부 수립이라는 일종의 '시간 벌기' 전략이 미소 쌍방에 의해 합의된 것이다.

물론, 국제 행위자와 국내 행위자 사이의 힘과 영향력의 비대칭성을 특징으로 하는 전후 해방정국의 특성을 고려했을 때, 한국의 국내 정치세력들이 미소의 이 같은 전략적 접근방식 자체를 급격히 변화시키는 것은 가능하지 않았을 것이다. 그러나 적어도 모스크바 3상회의 결정에 대한 국내 정치세력의 태도를 결정할 때, 그 결정의 준거에 대한 국내적 합의 형성은 가능했을 것이다. 모스크바 3상회의 결정을 한국에 대한 신탁통치 결정으로 인식하든, 임시정부 수립에 관한 결정으로 인식하든 상관없이, 두 인식이 다 같이 합의할 수 있었던 지점은 전국적 권위와 정당성을 가진 정치적 중심 형성의 필요성이었다. 그 정치적 중심 형성을 임시정부 수립 문제로 인식하든, 즉각적인 독립 정부 수립의 관점에서 인식하든 상관없이, 미소의 점령 이후 심화하고 있던 영토적 분리의 과정, 즉 남북 각각에서 2개의 영토적 중심이 형성되는 과정을 중지시킬 수 있는 구체적인 방안을 모색하는 것이 모스크바 3상회의 결정에 대한 찬반을 결정하는 것보다 더 시급했다는 것이다.

모스크바 3상회의 결정의 중대한 결함은 결정문 제1항에 언급된 "임시 조선민주주의 정부"의 수립이 미소 공동위원회를 통해 가능하며, 임시정부 수립 방식 또한 국내 정치세력들의 협의 방식으로 규정함으로써, 처음부터 임시정부 수립을 위한 협의에 누가 참여할 것인가를 둘러싼 갈등을 내포하고 있었다는 것이다. 결국 1, 2차 미소 공동위가 바로 이 쟁점을 둘러싼 미소 협상의 실패로 최종 결렬되었다는 점을 상기했을 때, 왜 한국의 임시정부 수립의 구체적인 방안을 국제 행위자들 사이의 1차 협상, 국내 정치세력들 사이의 2차 협상, 그리고 국제 행위자와 국내 행위자 사이의 3차 협상이라는 처음부터 난항이 충분히 예상되는 삼중 협상 방식으로 결정했느냐는 의구심을 제기하지 않을 수 없다. 모스크바 3상회의 결정이 한국의 임시정부 수립을 위한 정치적 협상에 누가 참여할 것인가를 결국 미소, 국제 행위자들이 그들의 협상을 통해 최종적으로 결정하는 구조로 실행되는 것이었다면, 누가 참여할 것인가를 둘러싼 한국의 국내 정치세력들 사이의 협상이 설사 순조롭게 진행되었다 하더라도, 결국에는 임시정부 수립 문제는 미소의 협상과 한국 임시정부의 신속한 수립에 관한 그들의 의지에 전적으로 의존하는 것이 된다.

4. 임시정부 수립의 또 다른 방도로서 총선거

과연 미국과 소련은 한국 임시정부의 신속한 수립을 그들의 한반도 점령 정책에서 가장 중요한 정치적 의제로 인식했을까? 한국의 해방정국에서 임시정부가 수립된다는 것은 곧 남북한의 영토적 분리의 심화에 따른 2개의 영토적 중심 형성 과정이 중지되고, 통합된 하나의 영토적 중심을 새롭게 재구성할 기회가 열린다는 것을 의미한다. 만약, 임시정부의 의미를 이와 같이 인식하고, 사안의 우선성을 인지했다면, 임시정부를 구성하기 위한 구체적인 방도는 앞에서 언급한 3중의 복잡한 협상 방식을 통한 임시정부 구성이 아니라, 미소 점령 당국의 신속한 행정조치에 따른 남북한 통합행정부 확립이라는 방식을 취할 수도 있었을 것이다. 이 논점이 전적으로 비현실적인 상상력에 의존하는 것이라 말할 수 없는 것은 실제 모스크바 3상회의에서 한국 문제에 관한 국제협상을 준비하며 작성된 미국 측 애초 제안서에는 이와 같은 방식이 제안된 바 있기 때문이다.

1945년 12월 17일 "한국을 위한 통합행정부(Unified Administration for Korea"라는 제목의 미국 측 대표 특별 비망록에서 미국은 석탄을 포함하는 재화의 남북교역 정상화, 북쪽에서 남쪽으로 원활한 전력공급, 남북한 우편 업무 정상화, 단일한 재정정책(uniform fiscal policy) 확립, 일본인 귀환 정책에 관한 미소 점령 당국의 협력 등등 "한국의 두 점령지 분리로부터 야기된 긴급 사안들"에 대한 소련의 관심을 환기하면서 "미소 점령국 산하 통합행정부(a unified administration) 창설이 시급한 과제임을 분명히 했다.15) 또한 비망록에서는 통합행정부가 한국의 독립 정부를 향한 "전환적"(transitory) 특성을 갖는 것이 분명하지만, "한국의 비군사적 행정부의 광범위한 토대를 형성하기 위한 본질적인 단계"(essential step toward a broadly based non-military administration of Korea)임이 강조되었다.

더 중요하게, 미국 측 비망록에는 통합행정부의 중요한 역할이 통합행정부 설치 후 5년 안에 한국의 독립 정부를 구성하기 위한 대중적으로 선출된 입법부와 사법 체계 확립임이 명시되어 있었다. 그러나 통합행정부 설치에 관한 미국의 제안은 소련 측 주장에 따라 미소 양 점령군 사령관이 대표하는 공동위원회 창설로 대체되었고,16) 남북한 분리에 따른 긴급 사안의 해결은 미소 양군 사령부 대표회의 소집을 통해 논의하는 것으로 최종 결정문 마지막 조항에 명시되었다. 애초 미국의 제안 내용과 모스크바 3상회의 최종 결정문을 주의 깊게 비교하면, 남북한 분리의 심각성에 대한 미국의 인식은 최종 결정문에서는 전혀 반영되지 않았고, 그 문제의 해결책으로 미국이 제시했던 통합행정부 개념은 완전히 사라졌으며, 임시정부 수립을 위한 전 단계로서 공동위원회 설치라는 또 하나의 예비적 단계가 새롭게 부가되었음을 확인할 수 있다. 즉각적인 정부 수립이 불허된 상황에서 그 사전 단계로 임시정부 수립이 결정되고, 다시 그 임시정부

---

15) Memorandum by the United States Delegation at the Moscow Conference of Foreign Ministers Moscow, December 17, 1945, "Unified Administration for Korea"*FR*, 1945, Vol.II, pp.641-643.
   (https://history.state.gov/historicaldocuments/frus1945v02/d233)
16) 소련 측은 미국 측 제안에 대해 1945년 12월 20일 자 "한국에 관하여"(Regarding Korea)라는 제목의 비망록을 통해 의사를 밝혔다. 소련 측 비망록은 Memorandum by the Soviet Delegation at the Moscow Conference of Foreign Ministers Moscow, December 20, 1945, "Regarding Korea" *FR*, 1945, Vol.II, pp.699-700.

수립의 사전 단계로 미소 공동위원회 설치가 결정된 셈이다.

그렇다면, 왜 미국은 남북한 통합행정부 설치라는 애초 자국의 제안을 포기하고 소련의 제안을 전적으로 수용하는 방식으로 모스크바 3상회의에서 한국 문제에 관해 소련과 최종 합의했던 것인가? 한국의 해방정국에서만이 아니라, 미국은 유럽 점령지역에서도 통합행정부 설치 문제를 매우 중시했다. 이 점은 독일 점령지역에서 동서독 통합행정부 설립을 시도했지만, 그것이 소련의 반대로 실현되지 않자, 차선책으로 미국과 영국 점령지역의 경제통합을 시도했고, 화폐개혁까지 단행함으로써 소련의 베를린 봉쇄라는 강력한 저항을 불러일으켰던 사실을 통해서도 알 수 있다.

독일에서의 적극적인 대응과는 대조적으로 미국은 통합행정부 구상을 포기하고 모스크바 3상회의에서 소련의 제안을 대부분 수용했던 이유는 무엇일까? 이 질문과 관련해 다음과 같은 추론이 가능하다. 한국 문제에 대한 미국의 일관된 정책 방침은 신탁통치였기 때문에 모스크바 3상회의에서 미국은 신탁통치에 대한 소련의 소극적 태도를 변화시키는 것이 중요했고, 이를 위해 소련의 제안을 적극적으로 수용하는 타협적 방식으로 모스크바 3상회의에 임했다는 것이다. 이 같은 추론은 두 가지 사실을 고려할 때 설득력이 있을 수 있다.

첫 번째 사실은 모스크바 3상회의에서 한국 문제를 논의하는 시작 국면에 소련은 한국의 신탁통치에 소극적 태도를 보였다는 것이다. 미국 국무부 번스 장관이 관련 3국 모두가 한국의 신탁통치 실시에 동의했음을 상기시키자, 소련 외상 몰로토프는 "그 문제에 대한 어떤 합의도 없으며, 한국에 신탁통치를 실시할 필요성에 관해 단순한 의견 교환이 있었을 뿐"이라고 답했다(레너드 호그 저/신복룡·김원덕 역 2023, 328).[17] 한국의 신탁통치에 대한 소련의 소극적 태도에 대응해 미국은 앞에서 언급한 특별 비망록을 전달했고, 소련 또한 미소 공동위 설치를 통한 한국 임시정부 수립 후 미영소중 4국 신탁통치 이행을 담은 비망록을 통해 응답했다.

---

17) *FR*, 1945, Vol.II,"General: Political and Economic Matteres(Washington, GPO, 1967), p.620.

소련 측 제안이 대부분 반영된 최종 결정문이 채택된 것은 1945년 12월 27일이었다. 1946년 1월 19일 미국 NBC방송이 주관한 모스크바 3상회의 심포지엄에서 미국 국무부 극동국 국장 빈센트는 모스크바 3상회의 최종 결정문이 소련 측의 주도적 참여로 초고가 작성되었는데, 그 초고가 미국의 견해와 거의 유사했으며, "그것의 정확한 의미는 자치정부와 독립이 목표이며, 신탁통치는 필요할 수도 있고, 필요하지 않을 수도 있는 절차에 불과"했다고 발언했다고 한다(레너드 호그 저/신복룡·김원덕 역 2023, 341). 그의 주장을 통해 우리는 당시 모스크바 3상회의에서 미국은 소련과의 한국 문제에 대한 상이한 인식에 민감하게 반응했고, 소련과 갈등하기보다는 소련과의 합의를 형성하고자 최대한 유연하게 대응했음을 간접적으로 확인할 수 있다.

두 번째 사실은 당시 미국, 더 정확히는 미국 국무부는 연합국 정부 모두를 만족시킬 수 있는 한국 문제 해법이 신탁통치 외에는 달리 없다는 인식을 가졌다는 점이다. 미 국무부 번스 장관은 신탁통치에 부정적인 사람들(당시 하지 장군과 하지의 정치고문인 랭던과 같은)은 "과도적인 신탁통치의 필요성 없이 국가를 통치할 수 있는 정부를 수립하는 것이 가능할 것이라는 희망에 근거를 두고" 있으며, 그들은 "소련의 선전과 책략을 저지할 수 있는 우리의 능력에 대하여 의문을 가져야" 한다고 비판한 바 있다(레너드 호그 저/신복룡·김원덕 역 2023, 347).

이처럼 임시정부 수립의 문제가 삼중 협상을 통한 임시정부 수립 방식에 내재한 근원적 결함과 한국의 임시정부 수립이라는 의제에 관한 미소의 동상이몽, 그리고 한국 문제를 신탁통치와 소련과의 국제협상을 통해 해결하는 것에 대한 미국의 강한 집착 등으로 인해 좌절됨에 따라, 한국의 해방정국에서 정치적 불확실성의 상태는 해소되지 않았고, 오히려 악화하고 장기화하였다. 더 중요한 문제는 한국의 해방정국에서 정치적 불확실성의 상태가 가능한 이른 시기 해소되지 않음으로써, 해방정국의 정치, 특히 남한의 정치가 상호 불신, 선점과 배제의 논리가 지배하는 파국적 평형상태 속에서 원심력의 정치로 구조화되고 고착되었다는 것이다.

남한에서 한국의 국내 정치세력의 정치적 동기에 관한 미군정의 불신은 이른 시기에 해소되지 않았고, 점령 직후 건준과 임정을 모두 인정하지 않음으로써, 해방정국 초기 국면에서 민족적 통합주의 세력의 입지를 결정적으로 약화시켰다. 한국의 해방정국 초기 민족적 통합주의 세력의 우위가 확립되지 못한 배경에는 한국의 해방정국에서 건준과 임정으로 대표되는 민족적 통합주의 세력 내 좌우 세력이 민족적 통합주의 내부의 좌우 연합을 추구하기보다, 각기 이념적 분리주의 내 좌우 세력과의 정치연합을 추구함으로써, 결과적으로 민족적 통합주의 내부의 좌우 연합형성에 실패하고, 좌우 이념적 분리주의 세력의 우위를 허용했던 측면이 있다. 이 같은 상황의 중요한 정치적 결과가 곧 해방정국의 정치균열 구조가 민족적 통합주의 vs. 이념적 분리주의가 아니라, 우파 분리주의 vs. 좌파 분리주의 균열 구조로의 변형이었다.

물론, 한국의 해방정국에서 민족적 통합주의 세력의 열세는 해방 직후 미소 점령 권력이 민족적 통합주의 내 좌우 모두를 승인하지 않았던 점에도 기인한다. 하지만, 우리는 여운형으로 대표되는 민족적 통합주의 중도좌파 세력을 미군정이 인정하지 않았던 결정적인 계기가 미군정의 점령정책이 시작되기 전, 여운형과 박헌영의 연합에 의한 1945년 9월 6일 조선인민공화국의 선포였다는 점과, 김구와 임정 세력으로 대표되는 민족적 통합주의 우파 세력에 대한 미군정의 불신은 신탁통치에 대한 민족적 통합주의 우파 세력의 근본주의적 태도에 입각한 반대에 근원하였다는 점을 상기할 필요가 있다(남광규 2007, 129).

남한 지역에서 미군정이 직면한 딜레마는 모스크바 결정에 따라 한국의 임시정부가 수립된다면, 미국에 우호적인 세력이 될 수 있는 우파 세력이 모스크바 결정이라는 국제적 합의를 통해 한국 문제를 해결하고자 했던 미국의 해법을 모두 거부했다는 것이었다. 모스크바 결정에 반하는 반탁운동을 통해 남한의 민족적 통합주의 우파 세력이 결집함으로써 신탁통치 후 독립 정부 수립이라는 미국의 한국 정책 추진은 큰 난관에 직면하게 되었다(신복룡 1994, 45-46; 남광규 2007, 132). 더구나 1945년 1월

2일 조선공산당 박헌영의 찬탁 지지로의 급선회는 남한 지역에서 민족적 통합주의 우파 세력이 주도하는 반탁세력의 결집을 강화하여, 미소의 국제협상에 의한 한국 문제 해결이라는 미국의 해법에 대한 남한 내 국내 지지 기반은 극히 협소화되었고, 남한의 정치 지형은 민족적 통합주의 vs. 이념적 분리주의 갈등에서 좌파 분리주의 vs. 우파 분리주의 세력의 이념적 균열로 전환되고, 양극화되었다.

이에 반해, 북한에서 소군정은 분할점령과 38선 봉쇄의 효과를 통해, 반소적 정치세력의 남한으로의 이탈, 즉 그들의 exit을 유도했으며, 이를 통해 해방정국 초기에 북한 지역에서 정치적 불확실성을 크게 완화할 수 있었다. 더 나아가 1945년 12월 모스크바 결정에 대한 북한의 주요 국내 정치 행위자의 찬반 태도 자체가 소군정이 국내 정치 행위자 중 누구와의 관계를 지속 혹은 단절할 것인가를 판정할 수 있게 하는 중요한 준거가 되었다. 모스크바 결정 이후 민족적 통합주의 노선을 추구하며, 모스크바 결정을 거부했던 조만식의 제거와 함께 김일성으로 대표되는 좌파 분리주의 세력의 우위가 확립됨에 따라 북한의 정치 지형은 좌파 분리주의 세력을 중심으로 수렴되어 북한 지역의 단일한 중심 형성에 성공하게 된다.

점령 초기 소군정은 민족적 통합주의 내 좌우 연합의 성격을 가졌던 평남 건준의 조만식을 인정하고, 조만식을 내세워 친소 정부 수립에 우호적인 북한 지역의 정치 지형 변화를 모색했지만, 모스크바 3상회의 결정에 대한 조만식의 일관된 거부 입장이 변화될 가능성이 없다고 판단되는 즉시, 그를 제거함으로써 북한 내 정치 지형에서 김일성으로 대표되는 좌파 분리주의 세력의 우위를 확립했다. 조만식이 가택 연금되었던 1946년 1월을 전후 북한 지역에서 좌파 분리주의 세력의 우위는 이미 확고해졌다고 볼 수 있다. 이들 세력이 개혁 의제로서 추진한 토지개혁이 1946년 1월 31일 농민연맹결성과 함께 시작되어 1946년 3월 5일 북조선임시인민위원회 이름으로 공식 발표되었다. 이 시점은 1946년 3월 20일 1차 미소공동위원회가 개최되기 직전의 시점이었다. 모스크바 3상회의 결정을 이행하기 위한 미소 협상이 시작되기 이전에 이미 북한 지역의 단일한 중심으로서 북조선임시인민위원회가 확립되었다는 사실은 소련과 북한의 이념적 분리주의 세력이 모스크바 3상회의 결정이 언명한 미소 공동위 차원의 협상과는 무관하게 독자적인 정부 수립이 추진되고 있었음을 시사한다.18)

스탈린의 지령이 하달된 1945년 9월 20일 직후, 9월 22일 김일성이 평양에 도착했고, 10월 8일에서 10일 북조선 5도 인민위원회 통합회의가 개최되었고, 10월 13일 공산당 북조선분국이 설치되었다. 소군정과 북한의 좌파 분리주의 세력이 정확히 어떤 시점에서 북한 지역의 독자적인 정부 수립을 결정했는가에 대해서는 논쟁이 있을 수 있다. 혹자는 스탈린이 대일점령정책 문제로 미국과 갈등했던 런던 외상 회의 참석 중 지령을 하달한 1945년 9월 20일을 그 시점으로 보기도 하고, 또 다른 논자는 북한의 소군정에 하달할 소련 정부의 또 다른 지령 초안이 작성된 10월 17일 이후로 보기도 한다(전현수 1995, 362; 와다 하루키 1999, 151). 9월이든 10월이든 적어도 1945년 12월의 모스크바 3상회의 이전 시기에는 이미 소련 정부와 소군정이 북한의 독자 정부 수립을 생각했다는 것과 북한의 독자 정부의 구체적인 실체가 공식화된 시점이 북한의 토지개혁이 공식 발표된 1946년 3월이라는 해석은 충분히 가능하다.

북한에서 진행되고 있는 독자 정부 수립 정황과 1946년 3월 20일에서 5월 6일까지 진행된 1차 미소 공동위 협상이 결렬된 상황은 신탁통치라는 미국 정부의 공식적인 한반도 해법을 거부했던 남한 지역의 민족적 통합주의 내 우파 세력의 상대적 자율성의 공간을 확장 시키는 결과를 낳았고, 그들 중 일부 세력이 남한의 단독정부 수립이라는 이념적 분리주의 지향으로의 전환이라는 독자적 해법을 추구할 수밖에 없게 만들었다는 명분을 제공했다. 북한의 독자적 중심 형성이 진행되고 있는 시점에서 1946년 6월 3일 이승만의 정읍발언은 남한 지역의 독자적 중심 형성을 공식화한 것으로 해석할 수 있다. 이로써 미소 국제협상을 통한 한반도의 단일

---

18) 조선대 동북아연구소『동북아워치』58호(2025), 러시아소재한국현대사자료선 51, "북조선임시인민위원회 발족"

한 영토적 중심 형성의 가능성은 사라졌고, 남북의 좌우 이념적 분리주의 세력에 의한 홀로 주체적 분리의 경로가 확정되었다.

분할점령의 조건에서 오스트리아가 4개국 연합국의 공동통치가 가능했고, 지속될 수 있었던 결정적인 요인은 분할점령의 영토적 분할 효과가 실제 발생하기 이전에 국내 정치 행위자들에 의한 영토적 경계의 외적 공고화를 통한 통합이 신속하게 이루어졌기 때문이다. 국내 정치 행위자들에 의한 영토적 통합이 의미하는 바는 4개 점령지역의 경계를 가로질러 전국 범위의 수평적 차원에서 그리고 중앙에서 지방으로 수직적 차원에서 통합행정권을 행사할 수 있는 국내적 중심 형성을 말하는 것이다. 1945년 8월 이후 오스트리아 4개국 분할점령이 본격적으로 실시되기 수개월 전부터 레너 임시정부의 연립내각 구성을 통해 국내적 중심 형성을 위한 정치적 협력을 모색해 온 오스트리아 주요 정당들은 1945년 11월 총선거를 통해 국내적 중심 형성을 상대적으로 이른 시기에 완료한다. 11월의 총선거는 정치적 영향력 측면에서 오스트리아 주요 정당들 각자의 상대적인 지위를 공식화하고, 오스트리아 국민당과 사회당에게 국내적 중심으로서 정치적 정당성을 부여함으로써, 중심의 민족적 통합주의 세력에 도전하는 주변부의 분리주의 세력(오스트리아 공산당)에 의한 원심력의 정치가 작동하는 것을 사전에 차단하는 중요한 정치적 효과를 가졌다.

물론, 오스트리아의 해방정국에서 국제 행위자에 의한 국내적 중심의 교체 시도와 국내적 주변부 정치세력에 의한 국내적 중심에 대한 도전이 전혀 없었던 것은 아니다. 오스트리아 공산당을 재정적으로 지원했던 소련은 11월 선거 이후 비공산주의 세력들 사이의 분열과 분리를 꾀하고, 공산당 주도의 새로운 정치 연합을 재구성하고자 하는 목적에서 오스트리아 사민당 내의 비판 세력인 어윈 샤프(Erwin Scharf) 세력과 접촉했고, 실제 샤프 세력은 사회당으로부터 분당하여 1949년에 사회주의 노동자당을 창당한 후 1949년 총선거 직전에 오스트리아 공산당과 합당했다(Mueller 2006, 71). 소련의 이와 같은 오스트리아 국내적 중심 해체와 재구성의 적극적 시도와 후원에도 불구하고, 1945년 선거에 이어 1949년 선거에서도 오스트리아 공산당은 5%에 불과한 득표율을 획득했다. 오스트리아 공산당을 앞세워 국내적 중심을 소련에 우호적인 세력으로 재형성할 수 있는 정치적 기회의 창은 사실상 1945년에 이미 닫혔다고 보는 것이 적절할 것이다. 따라서 1945년 이후 시기에도 지속되었던 국민당과 사회당의 민족적 통합주의 좌우연합에 기반한 국내적 중심에 대한 오스트리아 공산당의 도전과 중심 해체의 모든 시도는 실패로 끝났다.

 오스트리아의 1945년 11월 총선거가 해방정국의 국가 형성에서 서로 주체적 통합이라는 오스트리아적 경로 형성에 큰 영향을 미쳤다면, 과연 한국은 오스트리아와 유사하게 해방정국 초기 국면에서 전국적 총선거 시행을 통한 국내 정치적 불확실성의 감소와 민족적 통합주의 세력이 주도하는 국내적 중심 형성의 가능성은 원천적으로 불가능했던 것인가? 오스트리아 해방정국에서 국가 형성의 구체적인 경로가 임시정부의 지역적 수립 → 임시정부의 전국화 → 임시정부의 국제적 인정 → 총선거 시행 → 정식 정부수립으로 요약될 수 있다면, 한국의 경우 1945년 12월 모스크바 3상회의 이후 미소의 국제적 협상의 실패로 인해 임시정부 수립 과정 자체가 시작되지도 못한 상황이었기 때문에 총선거 시행을 통한 정부 수립의 경로는 처음부터 자초된 것으로 볼 수도 있다.

 그런데 임시정부 수립이 반드시 미소의 국제협상을 통해서만 성취될 수 있는 것은 아니라는 것을 우리는 전후 오스트리아 레너 임시정부의 지역적 수립과 그것의 전국화 과정을 통해 알 수 있다. 오스트리아의 경우 소련 점령지역을 중심으로 소련의 후원하에 수립된 레너 임시정부가 전국적 권위를 획득하고, 결국에는 미국과 영국, 프랑스의 국제적 인정을 획득해 가는 과정을 경험했으며, 1945년 11월 총선거를 통해 마침내 연합국 분할점령 지역을 모두 포괄하는 정치 행정적 권위를 행사할 수 있는 국내적 중심 형성에 성공했다. 달리 말하자면, 해방정국에서 임시정부 수립 문제가 한반도의 경험처럼 미소의 국제적 협상에 전적으로 의존하는 것이 필수 불가결인 것은 아니었다는 것이다. 오스트리아 임시정부의 지역적 수립과 그것의 전국화 과정을 고려하면, 남한 혹은 북한에서 그리고 미국 혹은 소련의 후원하에 지역적으로 수립된 임시정부가 전국적 범위의 정치행정적 권위를 확장하는 방식으로 임시정부 수립의 문제가 해결될 수도 있는 개연성이 충분히 존재했다는 것을 논리적으로 추론할 수 있다.

이 같은 논리적 추론의 연장선상에서 우리는 해방 직후 소련이 점령했던 북한 지역에서 소련점령 당국이 행했던 일련의 조치들, 예를 들어 1945년 스탈린의 9월 지침 이후 그로부터 5개월 후인 1946년 2월 출범한 북조선임시인민위원회는 소련이 후원하는 일종의 한국의 임시정부 수립을 위한 구체적인 행위들로 해석될 수 있다. 또한 미국이 1946년 5월 6일 제1차 미소 공동위원회의 무산 이후 김규식을 중심으로 과도입법의원 창설도 향후 수립될 한국 임시정부의 헌법적 기초를 마련하고자 했던 시도로 해석될 수 있다. 그렇다면, 설사 모스크바 3상회의 결정이 알려진 직후의 국면에서 남북한 통합행정부 수립 기회를 놓쳤다 하더라도, 그 이후 국면에서 오스트리아와 유사하게 한국의 해방정국에서도 소련 혹은 미국의 후원하에 지역적으로 수립된 임시정부의 맹아가 전국화되는 방식의 임시정부 수립 경로가 원천적으로 불가능했던 것인가?

남한이든 북한이든 임시정부의 지역적 수립 이후 다음 단계, 즉 임시정부의 전국화 단계로의 이행이 중요한데, 오스트리아와 달리, 한국의 해방정국에서는 이 단계로 진입하지 못했다. 이 단계로 진입하기 위해서는 남한이든 북한이든 지역적으로 수립된 임시정부의 모체가 미소에 의해 국제적으로 인정받는 것이 필요하다. 그런데 한국의 경우 오스트리아와 달리, 분할점령-분할통치에 따른 영토적 중심 형성의 실패로 남북한 각자 지역적으로 수립된 임시정부의 모체를 형성하려는 시도가 1946년부터 이미 진행되었던 상황에서 전국적 권위를 행사할 수 있는 통합 임시정부 수립의 현실 가능한 방도는 미소의 국제적 협상에 의존하는 것이 아니라, 남북한 총선거에 의한 통합 임시정부의 수립이 아니었을까? 즉, 1948년 남북한 총선거에 의한 국회 창설과 정부 수립이라는 유엔의 한국 문제 해법이 해방정국의 더 이른 시기에 적용될 수 있었다면, 한국은 해방정국에서 두 개의 국가 형성이라는 정치발전의 최종 경로를 취하지 않았을 것이다.

한국의 해방정국에서 미소가 처음에 구상했던 국가 형성의 과정은 임시정부 수립을 위한 남북한 협의체 구성 → 임시정부 수립 → 임시정부에 대한 국제적 신탁통치 → 신탁통치 종료 후 정식 정부로의 전환으로 요약될 수 있다. 이 같은 구상의 핵심은 국제적 신탁통치의 구체적 대상, 즉 피신탁자를 명료하게 설정하는 것에 있다. 모스크바 3상회의 결정에서 언급된 임시정부의 수립은 바로 피신탁의 대상을 명료하게 설정하는 것을 의미하는 것이었고, 그것을 위한 구체적 방식은 미소 간 국제적 협상, 국내 정치세력들의 국내적 협상, 그리고 미소와 국내 행위자와의 협의라는 3중의 복잡한 협상 방식이었다. 이 같은 삼중 협상 방식으로 진행되는 임시정부의 수립 방안 자체가 사실상 임시정부의 신속한 수립을 지연시키고 결국에는 좌절시키는 부정적 효과를 낳았다.

각자 점령지역에서 임시정부의 모체 형성을 독자적으로 진행하면서, 동시에 미소 간 국제적 협상을 통한 합의를 도출하는 것이 쉽지 않았을 뿐만 아니라, 이미 국제적 신탁통치 후 정부 수립이라는 국가 형성에 관한 미소의 구상 자체를 거부했던 국내 행위자들과의 갈등 속에서 국제 행위자와 국내 행위자의 협의라는 또 다른 수준의 협상 자체도 작동하기 어려운 것이었다. 이 점에서 1945년 12월 모스크바 3상회의 결정을 제대로 이해하고 신탁통치에 대한 찬반 갈등이 아닌, 임시정부 수립에 집중하는 것이 더 나은 선택이었다는 일부 논자들의 주장은 크게 설득력이 없다.

결과적으로 국제협상에 의한 임시정부 수립 그리고 국제적 신탁통치 후 정식 정부 수립이라는 한국 문제에 대한 미소의 해법이 완전히 실패로 귀결된 후, 비로소 미국이 독자적으로 추진했던 유엔에 의한 한국 문제 해법은 전후 미소의 점령지역에서 국가 형성의 일반적 경로와 유사한 방식을 취하게 된다. 즉, 임시정부 수립 → 총선거 실시 → 정식 정부 수립이라는 일반적 경로에서 1947년 유엔의 결정은 그 경로의 첫 번째 단계인 임시정부 수립을 대체하여 전국적 총선거를 총괄 관리할 수 있는 "국제연합 한국 임시위원단"에 의한 총선거 시행 → 제헌 국회 소집 → 정부 수립 → 남북한 군사령관과 민정 당국으로부터 정부 기능 이양 → 남북한 점령군의 한국 철수라는 해법이 제시된 것이었다.

 만약, 한국의 해방정국 초기 국면에서 이와 같은 방식의 해법이 추구되었다면 한국의 해방정국 풍경은 우리가 익히 알고 있는 바와는 완전히 달랐을 것이다. 무엇이 1945년 한국의 해방정국에서 이와 같은 방식의 해법 추구를 가로막았던 것일까? 1947년에 포기되었던 한국에 대한 국제적 신탁통치 후 정부 수립이라는 해법이 미소에 의해 더 이른 시기에 포기될 수 있었다면, 혹은 남북한의 주요 행위자들이 신탁통치에 대한 찬반 논쟁에 함몰되지 않고, 남북한 영토적 분리의 심화가 낳을 파국적인 정치적 결과에 대한 위기 인식을 공유하고, 미소의 국제협상에 의존한 임시정부 수립이 아닌, 남북한 총선거를 통한 정부 수립이라는 대안적 구상을 정치적으로 상상할 수 있었다면, 해방정국에서 한국의 국가 형성은 완전히 새로운 경로로 나아갈 수 있었을 것이다.

에필로그*

　이 책은 저마다 학문적 색깔이 분명한 4인의 정치학자가 모여 2년여 동안 진행한 학문적 토론의 산물이다. 우리는 한국 현대 정치사에서 가장 논쟁적 시기인 1945년에서 1948년의 시기 해방정국에서 국가 형성의 과정과 경로를 우리 형성을 위한 분리와 통합의 정치라는 새로운 분석틀을 통해 재해석하고자 공동연구를 진행했다. 1945년 이후 해방정국에서 왜 한국은 두 개의 국가로 분리되었는가? 1945년 한국의 해방정국에 관한 이러저러한 견해와 입장이 존재하지만, 견해와 입장의 차이를 모두 떠나 논쟁의 여지 없이 모두가 동의할 수 있는 명백한 사실은 탈식민지 한국 사회의 해방정국에서 한반도를 영토적 경계로 하는 하나의 통합국가가 형성되지 않았다는 것이다. 한반도를 영토적 경계로 하는 단일한 국가의 오랜 역사와 식민 통치의 역사가 낳은 독립된 민족국가에 대한 강한 열망에도 불구하고, 왜 1945년 한국의 해방정국에서 한반도에는 두 개의 국가가 형성되었는가?

　80년이 지난 현재의 시점에서도 이 질문이 의미 있는 것은 그 질문을 둘러싼 경쟁적인 인식과 해석이 한국 사회에서 여전히 정치 갈등의 심원이 되고 있기 때문이다. 영국의 역사학자 홉스봄은 "인간 공동체의 구성원이 된다는 의미는 그 공동체의 과거 속에 놓인다는 것이다"라고 말한 바 있다. 한국 사회의 과거에 함축된 의미의 본질을 분석하고, 추적하고자 하는 지적 욕구는 비단 역사학자들만의 것은 아니다. 공동연구에 참여한 우리는

---

* 김미경

정치학자로서 한국 정치의 현재에 결정적인 영향을 미쳤던 과거의 역사적 국면으로서 해방정국의 정치적 의미를 분석하고, 추적하고자 했다.

그러나 우리의 공동연구는 이미 상당한 양과 깊이를 축적한 기존의 한국 현대사 연구자들의 성과와 완전히 차별적이고 새로운 연구 성과를 성취하겠다는 야심 찬 포부를 안고 시작된 것은 아니었다. 우리는 역사학, 사회학, 정치학 등 다양한 분야에서 오랜 시기 축적해 온 해방정국에 관한 기존의 연구로부터 많이 배웠다. 특히, 한국의 해방정국에서 실제로 일어났던 일들을 정확히 이해하기 위해서 기존 연구의 성과에 전적으로 의존했다. 달리 말하면, 우리의 공동연구가 무엇인가 새로운 역사적 사실을 발견하거나, 논쟁 중인 어떤 사건과 인물에 대한 입증을 목표로 하지는 않았다는 것이다. 공동연구를 통해서 하고자 했던 것은 한국의 해방정국에서 실제로 일어났던 일들의 의미를 '해방정국에서 국가 형성의 문제'라는 분석적 렌즈를 통해 새롭게 해석하는 것이었다. 물론, 공동연구를 진행하는 동안 해방정국에서 국가 형성의 과정과 경로에 대한 기존의 다양한 분석적 견해와 해석을 함께 공부했지만, 우리는 그들 중 특정한 견해와 해석을 지지 혹은 반대하는 것에 관심을 두지 않았다. 우리의 공동연구는 한반도에 하나의 독립 국가를 형성할 수 있었던 1945년 해방정국의 열린 기회의 창이 이른 시기에 종결되고, 두 개의 국가 형성이라는 분리의 역사적 경로로 진입했던 그 역사적 순간과 과정을 "우리 형성으로서 국가 형성" 그리고 "우리 형성을 위한 분리와 통합의 정치"라는 분석적 시각에서 새롭게 성찰하고자 시작된 것이다.

1945년에서 1948년의 해방정국은 한국 근대 국가 형성의 결정적 국면이라 볼 수 있다. 해방정국을 국가 형성의 결정적 국면으로 인식했을 때, 결정적 국면으로서 해방정국은 그 자체로 유동성과 역사적 우연성이 존재하는 열린 국면이라는 의미로 인식된다. 그 열린 국면은 하나의 국가로의 통합에 대한 지향과 두 개의 국가로의 분리의 지향이 충돌하고, 경쟁했던 정치적 시공간으로 이해할 수 있고, 그 정치적 시공간의 역동성과 복합성 자체를 온전히 이해하는 것이 중요하다. 해방정국에서 경쟁하고 충돌했던 통합과 분리의 지향은 곧 탈식민지 한국 사회에서 집합적 주체로서 우리가 누구이며, 우리를 어떻게 형성할 것인가를 둘러싼 경쟁과 충돌이었다. 이처럼 해방정국에서 국가 형성의 문제를 탈식민 사회에서 집합적 주체의 형성, 즉 우리 형성의 문제로 인식하게 되면, 우리의 경계를 어떻게 설정할 것인가라는 질문이 근원적인 질문이 된다. 이때. 분리와 통합은 우리 형성의 두 가지 방식으로 인식할 수 있다. 통합의 지향은 다원적이나 확장된 우리의 경계를 추구한다. 반면, 분리의 지향은 동질적이나 축소된 우리의 경계를 추구한다. 공동연구에 참여한 4인의 정치학자가 공유했던 중요한 문제의식은 1945년 한국의 해방정국에서 통합의 지향이 분리의 지향에 대해 헤게모니를 획득하지 못했다는 것이다. 왜 그러했는가?

이 질문을 탐구하기 위한 새로운 분석적 시도로서 우리는 오스트리아 해방정국과의 비교연구를 선택했다. 오스트리아와의 비교연구는 타국에 의한 강제 합병, 좌우 갈등의 역사적 경험, 그리고 분할점령 상태의 해방정국이라는 맥락의 중요한 유사성에도 불구하고, 해방정국에서 한국과 달리, 통합국가의 역사적 경로로 진입했던 오스트리아의 경험이 한국이 "가지 않았던 길"에 대한 우리의 정치적 상상력을 확장하고, 한국 사례분석만으로는 결코 포착할 수 없는 해방정국의 국가 형성에서 중요한, 그러나 기존의 해방정국 연구에서 주목하지 않았던 분석적 쟁점을 포착하는 것을 도울 수 있으리라는 기대로부터 시작된 것이다.

그러나 이 같은 분석적 기대와 동시에 분석적 오류의 가능성에 대해서도 항상 경계할 수밖에 없었다. 그 주된 이유는 공동연구의 진행 과정에서 우리에게 건설적인 논평을 아끼지 않았던 다수의 연구자가 한국과 오스트리아의 비교 가능성 자체에 대해 회의적 태도를 보였기 때문이다. 그들은 한국과 오스트리아, 두 국가 사례의 맥락적 고유성, 특히 한국과 달리, 전후 오스트리아가 공화제, 의회주의, 정당정치, 선거, 자유주의 등 근대 정치발전의 성숙한 역사적 경험을 가진 국가였다는 점에서 과연 두 국가의 맥락적 고유성을 간과하고, 비교하는 것이 바람직한가라는 비판을 제기했다.

다시 홉스봄을 인용하자면, "학문의 진보는 관점과 강령을 선험적으로 규정하려는 시도에서 비롯되는 것이 아니라, 질문할 가치가 있는 문제나 대답할 여건이 되어 있는 문제에 대해 명확하지는 않더라도 동시에 집중하는 데서 비롯된다"(홉스봄 저/강성호 역 2002, 140). 왜 한국의 해방정국에서 두 개의 국가가 형성되었는가라는 질문을 "질문할 가치가 있는 문제"로 인식했다면, 우리의 다음 선택은 그 문제에 대해 명확하지는 않더라도 집중할 수 있는 조건을 모색하는 것이 될 것이다. 오스트리아 해방정국과의 비교연구는 바로 그와 같은 분석적 모색의 차원에서 이해할 수 있다. 때로는 낯선 곳에서 익숙한 것을 발견하고, 완전히 나와 다르다고 생각했던 대상에게서 나와 같은 모습을 발견하듯, 우리가 미처 발견하지 못했거나 인식하지 못했던, 한국의 해방정국에서 중요한 분석적 쟁점들이 오스트리아 해방정국과의 비교를 통해 발견하거나 인식할 수 있다면, 그것으로 비교연구의 가치는 충분하다고 생각한다. 물론, 우리는 두 국가의 맥락적 차이에 대한 분석적 민감성을 항상 숙고했고, 우리의 공동연구가 과연 비교의 타당성에 대한 비판을 상쇄할 수 있을 만큼, 의미 있는 분석적 통찰을 제공할 수 있는가를 항상 자문하며 공동연구를 진행했다.

우리는 한국과 오스트리아 해방정국 비교연구로부터 다음 두 가지 중요한 통찰을 얻었다. 첫째, 1945년 한국과 오스트리아 해방정국에서 국가 형성 과정과 경로는 해방정국의 초기 국면에서 단일한 중심 형성의 여부에 크게 영향을 받았다는 것이다. 한국은 1945년 미소에 의한 남북 분할 점령 상태의 해방정국 초기 국면에서 단일한 중심 형성에 실패했지만, 오스트리아는 4개국 연합군 분할점령 상태의 해방정국 초기 국면에서 단일한 중심 형성에 성공했다. 해방정국에서 국가 형성 과정은 먼저 정치적, 행정적, 경제적으로 통합된 중심 형성(centre formation)으로부터 시작되는데, 오스트리아의 단일한 중심 형성이 의미하는 바는 비록, 4개국에 의해 영토가 분할 점령되었지만, 1943년 10월 모스크바에서 합의된 영토적 경계를 토대로 모든 점령지역에 통치권을 행사할 수 있는 하나의 전국적 중심을 형성했다는 것이다. 오스트리아 해방정국에서 단일한 중심 형성에 결정적인 영향을 미친 것은 소련의 후원하에 소련의 점령지역에서 1945년 4월 17일에 출범했던 레너 임시정부의 통합전략이었다. 임시정부의 출범 자체가 해방정국에서 전국적 중심 형성을 의미하는 것은 아니다. 레너 임시정부가 만약 오스트리아 전국의 각 주의회로부터 정당성을 인정받지 못했다면, 서방측 점령 권력으로부터 인정도 받지 못했을 것이다. 만약, 그랬다면, 레너 임시정부는 그저 소련 점령지역에 국한된 지역 임시정부에 머물렀을 것이다.

오스트리아의 해방정국 경험으로부터 배울 수 있는 중요한 교훈은 앞에서 언급한 사태의 전개를 막기 위해 소련 점령지역에서 출범한 레너 임시정부가 임시정부의 전국화와 좌우 연합의 추구라는 두 축으로 작동하는 통합전략을 추구했다는 것이다. 레너 임시정부는 그 출범부터 임시정부의 전국화를 지향했다. 이 점은 1946년 이후 남북한 각각의 지역에서 중심 혹은 중심의 맹아를 형성하려 시도했지만, 그것의 전국화를 추구하지 않고, 남북 각 지역에서 지역적 중심의 공고화를 위해 오히려 남북 분리의 전략을 추구했던 한국의 해방정국 상황과는 대조적이다.

레너 임시정부는 1929년 오스트리아 헌법, 즉 연방주의 헌법으로의 복귀를 선언했기에 임시정부의 통치권이 소련 점령지역에만 국한되지 않고 연방제적 헌법 틀 안에서 전국적으로 인정받고자 했다. 따라서 임시정부의 전국화를 위해서는 서방측 점령지역, 즉 서오스트리아 지역의 임시정부와 적극적으로 소통해야만 했다. 레너 임시정부와 서오스트리아 지역 주 임시정부 사이의 소통은 1945년 7월에 이미 시작되었고, 그들 사이에 신생 독립 주권 국가 오스트리아의 비전이 공유되었다. 그들이 공유한 독립 주권 국가 건설의 구체적인 의미는 오스트리아 영토 내에 주둔하는 외국 군대의 철수, 즉 분할점령 상태의 조기 종식이었다. 이 목적을 달성하기 위해서는 신속한 정부수립이 필요했고, 임시정부의 전국화 전략은 바로 신속한 정부수립의 길로 나가기 위한 것이었다.

이처럼 임시정부의 전국화를 추구하는 레너와 주 임시정부의 정치인들에게 좌우 연합은 선택의 문제가 아니라, 당위의 문제였다. 서오스트리아

지역 주 임시정부들이 보수정당인 국민당 출신의 정치인들에 의해 주로 구성되어 있었던 당시 오스트리아 상황에서 레너 임시정부의 전국화를 성취할 수 있는 유일한 방법은 국민당이 이끄는 서오스트리아 지역 주 임시정부들과 좌우 연합을 추진하는 것 말고는 달리 방도가 없었다. 한편, 해방정국에서 신생 독립 주권 국가의 신속한 성취를 정당의 존재 이유로 삼았던 오스트리아 국민당으로서도 사회당과의 정치협력은 불가피한 것이었다. 두 정당은 이념적 정체성의 차이에도 불구하고, 1943년 모스크바에서 합의된 오스트리아의 영토적 경계를 토대로 하는 신생 독립 국가의 형성이라는 공동의 목적과 비전을 공유했다. 좌우 연합이 해방정국에서 오스트리아를 하나의 통합국가 형성의 경로로 이끌었다기보다는 이념적 정체성의 차이를 넘어 공유된 하나의 통합국가에 대한 비전, 이것이 분할점령 상태에서도 해방정국 초기 국면에서 신속하게 전국적 중심 형성을 성취하는 통합의 경로로 좌우 세력을 이끌었던 중요한 원동력이었다.

오스트리아와의 분석적 대조를 통해 우리는 1945년 한국의 해방정국에서 부재했던 것, 좌절되었던 것, 그리고 시도하지 않았던 것이 무엇인지 더 명료하게 인식할 수 있다. 그런데 한국의 해방정국에서 부재했던 것이 좌우 연합의 시도 그 자체였던 것은 아니다. 해방 직후 한국의 해방정국에서 임시정부의 맹아가 될 수도 있었던 건준 자체가 좌우 협력에 기반한 조직이었고, 4당 코뮤니케, 그리고 좌우합작 7원칙과 같은 중도 세력에 의한 좌우 협력의 시도는 적어도 1946년까지 지속되었다. 그러나 그 모든 시도는 실패로 귀결되었다. 한국의 해방정국에서 부재했던 것이 신생 독립 국가에 대한 공유된 비전이었던 것도 아니었다. 한국의 해방정국 초기에 좌우 모든 정치 세력은 이념적 정체성의 차이를 넘어 독립 주권 국가 건설의 비전을 공유했다. 탈식민지 한국 사회의 고유한 맥락을 고려한다면, 어쩌면 이것은 자연스럽고 당연하였다. 공유된 국가 건설의 비전도 있었고, 좌우 협력의 시도도 있었다면, 오스트리아 해방정국과 비교했을 때, 한국의 해방정국에서 부재했거나, 시도하지 않았던 것은 과연 무엇인가?

오스트리아 해방정국에서 주요 정치 행위자들은 개별 행위자의 정치적 이익과 선호, 정체성의 독자적 추구가 독립 주권 국가라는 그들 사이에 공유된 비전을 실현하는 데 걸림돌이 되지 않도록, 스스로 그들 사이의 관계와 상호작용의 패턴을 어떻게 구조화했는지를 이해하는 것은 바로 이 질문에 대해 많은 통찰을 제공한다. 특히, 1945년 4월 27일 구성된 임시정부가 레너의 현실주의적이고 노련한 지도력과 함께 소련의 동의를 획득하면서도 동시에 소련의 영향력으로부터 자율적인 임시정부의 내각을 구성하기 위해 어떻게 정교한 제도적 디자인을 했는가에 대한 이해는 매우 중요하다.

오스트리아 임시정부의 최고 의사결정기구인 각료회의에서 국민당, 사회당, 공산당 등 좌우의 주요 3당을 포괄하되, 극단적인 정치 세력인 오스트리아 공산당을 통제할 수 있는 내각 시스템을 구축하기 위해 레너는 한 정당이 장관직을 맡으면, 다른 두 정당이 두 명의 차관직을 맡도록 했으며, 임시정부에 참여하는 세 정당의 합의에 기반해 정책이 집행되도록 내각을 설계했다. 오스트리아 해방정국에서 좌우 연합의 성공은 경쟁하는 정치 세력들의 좌우 협력에 대한 정치적 의지만으로 가능하지 않았고, 오히려 이념적 선명성 경쟁을 원천적으로 차단하여 양극적 원심력의 작동을 막을 수 있는 권력 공유의 원칙과 실천을 정교한 제도적 디자인을 통해 구조화하는 것을 통해서만 가능했다. 구조화된 권력 공유의 정치 제도적 맥락에서는 특정한 정당과 세력, 개인이 권력을 독점할 수 있을 것이라는 기대 자체가 원천적으로 봉쇄될 수 있다.

해방정국에서 중심 형성의 문제와 관련하여 오스트리아의 경험을 통해 배울 수 있는 또 하나의 중요한 교훈은 오스트리아 해방정국에서 주요 정당들은 자신들의 이념적 정체성에 상반되는 정책을 과감히 선택할 수 있을 만큼 정당의 이념적 정체성보다 상위의 가치로서 독립 주권 국가 건설에 대한 비전을 중시했다는 것이다. 오스트리아 공산당과 사회당으로서는 석탄, 철강, 전기 등 핵심 사업의 국유화가 자연스러운 것이지만, 보수 우파정당인 국민당이 소련의 독일재산 요구를 거부하고, 전후 경제 재건을 위해 국유화를 강하게 요구했던 사실은 한국의 해방정국에서 사실상 최후의 좌우 협력 시도로 볼 수 있는 좌우합작 7원칙이 한민당의 토지개혁 문제 그리고 공산당의 입법 기관 설치 문제에 대한 강경한 태도로 결국 파기되고 부정되었던 사실과 명확히 대비된다. 이 같은 한국과 오스트리아의 대비는 어떻게 설명할 수 있는가? 한국의 해방정국에서 좌우의 정치 세력들은 오스트리아의 좌우 정치 세력들보다 독립 국가 건설의 비전에 대한 헌신이 약했고, 좌우 협력의 정치적 의지가 취약했기 때문이라 말할 수 있는가?

한국과 오스트리아 해방정국 비교연구를 통해 얻을 수 있었던 두 번째 통찰은 바로 이 질문과 관련된 것이다. 오스트리아와의 비교연구를 통해 우리는 해방정국에서 국내 정치 행위자의 상대적 자율성과 전략적 행위의 중요성이 우리가 생각했던 것보다 훨씬 중요하다는 것을 깨달았다. 기본적으로 해방정국의 고유성은 국가 형성 과정에서 외부적 국제행위자의 영향력이 상대적으로 매우 강하다는 점에서 찾을 수 있다. 그러나 해방정국에 대한 기존의 냉전적 인식처럼 미소라는 외부적 국제행위자의 강력한 영향력이 그 자체로 해방정국에서 국가 형성의 경로를 구조적으로 결정하는 것은 아니다. 분할점령의 해방정국이라는 유사한 맥락에서도 한국과 오스트리아는 국가 형성의 서로 다른 경로를 형성했다는 사실 자체가 이 점을 잘 보여준다.

우리는 국가 형성과 국민 형성의 결정적 국면으로서 해방정국에서 발생하는 다양한 국내 정치 행위자들의 갈등과 선택의 결과가 두 개의 국가로의 분리라는 한국 경로와 단일한 통합국가 형성이라는 오스트리아 경로의 차이를 설명하는 데 중요하다고 인식함으로써, 해방정국의 정치과정과 결과에 대한 전통적인 시각, 즉 냉전적 시각의 구조 결정론적 인식의 협소함을 극복할 수 있었다. 미소의 대결구조 혹은 좌우의 대결구조로서 해방정국의 구조적 특성을 강조하는 냉전적 시각으로부터 우리가 상대적 자율성을 갖게 되면, 비로소 우리는 해방정국에서 다양한 국내 정치 행위자들의 행위 동기와 행위 유형을 친소/친미, 좌익/우익이라는 이분법적 분류를 넘어 그들의 행위 동기와 행위 유형에 대한 대안적인 분석을 향해 앞으로 나갈 수 있게 된다.

근대 국가와 국민 형성을 위한 특수한 맥락적 시공간으로서 해방정국의 고유성이 외부적 국제행위자와 토착적 국내 행위자 사이 힘의 비대칭성에 있다고 했을 때, 그 힘의 비대칭성으로 인해 불가피하게, 국가 형성의 결정적 국면으로서 해방정국에서 근원적인 정치적 균열은 국가와 국민의 경계 형성(boundary formation)을 둘러싼 토착적 국내 행위자들과 외부적 국제행위자들 사이의 갈등, 그리고 그 갈등에 다양하게 반응하는 토착적 국내 행위자들 사이의 갈등이 될 수밖에 없다. 이 갈등은 친미 대 친소 혹은 좌익 대 우익의 이념적 갈등과 구별되며, 그러한 갈등보다 더 근원적인 성격을 갖는 것임을 한국과 오스트리아 해방정국 비교연구를 통해 확인할 수 있었다. 해방정국에서 좌우의 이념적 갈등보다 더 근원적인 갈등을 우리는 분리 대 통합의 균열이라고 인식한다.

분리의 지향은 국가의 외적 경계의 축소를, 통합의 지향은 외적 경계의 확장을 추구한다. 1945년 해방정국에서 한국은 외적 경계의 공고화 문제를 둘러싼 토착적 국내 행위자들 사이의 분리 대 통합의 정치 갈등이 첨예했다. 한반도의 영토적 경계와 일치하는 신생 독립 국가의 외적 경계를 고수했던 통합주의 세력과 신생 독립 국가의 집합적 정체성을 단순히 한반도라는 영토적 경계로 환원하는 것에 반대하며, 국가의 외적 경계를 이념적 정체성의 경계와 일치시키고자 했던 분리주의 세력의 첨예한 갈등에서 통합주의 세력은 해방정국에서 그 정치적 헤게모니를 상실했다. 바로 이 같은 맥락이 독립 국가 건설이라는 공유된 비전에도 불구하고, 한국의 해방정국에서 좌우의 분리주의 세력들이 자신의 이념적 정체성이 조응하는 독립 국가 건설의 방도만을 고집했는가를 설명한다.

해방정국의 초기부터 통합주의 세력의 헤게모니가 취약했던 것은 아니었다. 적어도 1945년 12월 모스크바 3상회의 결정을 둘러싼 탁치 논쟁이 격렬하게 전개되기 전의 시점에서는 통합주의 지향이 좌우를 모두 포괄할 수 있었다. 그러나 탁치 논쟁 이후 해방정국의 분리 대 통합의 균열이 좌익(친소) 분리주의 대 우익(친미) 분리주의 균열로 전환하면서 통합주의 세력의 정치적 영향력은 급격히 위축되었다. 반면, 오스트리아는 새로운 오스트리아 민족주의의 원천을 오래된 인종적 문화적 정체성에서 찾지 않고, 1943년 모스크바선언에서 합의된 오스트리아의 새로운 영토적 경계와 일치하는 새로운 오스트리아 민족의 형성에서 찾았던 좌우 통합주의 세력의 헤게모니가 해방정국의 초기에 확립됨으로써 오스트리아 공산당으로 대표되는 분리주의 세력으로부터의 도전을 효과적으로 상쇄할 수 있었다.

해방정국의 국가 형성 과정은 우리 형성의 과정이며, 이는 곧 우리의 경계 형성의 과정이다. 다시 말해 해방정국에서 국가 형성을 우리 형성의 시각에서 보면, 해방정국의 초기 국면에서 우리의 경계를 확장하여 다양한 정치사회 세력들을 통합하는 대아주의 통합 경로로 나아갈 것인가, 아니면 우리의 경계를 축소하는 소아주의 분리의 경로로 나아갈 것인가는 결정적으로 중요하다. 이것은 곧 앞에서 논의한 해방정국에서 중심 형성의 문제, 즉 임시정부 수립의 문제와도 직결된다. 해방정국 초기 국면에서 오스트리아는 전자의 경로로 나아갔던 반면, 한국은 후자의 경로로 진입했다. 이 같은 경로의 차이를 설명하는 데 외부적 국제행위자의 규정력이 결정적이지만, 그렇다고 외부 국제행위자에 의해 전적으로 경로의 분기가 결정된 것은 아니다. 외부 국제행위자의 규정력도 국내 정치에서 경쟁하는 다양한 정치 세력들의 상호작용 과정을 거쳐야만 작동할 수 있는 것이다. 이 점에서 해방정국에 내재한 국제행위자와 국내 행위자 간 힘의 비대칭이라는 구조적 제약 속에서도 국내 정치 행위자가 사태의 전개와 경로의 형성에 영향을 미칠 수 있는 상대적 자율성의 공간은 여전히 존재한다. 중요한 질문은 어떤 국내 정치적 조건에서 국내 정치 행위자의 상대적 자율성의 공간이 확장 혹은 축소될 수 있는가일 것이다. 국내 정치 행위자의 상대적 자율성의 공간이 확장 혹은 축소되었던 바로 그 순간을 우리는 결정적 국면으로서 해방정국의 결정적 순간이라 부를 수 있다.

결정적 국면으로서 해방정국은 또한 역사적 우연성이 존재하는 유동적 국면으로 인식할 수 있다. 우리가 해방정국을 다양한 경로 창출의 가능성이 열려 있던 유동적 국면으로 인식하면, 중요한 질문은 더 이상 해방정국의 특정한 경로 형성의 역사적 책임이 누구에게 있는가의 질문이 아니다. 오히려 해방정국에서 가능했던 복수의 대안은 무엇이었으며, 그 대안 중 왜 특정한 대안이 최종 선택되었고, 다른 대안들의 선택 가능성은 왜, 어떤 시점에서 닫히게 되었는가의 질문이 더욱 중요해진다. 달리 표현하자면, 결정적 국면의 결정적 순간들을 예리하게 포착하여 분석하는 것이 무엇보다 중요해진다는 것이다.

한국의 해방정국에서 두 개의 국가로의 분리가 불가피한 것이 아니었고, 해방정국에서 가능했던 여러 경로 중 나머지 경로의 실현 가능성은 모두 닫히고, 결국은 두 개의 국가로의 분리라는 단 하나의 가능성만이 남아 있게 된 그 결정적 순간들은 과연 언제였던 것인가? 한국의 해방정국에서 국내 정치 행위자들의 상대적 자율성의 공간이 급격히 축소되고, 국제행위자의 규정력이 사태의 진전과 경로의 확정에 강한 힘을 발휘했던 순간들은 언제였던 것인가? 지금 에필로그를 쓰고 있는 필자는 그 결정적인 순간을 모스크바 3상회의 결정에 대해 좌우 모든 정치 세력이 신탁통치 반대와 즉각 독립을 주장하며 통합된 목소리로 반대했던 상황에서 1946년 1월 이후 탁치 논쟁의 국면으로 급격히 전환했던, 그 순간을 한국 해방정국의 결정적 순간으로 포착한다. 이 순간은 좌우 정치균열이 한국의 해방정국에서 지배적인 정치균열로 과잉 대표되기 시작하며 정치적 양극화가 가속화되었던 출발점이었다.

좌우의 정치균열은 외견상 이념적으로 적대적인 세력 간의 격렬한 갈등으로 표출되지만, 실상은 국제적 행위자의 힘에 의존하지 않고서는 해방정국에서 국가 건설이 현실 가능하지 않다는 인식을 공유했던, 그러나 국제적 행위자 중 누구의 힘에 의존할 것에 관해 서로 인식을 달리했던 좌우 정치 세력 간의 갈등이었다. 따라서 1946년 1월 이후 좌우 균열의 심화는 한국의 해방정국에서 미소 중 누구의 정치적 후원도 획득하지 못했던 좌우 중도 세력의 정치적 공간을 크게 위축시켰다. 그들은 정치적 양극화와 단극화가 동시에 진행되었던 해방정국에서 정치적 주변부에 머물거나, 물리적으로 제거되었다.

비록, 한국의 해방정국에서 두 개의 국가로의 분리라는 경로 형성에 결정적 순간이 언제인가에 대해서 혹은 결정적 순간을 특기하는 것 자체의 분석적 유용성에 대해 서로 의견을 달리 하지만, 공동연구에 참여한 우리는 모두 해방정국에서 경쟁하는 정치 세력들의 공존과 권력 공유가 국제 행위자와 국내 행위자 간 힘의 비대칭성이라는 해방정국의 구조적 제약 속에서도 국내 정치 행위자가 상대적 자율성의 공간을 확장할 수 있는 중요한 정치적 조건이라는 것에는 동의한다. 좌우 극단 세력이 주도하는 분리의 정치가 국내 정치의 헤게모니를 장악하여 온건 중도 세력이 지향하는 통합의 정치적 시도가 원심력의 정치 속에 갇혀 반복적으로 좌절되는 정치적 조건에서는 결국 외부 국제행위자의 규정력이 사태의 전개와 경로의 분기를 결정할 것이다.

광복 80주년을 맞이하는 오늘날의 한국 정치는 과연 1945년의 해방정국의 풍경과 얼마나 다른 것인가? '백년전쟁'과 '건국전쟁'이라는 상호 적대적이며, 경쟁적인 담론이 여전히 한국 사회와 정치에 강한 영향력을 가진 오늘의 상황에서 우리의 공동연구는 누가 옳은 가에 대한 답이 아니라, 80년 전 한국의 해방정국에서 깊이 숙고하지 못했지만, 근원적이었던 질문을 다시 묻고자 했다. 우리는 더 큰 우리로의 통합을 원하는가, 아니면 더 작은 우리로의 분리를 원하는가? 우리는 현재 어떤 우리를 정치적으로 호명하고자 하는가?

참고문헌

● 한글

강광식. 2008. 『통일 한국의 체제 구상: 국제적 위상과 복합국가체제』. 서울: 백산서당.
강만길. 2007. 『통일지향 우리 민족해방운동사』. 역사비평사.
강만길. 2018. 『조선민족혁명당과 통일전선』. 파주: 창비.
강종일. 2014. 『한반도 생존전략: 중립화』. 서울: 해맞이미디어. .
강종일. 2023. "미·중 패권경쟁 시대에 대비한 한반도 중립화 연구." 『한국의회학회보』 6권 1호, 134-157.
구춘권. 2025. "오스트리아의 좌우적대와 협력의 정치적 동학: 전간기의 정치적 대립은 어떻게 해방기의 협력으로 반전되었는가?." 『유럽연구』. 43-1. 한국유럽학회.
권오중. 2004. "국가적 통일인가, 서방측으로의 통합인가? 독일연방공화국 (구서독) 의 정부수립과 아데나워 정부의 독일정책결정에 관한 문제" 『역사교육』, 91, 217-247.
기광서. 2005. "소련군의 북한진주와 부르주아 민주주의논선." 『통일문제연구』. 제20집. 1호.
기광서. 2014. "해방 전 소련의 대한반도 정책 구상과 조선 정치세력에 대한 입장." 『슬라브 연구』, 30(4), 29-57.
기광서. 2018. 『북한 국가의 형성과 소련』. 서울: 선인.
기광서. 2019. "해방후 북한 반소반공운동의 실상." 『동북아연구』. 34권2호. 조선대 동북아연구소.
기광서. 2021. "해방후 북한의 반소반공운동: 조선민주당과 북조선 천도교청우당." 『동북아연구』. 36권1호. 조선대학교 동북아연구소.
길윤형. 2020. 『26일 동안의 광복: 1945년 8월 15일-9월 9일, 한반도의 오늘을 결정지은 시간들』. 파주: 서해문집.
김, 나탈리아. 2022. "한국 해방사(1945-1948년)." 『한러관계사 1권』, 203-234. 서

귀포: 한국국제교류재단.
김건우. 2017. 『대한민국의 설계자들: 학병세대와 한국 우익의 기원』. 충남 홍성군: 느티나무책방.
김광식. 1985. "미군정과 분단국가의 형성." 최장집 편. 『한국현대사 I: 1945~1950』, 111-183. 부산: 열음사.
김광운. 2019. "김원봉의 1945년 광복 이후 정치행적과 성격." 『한국독립운동사연구』. 제68집(2019.11). 독립기념관한국독립운동사연구소.
김국후. 2008. 『비록 평양의 소련군정: 기록과 증언으로 본 북한정권 탄생비화』. 파주: 한울.
김기협. 2015. "해방기 중간파 노선의 재인식." 『황해문화』. 통권88호(2015.9). 새얼문화재단.
김대중. 1994. 『나의 길 나의 사상』. 파주: 한길사.
김동성. 2006. "해방 직후 민족주의의 행태적 특성: 건준·인공·반탁운동의 현대적 함의." 『신아세아』 13권 1호, 7-41.
김동춘. 2006. "한국의 분단국가 형성과 시민권: 한국전쟁, 초기 안보국가하에서 '국민 됨'과 시민권." 『경제와 사회』 70호, 168-189.
김미경. 2024. "해방정국, 국가형성, 그리고 우리형성의 정치사회학: 한국과 오스트리아 비교." 『문화와 정치』.. 11권4호. 한양대 평화연구소.
김상봉. 2007. 『서로주체성의 이념: 철학의 혁신을 위한 서론』. 서울: 길.
김성보. 1995. "소련의 대한정책과 북한에서의 분단질서 형성, 1945~1946." 역사문제연구소 엮음. 『분단 50년과 통일시대의 과제』, 49-94. 서울: 역사비평사.
김성보. 2009. "남북국가 수립기 인민과 국민 개념의 분화." 『한국사연구』 144, 69-95.
김성보. 2015. "1946년 여름 슈티코프 보고서와 북한의 국가 토대 형성" 『역사비평』 112, 48-69.
김승국. 2010. 『한반도 중립화 통일의 길』. 파주: 한국학술정보.
김용달. 2013. "광복 전후 좌·우파 독립운동세력의 국가건설론." 『한국독립운동사연구』 46집, 257-283.
김용복. 1989. "해방직후 북한 인민위원회의 조직과 활동, 1945-1947." 『해방전후사의 인식 5』. 한길사.
김용복. 2025. "해방직후 한반도에서 좌우협력은 왜 실패하였는가?" 『미래정치연구』. 제15권 제1호. 명지대 미래정치연구소.
김용철·지충남·유경하. 2018. 『현대 한국정치의 이해』. 파주: 마인드탭.
김인식. 2004. "안재홍의 중도우파 노선과 민족국가 건설운동." 『한국민족운동사연구』. 39집(2004.6). 한국민족운동사학회.
김인식. 2018. "민족주의 세력의 조선건국준비위원회 개조 움직임." 『한국민족운동사연구』. 95호.
김재웅. 2015. "미국의 대북 첩보활동과 소련의 38선 봉쇄: 남북 분단체제 형성을 촉진한 1946년 미소 갈등." 『역사비평』 113, 20-45.
김재웅. 2016. "북한의 38선 월경 통제와 월남 월북의 양상." 『한국민족운동사연구』 87, 189-232.
김재웅. 2019. "해방 후 남북한의 좌우 갈등과 분단체제의 전개." 『코기토』 88, 51-89.
김정기. 1967. 『밀파』. 서울: 박영사.
김진웅. 2010. "제2차 세계대전 후 폴란드와 한국에서의 정부 수립과정 비교". 『대구사학』, 100, 249-281.
김철수. 2014. "한반도의 통일을 생각한다." 서울대학교 명예교수회보 (Annual report of professors emeriti Seoul National University), 10, 175-183.
김하림. 2019. "5·4운동 전후 중국의 세계주의의 확산과 민족주의의 재구성." 『中國近現代史研究』第83輯, 79-112.
김학노. 2010. "정치, 아(我)와 비아(非我)의 헤게모니 투쟁." 『한국정치학회보』 44집 1호, 31-57.
김학노. 2011. "서로주체적 통합의 개념." 『한국과 국제정치』. 27권 3호.
김학노. 2018. 『남과 북의 서로주체적 통합』. 서울: 사회평론아카데미.
김학노. 2023. 『정치: 아(我)와 비아(非我)의 헤게모니 투쟁』. 서울: 박영사.
김학노. 2024. "한국과 오스트리아의 초기 해방정국 비교: 단일 임시정부와 국제 차원을 중심으로." 『한국정치학회보』 58집 3호, 31-58.
김학성. 1999. "동독에서 소군정과 동독의 소비에트화 과정." 한국정치외교사학회 편. 『제2차 세계대전 후 열강의 점령정책과 분단국의 독립·통일』, 231-272. 서울: 건국대학교출판부.
김학준. 2020. "소련은 38도선 이북을 '직접' 통치했다: 김학준이 다시 쓴 현대사 결정적 장면 ③." 『신동아』 733호, 192-207.
김홍섭. 2016. "오스트리아 국가 정체성의 형성과 발전." 『독일언어문학』, 74, 41-64.
김홍섭. 2020. "오스트리아 모델: 친서방 영세중립의 성립과 발전." 『독일언어문학』 88집, 207-232.
남광규. 2001. "해방초기 중간파 약화와 좌우대결의 격화(1945.8-1946.2)." 고려대학교 정치학박사 학위논문.
남광규. 2005. "해방초 임정·인공 정치기반의 동질성과 대립원인: 임정·건준의 중간파 성격과 좌파의 인공수립배경을 중심으로(1945.8~11)." 『국제정치논총』 45집 3호, 149-169.
남광규. 2007. "미소공위와 미소의 조선임시정부 수립대책." 『국제정치논총』, 47(3), 119-142.
남광규. 2010. "미소공위와 미소의 조선임시정부 수립대책." 이철순편. 『남북한 정부수립 과정 비교』. 인간사랑.
매트레이, 제임스 I. 지음 구대열 옮김. 1989. 『한반도의 분단과 미국』. 서울: 을유문화사.

미국연방문서보관소/신복룡·김원덕 역. 2023. 『한국분단보고서2』. 선인.
미드, 그란트 지음·안종철 옮김. 1993. 『주한 미군정 연구』. 서울: 공동체.
민경현. 2022. "해방 직후 한러관계: 소일전쟁과 북한의 탄생." 『한러관계사 1권』, 179-202. 서귀포: 한국국제교류재단.
민주주의 민족전선. 1988. 『해방조선 I: 자주적 통일민족국가 수립 투쟁사』. 서울: 과학과사상.
박다정. 2023. "미국의 38 선 획정 원인과 목적 (1943~ 1945)." 『역사학보』, 260, 109-152.
박명림. 1996. 『한국전쟁의 발발과 기원 II: 기원과 원인』. 나남출판.
박명수. 2014. "평안남도 건국준비위원회와 조만식." 『한국기도교와 역사』. 제 41호(2014.9). 한국기독교역사연구소.
박명수. 2015. 『건국투쟁: 민주공화국인가, 인민공화국인가?』. 파주: 백년동안.
박명수. 2017. "'중앙집권화 된 행정부'와 한반도의 분단: 해방 전후 미국의 대한 정책에 대한 재 고찰." 『역사와 실학』 62, 221-267.
박명수. 2020. "한반도의 분단과 모스크바 외상회의." 『한국정치외교사논총』 42집 1호, 151-196.
박병석. 2006. "연립정부에 관한 협의제 민주주의적 고찰: 유럽의 경험을 통한 한국 적용의 과제." 『21세기정치학회보』. 16집 1호. 21세기정치학회.
박병엽. 2010. 『박병엽 증언록1: 조선민주주의인민공화국의 탄생』. 박병엽 구술, 유영구·정창현 엮음. 서울: 선인.
박병엽. 2010a. 『박병엽 증언록2: 김일성과 박헌영 그리고 여운형』. 박병엽 구술, 유영구·정창현 엮음. 서울: 선인.
박상훈. 2011. 『정치의 발견: 정치에서 가능성을 찾고자 하는 사람들을 위한 정치학 강의』. 서울: 폴리테이아.
박수희. 2021. "오스트리아식 영세중립화 통일방안의 한반도 적용 가능성에 대한 재고." 『한국과 국제사회』 5권 2호, 289-312.
박정원. 2007. "한반도 통일모델의 탐색: 중립화통일론의 적용가능성." 『통일정책연구』 16권 2호, 75-96.
박찬표. 2007. 『한국의 국가 형성과 민주주의: 냉전 자유주의와 보수적 민주주의의 기원』. 서울: 후마니타스.
박태균. 1994. "해방직후 한국민주당 구성원의 성격과 조직개편." 『국사관논총』. 58집.
박태균. 2019. "미군정이 만들려고 했던 한국의 공화 체제." 『역사비평』, 117-143.
박태균. 2021. 『버치문서와 해방정국: 미군정 중위의 눈에 비친 1945~1948년의 한반도』. 고양: 역사비평사.
박태균·정창현. 2016. 『암살: 왜곡된 현대사의 서막』. 역사인.
방선주. 1999. "한반도에 있어서의 미 소군정의 비교." 한림대학교 아시아문화연구소 편. 『미군정기 한국의 사회변동과 사회사 I』, 27-52. 춘천: 한림대학교 출판부.
백경남. 1999. "서독에서의 연합국 군정과 서독의 주권회복 과정." 한국정치외교사학회 편.『제2차 세계대전후 열강의 점령정책과 분단국의 독립·통일』, 173-21. 서울: 건국대학교 출판부.
백학순. 2010. "소련의 한반도정책, 1945-1948: 양궤(兩軌)전략." 이철순 엮음. 『남북한 정부수립 과정 비교: 1945-1948』, 369-456. 고양: 인간사랑.
분리통합연구회 편. 2014.『'분단-통일'에서 '분리-통합'으로』. 서울: 사회평론.
샤츠슈나이더. 2008.『절반의 인민주권』. 현재호·박수형 옮김. 서울: 후마니타스.
서용선. 1999. "미소공동위원회 연구: 미소의 협력과 갈등을 중심으로."『군사』. 국방부 군사편찬연구소.
서동만. 2005.『북조선사회주의체제성립사 1945~1961』. 서울: 선인.
서울대학교 인문대학 한국현대사 연구회. 1987.『해방정국과 민족통일전선』. 서울: 세계.
서중석 1996.『한국현대민족운동연구 2: 1948~1950 민주주의·민족주의 그리고 반공주의』. 서울: 역사비평사.
서중석. 2004. "해방정국의 중도파 정치세력을 어떻게 볼 것인가."『한국민족운동사연구』. 39집(2004.6). 한국민족운동사학회.
송건호 외. (1979/1980). "해방의 민족사적 인식". 송건호 외.『해방후사의의 인식』, 13-32. 서울: 한길사.
송남헌. 1985.『해방 3년사 I: 1945-1948』. 서울: 까치.
신복룡. 1987. "한국 신탁통치의 연구: 미국의 구도와 변질을 중심으로."『한국정치학회보』. 제27집 2호.
신복룡. 1994. "한국 신탁통치의 연구: 미국의 구도와 변질을 중심으로: 미국의 구도와 변질을 중심으로."『한국정치학회보』, 27(2-1), 25-51.
신복룡. 2006.『한국분단사연구 1943~1953』. 개정판. 파주: 한울.
신복룡. 2010. "미국의 대한반도정책 평가: 1945-1948." 이철순 편.『남북한 정부수립 과정 비교』. 인간사랑.
신복룡. 2024.『해방정국의 풍경: 인물로 돌아보는 대한민국 현대사』. 서울: 중앙북스.
심지연 엮음. 1986.『해방정국 논쟁사 I』. 서울: 한울.
심지연. 1999. "남한에서의 미군정과 대한민국 정부수립 과정." 한국정치외교사학회 편.『제2차 세계대전 후 열강의 점령정책과 분단국의 독립·통일』, 111-137. 서울: 건국대학교출판부.
심지연. 2010. "남북한 정당활동 비교 1945-1948." 이철순 엮음.『남북한 정부수립 과정 비교: 1945-1948』, 97-138. 고양: 인간사랑.
안병영. 1987. "세계사 속의 통일접근사례: 오스트리아의 예."『국제정치논총』 27집 1호, 31-49.
안병영. 2013.『왜 오스트리아 모델인가: 합의와 상생, 융합과 재창조의 국가모델』. 서울: 문학과지성사.
안재홍. 1983. 『민세안재홍선집2』. 안재홍선집간행위원회 편. 서울: 지식산업사.
안종철. 1991. 『광주·전남 지방현대사 연구: 건준 및 인민위원회를 중심으로』. 서울: 한울.
안희수. 2024. 『대한민국 현대정치사: 건준에서 참여정부까지』. 서울: 박영사.
양기웅. 1999. "미국의 남한점령과 일본점령 비교연구" 일본단독점령과 조선분할점령의 연계성." 한림대학교 아시아문화연구소 편. 『미군정기 한국의 사회변동과 사회사 I』, 115-143. 춘천: 한림대학교 출판부.
양동안. 2007. "한반도 분단의 정확한 원인 규명." 『정신문화연구』 30권 4호, 139-175.
엄상윤. 2022. "한국정치사회의 통일노선 계보: 지속과 변화." 『국제관계연구』. 27권1호(여름호, 2022.6). 고려대 일민국제관계연구원.
오기영. 2019. 『민족의 비원』. 동전 오기영 전집 2권. 서울: 모시는 사람들.
오영진. 1952. 『하나의 증언』. 중앙문화사.
오코노기 마사오 지음·류상영·서승원·심규선·양기호·이영채·최경원·최희식 옮김. 2019. 『한반도 분단의 기원』. 파주: 나남.
올리버, 로버트 지음 황정일 옮김. 2002. 『이승만: 신화에 가린 인물』. 서울: 건국대학교출판부.
에릭 홉스봄. 1997. 『극단의 시대. 20세기의 역사』. 서울: 까치.
에릭 홉스봄 저. 강성호 옮김. 1997/2002. 『역사론』. 서울: 민음사.
와다 하루끼. 1999. "북한에서의 소련군정과 국가형성." 한국정치외교사학회 편. 『제2차 세계대전 후 열강의 점령정책과 분단국의 독립·통일』, 139-171. 서울: 건국대학교출판부.
와다 하루키. 2002. 『북조선, 유격대국가에서 정규군국가로』. 서동만, 남기정 역. 돌베개.
와다 하루키 지음·이웅현 옮김. 2019. 『러일전쟁 1: 기원과 개전』. 파주: 한길사.
요시자와 후미토시. 2021. "샌프란시스코 강화조약과 전후 한일관계의 원점: 1965년체제를 둘러싼 고찰," 『영토해양연구』. 22호(2021.12). 동북아역사재단.
윤덕영. 2011. "주한 미군정의 초기 과도정부 구상과 송진우 한국민주당의 대응." 『한국사연구』 (154).
윤덕영. 2010. "8.15직후 조선건국준비위원회의 조직직 한계와 좌우분립의 배경." 『사학연구』. 제100호. 한국사학회.
윤덕영. 2016. "1946년 전반 한국민주당의 재편과 우익정당 통합운동." 『사학연구』. 제121호(2016.3). 한국사학회.
윤태룡. 2013. "국내외 한반도 중립화논쟁의 비교분석: 찬반논쟁을 넘어서." 『평화학연구』 14권 3호, 73-101.
윤해동. 1989. "반탁운동은 분단, 단정노선이다." 『역사비평』. 제9호. 역사비평사. 1989.11.

이경. 2011. "분단국의 통일사례 비교: 한반도에 주는 시사점." 『대한정치학회보』 18집 3호, 49-78.
이규태. 2006. "해방직후 건국준비위원회의 활동과 통일국가모색."『한국근현대사연구』, 36.
이민영. 2015. <1945-1953년 한국소설과 민족담론의 탈식민성 연구> (Doctoral dissertation, 서울대학교 대학원).
이서행. 2005. "오스트리아의 영세중립국정책으로 본 통일방안."『평화학연구』 6호, 213-245.
이완범. 1995. "기획 1: 한국현대사-왜곡과 진실 모스크바 3 상회의." 『역사비평』, 333-340.
이완범. 2007. "해방직후 남한 좌우합작 평가: 국제적 제약 요인과 관련하여, 1946-1947."『국제정치논총』. 제47집 4호.
이완범. 2023.『신탁통치3: 한국정치세력의 인식과 대응』. 한국한중앙연구원 출판부.
이은선. 2018. "이승만의 남선 순행과 정읍 발언의 의미 분석."『한국정치외교사논총』 39집 2호, 39-74.
이정식. 1992. "여운형과 건국준비위원회."『역사학보』 134-135 합집, 25-76.
이정식. 2006.『대한민국의 기원』. 서울: 일조각.
이정식. 2010. "해방 3년사 연구의 새로운 방향: 남북한의 '반쪽' 연구를 넘어서." 이철순 엮음.『남북한 정부수립 과정 비교: 1945-1948』, 15-34. 고양: 인간사랑.
이종석. 2002.『현대북한의 이해』. 역사비평사.
이준식. 2004. "김규식의 민족운동노선과 이념."『한국민족운동사연구』. 39집 (2004.6). 한국민족운동사학회.
이지수. 2009. "제2차 세계대전과 소련의 한반도 정책." 이인호·김영호·강규형 편.『대한민국 건국의 재인식』, 55-92. 서울: 기파랑.
이철순. 2010. "소련의 북한 정치세력에 대한 정책 1945-1948." 이철순 엮음.『남북한 정부수립 과정 비교: 1945-1948』, 331-367. 고양: 인간사랑.
이혜숙. 2003.『일본현대사의 이해: 전후 일본사회와 미국의 점령정책』. 진주: 경상대학교 해외지역연구센터.
이호재. 1975.『한국외교정책의 이상과 현실』. 3판. 서울: 법문사.
이호재. 1978. "오스트리아 재통일의 성공요인."『약소국 외교정책론』 3판, 119-153. 서울: 법문사.
이호재. 1999. "오스트리아의 연합국 군정과 주권회복과정." 한국정치외교사학회 편.『제2차 세계대전 후 열강의 점령정책과 분단국의 독립·통일』, 23-55. 서울: 건국대학교출판부.
임상우. 2021. "오스트리아의 중립화에 비추어 본 한반도 중립화 통일론."『통합유럽연구』 12권 3집, 127-166.
임종대. 2014.『오스트리아의 역사와 문화 3』. 서울: 유로서적.

장원석. 2018.『진실과 화해의 정치』. 제주: 온누리디엔피.
전득주. 1990. "오스트리아식 중립화통일과정에 관한 평가."『한국정치외교사논총』제7집, 303-329.
전득주. 2004.『세계의 분단 사례 비교연구』. 서울: 푸른길.
전재호. 2012. "한국 민족주의의 반공 국가주의적 성격: 식민지적 기원과 해방 직후의 전개 양상." 정근식・이병천 엮음.『식민지 유산, 국가 형성, 한국 민주주의 1』, 129-166. 서울: 책세상.
전현수. 1995. "소련군의 북한 진주와 대북한정책".『한국독립운동사연구』, 9집, 343-377.
전현수. 1997. "소련의 미소공위 대책과 한국임시정부 수립 구상." 김용섭교수 정년기념 한국사학논총간행위원회.『한국 근현대의 민족문제와 신국가건설』, 559-591. 서울: 지식산업사.
전현수. 2002. "해방 직후 북한의 토지개혁."『대구사학』68집, 85-135.
전현수. 2014. "해방 전후 소련의 대한정책."『현대사광장』4호, 68-85.
정미영. 2010. "오스트리아 중립화 문화가 남북한에 주는 함의와 교훈."『남북문화예술연구』통권 6호, 253-275.
정병기. 2014, "선거연합 연구의 한계 검토와 재분류 및 일반 이론 구성을 위한 메타 이론적 시론(試論)."『한국정치연구』23집 1호, 51~73.
정병기. 2018,『정당 체제와 선거 연합: 유럽과 한국』. 경산: 영남대학교출판부.
정병준. 1995.『몽양여운형평전』. 한울
정병준. 2005.『우남 이승만 연구』. 서울: 역사비평사.
정병준. 2021. "현준혁 암살과 김일성 암살시도: 평남 건준의 좌절된 '해방황금시대'와 백의사."『역사비평』136, 342-388.
정병준. 2023.『1945년 해방 직후사: 현대 한국의 원형』. 파주: 돌베개.
정용욱. 1993. "[자료소개] 해방 이전 미국의 대한정책 구상 자료."『역사와 현실』, 9, 365-385.
정용욱. 2001."왜? 왜 연합국은 한반도를 신탁통치하려 했는가."『내일을 여는 역사』, (5), 20-27.
정용욱. 2003a.『존 하지와 미군 점령통치 3년』. 서울: 중심.
정용욱. 2003b.『해방 전후 미국의 대한정책』. 서울: 서울대학교출판문화원.
정형아. 2016. "전후 소련의 만주지역 철군문제와 미중소의 이해관계 (1945-1946)."『역사와 실학』. 제61집(2016.11). 역사실학회.
중앙일보 특별취재반 1994.『비록 조선민주주의 인민공화국』(하). 중앙일보사.
조순승. 1982.『한국분단사』. 서울: 형성사.
최장집. 1996.『한국민주주의의 조건과 전망』. 나남.
카림, 이졸데. 2019.『나와 타자들』. 이승희 옮김. 서울: 민음사.
커밍스, 브루스 지음. 김동노・이교선・이진준・한기욱 옮김. 2001.『브루스 커밍스의 한국현대사』. 서울: 창작과비평사.
커밍스, 브루스 지음. 김범 옮김. 2023.『한국전쟁의 기원 1』. 파주: 글항아리.

한근조. 1970. 『고당 조만식』. 서울: 태극출판사.
한배호. 2008. 『한국정치사: 자유를 향한 20세기』. 서울: 일조각.
한상철. 2017. "한반도 이념전쟁 연구 (1919-1950): '적'의 호명과 작동." 북한대학원대학교 박사논문.
헨더슨, 그레고리 지음. 이종삼·박행웅 옮김. 2013. 『소용돌이의 한국정치』. 완역판. 파주: 한울.
호그, C. L. 지음. 신복룡·김원덕 옮김. 1992. 『한국분단보고서 상』. 서울: 풀빛
호그, 레너드 저/신복룡·김원덕 역. 2023. 『한국분단보고서1』. 선인.
홍인숙. 1985. "건국준비위원회의 조직과 활동." 『해방전후사의 인식』. 한길사.
황순원. 2006. 『카인의 후예』. 서울: 문학과지성사.
황의서. 1995. "해방후 좌우합작운동에 관한 연구." 동국대 박사학위논문.
황의서. 1997. "해방후 좌우합작운동에 대한 국내정치세력의 입장 비교분석." 『한국정치학회보』. 31집1호. 한국정치학회.
황의서. 2005. "좌우합작의 실패와 성공: 한국과 오스트리아의 사례." 『국민윤리연구』 59호, 377-396.

● 영문

Anzelmo, Mary Ann Probus. 1968. *The Provisional Government of Austria: April 27 to December 13, 1945*. M.A. Thesis. Rice University, Houston, Texas.
Bartolini, S. 2005. *Restructuring Europe: Centre formation, system building, and political structuring between the nation state and the European Union*. OUP Oxford.
Békés, Csaba, László Borhi, Peter Ruggenthaler, and Ottmar Traşcă. eds. 2015. *Soviet Occupation of Romania, Hungary, and Austria 1944/45-1948/49*. Budapest: Central European University Press.
Benson, Geroge C. S. 1948. "American Military Government in Austria May 1945-February 1946." Carl J. Friedrich and Associates. *American Experiences in Military Government in World War II*, 169-194. New York: Rinehart & Company.
Bischof. Günter Josef. 1989. "Between Responsibility and Rehabilitation: Austria in International Politics, 1940-1950"(Ph.D Dissertation, Havard University).
Bischof, Günter. 1999. *Austria in the First Cold War, 1945-55*. New York: Palgrave Macmillan.
Bischof, Günter. 2002. "Allied Plans and Policies for the Occupation of Austria, 1938-1955." Rolf Steininger, Günter Bischof and Michael Gehler, eds.

Austria in the Twentieth Century, 162-189. London: Routledge.

Bischof, Günter. 2020. "The Policies of Presidents Roosevelt, Truman, and Eisenhower toward Austria, 1943-1955." Stefan Karner and Barbara Stelzl-Marx eds., *The Red Army in Austria: The Soviet Occupation, 1945-1955*, 3-22. London: Lexington Books.

Bischof, Günter. 2020a. "The Post-World War II Allied Occupation of Austria: What Can We Learn about It for Iraq in Successful Nation Building?" *Journal of Austria-American History*, 4(1-2), 38-72.

Carafano, James Jay. 2002. *Waltzing into the Cold War: The Struggle for Occupied Austria*. College Station: Texas A&M University Press.

Carr, E. H., & Cox, M. 1939. *The Twenty Years' Crisis, 1919-1939*, Reissued with a New Preface from Michael Cox. London: Palgrave Macmillan.

Djilas, Milovan. 1962. *Conversations with Stalin* New York: Harcourt Brace Jovanovich.

Eisterer, Klau. 2002. "Austria under Allied Occupation." Rolf Steininger, Günter Bischof and Michael Gehler, eds. *Austria in the Twentieth Century*, 190-211. London: Routledge.

Filitov, Aleksei. 2020. "Soviet Plans for Rebuilding Austria from 1941 to 1945." Stefan Karner and Barbara Stelzl-Marx eds., *The Red Army in Austria: The Soviet Occupation, 1945-1955*, 25-36. London: Lexington Books.

Gramsci, A. 2005. *Selections from Prison Notebooks.* edited by Hoare, Q., & Nowell-Smith, G. Lawrence & Wishart,

Gramsci, Antonio. 2007. *Prison Notebooks, Volume III*. Edited and translated by Joseph A. Buttigieg. New York: Columbia University Press.

Halliday, F. 1988. "Three concepts of internationalism" *International Affairs* (Royal Institute of International Affairs 1944-), 64(2), 187-198.

Hasegawa, T. 2011. "Soviet policy toward Japan during World War II." Cahiers du monde russe. Russie-Empire russe-Union sovietique et Etats indépendants, 52(52/2-3), 245-271.

Hudson, Walter M. 2015. *Army Diplomacy: American Military Occupation and Foreign Policy after World War II*. Lexington, Kentucky: The University Press of Kentucky.

Jeon, H. 2015. "The Soviet Blueprint for the Postwar Korean Provisional Government: A Case Study of the Politburo's Decisions." *Asian Perspective*, 39, 725-748.

Karner, Stefan and Peter Ruggenthaler. 2020. "Under Soviet Control: The Establishment of the Austrian Government in 1945." Stefan Karner and Barbara Stelzl-Marx eds., *The Red Army in Austria: The Soviet Occupation, 1945-1955*, 37-74. London: Lexington Books.

Kymlicka, W. 2002. *Contemporary Political Philosophy: an Introduction.* New York.
Lewis, J. 2000. "Austria 1950: Strikes, 'Putsch' and their Political Context." *European History Quarterly*, 30(4), 533-552.
Lendvai, Paul. 2023. *Austria Behind the Mask: Politics of a Nation since 1945.* London: Hurst & Company.
McDonald, Donald S. 1948. "Part II: Field Experience in Military Government: Cholla Namdo Province, 1945-1946." Carl J. Friedrich and Associates. *American Experiences in Military Government in World War II*, 364-377. New York: Rinehart & Company.
Mueller, W. 2006. "Stalin and Austria: New Evidence on Soviet Policy in a Secondary Theatre of the Cold War, 1938-53/55. *Cold War History*, 6(1), 63-84.
Mueller, W. 2010. "Soviet Policy, Political Parties, and the Preparation for Communist Takeovers in Hungary, Germany, and Austria, 1944-1946." *East European Politics and Societies*, 24(01), 90-115.
Piotrowski, Harry. 1987. "The Soviet Union and the Renner Government of Austria, April-November 1945." *Central European History*, 20(3), 246-279.
Rathkolb, Oliver. 2021. *The Paradoxical Republic: Austria, 1945-2020.* New York: Berghahn.
Rokkan S. 1974. "Entries, Voices, Exits: Towards a Possible Generalization of the Hirschman Model'" *Social Sciences Information* 13(1): 39-53.
Ruggenthaler, Peter. 2020. "Soviet Policy toward Austria from 1945 to 1955." Stefan Karner and Barbara Stelzl-Marx eds., *The Red Army in Austria: The Soviet Occupation, 1945-1955*, 75-94. London: Lexington Books.
Sartori, Giovanni. 1976. *Parties and Party Systems: A Framework for Analysis.* Cambridge: Cambridge University Press.
Steinacher, Gerald. 2002. "The Special Operations Executive (SOE) in Austria, 1940-1945." *International Journal of Intelligence and Counterintelligence* 15, 211-221.
Steininger, Rolf. 2012. *Austria, Germany, and the Cold War: From the Anschluss to the State Treaty 1938-1955.* New York: Berghahn Books.
Stourzh, Gerald and Wolfgang Mueller. 2018. *A Cold War over Austria: The Struggle for the State Treaty, Neutrality, and the End of East-West Occupation, 1945-1955.* Lanham: Lexington Books.
Stueck, W. 1995, "The United States, the Soviet Union, and the Division of Korea: A Comparative Approach." *The Journal of American-East Asian Relations*, 4(1).

Taylor, Philip H. 1948. "Military Government Experience in Korea. Part I: Administration and operation of Military Government in Korea." Carl J. Friedrich and Associates. *American Experiences in Military Government in World War II*, 355-364. New York: Rinehart & Company.

The Department of State. 1947. *American Policy in Occupied Areas*. Washington, D.C.: United States Government Printing Office.

Weathersby, K. 1993. "Soviet Aims in Korea and the Origins of the Korean War, 1945-1950: New Evidence from Russian Archives" (Vol. 8). Cold War International History Project, Woodrow Wilson International Center for Scholars.

● 독일어

"Abkommen über die Alliierte Kontrolle in Oesterreich vom 4. Juli 1945 (Erstes Kontrollabkommen)." https://www.uibk.ac.at/zeitgeschichte/zis/library/eisterer.html (검색일: 2025. 5. 10).

"Moskauer Deklaration 1943 und die alliierte Nachkriegsplanung." Zeitgeschichtliche Informatonssystem von Institute of Contemporary History at the University of Innsbruck https://www.uibk.ac.at/zeitgeschichte/zis/library/keyserlingk.html (검색일: 2025. 5. 10).

"Proklamation über die Selbständigkeit Österreichs vom 27. April 1945." https://www.verfassungen.at/at45-/unabhaengigkeit45.htm (검색일: 2025. 5. 10).

Bauer, Kurt. 2018. *Der Februaraufstand 1934. Fakten und Mythen*. Wien: Böhlau-Verlag.

Binder, Dieter A. 1930, "Korneuburger Eid. Ein faschistisches Grundprogramm für die Heimwehren." https://hdgoe.at/korneuburger-eid (검색일: 2025. 5. 10).

Bischof, Günter. 2005. "10 Jahre Besatzung - ein Unglück für Österreich?"https://www.derstandard.at/story/2042790/10-jahre-besatzung---ein-unglueck-fuer-oesterreich (검색일: 2025. 5. 10).

Bischof, Günter. 2020. "Die Väter des Wiederaufbaus." https://www.wienerzeitung.at/h/die-vater-des-wiederaufbaus (검색일: 2025. 5. 10).

Bischof, Günther und Peter Ruggenthaler. 2022. *Österreich und der Kalte Krieg. Ein Balanceakt zwischen Ost und West*. Wien: Leykam.

BMI(Bundesministerium für Inneres). "Nationalratswahl vom 25. November 1945." "Nationalratswahl vom 9. Oktober 1949." "Nationalratswahl vom 22. Februar 1953."

    https://www.bmi.gv.at/412/nationalratswahlen/historischer_rueckblick.aspx (검색일: 2025. 5. 10).

BMI(Bundesministerium für Inneres). "Nationalratswahl vom 9. November 1930."

    https://www.bmi.gv.at/412/Nationalratswahlen/files/NRW_1930.pdf (검색일: 2025. 5. 10).

BMI(Bundesministerium für Inneres). "Wahl zur Konstituierenden Nationalversammlung vom 16. Februar 1919."

    https://www.bmi.gv.at/412/Nationalratswahlen/files/NRW_1919.pdf (검색일: 2025. 5. 10).

Dokumentationsarchiv. 2025a. "Entnazifierung und Ahndung der NS-Verbrechen." https://ausstellung.de.doew.at/m28sm123.html (검색일: 2025. 5. 10).

Dokumentationsarchiv. 2025b. "Volksgerichtsprozesse: Ein Überblick." https://ausstellung.de.doew.at/b132.html (검색일: 2025. 5. 10).

Dreier, Werner. 1986. *Zwischen Kaiser und 'Führer' — Vorarlberg im Umbruch 1918-1938.* Bregenz: Fink's Verlag.

Foitzik, Jan. 2006. "Die sowjetische Besatzung in Österreich," *JHK(Jahrbuch für Historische Kommunismusforschung) 2006.*

    https://www.kommunismusgeschichte.de/jhk/article/detail/die-sowjetische-besatzung-in-oesterreich (검색일: 2025. 5. 10).

Foster, Marion. 2024. "Die österreichische Neutralität zwischen Strategie und Identität." *Austrian Journal of Political Science.* Vol. 53. Special issue.

Höbelt, Lothar. 2022 "Die 'verkehrten Fronten' des Jahres 1919," Lothar Höbelt/Johannes Kalwoda/Johannes Schönner (Hrsg.). *Klubprotokolle der Christlichsozialen und Großdeutschen 1918/19.* Schriftenreihe des Forschungsinstitutes für politisch-historische Studien der Dr.-Wilfried-Haslauer-Bibliothek. Wien: Böhlau-Verlag.

Iber. Walter M. 2009. "Erdöl statt Reparationen. Die Sowjetische Mineralölverwaltung in Österreich 1945-1955." *Vierteljahreshefte für Zeitgeschichte.* Jg. 57, Nr. 4.

Jochum, Manfred und Ferdinand Olbort. 1998. *80 Jahre Republik Österreich. 1918 bis 1938 und 1945 bis 1998 in Reden und Statements.* Wien: Eugen Ketterl Verlag.

Karner, Stefan und Peter Ruggenthaler. 2015. *Die Renner-Stalin Briefe.* Eine Dokumentation von Stefan Karner und Peter Ruggenthaler. Gloggnitz:

Dr. Karl Renner-Museum für Zeitgeschichte.
Lendvai, Paul. 2007. *Mein Österreich. 50 Jahre hinter den Kulissen der Macht.* Salzburg: Ecowin.
Linke, Reinhard und Alexander Katholitzky. 2020. "Vor 75 Jahren: Ja zur Renner-Staatsregierung." https://noe.orf.at/stories/3067338/ (검색일: 2025. 5. 10).
Luif, Georg, Anna Benedek und Johann Docekal. 2024. *Sowjetische Besatzung von 1945 - 1955 in Mattersburg.* Neudorf: online Druck GmbH.
Mayr, Peter. 2016. "Oktoberstreik 1950. Späte Gerechtigkeit für die Streikopfer."https://www.derstandard.at/2000035538307/spaete-gerechtigkeit-fuer-die-streikopfer (검색일: 2025. 5. 10).
Mediathek 2025. "Marshallplan und Westintegration." https://www.mediathek.at/onlineausstellungen/staatsvertrag/wiederaufbau/marshallplan-und-westintegration (검색일: 2025. 5. 10).
Mommsen, Margareta. 1976. *Die österreichische Proporzdemokratie und der Fall Habsburg.* Wien: Böhlau-Verlag.
Mugrauer, Manfred. 2020. *Die Politik der KPÖ 1945-1955.* Göttinen: V&R unipress.
Müller, Wolfgang. 2006. "Stalin, Renner und die Wiedergeburt Österreichsnach dem Zweiten Weltkrieg." *Vierteljahreshefte für Zeitgeschichte.* Jg. 54, Nr. 1.
Müller, Wolfgang. 2005. *Die sowjetische Besatzung in Österreich 1945-1955 und ihre politische Mission.* Wien: Böhlau-Verlag.
Müller, Wolfgang. 2005b. "Die gescheiterte Volksdemokratie-Zur Österreich-Politik von KPÖ und Sowjetunion 1945 bis 1955," *JHK(Jahrbuch für Historische Kommunismusforschung) 2005.*
Neugebauer, Wolfgang. 2017. "Zur Struktur, Größe und Effizienz des kommunistischen Widerstands in Österreich 1938–1945." Claudia Kuretsidis-Haider und Christine Schindler (Hrsg.). *Zeithistoriker–Archivar–Aufklärer. Festschrift für Winfried R. Garscha.* Wien: Dokumentationsarchiv des österreichischen Widerstandes.
Pichler, Roland. 2016. *Volksgerichtsbarkeit und Entnazifizierung - unter besonderer Berücksichtigung der Verfahren gegen Frauen vor dem Volksgericht.* Dissertation. Wien: Universität Wien.
Rathkolb, Oliver. 2025. "Ansprüche der Alliierten auf Vermögen in Österreich." https://hdgoe.at/ansprueche-alliierte (검색일: 2025. 5. 10).
Rathkolb, Oliver. 2021. *The Paradoxical Republic: Austria, 1945-2020.* New York: Berghahn.
Renner, Karl. 1945. "Proklamation der zweiten Republik Österreich (Wien, 27.

April 1945)." Österreichische Bundesregierung (Hrsg.). *Für Recht und Freiheit, Eine Auswahl der Reden des Bundespräsidenten Dr. Karl Renner*. Wien: Österreichische Staatsdruckerei, [s.d.]. 391 S. p. 9-12. (http://www.cvce.eu/obj/proklamation_der_zweiten_repubik_osterreich_wien_27_april_1945-de-a49eaade-2468-46fd-80ad-000d471beb0b.html) 2024년 5월 7일 검색.

Rosecker, Michael. 2022. "Wir und die Neutralität - Eine alte Idee und ihr Bezug zu Karl Renner und zur Sozialdemokratie." https://renner-institut.at/blog/wir-und-die-neutralitaet-eine-alte-idee-und-ihr-bezug-zu-karl-renner-die-sozialdemokratie-und-oesterreich (검색일: 2025. 5. 10).

Rosecker, Michael. 2020. *Karl Renner. Ein Republikanisches Fundament*. Wien: Renner Institut.

Sälter, Gerhard. 2020. "Der Ns-Uuntergrund in Österreich und die Organisation Gehlen. Ein Beitrag zur Frühgeschichte der FPÖ." https://ihsf.at/Projekte-u-Publikationen/Projekte/Vortragsnachlese_Der-NS-Untergrund-in-Oesterreich-nach-1945.html (검색일: 2025. 5. 10).

Sander, Günther. 2018. *Sozialdemokratie in Österreich. Von den Anfängen der Arbeiterbewegung zur modernen Sozialdemokratie*. Wien: Karl-Renner-Institut.

Sandgruber, Roman. 2003. *Das 20. Jahrhundert. Geschichte Österreichs. Band VI*. Wien: Pichler Verlag.

Schausberger, Franz. 2022. *Partei des Solidarismus. Der 1. Bundesparteitag der Österreichischen Volkspartei vom 18. bis 21. April 1947*. Historisch-politische Kurzstudien. Band 3. Salzburg: pm Verlag.

Schwarz, Christoph und Adam Urosevic. 2023. *Österreichs Neutralität. Rolle und Option in einer sich verändernden Weltordnung*. AIES-Studie. September 2023.

Schwarz, Werner M. 2020. "Radikaler Pragmatismus. Die Österreichische Unabhängigkeitserklärung 1945 und ihr Verfasser Karl Renner." https://magazin.wienmuseum.at/die-oesterreichische-unabhaengigkeitserklaerung-1945-und-ihr-verfasser-karl-renner (검색일: 2025. 5. 10).

Seidel, Hans. 1999. "Währungsreform und Besatzung in Österreich 1945-47." *Wirtschaft und Gesellschaft*. Jg. 25, Nr. 3.

Seidl, Conrad. 2018. "100 Jahre KPÖ: Die Partei im Schatten der Sozialdemokratie. Die KPÖ, drittälteste kommunistische Partei der Welt, feiert Geburtstag – mit viel Selbstkritik." https://www.derstandard.at/story/2000090430187/100-jahre-kpoe-die-partei-im-schatten-der-sozialdemokratie (검색일: 2025. 5. 10).

Senn, Martin. 2023. "Eine Debatte über Österreichs Neutralität: Warum sie notwendig ist und wie sie geführt werden sollte." *Austrian Journal of Political Science.* Vol. 53. Special issue.

Simon, Thomas. 2021. "Der 'autoritäre Ständestaat' in Österreich und die Diktaturen im Osteuropa der Zwischenkriegszeit." *Parliaments, Estates and Representation.* Band 41, Nr. 2.

Sozialdemokratische Arbeiterpartei Deutschösterreichs. 1926. "Das Linzer Programm (3. November 1926)." https://www.marxists.org/deutsch/geschichte/oesterreich/spoe/1926/linzerprog.htm (검색일; 2025. 5. 10).

Staudinger, Anton. 2014. "Austrofaschistische 'Österreich'-Ideologie," Emmerich Tálos und Wolfgang Neugebauer (Hrsg.). *Austrofaschismus. Politik-Ökonomie-Kultur. 1933-1938.* 7. Auflage. Wien: LIT.

Steiniger, Rolf. 2005. *Der Staatsvertrag. Österreich im Schatten von deutscher Frage und Kaltem Krieg.* Innsbruck: Studienverlag.

Stelzl-Marx, Barbara. 2012. *Stalins Soldaten in Österreich. Die Innensicht der sowjetischen Besatzung in Österreich 1945-1955.* Wien: Böhlau-Verlag.

Tollas, Gábor. 2010. "Gemeinsamkeiten und Unterschiede der Vier-Mächte-Besatzung in Berlin und Wien in der Nachkriegszeit." Oliver Rathkolb (Hrsg.). *Österreich und Ungarn im Kalten Krieg.* Wien: Institut für Zeitgeschichte.

vorläufige Verfassung 1945. https://www.verfassungen.at/at45-/vgesetz45-2.htm (검색일; 2025. 5. 10).

Sälter, Gerhard. 2016. *Phantome des Kalten Krieges. Die Organisation Gehlen und die Wiederbelebung des Gestapo-Feindbilds »Rote Kapelle«.* Berlin: Ch. Links Verlag

Rass, Christoph. 2016. *Das Sozialprofil des Bundesnachrichtendienstes. Von den Anfängen bis 1968*, Berlin: Ch. Links Verlag.

Reiter, Margit. 2019. *Die Ehemaligen. Der Nationalsozialismus und die Anfänge der FPÖ.* Göttingen: Wallstein.

찾아보기

(ㄱ)

가톨릭 보수주의 228, 321, 324, 329
간접통치 75, 79, 80, 194
갈등의 사회화 40
강만길 287
강제 합병 64, 65, 122, 123, 124, 125, 133, 227, 231, 232, 236, 328, 331, 334
강제수용소 282
거국정부 137, 231, 319, 337
거점확보론 248
건국동맹 288, 289
건국준비위원회 (건준) 51, 53, 57, 79, 102, 114, 195, 209, 211, 287, 288, 294, 301, 302, 303, 359
검은 진영 45, 283, 284
결정적 국면 33-42, 242
경계 형성(boundary building) 145
경계짓기 187, 188, 205
경제적 통합 268
경제통합 169, 357
계급타협 338, 339
공동통치 166, 173
공산당 47, 63, 65, 66, 67, 123, 133, 134, 135, 227, 229, 230, 231, 232, 239, 289, 291, 298, 299, 319, 320, 329, 330, 332, 333, 334, 337, 362, 363
공산당(KPÖ) 46, 63
공화국수호연합 283, 324-328
과도입법의원 56, 198, 222, 261, 262, 313
과도정부 152

구성비(Proporz) 원칙 45, 282
9월 지침 364
구조 35, 36
국가 형성 141, 142, 271, 366
국가건설(state-building) 179, 180, 201
국가사회주의자법 129, 130
국가의 경계 246
국가적 타자 247
국가조약 44, 48, 49, 50, 78, 91, 132, 136, 137, 139, 153, 170, 233, 240, 267, 268, 269, 277, 341
국면 35, 36
국민 선거 253
국민 형성 141, 142, 242
국민 호명 295
국민건설 179, 180, 185, 201
국민국가 226, 227, 229
국민당 47, 63, 65, 66, 67, 68, 123, 130, 132, 134, 136, 152, 169, 229, 231, 232, 239, 264, 289, 298, 319, 330, 331, 333, 335, 337
국민의 경계 246, 272
국민의회 69, 130, 131, 241, 327, 328, 337
국제 공동구역 166
국제연맹 252
국제협상 366
권력공유 282
그루버(Karl Gruber) 94, 170, 183, 267
극동위원회(FEC) 82
극동자문위원회(FEAC) 82
근대성 246, 247, 248
기독교사회당(기사당) 63, 68, 133, 227,

319, 320, 321, 324, 326, 331
길윤형 178
김구 53, 54, 55, 114, 121, 194, 198, 199, 200, 203, 205, 211, 216, 221, 257, 262, 299, 306, 359
김규식 55, 193, 198, 291, 309
김대중 193, 205
김두봉 286
김병로 287
김일성 59, 98, 194, 199, 207, 213, 217, 218, 222, 224, 254, 286, 293, 315, 360
김준연 287

(ㄴ)

나치 63, 64, 123, 229, 231, 232, 235, 236, 238, 319, 327, 331, 333
나치 독일 64, 67, 125, 136, 227, 240, 328, 329, 335
나치당 123, 130, 236, 323, 328
나치의 최초 희생국 267
나치즘 64, 230, 324, 336
나토(NATO) 49, 189
남북 분리 270
남북 연석회의 198
남북의 균열 256
남북협상 198
남조선과도입법의원 193, 194, 262
남조선과도정부 193
남조선대한민국대표민주의원 193
내재적 접근 243
내전 283
냉전 129, 130, 134, 135, 137, 230, 234
농민연맹 360

(ㄷ)

다뉴브연합(Danube Confederation) 88, 89
단극화 291
단독 점령 150
단독정부 (단정) 196, 205, 257
단독정부(단정) 노선 197, 203
단독정부 수립 361
단독정부론 293
단일 경제권 174
단일경제 168
당파성 38
당파성의 보편화 38
대독일국민당 227
대독일당 227, 228, 321, 330, 336
대독일주의 149, 164, 263, 266, 340, 342
대동단결론 296
대아주의 28, 32, 146, 177, 189, 191, 197, 200, 201, 205, 293
대연정 47, 127, 132, 133, 134, 135, 182, 231, 234, 331
대의제 민주주의 126, 133, 230
대의제 의회민주주의 132
도나우연방 125
독립선언 62, 63, 66, 122, 123, 124, 125, 229, 230, 236
독립선언서 253
독립촉성중앙협의회 54, 114, 210, 350
독일 자산 처분 268
독일 재산 135, 136, 139, 233, 234, 335
독일문제 144, 162, 164, 348
독일오스트리아 228, 321, 325
독일오스트리아 공화국 227
독일오스트리아(Deutschösterreich) 226
독촉 252
독촉국민회 203
독촉중협 199, 289
돌푸스(Engelbert Dollfuß) 42, 45, 281, 282, 283, 324, 326
동서 분리 269, 270
동서독 통합행정부 357
동아시아 세력균형 352, 353
동아일보 오보 사건 258

(ㄹ)

랍(Julius Raab) 50, 68, 139, 326
랭던(William R. Langdon) 105, 358
런던 외상 회의 158, 361
레너 임시정부 66, 69, 133, 138, 167,

231, 264, 337, 347, 362, 363
레너(Karl Renner)　47, 48, 63, 65, 86, 87, 89, 99, 103, 151, 181, 187, 194, 196, 227, 265, 280, 287, 289, 319, 320, 331, 345
레닌　63, 330
레드 비엔나　45, 280, 283
로마넨코(Andrei Alekseevich Romanenko) 98
로칸(Stein Rokkan)　145
루마니아　167
루불린 정부　346
루즈벨트　75, 125, 157, 163, 351

(ㅁ)

마셜 플랜　132, 188, 231, 271
만주 대공세　161
매일신보　252
맥그래드(Paul C. McGrath)　154
맥아더　78, 79, 105, 155, 157
모스크바　340
모스크바 3상회의　125, 159, 243, 249, 250, 251, 255, 351, 354
모스크바 선언　62, 64, 89, 123, 124, 144, 162, 187, 228
모스크바 외상 회의　164
모스크바 협정　104
몰로토프　155, 158, 357
무소속연합　130, 131, 140, 232, 235, 239
무조건 항라론　296
미군정 공보부　260
미군정법령 118호　261
미소 협상　360
미소공동위원회 (미소공위)　54, 55, 112, 115, 207, 215, 220, 260, 261, 262, 354, 357, 361, 364
미소공위 5호성명　261
미소공위 예비회담　85
민공협동　288
민족국가건설　287
민족의 경계　272
민족적 타자　246, 247, 248, 250, 252,

254, 255, 258, 259, 265, 272, 274
민족적 통합주의　243, 244, 248, 251, 253, 257, 261, 263, 268, 269, 272, 274, 341, 342, 359
민족전선　55, 57, 120, 121, 217, 218, 306, 309, 313
민족해방운동　287
민주개혁　100, 202, 206, 293
민주기지론　293
민주의원　55, 61, 116, 218, 219, 306, 309
민주주의 민족전선　204, 297

(ㅂ)

바실레프스키　155, 156
바우어(Otto Bauer)　320, 331
박헌영　53, 194, 204, 209, 211, 213, 216, 217, 252, 254, 255, 288, 305, 307, 310, 359
박헌영・존스턴사건　258
반공　203
반공 호명　202
반공주의　134, 135, 240
반동　197, 201, 206, 292
반동분자　202
반탁　257, 259
반탁 감정　250
반탁 호명　203, 205, 206, 296, 297
반탁운동　258, 260, 261
반파쇼 투쟁　254
반파쇼 투쟁위원회　254
반히틀러 연합　64, 69, 126
발전적 해소　290
발트하임(Kurt Waldheim)　237
배타적 분할점령　81
백관수　287
백의사　202
번스(James Byrnes)　158, 167, 358
법통　290
베르사유 조약　226
베를린 공동 분할　164
베를린 봉쇄　154, 169, 357
베빈　158

볼셰비키화　346
북조선 5도 인민위원회　361
북조선인민위원회　59, 60, 61, 121, 193, 222
북조선임시인민위원회　56, 58, 59, 61, 99, 192, 193, 201, 215, 218, 257, 260, 261, 314, 316, 360, 364
북진통일론　293
분단국가　190
분단-통일　9
분리　28, 29, 30, 144, 146, 177
분리의 정치　230, 232, 236, 240
분리주의　32, 180, 189, 191, 196, 197, 206, 226, 230, 247, 248, 256, 293, 361
분리-통합　9, 29, 30, 31, 179, 190, 278
분립　190, 200
분할점령　43, 142, 149, 150, 153, 158, 360, 362
분할점령통치　99
분할통치　342
붉은 진영　45, 283, 284
비례민주주의　332, 337
비례성　231, 335, 337
비례체제　45, 46, 283
비상국민회의　204, 297
비상정치회의　298
비엔나　150, 153, 166, 345, 346
비엔나 분할 협상　165
빈센트　252, 351, 358
빨갱이　201, 206

(ㅅ)

4당 코뮤니케　54, 196, 257, 260, 272, 298, 299, 302, 306, 317
사르토리　40
사민당　63, 65, 133, 152, 227, 228, 319, 320, 321, 326, 328, 329, 330, 331, 349, 362
사상계　203
사프(Erwin Scharf)　362

사회당(SPÖ)　46, 47, 63, 66, 67, 123, 130, 132, 134, 135, 139, 229, 231, 232, 235, 264, 319, 332, 333, 335, 337
사회민주노동자당　227
사회적 균열구조　33, 34, 40, 191, 197
사회주의　66, 133, 228, 232, 234, 320, 321, 322, 324, 330, 331, 334
38선 봉쇄　112, 119, 159, 161, 173, 208, 314, 360
38선 분할　155
38선 분할점령　157
상 제르맹(Saint-Germain) 조약　226, 324, 329
상대적 자율성　151, 153, 249, 265, 271, 361
샤츠슈나이더　33, 38, 39
서로주체적　200, 282, 299, 329
서로주체적 정치　278, 279
서방화　188, 189
서북청년단　202
서울 중심주의　192, 194
서울중심성　193
선점과 배제　358
세계경제대공황　323, 325, 326
세기말(fin-de-siècle) 비엔나　185
소련자산관리국(USIA)　152, 268
소비에트화　265
소아주의　28, 32, 146, 177, 191, 194, 196, 197, 201, 203, 205
손문　248
송진우　257, 287, 299
쉬긴　260
스탈린　63, 87, 88, 98, 125, 126, 151, 156, 160, 163, 169, 228, 233, 256, 265, 361
스탈린 지령　160
10월 파업　234, 236
신간회　251, 288
신탁통치　54, 55, 56, 61, 80, 81, 101, 103, 109, 114, 115, 119, 178, 208, 215, 216, 217, 219, 224, 250, 252, 302, 306, 317, 344, 351, 352, 357,

358, 361, 365
신탁통치 논쟁　243

(ㅇ)

아들러(Friedrich Adler)　320
아들러(Max Adler)　320, 331
아들러(Viktor Adler)　63
안병영　43, 44
안재홍　193, 195, 252, 287, 288
안티노프(Aleksei Innokentevich Antonov)　154
앳치슨(George Jr. Atcheson)　105
얄타 회담　342
AP합동통신　262
FM 27-5　77
여순 10·19　197
여운형　51, 53, 56, 103, 114, 194, 198, 209, 217, 252, 287, 288, 291, 294, 299, 303, 304, 308, 309, 310, 313, 318, 359
여운홍　291
역사적 우연성　142, 144
연방제 의회주의　70, 229
연방주정부대표자회의　48, 66, 68, 69, 92, 181, 183, 199, 279
연정협약(Koalitionspakt)　46, 282
연합국 외무장관 회담　168
연합국 최고사령관(SCAP)　77
연합국 통제위원회　348
연합국 통제이사회　153, 169, 170
연합국위원회　128
연합국통제위원회　81, 162
연합국협의회(Allied Council)　82
연합군통제협의회(Allied Control Council for Korea)　83
염동진　202
영국　144, 163, 167
영토적 경계　146, 147, 148, 149, 153, 161, 172, 174, 251, 264, 274
영토적 분리　366
영토적 통합　362
5.4운동　248

5도행정국　58, 59, 61, 214, 302, 314, 316
오스트로마르크시즘　65, 237, 280, 320, 329
오스트로파시즘　64, 65, 70, 129, 228, 229, 230, 237, 319, 323, 328, 331, 335
오스트리아 공산당　152, 244, 266, 269, 270
오스트리아 공화국　66, 226
오스트리아 문제　164
오스트리아 민족주의　267
오스트리아 연합국위원회(AC)　81
오스트리아 제2 통제협정　268
와다 하루키　160
원심력의 정치　347, 358
월남　202
위임통치　252
유럽방위공동체　49
유럽자문위원회(EAC)　76, 81, 164
유럽자문회의　166
유엔　268, 343, 351, 364
의회제 민주주의　69, 125, 323, 331, 335
이념적 경계　247
이념적 분리주의　243, 244, 246, 261, 262, 272, 273, 359
이념적 타자　247, 254, 258, 262, 265
이념적 타자화　260, 273
이든(Anthony Eden)　89
이승만　53, 55, 114, 121, 194, 196, 203, 210, 211, 252, 289, 293, 296, 311, 361
이호재　43, 44
인네르 슈타트(Innere Stadt)　82, 84, 166
인민　294
인민 호명　294
인민공화국 (인공)　53, 54, 102, 114, 195, 209, 255, 289, 301, 302
인민당　254, 298, 346, 348, 349, 362
인민민주주의　132, 133, 232
인민법정(Volksgericht)　129, 130
인민위원회　79, 102
인민전선 정부　63, 66, 67, 134, 138, 227, 232, 334, 335

찾아보기 399

일반명령 제1호   156
일본 공동 점령   156
일본 문제   161
일본 점령   158
1943년 모스크바 선언   263, 270
임병직   350, 351
임시인민위원회   80
임시정부 (임정)   43-51, 62, 63, 64, 66,
    67, 69, 85, 86, 87, 91, 101, 105,
    123, 124, 135, 177, 179, 180, 183,
    187, 192, 194, 236, 237, 250, 251,
    253, 277, 280, 281, 298, 319, 333,
    344, 355, 358, 359, 364
임정봉대론   288, 289
입법 위원 선거   350

(ㅈ)

자유당   131, 240
잘츠부르크   265
장덕수   299
장안파   288
재건파   288
재식민화   246, 250
재점령   246
전국유지자대회   296
전략사무국(OSS)   93
전쟁배상 정책   160
전쟁배상금   268
점령권력   63, 66, 67, 68, 69, 70, 124,
    125, 126, 127, 130, 132, 133, 230,
    232, 235, 236, 240, 335
점령자   77, 78
점령정책   122, 127, 128, 131, 135, 333
정당   37, 40
정당체계   40
정당통일운동   289
정무위원회   196
정백   287
정읍발언   196, 197, 262, 361
정체성의 경계   145
정치균열   243, 246, 251, 271
정치적 균열   34, 191, 197

정치적 호명   33-42, 277
정치지형의 단극화   285
정판사위조지폐사건   261
제1공화국   66, 125, 226, 227, 228, 229,
    319, 320, 329, 336, 337
제1차 세계대전   131, 226, 228, 321, 323,
    329, 337
제1 통제협정   82, 128, 151, 167
제2 통제협정   84, 128, 170, 181
제2 통제협정 3조   268
제2 통제협정 4조   268
제2공화국   62, 66, 68, 229, 331
제2차 세계대전   131, 227, 228, 229, 337
제주 4·3   197
조만식   57, 58, 59, 119, 192, 199, 211,
    214, 217, 225, 256, 285, 301, 314,
    315, 316, 360
조선공산당   53, 55, 113, 119, 208, 211,
    213, 214, 216, 217, 222, 253, 254,
    255, 306, 309, 310, 311
조선공산당 북조선분국   192, 251, 254,
    361
조선민주당   286
조선신민당   286
존스턴(Richard J. H. Johnston)   204
좌우 균열   251, 273
좌우갈등   244
좌우연합   181, 262, 285, 363
좌우적대   319, 324, 337
좌우통합   195, 287
좌우합작   201, 257, 285, 287
좌우합작 7원칙   198
좌우합작운동   55, 56, 116, 198, 221,
    222, 223, 225, 291, 302, 309, 310,
    313, 317
좌우협력   46, 70, 127, 132, 133, 140,
    319, 322, 329, 332, 333, 337
좌익동맹   201, 285, 286, 287
주권회복   62, 66, 68, 70, 126, 128, 134,
    140, 229, 230, 232, 329, 332, 335,
    336, 337, 338
중경 임시정부   53, 54, 209, 210, 211,
    288

중립화 43, 44, 46, 49, 50, 51, 136, 137, 139, 177, 189, 240, 277, 335
중립화 통일 43, 44, 46
중심 형성 145, 159, 172, 173, 248, 363, 364
중화(中和, Neutralisieren) 182
즈다노프(Andrei Zhdanov) 90
지방주의(localism) 191
직접통치 75, 79, 80, 194
집중 정부(Konzentrationsregierug) 263

(ㅊ)

차라프킨(S.K.Tsarapkin) 158
찬탁 360
처칠 168
천도교청우당 286
철의 장막 168
총선거 152, 167, 262, 264, 265, 266, 274, 277, 340, 343, 344, 345, 349, 363
총파업(putsch) 271
최초 희생국 341
치스차꼬프 260
친일파 284, 295
7월 폭동 325

(ㅋ)

카이로 선언 79, 342
카이사리즘 273
케넌(George Kennan) 92
코네프(Marshal Ivan Konev) 84
코르트케비치(Georgii Kortkevich) 269
코민포름(Cominform) 88
코플니히(Johann Koplenig) 147
쿤샤크(Leopold Kunschak) 281
크라이스키(Bruno Kreisky) 49
클락(Mark Wayne Clark) 84, 93, 266
클레이(Lucius Clay) 168
키이즈(Geoffrey Keyes) 189
킴리카 147

(ㅌ)

타스통신 258, 259
탁치논쟁 254
탈군사화 268
탈나치화 65, 67, 86, 125, 129, 130, 133, 134, 162, 171, 239, 280, 281, 330
탈식민지 242, 243, 245, 246, 271
탈점령지 242, 243, 245, 271
탈출 옵션 192, 193, 293
테러 298
테헤란회담 164
토지개혁 100, 174, 201, 202, 260, 360
통합 28, 29, 30, 144, 146, 177
통합의 정치 226, 229, 232, 240
통합전략 264
통합주의 32, 191, 197, 206, 246, 247, 251
통합행정 기구 168, 258
통합행정부 162, 173, 355, 356
퇴행적 카이사르즘 244
트루먼 156
트루먼 독트린 130, 134, 230
티토 269

(ㅍ)

파국적 평형상태 244, 273, 342, 358
파시즘 64, 323, 324, 331
평남 건준 285
평남인민정치위원회 286
포츠담 선언 157
포츠담 회담 92, 162, 342
폴란드 149, 248
폴란드화 346
퓌른베르크(Freidle Furnberg) 269
프랑스 164
피글(Leopold Figl) 68, 137, 170, 231, 326, 331, 341
피셔(Ernest Fischer) 93

(ㅎ)

하지   79, 105, 196, 259, 358
한국적 경로   243
한민당   54, 114, 195, 196, 210, 211, 216,
    221, 257, 280, 289, 298, 299, 302,
    306, 307, 310, 317, 318
한반도 분할점령   155
합병   188
해리만(Averell Harriman)   353
해방일보   255
해방자   77, 78
해방정국   37, 41, 194, 200, 242, 277
해방정국의 유동성   150, 159
향토방위대   323, 324, 326, 327, 328
헝가리   168
헝가리 총선거   169
헬머(Oskar Helmer)   281
혁명적 사회주의자들   63, 65, 231, 332
현준혁   286
호너(Franz Honner)   92, 184
홀로주체 vs. 서로주체   277
홀로주체-서로주체   27, 179, 278
홀로주체적   200, 202, 299, 329
홀로주체적 소아주의   191, 291
홀로주체적 정치   278, 284
화폐개혁   357
홋카이도 분할점령   156, 160
희생국 담론   341
희생자 신화   179
희생자(victim) 교의   187
희생자 호명   187, 295
희생자테제   123, 124, 128, 131, 136,
    233, 236
히틀러   64, 65, 123, 125, 126, 128, 228,
    236, 237, 282, 323
히틀러-스탈린 조약   122
히틀러운동   129, 321, 323, 326

해방정국, 분리와 통합의 정치:
한국과 오스트리아

제1쇄 찍은날: 2025년 9월 10일

지은이: 김미경 · 김용복 · 구춘권 · 김학노
펴낸이: 김 철 미
펴낸곳: 백산서당

등록: 제10-42(1979.12.29)
주소: 서울 은평구 통일로 885(갈현동, 준빌딩 3층)

전화: 02) 2268-0012(代)
팩스: 02) 2268-0048
이메일: bshj00@naver.com

값 40,000원

ⓒ 김미경 · 김용복 · 구춘권 · 김학노 2025

ISBN 978-89-7327-866-4 93340